金融学理论与实训

Finance Theory and Training

何海霞　康金莉　豆晓利　主　编

中国财经出版传媒集团

经济科学出版社
Economic Science Press

图书在版编目（CIP）数据

金融学理论与实训／何海霞，康金莉，豆晓利主编.
—北京：经济科学出版社，2016.12（2021.7 重印）
示范性应用技术大学系列创新教材
ISBN 978 – 7 – 5141 – 7412 – 0

Ⅰ. ①金⋯　Ⅱ. ①何⋯②康⋯③豆⋯　Ⅲ. ①金融学 –
高等学校 – 教材　Ⅳ. ①F830

中国版本图书馆 CIP 数据核字（2016）第 261615 号

责任编辑：齐伟娜　杨　梅
责任校对：杨　海
责任印制：李　鹏

金融学理论与实训
何海霞　康金莉　豆晓利　主编
经济科学出版社出版、发行　新华书店经销
社址：北京市海淀区阜成路甲 28 号　邮编：100142
总编部电话：010 – 88191217　发行部电话：010 – 88191540
网址：www. esp. com. cn
电子邮件：esp@ esp. com. cn
天猫网店：经济科学出版社旗舰店
网址：http://jjkxcbs. tmall. com
北京季蜂印刷有限公司印装
787 × 1092　16 开　18.75 印张　430000 字
2016 年 12 月第 1 版　2021 年 7 月第 2 次印刷
ISBN 978 – 7 – 5141 – 7412 – 0　定价：42.00 元
（图书出现印装问题，本社负责调换。电话：010 – 88191502）
（版权所有　翻印必究　举报电话：010 – 88191586
电子邮箱：dbts@ esp. com. cn）

编 委 会

主　编：何海霞　康金莉　豆晓利
副主编：欧阳艳蓉　李桂馨　孙常辉
参　编：郭军峰　潘丽丽　刘　莹

前　言

金融学的入门课程，过去一直称为"货币银行学"，这门课程是 1977 年恢复高考后金融专业的基础课程。当时，称之为"货币银行学"是名副其实的，因为当时的金融业只有银行业，其他金融业，尤其是金融市场，几乎没有。但是自 1990 年以后，我国金融业，尤其是金融市场迅速发展，金融市场已成为货币银行学的重要内容，因此，在这一背景下，货币银行学的名称已经与现实存在差距了。西方国家这门课程的名称是"货币、银行与金融市场经济学"，这是对当今金融业发展的全面介绍。国内学者倾向于用"金融学"作为课程名称。

现代经济背景下，金融逐渐成为经济体系的核心，相应地，金融学在经济学科中的地位也不断地提升。正是因为经济体系中各部门的经济活动都是在一定的金融环境中完成的，所以深入了解金融知识，认知金融理念，熟悉金融运行规律，将有助于提升从事经济工作的能力。

本书是为适应普通高等本科院校应用型转型需要编写的。金融学作为一门理论性很强的专业课程，在教材中如何体现应用型所倡导的能力培养模式，是需要持续探索的课题，本书正是基于这样的目的，在内容的安排和体例的设计上做了一些新的尝试。

第一，在内容安排上，我们以金融基础知识和基本理论为主线，在保证学科体系完整性的前提下，根据应用型金融专业的需求和特点，强化了技能知识内容，简化了理论部分，添加了实训任务，适当调整了知识结构，从而使本教材在内容上具有三个特点：一是将要点侧重于现代金融领域所涉及的知识与理论；二是最大限度地提炼所涉及内容的重点与难点，特别是理论性较强的部分，试图精选精编；三是依据教学内容突出实训任务，针对不同类型的实训任务提出了详尽、明确的要求。

第二，在体例的设计上，本书沿用项目任务体例，每个项目之首设置项目导言、案例导入，项目之尾设置项目提要和项目学习效果评价，对每一任务的内容添加课堂互动和实训任务安排。案例选择以近些年发生的金融事件为主，也有传统经典案例和趣味导入性案例，案例的内容与本项目教学内容紧密相关，通过案例提出问题，要求学生从本项目教学内容中寻找答案。特别需要说明的是，本教材特意添加了课堂互动环节、实训任务和项目学习效果评价。课堂互动能激发学生的学习兴趣，活跃课堂气氛；实训任务能培养学生理论联系实际的能力，增强学生发现问题、分析问题和解决问题的能力；项目学习效果评价能综合测评学生对本项目内容的理解和掌握情况。

参加本书编写的教师，都长期从事金融学专业的教学与研究工作。全书体系的构思设计、提纲拟定、审稿由黄河科技学院何海霞、天津财经大学康金莉负责，统编审稿和校对由黄河科技学院豆晓利、黄河科技学院李桂馨、黄河科技学院孙常辉、黄河科技学院刘莹负责，具体编写分工情况为：黄河科技学院欧阳艳蓉编写项目一、项目二；李桂馨编写项目三、项目六、黄河科技学院郭军峰编写项目四、项目九；何海霞编写项目五、项目八；潘丽丽编写项目七；豆晓利负责项目十、项目十一。

本书既可以作为高等学校本科层次经济与管理类专业（包括金融学专业）教材，也可以作为其他学科专业的选修课教材，同时也是社会各界人士学习金融学基础知识时值得推荐的读本。

在本书编写中尽管我们付出了很大努力，但由于时间及水平的限制，错误之处在所难免，恳请同行及广大读者批评指正。

编　者

2016 年 9 月

目　录

项目一　揭开货币的神秘面纱

学习目标 >>> >>>

通过本项目的学习，使学生能够了解货币的基本含义及形态演变，理解货币的本质；熟悉货币的类型、职能及制度。

项目导言 >>> >>>

日常生活中，每个人都会使用货币，但是，经济学家却致力于认识货币的基本特征与构成，以及货币的过去、现在和未来。金融学的学习正是从重新认识人们都以为熟悉的"货币"开始的。本项目分别阐述货币的含义、职能及货币层次的划分问题，并考察货币形式和货币制度的发展与演变。

案例导入 >>> >>>

货币的起源：谁人不识孔方兄

在太平洋某些岛屿和若干非洲民族中，以一种贝壳——"加马里"作为货币采购货物，600 个"加马里"可换一整匹棉布。美拉尼西亚群岛的居民普遍养狗，所以就以狗牙作货币，一颗狗牙大约可买 100 个椰子，而娶一位新娘，必须给她几百颗狗牙作礼金！

在太平洋加罗林群岛中的雅浦岛，这里的居民使用石头货币。这里每一枚货币叫作"一分"，但这样的一"分"，绝不可以携带在身上。因为它是一个"庞然大物"的圆形石头，中心还有一个圆窟。照当地人的规定，"分"的体积和直径越大，价值就越高。因此有的价值高的"分"的直径达到 5 米。这种货币是用石灰岩的矿物——文石刻成的，但雅浦岛上没有文石，当地人要远航到几百里外的帕拉乌岛把大石打下，装在木筏上运回。单是海上那惊险百出的航程，就要历时几个星期。巨大的石头货币，有优点也有缺点，优点是不怕盗窃，不怕火烧水浸，经久耐磨，缺点是不易搬运，携带不得。所以用这种货币去购物时，必须要把货主带到石头货币旁边察看成色，然后讲价。由于搬运艰难，人们卖掉货物换来的石头货币，只好打上印戳，让它留在原地，作为自己的一笔"不动产"。

为什么狗牙和石头也能成为货币？货币为什么能买到任何东西？

资料来源：张卉妍. 金融学一本全（上）[M]. 北京：中国华侨出版社，2013：70.

任务一　初识货币

一、什么是货币

货币是现代金融理论和经济学中最常见、最重要的概念，也是最容易引起混淆、最难以理解的一个概念。本书中，我们所研究的货币是一个经济学意义上的概念。在经济学家看来，货币（money）是指在购买商品和劳务或清偿债务时被普遍接受的任何物体或东西。通货，包括纸币和硬币，都符合这个定义，因而是货币的一种，大多数人所说的货币是指通货。支票在购物付款时也被普遍接受，所以，支票账户存款也被看成是货币。此外，还有旅行支票或储蓄存款等信用工具，也能迅速方便地转变为通货或支票存款，用来支付货款，发挥货币的功能。由此可见，货币定义包含一系列资产，而不只是某一种特定的资产。这样的看法为大多数普通人和经济学家所普遍接受。那么一个物体怎样才能被称之为货币呢？一般而言，物体必须具备以下特征才能被人们普遍接受从而充当货币。

（一）价值稳定性（stability of value）

正如要量布匹的长度，尺子本身的刻度必须是稳定的；要称出鸡蛋的重量，秤本身的刻度也必须是稳定的一样，任何物体要充当货币，其本身的价值必须是相对稳定的。历史上曾经以牛、羊等牲畜作为货币来使用，由于其价值不稳定，必然在后来失去了充当货币的资格。

（二）普遍接受性（general acceptability）

货币可用作交易媒介、价值储藏和延期支付手段等，满足人们的多种需要，为人们普遍接受，这正是货币的典型特征。任何物体只要具备了这一特点，就可以在一定范围内充当交换的媒介。第二次世界大战期间，香烟以其普遍接受性成为一时间流通于纳粹战俘集中营里的特殊货币。

（三）可分割性（divisibility）

随着商品交换规模的发展，要求充当货币的物体必须是均质、易于分割的，以实现不同规模的商品交换。

（四）易于辨认与携带（cognizability and portability）

商品交换范围的拓展和商品经济的复杂性使得货币的流动性和防伪性日渐重要；那些笨重、易仿制的货币材料将逐步让位于轻便易携、易辨真伪的材料。

（五）供给富有弹性（elastic supply）

一种优良的货币，其货币材料的供应必须富有弹性，以随时满足商品生产和交换增减的需要。金银货币之所以先后退出历史舞台，主要原因就是供给缺乏弹性，不能适应经济发展的需要。

二、货币与其他相关概念的区别

为了更好地理解货币的含义，必须澄清经济学家所用的货币一词与通常用法中的一些类似概念的区别。

（一）货币与通货（money and currency）

通货通常被称为"钱"，指日常所用的纸币和硬币。通货只占货币的一小部分，银行存款才是最主要的货币。除了通货以外，货币主要是指以支票、本票、汇票形式表现的对于货物、劳务、财富等所具有的权力。因此，如果你想告诉一个美国商人他应该用美元支付货款，你不应该说："请用美国钱支付"（Please pay us in U. S. currency），这样人家以为你要他用现金支付（Pay in cash）；而应该说："请用美国货币支付"（Please pay us in U. S. money），这样，他可以以现金支付，也可以以支票或信用证支付（Pay us in check or in UC）。

（二）货币与财富（money and wealth）

在重商主义看来，货币就是财富，而且是财富的唯一形式。这种观点反映了新兴资产阶级积累货币资本的愿望。在这种观点下，货币的范围被扩大了。货币并不就是社会财富本身，即使是贵金属币材，也至多只是社会财富的一部分；把部分夸大为整体并且变成"唯一"，就会导出货币乃是社会唯一的追逐目的这种极其荒谬的结论。西方有个很有名的寓言：一个古代的国王祈求他所点到的东西都可以变成黄金，他的愿望实现了，但最后他碰到了食物，食物变成了金；他碰到了水，水变成了金。这生动地说明了把手段看成目的所导致的悲剧。

（三）货币与收入（money and income）

人们常听到这样的话："他有一份好工作，一个月能挣 10000 元收入"。这里的收入就是指货币。而实际上，收入与货币是有区别的。首先，不可否认，在商品经济时代，人们的收入大多表现为货币。但是，收入是一个流量概念，是指某一时期内的货币流量，如一个月、一年；而货币是一个存量概念，是指某一时点的货币余额，如第一季度末的货币余额。

（四）货币与流动性（money and liquidity）

进入 21 世纪以来，在报纸杂志和人们的日常用语中，常出现另一个替代货币的名词，即流动性。所谓"流动性"（Liquidity），泛指一种资产在不损失价值的前提下转换为现实购买力的能力，它由变现的便利程度和交易成本所决定。变现越便利或交易成本越小，则流动性越强。反之，流动性越弱。由于货币不需要转换为别的资产就可以直接用于支付或清偿，因此，货币被认为是流动性最强的资产。所以，在一般的宏观经济分析中，流动性常常用来分析货币现象，也就是说，用"流动性"来代替"货币"。人们常把流动性直接理解为不同统计口径的货币信贷总量，即通常所说的流通中的现金（M0）、狭义货币供应量（M1）、广义货币供应量（M2）等。

通常所说的"流动性过剩"（excess liquidity），简单地说，就是货币当局货币发行过多、货币量增长过快，银行机构资金来源充沛，居民储蓄增加迅速的一种现象。在宏观经济上，它表现为货币增长率超过 GDP 增长率；就银行系统而言，则表现为存款增速大大快于贷款增速。反之，则是"流动性不足"。

当然，流动性资产不仅包括银行的存款负债，而且还包括范围广泛的其他金融中介机构的短期负债，在金融机构和金融工具不断创新的大背景下，流动性的含义远大于货币的含义。

三、货币形态的演变

在商品经济中，货币作为一般等价物的本质是不变的，但货币形态却随着生产和交换的发展而不断演变。从古到今，货币形态的发展大致经历了实物货币、金属货币、信用货币及电子货币几个阶段。关于货币的演化，让我们先来听听经济学家弗里德曼讲述的关于雅浦群岛的故事吧。

+·—·+·—·+·—·+·—·+·—·+·—·+·—·+·—·+·—·+·—·+·—·+·—·+·—·+·—·+·—·+·—·+·—·+

雅浦群岛的货币

太平洋加罗林群岛中有个雅浦群岛，岛上不出产金属，人们使用打制成圆形的石头作为交换媒介，岛民们把这种当货币使用的圆石叫作"费"。

刚开始时由于小岛上居民们的需求量不大，大家都以各自的出产互相交换所需物品，公平买卖。随着岛屿的扩大和人口的增加，商品流通规模随之增加。现有的"费"数量明显不够，岛上居民需要更多的"费"来衡量交易物品的价值。由于采集、打磨石头是一件很费工夫的事情，于是雅浦群岛出现了类似"铸币厂"的地方。

随着岛上商品经济的发展，"费"的使用已经极大地制约了商品流通。于是人们想出了一个办法，在岛上发行一种可以代表"费"的纸币。为了便于计算，纸币的面额一般为100费、50费、20费、10费、5费、2费、1费、0.5费、0.22费、0.1费等。这样一来，商品流通效率提高，各地物产、贸易量增加，岛上居民收入提高，就业率也保持稳定增长。

资料来源：韦森：腾讯《大家》，2016-05，http://cul.qq.com/a/20160517/053882.htm.

+·—·+·—·+·—·+·—·+·—·+·—·+·—·+·—·+·—·+·—·+·—·+·—·+·—·+·—·+·—·+·—·+·—·+

（一）实物货币

实物货币是指曾经充当过交易媒介的那些特殊商品，如米、布、贝壳、家畜等，这些特殊商品在充当货币使用时，基本上保持了原来的自然形态，也就决定了这种货币形态存在以下缺点：（1）体积笨重，不能分割，所以值小量大，不便携带；（2）各种实物质量不一，不宜作为价值标准；（3）容易磨损，容易变质，不易保存。因此，实物货币无法充当理想的交易媒介，不适于作为价值标准和价值储藏手段，从而随着经济的发展和时代的变迁，这种货币逐渐被金属货币所替代。

（二）金属货币

凡是以金属为币材的货币都可以称为金属货币，主要指贵金属货币（gold and silver）。它经历了由称量货币到铸币的演变。称量货币通过检验成色、称重量来确定其价值。铸币则是由国家铸造的具有一定形状、成色、重量并标明计价单位的金属铸块。金、银、铜等金属材料都充当过币材，这些材料可以分割、加工、质量均匀、供给稳定，用它们制成的货币耐久、轻便、价值统一，基本上具备了货币的基本特性，因而，和其他任何商品比较，金属货币都能更有效地发挥货币的性能。所以，马克思说过"货币天然是金银，但金银天然不是货币"的至理名言。

金属货币——实物货币的代表

经过长年的自然淘汰，在绝大多数社会里，作为货币使用的物品逐渐被金属所取代。使用金属货币的好处是它的铸造需要人工，无法从自然界大量获取，同时还易于储存。数量稀少的金银和冶炼困难的铜逐渐成为主要的货币金属。某些国家和地区使用过铁质货币。早期的金属货币是块状的，使用时需要先用试金石测试其成色，同时还要称其重量。随着人类文明的发展，逐渐建立了更加复杂而先进的货币制度。古代希腊、罗马和波斯的人们铸造重量、成色统一的硬币。这样，在使用货币的时候，既不需要称其重量，也不需要测试成色，无疑方便得多。至于硬币上面带有国王或皇帝的头像、复杂的纹章和印玺图案，是为了防止伪造。

中国最早的金属货币是商朝的铜贝。商代在我国历史上处于青铜器时代，当时相当发达的青铜冶炼业促进了生产的发展和交易活动的增加。但是，在当时最广泛流通的贝币由于来源不稳定而使交易发生不便，人们便寻找更适宜的货币材料，来源相对稳定的青铜自然而然地成为人们青睐的对象，由此青铜币应运而生。但这种用青铜制作的金属货币在制作上很粗糙，设计简单，形状不固定，没有使用单位，在市场上也未达到广泛使用的程度。由于其外形很像作为货币的贝币，因此人们大都将其称为铜贝。据考古材料分析，铜贝产生以后，是与贝币同时流通的，铜贝发展到春秋中期，又出现了新的货币形式，即包金铜贝，它是在普通铜币的外表包一层薄金，既华贵又耐磨。铜贝不仅是我国最早的金属货币，也是世界上最早的金属货币。

资料来源：周浩明. 货币金融学（第2版）［M］. 上海：上海财经大学出版社，2013：5.

（三）信用货币（fiat money）

现代国家流通的货币几乎均为信用货币。所谓信用货币是指面值高于实质的货币。

它只是一种信用凭证，依靠银行信用和政府信用而流通。信用货币属于银行和政府的负债，因而又称之为债务货币。其特点：一是币材本身的价值低于货币价值；二是它不再代表任何贵金属。主要形式包括：

1. 纸币（paper currency）

纸币是国家发行的强制流通的价值符号。其主要职能是担任人们日常生活用品的购买手段。纸币的发行权为政府或政府授权的金融机关所专有，发行机关多数是中央银行、财政部或政府成立的专门货币管理机构。

交子——世界上最早出现的纸币

交子最早出现于我国四川地区，发行于北宋前期（1023 年）的成都。最初的交子实际上是一种存款凭证。北宋初年，四川成都出现了为不便携带巨款的商人经营现金保管业务的"交子铺户"。存款人把现金交付给铺户，铺户把存款数额填写在用楮纸制作的纸卷上，再交还存款人，并收取一定保管费。这种临时填写存款金额的楮纸券便谓之交子。

随着市场经济的发展，交子的使用越来越广泛，许多商人联合成立专营发行和兑换交子的交子铺，并在各地设分铺。由于铺户恪守信用，随到随取，交子逐渐赢得了很高的信誉。商人之间进行大额交易，为了避免铸币搬运的麻烦，越来越多地用交子来支付货款。后来交子铺户在经营中发现，只动用部分存款，并不会危及交子信誉，于是他们便开始印刷有统一面额和格式的交子，作为一种新的流通手段向市场发行。正是这一步步的发展，使得交子逐渐具备了信用货币的特性，真正成为纸币。

随着交子影响的逐步扩大，对其进行规范化管理的需求也日益突出。北宋景德年间（1004 ~ 1007 年），益州知州张泳对交子铺户进行整顿，剔除不法之徒，专由 16 户富商经营。至此，交子的发行正式取得了政府认可。宋仁宗天圣元年（1023 年），政府设益州交子务，以本钱 36 万贯为准备金，首届发行"官交子"126 万贯，准备金率为 28%。从商业信用凭证到官方法定货币，交子在短短数十年间就发生了脱胎换骨的变化，具备了现代纸币的各种基本要素，将还处在黑暗中的中世纪的欧洲远远抛在后面。

资料来源：360 百科：《交子》http：//baike. so. com/doc/3038557 - 3203487. html.

2. 劣金属铸币（coins）

也称辅币，其主要职能是在小额或零星交易中担任媒介手段，多以贱金属制造，如铜、镍、铝等。目前，世界各国的铸币权几乎毫无例外地完全由政府独占。我国是由财政部下属的铸币厂专门铸造。

3. 银行支票（checks）

银行支票被广泛用作交易媒介与支付手段。它具有以下优点：（1）可以避免像其他货币那样容易丢失和损坏的风险；（2）运送便利，减少运输成本；（3）实收实支，免去找换零钱的麻烦；（4）支票经收款人收讫以后可以在一定范围内流通。

（四）电子货币（Electronic Money）——货币的世界趋势

20世纪以来，技术先进的国家已开始采用电子计算机记录和转移存款。银行在各销售场所装设终端机，顾客购物时只需将其货币卡塞于终端机内，电子计算机便会自动地将交易额分别借记和贷记到买卖双方的存款账户上。这种用电脑储存和转移的资金被称为"电子货币"（E-money），现金在将来越来越多地被所谓的电子货币所取代。

电子货币："无脚走遍天下"

6月的某天，北京正值盛夏，一直热衷于网购的小岩在客厅里一边吃西瓜，一边在线浏览琳琅满目的商品。在澳大利亚的一个网站上。她看上了一款澳洲本地羊皮袄，通过"海外宝"的简单几步点击操作，便很快将它收入囊中。像小岩热衷的网购实际上就是网上金融服务的一种，它包括了人们的各种需要，网上消费、家庭银行、个人理财、网上投资交易、网上保险等。网上支付的电子交易需要安全认证、数据加密、交易确认等控制，为了确保信息安全。而这一切，都依赖于电子货币的产生和发展。

资料来源：陈张立. 货币的演变——电子币. 中国讲师网，2013-09，http：//www.jiangshi99.com/article/content/17936.html.

课堂互动

你接触的电子货币有哪些？电子货币对我们生活的影响有哪些？

电子货币大致有以下几种形式：

1. 借记卡（debit card）

借记卡类似于信用卡，它能将资金直接从客户的银行账户划拨到商户的账户，从而实现客户的购物目的。在美国的超级市场，借记卡被广泛地使用，人们只需轻轻划过借记卡就可以购买所需的日用百货。大多数银行和公司如Visa和Master Card都发行这种借记卡。

2. 储值卡（stored-value card）

储值卡与借记卡和信用卡有相似之处，都是通过账户转移资金。不同的是它包括一个固定的货币金额。最简单的一种方式是客户事先购买一定的货币金额然后消费。较复杂的方式是一种称之为聪明卡（smart card）的储值卡，它装有一种当需要时自动从客户账户中转移资金到储值卡的计算机程序。这种卡在美国以外的国家使用较多，如澳大利亚、加拿大、英国等。

3. 电子钱包（electronic cash）

电子钱包是一种在Internet上购买商品和劳务时使用的电子货币。使用电子钱包时，客户需要在与Internet连接的银行开立自己的账户，之后电子钱包就转移到了客户的个人电脑上。当客户在网上购物时，电子钱包会自动将货币金额从客户的账户转移到商户的账户，商人就可以在发货前从客户的银行账户上转移资金。

4. 电子支票 （electronic checks）

电子支票允许网上购物者直接通过 Internet 签发支票而不是一张纸制的支票。顾客使用个人电脑书写一张支票，然后发送给交易对手，后者再将之发送给它的银行。一旦接受行检验该支票的有效性后，资金就会从签发支票者的银行账户划拨到接受者的银行账户。以上过程都是通过 Internet 进行的，因而相对纸制支票而言更加快捷方便。据专家估计，这种电子支票的成本还不到纸制支票的 1/3。

电子货币区别于纸币之处在于：它的流通不需借助于任何有形的实物，而是依靠光波、电波进行信息传递和处理的。随着卫星和大规模集成电路电子计算机的发展，电子货币将造就全球一体化的金融市场。纸币并不是货币形成的终结，未来的货币将是以光电技术为特征的无形货币。

 实训任务

案例分析：

曾经发生过这样一个感人的故事：某一天，有个专门出售金鱼和热带观赏鱼的小店来了一位可爱的小朋友。她大概只有三四岁，有双美丽的大眼睛。只见她双手小心翼翼地捧着一把大小不等的雨花石，来到老板面前，对老板说："叔叔，我想买金鱼，这是钱。"老板一看先是愣了一下，然后马上说："好啊！小朋友要买哪一条？叔叔帮你用塑料袋装起来。"接着，小姑娘小心地数出三四颗较大的雨花石，交给老板说："这些钱就买两条红色的鱼吧！"老板很感慨地接过雨花石，产生了一丝犹豫。这时，小姑娘有些紧张了，说："叔叔，是钱不够吗？"这时，老板眼睛有些湿润，对她说："哪里，够钱了，还有得找呢！"他把两条红色金鱼装入盛了水的塑料袋里，顺手从钱柜里又拿出五六角毛票和硬币，交到小姑娘手里。小姑娘把钱装到口袋里，对老板道了谢，然后拎着塑料袋，欢呼雀跃地出了门。老板望着她的背影，对钱有了更深刻的认识。

资料来源：张卉妍. 金融学一本全（上）[M]. 北京：中国华侨出版社，2013：78.

看完这则故事后，请大家讨论以下问题：
1. 货币究竟是什么？
2. 雨花石为什么在故事中能充当货币？
3. 找给小姑娘的零钱是什么类型的货币？
4. 老板因何感动并从此领悟了"钱"的真实意义？

任务二　分析货币的本质与职能

一、货币的本质

（一）马克思关于货币本质的论述

马克思以劳动价值论为基础，通过对货币起源的分析，科学地揭示了货币的本质，

即货币是固定地充当一般等价物的特殊商品，并体现一定的社会生产关系。

1. 货币是商品

马克思的货币起源分析告诉人们，货币首先是商品，它和普通商品之间存在着共性：

（1）货币与普通商品都是用于交换的人类劳动产品，都是价值的凝结体，没有价值的商品不可能衡量其他商品的价值。

（2）货币与普通商品一样，也具备使用价值，如果没有使用价值，也就根本不为人们所需要。货币之所以能够与其他所有商品相交换，从而在长期的交换过程中被分离出来，根本原因就在于它是商品。如果货币没有商品的共性，那就失去了与其他商品相交换的基础，也就不可能在交换过程中被分离出来充当一般等价物。

2. 货币是特殊商品

货币之所以能在长期的交换过程中被分离出来，起着一般等价物的作用，是因为它与普通商品存在着本质上的差别，即货币是与普通商品不同的特殊商品。货币作为充当一般等价物的特殊商品，其特殊性表现在以下两个方面：

（1）货币是表现一切商品价值的材料，其他商品则没有这种作用。在商品世界中，普通商品直接以使用价值的资格出现，但其价值必须在交换中由另一种商品来体现，货币则以价值的直接体现物的资格出现，在商品交换中直接体现商品的价值，从而成为表现一切商品的特殊商品。货币虽然是所有商品价值的表现形态，但货币不能以自身表现自己的价值，其价值是由一切普通商品综合地表现出来的，货币的价值即"货币的购买力"。

（2）货币具有同所有商品直接交换的能力，其他商品则没有这种能力。普通商品只能以其特定的使用价值去满足人们的某种需要，因而不可能同其他一切商品直接交换。货币同普通商品一样，具有特定的使用价值，但更重要的是，货币是人们普遍接受的一种商品，它既有一般的使用价值，也有和一切商品直接交换的能力，只要有了货币，就可以买到任何商品。

3. 货币体现一定的社会生产关系

货币作为一般等价物，是各个不同社会形态下货币的共性。同时，货币还反映着不同社会形态下商品生产者之间的社会生产关系。在奴隶社会，货币大量掌握在奴隶主手中，奴隶主用货币来购买奴隶，货币反映了奴隶主对奴隶的剥削关系；在封建社会，地主以货币地租的形式剥削农民，货币体现着封建地主对农民的剥削关系；在资本主义社会，货币转化为资本，还被资本家用来购买工人的劳动力，无偿占有工人创造的剩余价值，货币反映了资本家对工人的剥削关系。货币在不同的社会制度中作为统治阶级的工具，这是由社会制度决定的，而不是货币本身固有的属性。从货币的社会属性来看，货币反映着商品生产者之间的关系，货币是没有阶级性的，也不是阶级和剥削产生的根源。

（二）西方学者关于货币本质的论述

对于货币本质的认识，除了上述马克思从货币起源考察，认为货币是充当一般等价物的特殊商品之外，西方学者对货币本质也有激烈的争论，具有代表性的有以下两种观点：

1. 货币金属论

货币金属论是西方经济学中的一种早期货币本质观，其基本观点是：货币就是贵金属；货币是一种商品，具有金属内容；货币必须具有实质价值，其价值是由其金属价值决定的。

货币金属论学说最早是由古希腊的亚里士多德提出来的，而重商主义的理论和亚当·斯密的学说在货币金属论发展的历史上则占有很重要的地位。

重商主义者是十六七世纪西欧封建制度逐步解体、资本主义进入原始积累时代后商业资本利益的代表，主张货币天然是贵金属、天然的财富，还主张只有金银才是一国的真正财富，同时认为对外贸易是增加国家财富的唯一手段。

亚当·斯密在货币本质观上，是一个金属主义者。他非常明确地认为货币是一种商品，并把贵金属与货币等同起来，认为货币的价值是由劳动量或生产费用决定的。

2. 货币名目论

货币名目论的货币本质观是货币金属论的对立面，该理论于 18 世纪早期在与货币金属论的论战中发展起来。不论早期的名目主义代表人物巴本、贝克莱、孟德斯鸠、休谟和斯图亚特，还是现代的专家学者克纳普、彭迪生和凯恩斯等，他们的基本论点都是一致的：认为货币不是财富，只是便利交换的技术工具，是换取财富的要素，是一种价值符号，因此，货币不具有商品性，没有实质价值，只不过是名目上的存在；虽然货币是用贵金属制造的，但货币的价值不是货币本身所具有的，而是由国家的权威规定的。

课堂互动

货币的本质是什么？站在今天的商品经济发达的社会，如何认识马克思关于货币的定义——固定充当一般等价物的特殊商品？

二、货币的职能

现代经济中，货币一般被认为具有四个职能：价值尺度、流通手段、价值储藏和支付手段。其中，价值尺度和流通手段是货币最基本的职能。

（一）价值尺度

价值尺度（unit of account），指货币是衡量和表现其他一切商品和劳务价值大小的工具。价值尺度是货币最基本、最重要的职能。货币出现以后，人们用货币测量商品和劳务的价值，就如同人们用秤来称重量一样。正是由于货币的价值尺度功能，意味着所有商品的价格都可以同特定数量的货币单位来表示，而无须确定每两种商品之间交易时的交换比例，即交换价格。

货币执行价值尺度的特点如下：

1. 货币执行价值尺度时不需要现实的货币

当货币执行价值尺度这一职能时，只需要以想象中的或是观念上的形式存在就可以了，然而它的单位必须依赖于现实中流通的货币。

2. 执行价值尺度的货币必须具有完全的排他性

在一定的地域范围内，如一个国家，只能存在一种商品充当价值尺度，只有这样才符合货币一般等价物的特性，商品的价值也才能得到统一的表现。试想，如果一国存在两种商品充当货币，则这两种货币价值的变化必然会造成市场价格的混乱。这也是欧元区国家必须放弃本国原有货币的根本原因。

3. 价值尺度职能的技术规定——价格标准

为了用货币来衡量和比较各种商品的价值，货币自身的量必须能够计量。为此，在技术上就需要规定一种固定的货币计量单位，即价格标准。所谓价格标准，是指人为规定的货币单位名称及所包含（或代表）的价值量。

最初的货币单位同衡量货币商品使用价值的自然单位，如头、匹、斤、两等是统一的。例如，中国秦代铸造过"半两"铜钱，汉代铸造过"五铢"铜钱，上面分别铸有半两、五铢字样。史书说，这些铜钱"重如其文"，即含铜重量与钱面上的文字相符。后来，货币单位与自然单位逐渐分离。现代社会的货币单位主要有两种表示方法：一种是货币单位名称与其自然单位名称完全脱节，而是采取了另外的名称。一般以"元"表示货币单位，在货币单位"元"前面加上"国名"即得到该国货币的名称，如"美元""新加坡元""加拿大元"等。另一种是货币单位名称仍然是重量名称，但由于种种原因，实际含有的重量已与名称完全脱节。如早在 1816 年英国正式采用金本位制时就规定，每盎司黄金合金币 3.89375 镑，而从重量上说，12 盎司为 1 磅，即 1 磅重量的黄金相当于金币 46.725 镑（12×3.89375）。现在英国的货币价格"镑"仍然保留了重量单位的痕迹。

（二）流通手段

流通手段（medium of exchange）也称交易媒介，是指货币充当商品交换的中介或媒介的职能。即在交易中，人们首先将自己的产品转换成货币，再用货币去换取自己需要的别人的产品，货币成为产品交易的桥梁或中介。

货币执行流通手段职能的特点如下：

1. 必须是现实的货币

在几乎所有的经济交易中，货币都以通货或支票的形式充当交易的媒介，用来对商品和劳务进行支付。可见，作为交易媒介的不能是观念上的货币，而必须是实实在在的货币。任何一个商家绝不会允许有人用空话来拿走他的商品。

2. 不需要是足值的货币，可以是货币符号

货币作为流通手段，其目的不是用于储藏，而是用以购买其他商品。在这里，货币在人们手中只是一个转瞬即逝的东西，它马上又要被别的商品所替代。既然如此，现实流通的货币并不一定是黄金、白银等贵金属货币，也可以由包括纸币在内的价值符号所替代。货币符号是指不足值的铸币和纸币。也正是这一特点促使了纸币的产生和发展。

（三）价值储藏

所谓价值储藏（store of value）职能，是指货币暂时退出流通领域处于相对静止状态，而被人们保存、收藏时所执行的职能。这一职能是从货币的流通手段职能延伸而来的。弗里德曼说过：货币是"能够使购买行为从售卖行为中分离出来的购买力的暂栖所"。货币具有这一职能是因为，在人们的售卖行为和购买行为之间，或者说在人们获得收入与支出之间，一般总是存在时间间隔的，在这段时间内，货币就作为价值储藏手段而存在。

1. 价值储藏的形式

货币并不是唯一的价值储藏手段，其他任何资产，不管是股票、债券、土地、房屋、艺术品，还是珠宝等，都可以作为储藏价值的手段。用上述资产作为价值储藏手段的优点在于：（1）它们能以利息、利润和租金等形式给持有者带来一定的收入；（2）在货币贬值时，这些非货币资产的价格一般会上升，从而比持有货币更为合算；（3）实物（如房地产）还可以提供一定的服务（如邮票可供欣赏）。但是，另外，它们作为价值的储藏手段也有一定的缺陷：（1）储藏时需要支付一定的保管费用；（2）它们以货币计算的价值可能下跌；（3）它们存在不同程度的流动性缺陷。不像货币那样具有普遍接受性，将它们换成其他商品或变换成货币都要花费一定的成本。因此，即使从收益角度讲，货币并不是最好的价值储藏手段，但人们仍然会选择货币作为价值储藏手段之一。

2. 货币作为价值储藏的发展过程

由于货币是价值的代表，储藏货币就是储存财富，更重要的是储存购买力。因此，货币储藏有两个目的：一是储存财富；二是储存购买力。凡是货币，无论是足值的贵金属货币还是不足值的纸币，都具有价值储藏的功能。但前者更多的是储存财富，后者更多的是储存购买力。

货币储藏也经历了一定的发展过程：（1）朴素的货币储藏，即把金银埋藏在地下；（2）美的货币储藏，即将金银制成艺术品摆放起来；（3）存款的货币储藏，银行产生以后，货币所有者把储藏的货币以银行存款的形式储藏起来。这样，分散的货币储藏就变成集中的货币储藏。

课堂互动

充当储藏手段的货币，必须是实在的足值的金银货币吗？纸币是否具备储藏手段的职能？纸币发挥储藏手段职能有哪些条件？

（四）支付手段

所谓支付手段（standard of deferred payment），是指在以延期付款形式买卖商品的情况下，货币作为独立的价值形式单方面运行时所执行的职能。货币作为独立的价值形式单方面运动时执行支付手段的职能。如清偿债务、缴纳税款、支付工资等。

与流通手段相比，货币执行支付手段时具有以下特点：

（1）商品和货币不再同时出现在交换过程的两极上，货币作为价值独立存在，单方面发生转移；而货币作为流通手段时是货币和商品的双向运动，一手交钱，一手交货。

（2）作为支付手段的货币不是交换的媒介物。它虽然仍反映负债双方的经济关系，但更多地反映了他们之间的债权债务关系，即信用关系。

（3）货币作为支付手段使商品生产者的活动余地更大，它可以先买后卖，即购买别人的商品（以信用形式）可以先于售卖自己的商品；但货币作为交易媒介时只能是先卖后买，即先出售自己的商品换得货币，然后再购买他人的商品。

（4）货币执行支付手段职能时，潜藏着使社会再生产过程发生中断的可能性。在正常情况下，企业间由于信用方式而引起的大部分支付是可以互相抵消的。在这里，货币并不是现实的，而只是观念上的——以价值尺度和计算货币的资格出现。然而，不能以相互抵消方式偿还的那部分支付，必须以货币的形态进行实际支付。这种从观念货币到现实货币的转化，并不是任何时候都能顺利进行的。当商品生产者没有按照自己预计的价值出售商品甚至商品滞销时，商品生产者就无力支付，于是债务链条的一个环节的脱节就会引起整个链条的中断，使正常的经济运行受到干扰。

以上四种职能各有独自的内涵和作用，同时相互之间又紧密相连。其中，价值尺度和流通手段是货币的基本职能，具有货币质的规定性。也就是说当这两个最基本的职能可以同时由一种商品来满足时，这种商品就取得了货币的资格。而储藏手段和支付手段是货币的派生职能，不能作为货币质的规定。

课堂互动

比较货币的流通手段职能和支付手段职能的区别有哪些？

（五）世界货币

货币在世界市场上执行一般等价物的职能。由于国际贸易的发生和发展，在现代世界经济走向一体化及全球化浪潮的冲击下，世界货币职能所起到的作用越来越大。作为世界货币，必须是足值的金和银，且必须脱去铸币的地域性外衣，以金块、银块的形状出现。原来在各国国内发挥作用的铸币以及纸币等在世界市场上都失去了作用。

在国内流通中，一般只能由一种货币商品充当价值尺度。在国际上，由于有的国家用金作为价值尺度，有的国家用银作为价值尺度，所以在世界市场上金和银可以同时充当价值尺度的职能。后来，在世界市场上，金取得了支配地位，主要由金执行价值尺度的职能。

世界货币除了具有价值尺度的职能以外，还有以下职能：①充当一般购买手段，一个国家直接以金银向另一个国家购买商品；②作为一般支付手段，用以平衡国际贸易的差额，如偿付国际债务、付利息等其他非生产性支付等；③充当国际间财富转移的手段。货币作为社会财富的代表，可由一国转移到另一国，如支付战争赔款、输出货币资本或由于其他原因把金银转移到外国去。在当代，世界货币的主要职能是作为国际支付手段，用以平衡国际收支的差额。

作为世界货币的金银流动是双重的：一方面，金银从它的产地散布到世界市场，为各个国家的流通领域所吸收，补偿磨损了的金银铸币，充作装饰品、奢侈品的材料，并且凝固为储藏货币。这个流动体现了商品生产国和金银生产国之间劳动产品的直接交换；另一方面，金和银又随着国际贸易和外汇行情的变动等情况，在各国之间不断流动。

为了适应世界市场的流通，每个国家必须储藏一定量的金银作为准备金。这笔世界货币准备金随着世界市场商品流通的扩大或缩小而增减，在资本主义国家，银行中的黄金储备，往往要把它限制在它的特殊职能所必要的最低限度内。过多的货币储藏，对于资本是一个限制，而且在一定程度上也意味着商品流通的停滞。

 **实训任务**

知识运用：

请大家在课后对货币的职能的内容进行复习，联系实际生活对情况进行判断，货币分别执行了什么职能？

1. 你去买东西，商品的标价是 6 克黄金。
2. 你用 6 克黄金与卖家交换了这件商品。
3. 你买房子，分期付款。
4. 你把黄金、白银等收藏起来，过了几年升值了。
5. 白金和黄金可以在全世界流通。

根据判断的结果，再举出类似的例子以加深理解。

任务三 了解货币制度

货币制度是人类社会的生产和交换发展到一定阶段的产物，货币制度也是一种经济制度的现象，它经历了一个不断发展和演进的过程。

一、货币制度的构成要素

货币制度（monetary system），也称货币本位制度，简称"币制"，是一国政府为了适应经济发展的需要，以法律或法令形式对货币的发行与流通所作的一系列规定的总称。货币制度是货币运动的规范和准则。从规范化的角度来看，典型的货币制度主要包括货币材料，货币单位，货币的铸造、发行和流通程序，以及准备制度等内容。

（一）货币材料的规定

规定货币材料是一个国家在制定货币制度时首先考虑的因素，因此，它是货币制度的最基本内容。国家确定不同的货币材料就构成不同的货币本位制。实际上国家确定币材就是规定币材的性质，确定不同的货币材料就形成不同的货币制度。但是哪种物品可以作为货币材料不是国家随心所欲指定的，而是对已经形成的客观现实在法律上加以肯定。如果主观上确定起不了货币作用的材料，不仅行不通，而且还会造成混乱。这种规定实际上是商品经济发展的客观要求，是由生产水平与发展程度决定的。

从历史上看，货币材料曾经历了从银本位制、金银复本位制到金本位制，目前各国都实行不兑现的信用货币制度，对货币材料不再做明确规定。也就是说，在不兑现的信用货币制度下，没有任何商品或材料固定充当币材，过去的货币制度最重要的一个构成要素消失了。但产生了不兑现的本位、纸本位、百物本位、管理本位等各种主张和说法。不过这些都没有得到社会的广泛认同。

（二）货币单位的规定

随着本位币币材的确定，必须相应地规定货币单位。规定货币单位就是规定货币单位的名称和货币单位的"值"。

各个国家通常是以习惯形成的名称为基础来规定货币单位的名称。最初货币单位的名称和货币材料本身的重量单位名称是一致的，后来由于种种原因，货币单位名称和重量单位名称逐渐脱离，货币单位名称已经不再表示任何重量上的意义。

规定货币单位的"值"，在金属货币流通条件下，就是规定货币单位所包含的货币金属的重量及成色。如美国的货币单位为"美元"，1934年1月规定1美元含金量为0.888671克。英国的货币单位定名为"英镑"，1816年5月的金本位案规定，1英镑含成色为11/12的黄金123.7447格令（合7.97克）。在信用货币流通条件下，有些国家规定货币的含金量，有的则规定本国货币与外国货币的固定比例。在黄金非货币条件下，货币币值则主要表现为本国货币与外国货币的比价，对国家来说，需要考虑的是如何把本国货币与外国货币的比价保持在一个合适的水平。

（三）规定主币和辅币的发行与流通

主币就是本位币。本位币是一个国家流通中的基本通货，作为一个国家货币制度的基础货币，是该国的法定价格标准。在金属货币制度下，本位币是指用货币金属按照国家规定的货币单位铸成的货币，因而是足值货币，它的实际价值与名义价值是一致的。但金属货币在流通中会磨损，使重量减轻，这样它的实际价值和名义价值就发生了偏差，实际价值就会低于其名义价值，如果任其流通下去，那么足值的金属货币就不会再进入流通。为此各国对铸币都规定了磨损公差。磨损公差是磨损了的铸币实际重量与法定重量的最大差额，超过磨损公差的铸币将不再流通，而要收回重铸。

辅币是本位币货币单位以下的小面额货币，它是本位币的等分，其面值多为本位币的 1/10 或 1/100。辅币是专门为不足一个货币单位的零星支付使用的。在金属铸币流通时，本位币与辅币的铸造材料是不一样的。辅币用贱金属铸造，以节省流通费用。辅币的实际价值低于名义价值，是不足值的铸币，它与主币按照法律规定保持固定的兑换比例，以保证其按名义价值流通。辅币的铸造权由国家垄断，铸币收入归国家财政所有，铸造数量也有一定限制。

当流通中全部都是信用货币时，主币和辅币已不存在足值与不足值的区别。

（四）自由铸造、限制铸造

自由铸造、限制铸造是针对金属货币流通而言。

自由铸造是指公民可按照法律规定，有权把货币金属送到国家造币厂请求铸成本位币，其数量不受限制，国家只收取少量造币费或免费。同时，国家也允许公民将本位币熔化成金属条块。自由铸造本位币，对保持货币流通稳定具有重要意义。它既可以防止主币金属材料的市场价格波动，使本位币的名义价值和实际价值一致，又可使流通中铸币量适应商品流通的客观需要。当流通中的铸币量过多，出现其名义价值低于实际价值时，公民就将铸币熔化成金属条块贮藏起来；反之，公民则将金属条块铸成铸币投入流通，这就是货币贮藏手段所发挥的调节货币流通量的蓄水池作用。

限制铸造是针对辅币而言，即辅币只能由国家垄断铸造。辅币是不足值的货币，限制铸造可使铸币收入归国家所有，同时也防止滥铸辅币，影响主币正常流通，发挥作用。

（五）有限法偿和无限法偿

无限法偿是指具有无限的支付能力，即法律上赋予它流通的权力；不论每次支付的金额多大，受款人均不得拒绝接受。在金属货币流通条件下，本位币具有无限法偿资格。

有限法偿即有限的支付能力，即每次支付超过一定的限额，对方有权拒绝接受。在金属货币流通中，辅币则为有限法偿。这是由于辅币是由贱金属铸造的，是不足值的铸币，但法律又规定辅币与主币之间有固定的兑换比例，如果辅币为无限法偿，人们都会用辅币去支付，不愿用主币支付，造成主币从流通中消失。因此，各国对辅币的支付限额作出规定，如美国曾规定银币 10 分每次支付限额为 10 元，铜镍币为 25 分；中国过去的《国币条例》规定 5 角银币每次支付限额为 20 元，1 角、2 角在 5 元以内。但是，在向国家纳税和向银行兑换时，可不受此限制。

在信用货币流通条件下，中央银行发行的银行券具有无限法偿的能力，其他形式的信用货币，如商业票据、支票等一般不享有这种资格。

（六）货币发行准备制度的规定

货币发行准备制度，是为约束货币发行规模、维护货币信用而制定的，要求货币发行者在发行货币时必须以某种金属或资产作为发行准备的规章制度。货币发行准备一般包括现金准备和保证准备两大类。

现金准备是指集中于中央银行或国库的贵金属，它是一国货币稳定的坚实基础。在金属货币本位制度下，现金准备的用途有三个：①作为国际支付的准备金；②作为扩大或紧缩国内金属货币流通的准备金；③作为支付存款和兑换银行券的准备金。在当代信用货币流通条件下，只有第一项用途被保存，后两项用途已不复存在，但现金准备对核定国内货币流通的作用仍很重要。当今各国中央银行为了保证有充足的国际支付手段，除了持有黄金之外，还可以选择储备外汇资产。由于面临汇率风险，中央银行的外汇储备往往是外汇资产组合而不是单一的外汇资产。

保证准备制度，又称信用担保，即以政府债券、财政短期票据、短期商业票据及其他有高度变现能力的资产作为发行担保。

现代纸币本位制的货币发行主要以保证准备及外汇储备作为货币的发行保证，黄金实际上已经成为一种普通商品在市场上流通。世界各国货币发行制度的趋势是由可兑现金银向不可兑现金银、由现金准备向保证准备、由保证准备发行向货币供应量的管理与控制逐渐过渡。

二、货币制度的演变

货币制度主要经历了金属货币制度和不兑现的信用货币制度，金属货币制度又包括银本位制、金银复本位制和金本位制。以下分别论述。

（一）银本位制

银本位制是以白银为本位币的一种货币制度。按照兑换白银的形式，银本位制可分为银币本位、银块本位和银汇兑本位。所以，实际上的银本位制只有银币本位一种。它的特点是：银币是本位货币，银币可以自由铸造，具有无限法偿能力，辅币和其他货币则为有限法偿，但它们可以自由兑换成银币，白银可以自由输出入国境。

银本位制历史悠久。早在中世纪，许多国家都采用过这种货币制度，16 世纪以后开始盛行。1870 年以后银价跌落，资本主义国家纷纷采用金银复本位制。20 世纪初，资本主义各国已普遍采用金本位制的时候，只有少数经济落后的国家仍在采用银本位制。

（二）金银复本位制

金银复本位制，是指同时以黄金、白银为币材，铸造两种本位货币同时流通使用的货币制度。这种本位货币制度是资本主义发展初期的典型货币制度，随着时间的演变，先后经历了三种不同的形式。

1. 平行本位制

平行本位制，是指金银各按其所含金属的实际价值任意流通的一种复本位货币制度。在这种货币制度下，国家对金银的兑换比例不加固定，而由市场自发形成。

平行本位制的特点是：（1）金币和银币都是一国的本位货币；（2）二者均具有无限法偿资格；（3）二者都可以自由铸造和熔化；（4）金币与银币之间的交换比率完全

由金币和银币的市场价格决定，由经济力量调整，不为任何人为力量所管制。

平行本位制的以上特点也决定了其作为一种货币制度，存在着一个致命的缺点，即金币与银币之间的交换比率随金币与银币市场价格的变化而变化，于是在国际贸易中，如果各国之间的金银币比价不同，那么，金币就会流向金价较高的国家，而使该国逐渐变为金本位制度；白银则流向银价较高的国家，而使该国逐渐变为银本位制，这就足以使平行本位制解体。

2. 双本位制与劣币驱逐良币现象

双本位制是为了矫正平行本位制导致的货币制度的不稳定而出现的，是典型的金银复本位制。双本位制，是指金银两种货币按法定比价流通的一种复本位货币制度。双本位货币制度的特点可归纳如下：（1）金币与银币都是一国的本位货币；（2）二者都具有无限的法偿资格；（3）二者均可自由铸造和熔化；（4）金币与银币之间的交换比率是以法律形式予以规定的。因此，这种本位制度是金币与银币这两种本位货币依照法定交换比率同时流通的货币制度，政府对一个单位的本位金币的含金量和一个单位的本位银币的含银量都作出了确定的规定，如美国1792年货币条例规定，金银法定比价为1:15，1834年改为1:16；1803年法国则规定为1:18.5。这就避免了在平行本位制下金本位币与银本位币的交换比率随市场价格变化而波动所导致的价值尺度的不稳定问题。

因此，双本位制的一个重要作用在于对平行本位制的矫正作用。因为，在实行双本位制下，可以使金银的市场比价与金银的法定比价保持一致，从而稳定货币单位的价值标准，并使国与国之间的汇率保持稳定。例如，假定金银的法定比价为1:10，而市场比价为1:12，这说明黄金的市场价格高于其法定价格，白银的市场价格低于其法定价格。因此，人们会把金币熔化为黄金，按照市场比价1:12来交换白银，再把白银铸造成银币，按照金币与银币的法定比价1:10来交换金币。转手之间，1单位金币变成1.2单位金币，赚取了0.2个单位的货币。这种赚钱动机的驱动，让人们不断地把金币熔化为黄金，把白银铸造成银币，致使流通中金币数量不断减少，市场上黄金数量不断增加。而流通中的银币数量不断增加，市场上白银数量不断减少，市场上黄金数量的增加使黄金的市场价格下降，白银数量的减少又使白银的市场价格上涨。如果黄金与白银的价格变化使得黄金的市场价格低于其法定价格，与之相应，白银的市场价格就高于其法定价格，那么，又出现相反的情况：把银币熔化为白银去换取黄金，然后把它铸造成金币去换银币，于是市场上白银数量增加，白银市场价格下降，而市场上黄金数量减少，黄金市价上涨。总之，只要黄金与白银的市场价格不等于其法定比价，那么市场价格就会不断地向法定价格靠近，直到市场价格与法定比价达到一致为止。这就是双本位制的矫正作用。

从以上分析中可以看出，在双本位制中，当黄金与白银的法定比价与市场价格不一致时，市场价格高于法定比价的金属货币在流通中的数量会逐渐减少，而市场价格低于法定比价的金属货币在流通中的数量会不断增加，这就是劣币驱逐良币现象，通称"格雷欣法则"（Gresham's Law）。就是说，两种实际价值不同而法定价格相同的货币同时流通，市场价格偏高的货币称为良币，另一种货币则称为劣币。在价值规律作用下，市场上良币敛迹，劣币充斥，引起经济紊乱。

所以，在双本位制下，虽然国家规定金银同时充当货币材料，金币和银币同时都是本位币，但在流通过程中，实际上只有一种货币发挥本位币的作用，而另一种货币则变成了普通商品。因此，双本位制也是一种不稳定的货币制度。

货币也会排斥异己的——劣币驱逐良币

"劣币驱逐良币"是经济学中的一个著名定律，在两种实际价值不同而面额价值相同的通货同时流通的情况下，实际价值较高的通货（所谓良币）必然会被人们熔化、收藏或输出而退出流通领域；而实际价值较低的通货（所谓劣币）反而会充斥市场。这就是著名的格雷欣法则。在现实生活中，我们也经常会看到类似的现象。

在铸币时代，当那些低于法定重量或者成色的铸币——"劣币"进入流通领域之后，人们就倾向于将那些足值货币——"良币"收藏起来。最后，良币将被驱逐，市场上流通的就只剩下劣币了。因为如果交易双方对货币的成色或者真伪都十分了解，劣币持有者就很难将手中的劣币用出去，或者即使能够用出去也只能按照劣币的"实际"而非"法定"价值与对方进行交易。

资料来源：蒋先玲. 货币银行学 [M]. 北京：机械工业出版社，2013：15.

课堂互动

在现实生活中，格雷欣法则实现需要具备哪些条件？

3. 跛行本位制

所谓跛行本位制，是指金币可以自由铸造，而银币不能自由铸造，金币与银币的比价固定的货币制度。

跛行本位制的特点有：（1）金币和银币都是一国的本位货币；（2）二者均具有无限法偿资格；（3）但是只有金币可以自由铸造，银币不得自由铸造；（4）金币与银币之间的比价由政府以法律形式加以规定。

金银复本位制中金币与银币犹如两条腿，但现在取消了银币的自由铸造，这就好像缺了一条腿，故使复本位制变为跛行本位制。跛行本位制的出现，主要是由于19世纪70年代世界银价的暴跌。为了维持银本位货币的地位和金银之间的法定比价，法国和美国决定停止银币的自由铸造，由双本位制改为跛行本位制。这是一种不完全的金银复本位制，形象地说，金、银的自由铸造特性好比认得两只腿，银这只腿不健全了（不能自由铸造），因此这种货币制度运转起来，就像瘸腿的人走路。实际上，银币已降为金币的附属，所以，跛行本位制只是复本位制向金本位制的过渡形式。

（三）金本位制

18世纪末到19世纪初，各资本主义国家都逐步从复本位制向金本位制过渡，其主要原因是：

第一，在复本位制下，由于两种货币同时执行价值尺度职能以及"格雷欣法则"的作用，造成商品价格的不断变动和货币流通的混乱。这对迅速发展的资本主义经济起着阻碍作用，客观上要求建立一种稳定的货币制度。

第二，白银价格经常波动，黄金则较稳定。

第三，英国率先实行金本位制，对其他国家有刺激作用。英国政府于 1816 年颁布《铸币条例》，规定一盎司黄金为 3 镑 17 先令 10.5 便士，银币处于辅币地位。1819 年又颁布条例，要求英格兰银行的银行券在 1821 年可兑换黄金，在 1822 年可兑换金币，并取消对金币熔化和出口的限制，真正实现了金本位制。由于英国在当时所处的世界经济的中心地位，以及在国际贸易与国际信用中的主导作用，其他国家也纷纷起而效仿，向金本位制过渡。

第四，从 19 世纪 40 年代开始，世界黄金产量激增，为当时以黄金代替白银为主币材料提供了必要的物质基础。

金本位制包括金币本位制、金块本位制和金汇兑本位制。金块本位制和金汇兑本位制是在金本位制的稳定性因素受到破坏后出现的两种不健全的金本位制。

1. 金币本位制

金币本位制是 19 世纪中叶到 20 世纪初，主要资本主义国家实行的货币本位制度，它的特点是：金币可以自由铸造；辅币和银行券可以自由兑换成金币；黄金可以自由输出入国境。

在实行金币本位制的国家之间，两国主币法定含金量的比值，即法定比价，通称"金平价"。在金平价基础上，用一国货币单位表示的另一国货币单位的价格，称为"外汇行市"。外汇行市波动的最高界限是金平价加单位外币含金量的国际运送费（包括运费、保险费、包装费等）。这个界限叫"黄金输出点"，一旦超过会导致黄金输出。金平价减黄金运送费称为"黄金输入点"。

金币本位制是一种比较稳定的货币制度，它在资本主义发展过程中起到了促进作用。随着资本主义的发展，金币本位制的稳定因素不断受到破坏，到第一次世界大战后已经很难再维持下去。

2. 金块本位制

第一次世界大战后，一些资本主义国家经济受到通货膨胀、物价上涨的影响，加之黄金分配的极不均衡，已经难以继续实行金币本位制。1922 年在意大利热那亚城召开的世界货币会议上决定采用"节约黄金"的原则，实行金块本位制和金汇兑本位制。

金块本位制，又称生金本位制，是指没有金币的铸造和流通，而由中央银行发行以金块为准备的纸币流通的一种金本位货币制度。相比较于金币本位制，这种货币制度的特点在于：第一，金块本位制以纸币或银行券作为流通货币，不再铸造、流通金币，但纸币和银行券规定有含金量。第二，居民可按本位币的含金量在达到一定数额后兑换金块，故有人称这种货币制度为"富人本位制"。第三，黄金集中存储于本国中央银行。中央银行保持一定数量的黄金储备，以维持黄金与货币之间的联系。同时，中央银行掌管黄金的输出和输入，禁止私人输出黄金。

金块本位制度既节省了货币性黄金的使用，减少了黄金的发行准备量的要求；又减少了黄金外流,在一定程度上缓解了黄金短缺和商品经济发展的矛盾,但也使黄金的货币职能逐步缩小了范围。

3. 金汇兑本位制

金汇兑本位制,又称"虚金本位制",是指没有金币的铸造和流通,而以中央银行发行的纸币或银行券作为流通货币,通过外汇间接兑换黄金的一种金本位制度。

金汇兑本位制与金块本位制有相同之处:货币单位都规定有含金量,国内物流纸币,没有金币流通。但是,金汇兑本位制度规定纸币不能兑换黄金,但可兑换外汇。本国中央银行将黄金与外汇存于另一个实行金本位制的国家,允许以外汇间接兑换黄金,并规定本国货币与该国货币的法定比率,通过买卖外汇维持固定比率。纸币的发行以存入本国或外国的中央银行的黄金及外汇作为发行准备。

实行金汇兑本位制的国家实际上是使本国货币依附在一些经济实力雄厚的外国货币上,在对外贸易和货币政策上必然受到与其相联系的国家的控制。所以,金汇兑本位制实质上是一种附庸的货币制度。一般殖民地和附属国采用。第一次世界大战之前,殖民地国家如印度、菲律宾等实行过这种货币制度。第一次世界大战后,法国、意大利、奥地利、波兰等也推行了这种货币制度。

金块本位制和金汇兑本位制都是被削弱了的国际金本位制。1929~1933年的世界性经济危机的冲击下,迫使各国放弃金块本位制和金汇兑本位制,国际金本位制退出了历史舞台。

(四)不兑现的信用货币制度

不兑现的信用货币制度,是指以不兑换黄金的纸币或银行券为本位币的货币制度。不兑现的纸币一般由中央银行发行,国家法律赋予其无限法偿能力。在20世纪30年代金本位制完全崩溃以后世界各国普遍实行了这种货币制度。

信用货币制度的主要内容如下:

(1)纸币发行权由国家垄断,在中央银行制度建立后,一般由国家授权中央银行发行,以保证发行纸币的收入归国家所有。

(2)中央银行发行的纸币是法定货币,有国家法律规定在一国范围内强制流通,成为无限法偿货币和最后支付手段。

(3)纸币不能兑现。黄金退出流通,切断了纸币与黄金的联系。1973年以前,西方国家纸币都规定有含金量,1973年以后,各国都不再规定纸币的含金量,纸币已不能兑换黄金。

(4)在纸币本位制度下,纸币通过银行信用渠道投入流通,通过存款货币进行转账结算,非现金流通成为货币流通的主体。

三、我国货币制度的主要内容

我国现行货币制度的基本内容,主要包括:货币名称、货币单位、性质、发行原则、流通程序、黄金、外汇的储备、汇率管理和对国家货币的维护等。

（一）我国货币的名称是人民币，在全国范围内流通，行使货币的各种职能，具有无限法偿能力

人民币没有规定含金量，是不可兑现的信用货币。人民币的单位为"元"。元是本位币，即主币；辅币单位为"角"和"分"。1元等于10角，1角等于10分。人民币的票券、铸币的种类由国务院统一规定。现行的人民币主币有1元、2元、5元、10元、20元、50元和100元七种；辅币有1分、2分、5分、1角、2角和5角六种。人民币的符号是"￥"，读音同元。

（二）人民币是我国唯一合法的货币

中国人民银行是全国唯一的货币发行机关。国家规定在国内严禁一切外国货币和金银的流通，也禁止人民币输出国境；国家法令规定，严禁伪造、变造人民币以及破坏人民币声誉的行为，凡违反者均要受到法律的处罚，以维护人民币的信誉和合法地位。

（三）统一管理黄金和外汇储备

由中国人民银行集中掌管，统一调度，并定期公布。这是因为，黄金和外汇储备与人民币的发行和流通密切相关，同时也是国际收支的准备金。

（四）统一管理人民币对外国货币的汇率

人民币与外币的兑换价（人民币汇率）1994年以前一直由国家外汇管理局制定并公布，1994年1月1日人民币汇率并轨后，开始实施以市场供求为基础的、单一的、有管理的浮动汇率制，中国人民银行每日公布的汇率根据国内外外汇市场的情况相机浮动。人民币汇率采用直接标价法。

（五）人民币的发行按照经济发行

所谓经济发行就是根据国民经济的发展状况，适应商品生产和流通的正常需要，通过银行信贷程序来发行货币。按照经济发行，可以使处于流通中的货币购买力能有适当的商品物资相对应，从而能保持币值和物价的稳定。同经济发行相对立的是财政发行，即为弥补财政赤字所做的发行。财政发行是一种非生产性的、不正常的发行，会引起通货膨胀。

+·+

一国四币：独特的货币文化现象

当政治上的"一国两制"在中国取得重大突破时，经济上的"一国四币"即人民币、港币、澳门币及新台币早已在国内相互流通，这种新的经济文化现象很具有独特性。

据有关资料显示，目前在内地流通的港币现金已超过150亿港元，占香港货币发行总量的30%左右。而从台湾涌向大陆和香港的资金高达600多亿美元，其中有相当数

量的新台币流到大陆，在福建等地流通：由于受20世纪90年代末东南亚金融危机的影响，港币、澳门币与币值稳定的人民币关系十分密切，除金融机构相互挂牌外，还形成了地域性的如珠江三角洲一带互为流通使用的局面：广州、深圳、珠海等地，接受港币、澳门币的店铺随处可见。内地城乡居民为了使自己拥有的货币收入分散化以及投资或收藏等原因，也有很多人拥有港币、澳门币及新台币。与此同时，人民币在香港、澳门已进入流通领域，在这些地区，越来越多的人以人民币为"硬通货"及结算货币。在香港或澳门的街头，除银行外，还随处可见公开挂牌买卖人民币的兑换店。更有趣的是，香港、澳门大多数的商店、饭店、宾馆等很多消费场所都直接接受人民币，一些商店门口甚至挂上"欢迎使用人民币"的牌子招徕顾客。台湾也同样出现了人民币的流通现象，许多人将人民币作为坚挺的货币来看待。台湾已视伪造人民币为非法行为，不少台胞回大陆探亲后，都带着人民币回去使用或收藏留作纪念。

资料来源：百度文库：案例1-4：一国四币：独特的货币文化现象。http://wenku.baidu.com/link?url=YOeZoE6cWHrHFCvIer07_7TYr1XQj5w1o1eD6mc4jlTCT27g-I01RPK_8Nyemy9hL9ETy55VjP5T-JS4ZRQ46wJSjHiNDqjWe2gGJea-z0q

 实训任务

市场调研：

将全体学生分为六组，三个组赴银行，另三个组赴其他金融机构（信用社、保险公司等）进行现场考察。观察在一段时间内出入银行的各色人等及其办理业务的类型（取款、存款、还款、缴费、纳税等），分辨其使用货币的基本类型。由每位小组长执笔写出考察报告并在下次课堂上向全班汇报。

本项目提要：

1. 在经济学家看来，货币是指在购买商品和劳务或清偿债务时被普遍接受的任何物体或东西。一般而言，物体必须具备价值稳定性、普遍接受性、可分割性、易于辨认与携带、供给富有弹性等特征才能被人们普遍接受从而充当货币。

2. 从古到今，货币形态的发展大致经历了实物货币、金属货币、信用货币及电子货币几个阶段。

3. 货币的本质：马克思以劳动价值论为基础，通过对货币起源的分析，科学地揭示了货币的本质，即货币是固定地充当一般等价物的特殊商品，并体现一定的社会生产关系；西方学者对货币本质的争论具有货币金属论、货币名目论两种代表性的观点。

4. 现代经济中，货币一般被认为具有四个职能：价值尺度、流通手段、价值储藏和支付手段。其中，价值尺度和流通手段是货币最基本的职能。

5. 货币制度是人类社会的生产和交换发展到一定阶段的产物，货币现象也是一种经济制度的现象，它经历了一个不断发展和演进的过程。

6. 货币制度，也称货币本位制度，简称"币制"，是一国政府为了适应经济发展的

需要，以法律或法令形式对货币的发行与流通所作的一系列规定的总称。货币制度是货币运动的规范和准则。从规范化的角度来看，典型的货币制度主要包括货币材料，货币单位，货币的铸造、发行和流通程序，以及准备制度等内容。

7. 货币制度主要经历了金属货币制度和不兑现的信用货币制度，金属货币制度又包括银本位制、金银复本位制和金本位制。

8. 我国现行货币制度的基本内容，主要包括：货币名称、货币单位、性质、发行原则、流通程序、黄金、外汇的储备、汇率管理和对国家货币的维护等。

本项目学习效果评价

一、尝试回答以下问题

1. 如何理解货币的定义？它与日常生活中的通货、财富和收入概念有何不同？
2. 货币定义可划分为哪几个层次？它们是由哪些构成的？
3. 货币的本质是什么？
4. 简述货币的基本职能及特点？
5. 什么是本位货币，它有哪些特点？
6. 什么是货币制度？它有哪些基本构成要素？
7. 试述货币制度的类型及特点？
8. 金属货币制度是如何对一国的物价水平与国际收支发挥自动调节作用的？
9. 解释"劣币驱逐良币"现象？
10. 简述人民币货币制度的主要内容。

二、案例分析

神秘的虚拟货币：比特币

比特币（BitCoin）的概念最初由中本聪在 2009 年提出，根据中本聪的思路设计发布的开源软件以及建构其上的 P2P 网络。比特币是一种 P2P 形式的数字货币。点对点的传输意味着一个去中心化的支付系统。

与大多数货币不同，比特币不依靠特定货币机构发行，它依据特定算法，通过大量的计算产生，比特币经济使用整个 P2P 网络中众多节点构成的分布式数据库来确认并记录所有的交易行为，并使用密码学的设计来确保货币流通各个环节安全性。P2P 的去中心化特性与算法本身可以确保无法通过大量制造比特币来人为操控币值。基于密码学的设计可以使比特币只能被真实的拥有者转移或支付。这同样确保了货币所有权与流通交易的匿名性。比特币与其他虚拟货币最大的不同，是其总数量非常有限，具有极强的稀缺性。该货币系统曾在 4 年内只有不超过 1050 万个，之后的总数量将被永久限制在2100 万个。

比特币可以用来兑现，可以兑换成大多数国家的货币。使用者可以用比特币购买一些虚拟物品，比如网络游戏当中的衣服、帽子、装备等，只要有人接受，也可以使用比特币购买现实生活当中的物品。

西弗吉尼亚州民主党参议员乔·曼钦（Joe Manchin）2014 年 2 月 26 日向美国联邦政府多个监管部门发出公开信，希望有关机构能够就比特币鼓励非法活动和扰乱金融秩序的现状予以重视，并要求能尽快采取行动，以全面封杀该电子货币。

资料来源：百度文库：《神秘的虚拟货币：比特币》。http：//wenku. baidu. com/link?url＝DMEKT21hqDYbpwRAaXu1lG3yL_gyqF6－v5VHarG6Tyfv3O8ABRGzzM7SxXQK4km4DA1Mle85_xKe7b7wfYym016TvTZAv2b3AtAQiTQ2mTm

请同学们思考并分析：

1. 案例中比特币能不能充当货币，为什么？

2. 比特币的出现是否扰乱了金融秩序？

项目二　透视信用

学习目标 >>> >>>

　　通过本项目的学习，使学生能够理解信用的含义及本质，了解信用的产生和发展，掌握信用的表现形式，熟悉常见的信用工具。

项目导言 >>> >>>

　　在商品经济条件下，货币主要以信用的方式借贷，信用是货币支付手段职能的反映。因此，信用是从属于商品货币关系的一个经济范畴。本项目重点分析信用的本质、信用表现形式及信用工具等内容。

案例导入 >>> >>>

信用：富人赚钱的智慧

　　美国加州的威尔·杰克是百万富翁。起初他身无分文，直到外出工作，才有了一些积蓄。每个周末威尔会定期到银行存款，其中一位柜员注意到了他，觉得他天生聪慧，了解金钱的价值。后来威尔决定创业，从事棉花买卖，那位银行工作人员知道了，便给他贷了款。这是威尔第一次使用别人的钱，很快他便偿还清了银行的贷款，赢得了良好的声誉、一年半之后，他改为贩卖马和骡子，逐渐积累了一些财富。后来，有两个创业失败但很优秀的保险业务员找他，希望他能以个人信誉作担保，从银行贷款相助。威尔看到这两个人的确很优秀，现在只不过是一时之艰，于是决定帮助他们。威尔向加州银行贷款。银行非常愿意把钱贷给像威尔这样有诚信的人。由于威尔的贷款额度不受限制，所以他用贷出来的钱买下了那两位业务员创立的公司的全部股份。此后，在短短10年内，这家寿险公司，从原来只有40万美元的资本，通过基本客户群制度获利4000万美元。

　　资料来源：张卉妍. 金融学一本全（上）[M]. 北京：中国华侨出版社，2013：100.

　　威尔·杰克为什么能贷到款？猜测一下信用与财富的关系。

任务一　揭开信用的本质

一、信用的含义

　　信用是借贷的总称，是一种以偿还和付息为条件的特殊的价值运动形式，体现一定的债权债务关系。信用有借方和贷方两个关系人。贷方为授信者，即债权人；借方为受信者，即债务人。授信过程是债权人提供一定的有价物给债务人，到约定时间，债务人将有价物归还并加付一定利息。有价物可以是商品、劳务、货币或某种金融要求权（如股票或债券）。无论是何种信用，通常都可以用货币偿付。

一般地，信用活动的构成要素至少包括以下三个方面：

第一，债权人和债务人。债权人和债务人是信用活动中的主体，它可能是个人、企业、政府及金融机构等。

第二，时间间隔。信用活动的发生，必然具有资金转移的时间间隔，它是构成货币单方面让渡与还本付息的基本条件。

第三，信用工具。信用工具是信用关系的证明和载体。信用关系的发展经历了三个发展阶段：第一阶段是以口头承诺，以账面信用为依据，尚未使用正式的信用工具；第二阶段是以正式的书面凭证为依据，如借贷契约、债务凭证等，这些构成了真正的信用工具；第三阶段为信用工具流动化的阶段，即各种信用工具，如债券、票据等可以流通转让，从而促进了信用关系的进一步发展。

信誉比金钱更重要

一个名叫 J. P. 摩根的人曾经主宰着美国华尔街的金融帝国。而他的祖父，也就是美国亿万富翁摩根家族的创始人——老摩根，当年却是个一无所有的人。

1835 年，当时的老摩根还是个普普通通的公司职员，他没有想过发什么大财，只要能在稳定的收入之余得到一笔小小的外快就足以让他心满意足。

一个偶然的机会，老摩根注册成为一家名叫"伊特纳火灾"的小保险公司的股东，因为这家公司不用马上拿出现金，只需在股东名册上签上名字就可成为股东。这正符合当时摩根先生没有现金却想获得收益的情况。

然而在摩根成为这家保险公司的股东没多久，一家在"伊特纳火灾"保险公司投保的客户发生了火灾。按照规定，如果完全付清赔偿金，保险公司就会破产。股东们一个个惊慌失措，纷纷要求退股。

这个时候，老摩根斟酌再三，认为自己的信誉比金钱更重要，于是他便四处筹款并卖掉了自己的住房，低价收购了所有要求退股的股份，然后他将赔偿金如数付给了投保的客户。

一时间，"伊特纳火灾"保险公司声名大噪。

身无分文的老摩根成为保险公司的所有者，但是保险公司资金严重短缺濒临破产。无奈之中他打出广告：凡是再到"伊特纳火灾"保险公司投保的客户，理赔金一律加倍给付。

他没有料到的是，没多久，指名投保火险的客户蜂拥而至。原来在很多人的心目中，"伊特纳火灾"保险公司是最讲信誉的保险公司，这一点使它比许多有名的大保险公司更受欢迎。"伊特纳火灾"保险公司从此崛起。

结果，摩根不仅为公司赚取了利润，也赢得了信用资产。信用资产不仅让他自己终身受用，还让他的后代子孙受益。

在约瑟·摩根先生的孙子 J. P. 摩根主宰了美国华尔街金融帝国后，大女婿沙特利在日记中记载了 J. P. 摩根生前最后一次为众议院银行货币委员会所做的证词，他的核心证词只有两个字"信用"。

资料来源：董典波，崔会娜，黄梦溪. 一口气读懂经济学Ⅱ妙趣横生的经济学茶座［M］. 北京：新世界出版社，2009：115.

课堂互动

联系实际生活，谈谈当今商业社会的信誉状况。

二、信用的本质

信用的本质可以从以下几个方面进行分析和理解：

（一）信用是以偿还和付息为条件的借贷行为

信用作为一种借贷行为，贷方把一定数量的有价物贷放给借方，借方可以在一定时期内使用这些有价物，到期必须偿还，并按规定支付一定的利息。所以偿还和付息是信用最基本的特征。这一特征使它区别于财政分配。财政分配基本上是无偿的。例如，企业向财政缴纳税金，财政对企事业单位的拨款，都是无偿进行的。信用分配则是有偿的。它作为一种借贷行为必须有借有还，存款要提取，贷款要归还，在偿还时，还要按规定支付一定的利息。

（二）信用反映的是债权债务关系

信用是商品货币经济中的一种借贷行为。在这种借贷行为中，有价物的所有者由于让渡有价物的使用权而取得了债权人的地位，有价物的需要者则成为债务人，借贷双方有着各自对应的权利和义务。这种债权债务关系最初是由于商品的赊销和货币的预付而产生的，但随着融资行为和信用制度的广泛建立和发展，债权债务关系渗透到了经济生活的各个角落。无论是企业的生产经营活动，还是个人的消费行为或政府的社会、经济管理活动都依赖债权债务关系。

（三）信用是价值运动的特殊形式

在单纯的商品交换中，价值运动是一种对等的等价交换，卖方让渡商品取得货币，买方付出货币取得商品。这里发生了所有权的转移。卖方虽然放弃了商品的所有权，但没有放弃商品的价值，只是改变了价值形态，即从商品形态变成了货币形态；而买方虽然放弃了货币，但取得了与货币等价的商品。但在信用活动中，一定数量的有价物从贷方手中转移到借方手中，并没有同等价值的对立运动，只是有价物使用权的让渡，没有改变所有权。所以，信用是价值单方面的转移，是价值运动的特殊形式。

三、信用的产生和发展

（一）信用的产生

信用是与商品经济和货币紧密联系的经济范畴，它是商品生产与交换和货币流通发展到一定阶段的产物。

1. 信用产生的前提条件是私有制

信用产生的基本前提条件都是私有制条件下的社会分工和大量剩余产品的出现。从逻辑上讲，私有财产的出现是借贷关系产生的前提条件。没有私有权的存在，借贷就无从谈起，贷出货币可不必讨回，借得货币无须顾虑将来能否偿还，相应的利息更属无稽之谈。由此可见，信用的产生完全是为了满足一种以不改变所有权为条件的财富调剂的需要。

当然，在公有制经济条件中，信用关系仍然存在，其存在的前提条件是不同经济主体存在各自的经济利益目标。

2. 信用产生的直接原因是经济主体调剂资金余缺的需要

信用产生的直接原因是商品经济条件下调剂资金余缺的需要。在商品货币经济中，无论是进行生产经营活动的企业、从事不同职业的个人，还是行使国家职能的各级政府，他们的经济活动都伴随着货币的收支。在日常的货币收支过程中，可能收支相等，处于平衡状态。但更多的情况是收支不相等，或收大于支，或支大于收。货币收入大于支出的经济主体我们称之为盈余单位；反之，支出大于收入的经济主体我们称之为赤字单位。盈余单位需要将剩余资金贷放出去，赤字单位需要将资金缺口补足。但是，在商品经济条件下，经济主体之间存在着独立的经济利益，资金的调剂不能无偿地进行，而必须采取有偿的借贷方式，也就是信用方式。盈余单位将剩余资金借给赤字单位，后者到期必须归还，并且附带一定的利息。由此，信用关系就产生了。

（二）信用的发展

1. 最初的信用活动表现为商品赊销

随着商品生产和交换的发展，商品流通出现了矛盾：一些商品生产者出售商品时，购买者却可能因自己的商品尚未卖出而无钱购买。于是，赊销（即延期支付的方式）应运而生。赊销意味着卖方对买方未来付款承诺的信任，意味着商品的让渡和货币的取得在时间上的分离。这样，买卖双方除了商品交换关系之外，又形成了一种新型的关系，即信用关系，也就是债权债务关系。此时的信用大多以延期付款的形式相互提供信用，即商业信用。

2. 信用活动发展为广泛的货币借贷活动

在这一阶段，信用交易超出了商品买卖的范围。作为支付手段的货币本身也加入了交易过程，出现借贷活动。现代金融业正是信用关系发展的产物。随着现代银行业的出现和发展，银行信用逐步取代了商业信用，成为现代经济活动中最重要的信用形式。

从此，货币的运动和信用关系联结在一起，并由此形成了新的范畴——金融。金融是货币流通和信用活动以及与之相联系的经济活动的总称，经济和金融业的发展，总是植根于社会信用的土壤之中。甚至可以说，金融的本质就是信用，即"金融就是拿别人的钱来玩"或"用别人的钱为自己创造财富"。

 实训任务

市场调研：

进行社会调查，了解改革开放以来我国经济社会的诚信发展情况，根据调查的结果，结合社会主义核心价值观谈谈"诚信"的重要性。

任务二　了解信用形式

信用作为一种借贷行为，要通过一定方式具体表现出来。表现信贷关系特征的形式称为信用形式。随着商品货币关系的发展，信用形式日趋多样化。按照借贷关系中债权人与债务人的不同，信用可分为以下几种基本形式：

一、商业信用

商业信用（commercial credit）是企业之间进行商品交易时，以延期支付或预付形式提供的信用。商业信用的具体方式很多，如赊销商品、委托代销、分期付款、预付定金、预付货款及补偿贸易等，其中，以商品的赊销为主，即主要由卖方给买方提供信用。

商业信用：企业之间信守的承诺

1596～1598年，一个有名的人叫巴伦支，他是荷兰的一个船长。他试图找到从北面到达亚洲的路线。他经过了三文雅，到达一个俄罗斯的岛屿，但是他们被冰封的海面困住了。

三文雅地处北极圈之内，巴伦支船长和17名荷兰水手在这里度过了8个月的漫长冬季。他们拆掉了船上的甲板做燃料，以便在零下40摄氏度的严寒中保持体温；他们靠打猎来取得勉强维持生存的衣服和食物。

在这样恶劣的险境中，8个人死去了。但荷兰商人却做了一件令人难以想象的事情，他们丝毫未动别人委托给他们的货物。而这些货物中就有可以挽救他们生命的衣物

和药品，冬去春来，幸存的商人终于把货物几乎完好无损地带回荷兰，送到委托人手中。他们用生命作代价，守望信念，创造了传之后世的经商法则。在当时，这样的做法也给荷兰商人带来显而易见的好处，那就是赢得了海运贸易的世界市场。

资料来源：360 百科. 威廉·巴伦支. http://baike.so.com/doc/1717341 - 1815542. html.

（一）商业信用的特点

1. 商业信用的主体是厂商

商业信用是直接信用，是工商企业之间相互提供的信用，所以，其债权人和债务人都是厂商。商业信用是一个企业把商品赊销给另一个企业时，商品的所有权发生了转移，由卖方手中转移到了买方手中，但由于商品的贷款并没有立即支付，从而使卖方成了债权人，买方成了债务人，买卖双方形成了债权债务关系，买方到期必须以货币的形式偿还债务。

商业信用在企业与企业之间的作用

王老板的家具生意做得有声有色，同时他也是一个对自己要求非常严格的人，这种严格始终贯穿在他的生意中，主要体现在他对家具质量的要求上。很多商家选择王老板生产的家具的主要原因就是看中了其家具的质量。同时，王老板也是一个非常讲信用的人，他从不拖欠生产家具所用的原材料货款，总是先付款后提货。也正是王老板的这种严格和守信为他在业界树立了不错的口碑。

有一年，经济不景气，家具生意很不好做，很多家具生产厂家都倒闭了。但精明的王老板认为，只要现在能够继续生产，一段时间以后，家具市场肯定会好转，并且会比之前经济景气的时候还好。可是，问题出来了，想要继续生产，就必须有原料，但王老板手中目前没有那么多的流动资金。于是，王老板便找到材料供应商，要求先赊购一部分原料，等家具盈利后立即归还欠款。材料供应商听完后，立即答应了他的请求，原因是王老板是一个守信用的人，自己信得过他。

资料来源：张卉妍. 金融学一本全（上）[M]. 北京：中国华侨出版社，2013：106.

2. 商业信用的客体是商品资本

商业信用提供的不是暂时闲置的货币资本，而是处于再生产过程中的商品资本。即贷出的是那些处在再生产过程中的商品资本，处于再生产循环过程中，它仍是产业资本的一部分。

3. 商业信用与产业资本的动态一致

由于商业信用和处于再生产过程中的商品资本的运动结合在一起，所以，它与产业资本的动态是一致的。在经济复苏、繁荣时期，经济增长，产业资本扩大，商业信用的规模也就扩大；相反，在经济危机、萧条时期，商业信用又会随生产和流通的缩小而萎缩。

（二）商业信用的局限性

商业信用的优点在于方便和及时。在找到商品的买主或卖主的同时，既解决了资金融通的困难，也解决了商品买卖的矛盾，从而缩短了融资时间和交易时间。但商业信用的存在和发展也有一定的局限性。

1. 商业信用在授信规模上受到局限

商业信用的规模受企业资本量的限制，而且只限于企业暂时不投入生产过程的那部分资本量，一般是企业生产周转过程最后阶段的产成品。

2. 商业信用在授信方向上受到局限

由于商业信用是以商品形式提供的，而商品均具有特定的使用价值，商业信用的需求者就是商品的购买者，因此就决定了信用具有方向性，即只能由商品的生产者提供给商品的需求者，而不能反向提供。例如，在纺织行业内只能按下列顺序逐级提供商业信用：

棉花供应商——→纺纱厂——→织布厂——→印染厂——→服装加工厂

3. 存在着分散化的弊端

商业信用是分散在众多企业之间自发发生的，经常形成一条债务锁链。如果这条锁链的任何一环出现问题，不能按时偿债，整个债务体系都将面临着危机。而国家经济调节机制对商业信用的控制能力又十分微弱，商业信用甚至对中央银行调节措施的反应完全相反，如中央银行紧缩银根，使银行信用的获得较为困难时，恰恰为商业信用活动提供了条件。只有当中央银行放松银根，使银行信用的获得较为容易时，商业信用活动才可能相对减少。因此，各国中央银行和政府都难以有效地控制商业信用膨胀所带来的危机。

新中国成立初期商业信用的发展

我国在新中国成立初期曾广泛存在商业信用。当时，商业信用解决了国民经济恢复时期资金不足的困难，有助于国有经济利用多种商业信用形式，实现对其他经济成分的引导和调控。商业信用在当时不仅被广泛运用，而且取得了较好的成效。1956 年后，随着生产资料社会主义改造的基本完成和计划经济管理体制的建立，商业信用逐渐被取缔。1979 年改革开放后，商业信用又重新恢复。但总的来讲，商业信用的局限性决定了其在我国信用体系中发展相对缓慢。

资料来源：赵学军. 中国社会科学院文库·经济研究系列：中国商业信用的发展与变迁 ［M］. 北京：方志出版社，2008.

二、银行信用

银行信用（banker's credit），是指银行及其他金融机构通过存款、贷款等业务活动提供的以货币形式为主的信用。银行信用是在商业信用发展到一定水平时产生的，它的产生标志着一个国家信用制度的发展与完善。

乡村银行——格莱泯银行

1976 年，一位曾经在美国读过书的经济学家尤努斯，将 27 美元借给 42 名农村妇女用于生产，使他们摆脱了贫穷。随后，他逐步建立起了孟加拉国乡村银行——格莱泯银行。任何妇女，只要能够找到 4 个朋友，在必要的时候同意归还贷款，那么格莱泯银行就向其发放贷款。如果借款人违约，其他人在贷款还清之前就不能借款。这一做法非常成功，今天，格莱泯银行拥有超过 2500 个分支机构，超过 98% 的还款率超过世界上任何一家成功运作的银行。这家成功的银行已经向超过 750 万人提供贷款，其中 97% 是女性，65% 的借款人以此摆脱了贫穷线。目前，在亚洲、非洲、拉丁美洲，已经有 90 多家模仿该做法的银行。传统的经济理论无法支撑这种想法，尤努斯却为此打开了一扇新的大门。

资料来源：360 百科.《格莱泯银行》. http：//baike. so. com/doc/571593 - 605104. html.

（一）银行信用的特点

1. 银行信用在信用规模及授信方向上具有突破

银行信用是以货币形式提供的。银行通过吸收存款的方式不但可以把企业暂时闲置的资金集中起来，而且可以把社会各阶层的货币收入集中起来。因此，银行信用集中与分配的资本就不仅仅局限于企业的现有资本，而是超出了这个范围，这就克服了商业信用在信用规模上的局限性；同时，由于银行信用是以货币形式提供的，而货币具有一般的购买力，所以，银行信用可以通过贷款方式提供给任何一个需要的部门和企业，这就克服了商业信用在授信方向上的局限性。

2. 银行信用是一种中介信用

银行信用活动的主体是银行和其他金融机构，但它们在信用活动中仅充当信用中介的角色。银行向商品生产者提供的货币资本绝大部分并非银行所有，而是通过吸收存款、储蓄或借贷的方式从社会其他各部门、各阶层取得的；另外，银行作为闲置货币资本的集中者而并非最终使用者，它必须通过贷款或投资运用到社会再生产的需要方面。从这个意义上说，银行只是货币资本所有者和使用者的一个中介，起着联系、沟通或桥梁的作用。

严格的个人贷款审批

刘女士在北京东四环看中一套价值 400 万元的房子，按照首付四成的比例，她需要拿出 160 万元的首付款。虽说刘女士夫妇年收入不算低，但她表示最近股市比较好，不太想动用股市里的钱支付首付款，而是想通过抵押自己现有住房去支付首付款，然后再办理住房按揭贷款。也就是说，400 万元的房款全部通过银行贷款方式支付。

刘女士这一算盘打得不错。但她向建行、招行、北京银行等银行工作人员咨询了一圈下来，发现银行根本无法满足她的要求。所有银行均表示抵押贷款不能作为购买房子的首付款，也有银行直接告知，房屋抵押率最多只能做到 7 成左右，有的银行还表示利率上浮 10%。

招商银行的一位工作人员说，只要是用于购房、买车、装修、旅游等消费，均可以申请办理个人抵押贷款，但是必须出具贷款用途证明。例如，抵押贷款用于购房，客户需要提供购房合同、首付款收据等。为了降低经营风险和控制放贷规模，一些银行已经开始停办个人贷款业务，虽然有些银行仍然可以办理个人贷款，但对贷款的用途审查得更加严格。

资料来源：张卉妍. 金融学一本全（上）［M］. 北京：中国华侨出版社，2013：104.

3. 银行信用与产业资本的变动保持着一定的独立性

由于银行信用贷出的资本是独立于产业资本循环之外的货币资本，其来源除了工商企业外还有社会其他方面，如居民储蓄等。因此，银行信用的动态同产业资本的动态保持着一定的独立性。例如，在经济危机时，商业信用因为产生停滞而大量缩减，但企业为了防止破产及清偿债务，势必需要银行信用，导致对银行信用的需求激增，银行信用规模反而大幅增长。

（二）银行信用的优点

相对于商业信用而言，银行信用的优点表现以下几个方面：

1. 银行信用克服了商业信用在规模上的局限性

银行信用能够聚集社会上各种暂时闲置的货币资本和货币储蓄，从而超越了商业资本只限于产业内部的界限。

2. 银行信用克服了商业信用在方向上的局限性

由于银行信用是以货币资本提供的，可以不受商品流转方向的限制，从而克服了商业信用在方向上的局限性。

正是由于银行信用具有上述特点，使得它在现代经济生活中成为信用的主要形式。在我国，资金融通的基本形式就是银行信用，其他信用形式所占比重较小。在大多数西方发达国家中，银行信用也是一种主导信用形式。当然，虽然银行信用克服了商业信用的某些缺点，但它不能取代商业信用。在实际经济生活中，这二者往往互为补充，共同发展。如果没有银行信用，一个企业能否提供商业信用必然取决于企业自身的资金周转状况；有了银行信用，企业就能够在赊销商品后，通过向银行融资提前收回未到期的货款。这样，商业信用的提供者在银行信用的支持下，可以突破自身闲置资金的限制，促进商品销售和商业信用的发展；银行也可以通过其业务活动，把商业信用纳入银行信用的轨道，如利用票据贴现来引导和控制商业信用的作用。

三、国家信用

国家信用（fiscal credit）是以国家为债务人，从社会上筹措资金来解决财政需要的一种信用形式。国家信用有多种形式，如发行各种政府债券、向银行借款、向国外借款以及在国际金融市场上发行债券等。国家信用的典型形式是发行国库券和中长期国债（或称公债券）。其中国库券是政府为解决短期的预算支出而发行的期限在一年以下的债券。中长期国债则是为弥补长期的财政赤字而发行的期限在一年以上的债券。国家信用的债务人是政府，债权人是国内外的银行、企业和居民。国家从国内金融市场筹款，形成国家内债，从国外金融市场筹款则形成国家外债。

国家信用：最可信赖的信用形式

战国时，商鞅准备在秦国变法，唯恐老百姓不信，于是命人在都城的一个城门前放了一根高三丈长的木柱，并到处张贴告示："谁能把城门前那根木柱搬走，官府就赏他五十金。"老百姓看到告示后议论纷纷。大家怀疑这是骗人的举动，但一个年轻力壮、膀大腰圆的小伙子说："让我试试吧！我去把城门那木柱搬走，要是官府赏钱，就说明他们还讲信用，往后咱们就听他们的；如果不赏钱，就说明他们愚弄百姓。他们往后说得再好，我们也不信他们那一套了。"说罢来到城门前把那根木柱搬走了。商鞅听到这一消息，马上命令赏给那人五十金。那位壮士看到自己果真得到了五十金，不禁开怀大笑，一边炫耀那五十金，一边对围观的老百姓说："看来官府还是讲信用的啊！"这事一传十，十传百，不久就传遍了整个秦国。"移木立信"后，国家信用深深根植于社会，社会信用由此孕育发展，商鞅下令变法，秦国于是政行令通。

资料来源：360 百科：《移木建信》，http：//baike. so. com/doc/4950910－5172330. html.

（一）国际信用的作用

在现代经济中，国家信用具有非常重要的作用，具体表现在：

1. 国家信用可以调节财政收支的短期不平衡

国家财政收支出现短期不平衡是经常的，即使从整个财政年度看财政收支是平衡的，但由于财政收入和支出发生的时间不一致，也会出现收支矛盾。为了解决这种年度内暂时的不平衡，国家往往通过发行国库券来解决。

2. 国家信用可以弥补财政赤字

由于种种原因，许多国家的财政预算经常出现赤字。一般来说，弥补财政赤字，平衡财政收支的方法很多，如增加税收、向银行借款或透支、发行政府债券等。增加税收多受到限制，因为税收过多会影响企业的生产积极性。向银行借款和透支，如果银行资金来源不足的话，就会造成扩大货币供给以满足财政需要，结果必然导致通货膨胀、物价上涨。发行政府债券与以上两种方法相比较为优越。因为发行国债是将企业、居民的购买力转移给了国家，是一种财力的再分配，不会导致通货膨胀，也不会影响企业的生产积极性。因此，当今世界各国政府一般都尽量采取发行国债的方法来弥补财政赤字。

3. 国家信用可以调节经济与货币供给

战后许多西方国家实行凯恩斯主义政策，利用赤字财政扩久需求，刺激经济增长，结果财政赤字不断增加，国债的发行规模日益扩大。近年来，许多国家中央银行调控货币供给的主要手段是在公开市场上买卖国债，而公开市场操作的有效性，是以一定规模的国债以及不同期限国债的合理搭配为前提条件的。因此，国家信用成为中央银行调节货币供给的前提。

（二）国家信用的形式

国家信用的典型形式是发行国库券和中长期公债券。

国库券，简称国债，是指政府为解决财政先支后收的矛盾而发行的短期债券。国库券期限大多在一年以下，以一个月、三个月及六个月居多。公债券则是政府为满足国家经济建设需要而发行的期限在一年以上的政府债券。一般在一年以上、十年或十年以上。政府发行公债券，往往是进行大型重点项目投资或较大规模的建设，但在发行时并不注明具体用途和投资项目。

国库券和公债券作为国家信用的典型形式，二者的区别表现在：第一，发行目的不同。国库券是因为财政季节性、临时性的收支不一致而发行的。而且，国库券还是中央银行公开市场操作的重要交易对象。公债券是为弥补财政长期赤字或为刺激经济增长而发行的。第二，还本付息的来源不同。国库券原则上以国库收入作为还本付息的来源，但各国做法不一。我国政府的具体做法是：利息支出由经常性收入（主要是税收）支付，本金的偿还依靠借债，即借新债还旧债，这也是国际通行的做法。而公债券一般以国债资金投资的建设项目收益为还本付息的来源。第三，期限不同。国库券一般为一年以内的短期债券，公债券一般是中长期债券。

新中国成立以后，我国先后多次发行公债和国库券。1950年，中央政府为了紧缩通货、稳定物价、恢复国民经济，第一次发行人民胜利折实公债。1953年我国进入有计划的大规模经济建设时期，为了筹集国家建设资金，满足经济建设的资金需要，1954～1958年国家又连续发行国家经济建设公债。后来受"左"的思潮影响，认为既无内债又无外债是社会主义的优越性，彻底否定了国家信用，故长期未再发行国债。我国进入改革开放的历史新时期以后，为了适应国民经济长期发展的需要，解决建设资金的不足，平衡财政收支，国务院1981年1月颁布了《中华人民共和国国库券条例》，决定发行国库券。1994年以前，每年发行量100亿～200亿元。1994年以后，由于中央银行停止向财政透支与贷款以及中央银行公开市场操作的需要，从而使国库券的发行数量迅速扩大。

课堂互动

西方经济学派对国家信用的认识。

四、消费信用

(一) 消费信用的内涵

消费信用 (consumption credit) 是指企业、银行和其他金融机构向消费者个人提供的、用于生活消费目的的信用。消费信用与商业信用和银行信用并无本质区别，只是授信对象和授信目的有所不同。从授信对象来看，消费信用的债务人是消费者，即消费生活资料的个人和家庭。从授信目的来看，是为了满足和扩大消费者消费资料的需求。

(二) 消费信用的主要形式

1. 分期付款

它是销售单位提供给消费者的一种信用，多用于购买耐用消费品。这种消费信用的借贷双方要签订书面合同，该合同载明合同期限，利息、每次付款金额及其他费用。消费者在购买耐用消费品时，按规定比例支付一部分货款，称第一次付现额 (或首付额)，然后按合同分期等额支付其余货款和利息。在货款付清之前，消费品的所有权仍属于卖方。这种信用形式期限一般不超过一年。

2. 消费贷款

它是银行和其他金融机构直接以货币形式向消费者提供的以消费为目的的贷款。如住房抵押贷款、汽车抵押贷款，这种信用形式也是由个人先支付一定比例的首付款，剩余部分由金融机构提供贷款，然后，个人再根据合同分期偿还。这种消费信用形式的期限较长，可长达二三十年，属于中长期信贷。

住房消费贷款

26 岁的小张在北京一家投资管理公司工作。刚工作两年的她虽然只有 5 万元的存款，但她却毫不犹豫地买下了北京某房产公司开发的一套价值 100 万元的公寓。小张乐观地说："这套房子的首付款要 20 万元，我自己的存款虽然不够，但父母会给我提供一些'财政援助'。剩下的，我会申请房屋按揭贷款。如果按照 25 年还本付息计算，每月还款大约在 5000 元。我现在每个月可以挣 1 万元，以后还会越来越好，所以还款不会出现问题。"小张只是我国众多大胆"超前消费"年轻人中的一个。随着我国经济以接近十个百分点的持续快速增长，我国青年消费预期普遍提前，越来越多的年轻人敢于"花明天的钱享受今天的生活"。

资料来源：张卉妍. 金融学一本全 (上) [M]. 北京：中国华侨出版社，2013：111.

---

3. 信用卡

信用卡是由银行或信用卡公司依照用户的信用度与财力发给持卡人的一种特殊载体

卡片，持卡人持信用卡消费时无须支付现金，待信用卡结账日再行还款的一种消费信用形式。因此，信用卡实际上就是银行提供给用户的一种先消费后还款的小额信贷支付工具，即当你的购物需求超出了你的支付能力或者你不希望使用现金时，你可以向银行借钱，这种借钱在规定期限内还款不需要支付任何的利息和手续费。信用卡就是银行答应借钱给你的凭证，信用卡将可以告诉你：你可以借银行多少钱、需要什么时候还。只要持卡人在规定期限内付款，则免收利息。若逾期付款，则要收取惩罚性利息。但是，当持卡人凭信用卡直接从 ATM 机器中取出现金，则无免息期。

五、股份信用

股份信用是一种特殊的信用形式。众所周知，股份经济体现了一种投资与被投资的关系，为什么这样的经济关系又是一种信用关系呢？因为在现代股份经济中所具有的以下特征和趋势，使其具有更多的信用经济特征。

从信用的角度可以这样理解股份经济：投资者（股东）购买股份公司的股票相当于与股份公司签订了一份以产权为保障的投资合同。但实际上，股份公司的正常运转是由股东大会、董事会、监事会和经理层等管理层密切配合进行的。因此，投资者与股份公司之间的投资关系，实际上就是投资者与管理层之间的关系。在这种投资关系中，股东提供资金是委托公司管理者进行投资，相当于授信人，股份公司管理层是接受投资者资金进行运作，是受信人。为什么这么说呢？

（一）股份分散化与股权空心化导致股份具有信用特征

随着社会经济的发展，股份出现了社会化和分散化的趋势，其原因是：第一，公司之间的合并导致了股份的分散化。公司合并使原来许多小型的由个人、家庭或合伙人管理的小公司，合并后变成一个大企业，企业的所有权就走向分散了。第二，法律法规制度的变化也促进了股权的分散化。例如，美国在 1929 年经济大危机以后，颁布了一系列法规，限制保险公司、共同基金等机构投资者的组合过于集中（否则将遭受税收上的不利待遇），这些法律限制了金融机构在其他机构中的控制性地位，使得公司股份进一步分散在中小投资者手中。

随着股份分散化，必然带来所有权和控制权在更大程度上的分离，对企业拥有投票权和经营控制权的一些股东演变成了普通的外部投资者，不再对企业拥有经营控制权，从而出现了股权空心化趋势。此时，投资者购买股票的目的更多的是希望赚取股票价差收益和红利收入，是希望在一定时间后收回自己的投资本钱并带来一定的增加值，这也正是信用的本质特征。

（二）股利的支付与股票回购也导致股份关系的信用特征

信用的基本特征是债务人到期必须向债权人偿还本金和利息。由于股本不可撤回，使得股份从表面上看不具有（本金）偿还性，这是传统经济学理论否定股份信用的最重要理由之一。但是，股份真的不用偿还吗？

其实，股票不可退本，并不意味着它不具有偿还性，只是股票的偿还性具有特殊的形式，概括起来，股份公司对股东的偿还方式主要有以下几种：第一，公司通过历年分派股利予以偿还，而且，当公司破产清算时，股东还拥有对剩余财产的分配权。第二，公司通过回购股份偿还。股份公司对所有股东进行等比例回购被认为是向股东支付股利的一种特殊方式，尤其是在对股利支付水平较高的国家，如美国在1997～1998年发生了1100起股份回购。第三，股东可以将所持有的股票通过二级市场转让而获得偿还。

六、租赁信用

租赁信用是指租赁公司或其他出租者将租赁物的使用权出租给承租人，并在租期内收取租金、到期收回出租物的一种信用形式。

从租赁目的划分，租赁信用分为金融租赁和经营租赁。

（一）金融租赁

金融租赁（finance lease）是指出租人按承租人的要求购买货物再出租给承租人的一种租赁形式。其特点主要有以下几点：第一，金融租赁涉及三方当事人，即出租人、承租人和供货商，并至少有两个合同：买卖合同和租赁合同构成的自成一类的三边贸易，有时还涉及信贷合同。第二，承租人指定租赁设备。拟租赁的设备为承租人自行选定的特定设备，租赁公司只负责按承租人要求融资购买设备。因此，设备的质量、规格、数量、技术上的检查、验收等事宜都由承租方负责。第三，完全付清性。基本租赁期内的设备只租给一个特定用户使用，租金总额 = 设备货价 + 利息 + 租赁手续费 - 设备期满时的残值。第四，不可撤销性。基本租期内，一般情况下，租赁双方无权取消合同。第五，期满时承租人拥有多种选择权。基本租期结束时，承租人对设备一般有留购、续租和退租三种选择权。

（二）经营租赁

经营租赁（operation lease）泛指金融租赁以外的其他一切租赁形式。这类租赁的主要目的在于对设备的使用，即出租人将自己经营的设备或办公用品出租出去的一种租赁形式。因此，当企业需要短期使用设备时，可采用经营租赁形式，以便按自己的要求使用这些设备。经营租赁与金融租赁不同，是一种由出租人提供维修管理等售后服务的、可撤销、不完全支付的短期融资行为。

经营性租赁的主要特点是：第一，可撤销性。合同期内，承租人可以中止合同，退回设备，以租赁更先进的设备。第二，不完全支付性。基本租期内，出租人只能从租金中收回设备的部分垫付资本，因此需通过将该项设备以后多次出租给多个承租人使用，方能补足未回收的那部分设备投资和其应获利益，因此，经营性租赁的租期较短（短于设备有效寿命）。第三，租赁物件由出租人批量采购。这些物件多为具有高度专门技术，需专门保养管理，技术更新快，购买金额大，且通用性强并有较好二手货市场，垄断性强的设备，需要有提供特别服务的厂商。

除以上六种主要的信用形式之外，随着商品经济的发展，保险信用、民间信用等其他信用形式也日益发挥其作用。

 **实训任务**

小组讨论：

讨论主题： 我国国家信用发展的规模及原因。

讨论步骤：

1. 由学生分组查找我国国家信用发展的有关资料，做成图表以便分析。
2. 以组为单位讨论我国国家信用发展的规模及原因。
3. 由教师点评总结。

讨论成果： 完成小作业"我国国家信用发展的规模分析"。

任务三　熟悉信用工具

一、信用工具含义和基本特征

（一）信用工具的含义

信用工具，又称金融工具（financial instruments）、金融商品，是指在金融活动中产生的、能够证明金融交易金额、期限、价格的合法凭证，是具有法律约束力的契约。

（二）信用工具的基本特征

尽管信用工具品种繁多，但其基本特征都相同，包括以下四点：

1. 偿还性

这是指信用工具的发行者或债务人按期归还本金和利息的特性。信用工具一般都注明期限，债务人到期必须偿还信用凭证上所记载的应偿付的债务。如一张注明 3 个月后支付的支票，其偿还期为 3 个月。就偿还期而言，对持有人来说，更有实际意义的是从持有之日至到期日止的时间。如一张 1993 年发行，2008 年到期的长期公债，投资者欲 1999 年购入，对于他来说，偿还期大约是 9 年，而不是 15 年。虽然信用工具一般都有偿还期，但也存在着特例，如股票和永久性债券没有偿还期，但可在市场上流通转让。

2. 流动性

这是指信用工具可以迅速变现而不至遭受损失的能力。信用工具的流动性大小包含着两个方面的含义：一是能否方便地随时自由变现；二是变现过程中价格损失的程度和所耗费的交易成本的大小。一般来说，流动性与偿还期成反比关系，偿还期越短，流动性越大；偿还期越长，流动性越小。流动性与债务人的信用能力成正比，债务人信誉越高，流动性越大，反之则越小。

3. 收益性

这是指信用工具能定期或不定期地为其持有人带来一定的收入。收益的大小是通过收益率来反映的。收益率是净收益对本金的比率，衡量收益率指标按单利计算有以下三种：

（1）名义收益率，即信用工具的票面收益与票面金额的比率，其计算公式为：

$$i_n = \frac{C}{F} \times 100\%$$

其中，i 为名义收益率，C 为票面收益（年利息），F 为票面金额。

（2）当期收益率，即信用工具的票面收益与其市场价格的比率。其计算公式为：

$$i_n = \frac{C}{P} \times 100\%$$

其中，i 为当期收益率，C 为票面收益（年利息），P 为当前市场价格。

（3）实际收益率，也称持有期收益率，是指实际收益与实际交易价格的比率，或者说信用工具的当期收益与本金损益之和除以实际交易价格。计算公式为：

$$i_r = \frac{C + \dfrac{P_T - P_0}{T}}{P_0} \times 100\%$$

其中，i_r 为实际收益率，P_T 为债券的卖出价格，P_0 为债券的买入价格，T 为债券的持有期（以年计算）。卖出价格减去买入价格等于资本利得。根据公式可知：实际收益率与名义收益率成正比，与债券的交易价格成反比。

例如，某种债券票面金额为 100 元，10 年还本，每年利息 7 元，其名义收益率就是 7%。发行价格是 95 元，则当期收益率就是 7.368%（7/95）。某人以 95 元买入该债券并在 2 年后，以 98 元的价格将其出售，则其实际收益率为 8.95%（$i = [7 + (98 - 95)/2]/95 \times 100\% \approx 8.95$）。

4. 风险性

此处风险指的是信用工具不能充分履约或价格不稳定的程度。包括市场风险和信用风险。市场风险是指信用工具市场价格波动而给投资者带来损失的可能性。信用工具的价格是波动的，市场风险不可避免。信用风险是指债务人不能按规定还本付息而给债权人带来损失的可能性。信用风险与债务人的信誉、经营状况有关，也与信用工具的种类有关，如政府债券一般没有信用风险或低信用风险。

要了解金融工具的信用风险，有一种方法就是了解该金融工具的信用等级。信用评级（credit rating），又称资信评级，是一种社会中介服务为社会提供资信信息，或为单位自身提供决策参考。投资者根据金融工具信用等级可以迅速判断出其信用风险程度的高低，降低投资风险；对于企业而言，信用等级与筹资成本和筹资效果密切相关，信用等级高的企业可以以较低的融资成本筹集资金，节约发行费用。

在美国，公募的债券需要经过诸如标准普尔公司（Standard & Poor's）、穆迪投资者服务公司（Moody's Investors Service）这样的信用评级机构评级，并申报证券交易委员会（SEC），经批准后才能发行。这几家证券评级机构是投资界公认的最具权威性的信用评级机构。标准普尔公司信用等级标准从高到低可划分为 AAA 级、AA 级、A 级、BBB 级、BB 级、B 级、CCC 级、CC 级、C 级和 D 级。穆迪投资者服务公司的信用等级标准从高到低可划分为 Aaa 级、Aa 级、A 级、Baa 级、Ba 级、B 级、Caa 级、Ca 级、C 级。由此可见，两家机构的划分大同小异，前四个级别的债券信誉高，违约风险小，是"投资级"（investment - grades）债券，从第五级开始的债券信誉低，是"投机级"债券或"垃圾债券"（junk bonds），具有很高的违约风险和投机性。

信用工具种类繁多，下面分别介绍几种常用的信用工具：票据、股票和债券。票据是短期信用工具。股票和债券属于中长期信用工具，它们一般被称为有价证券，是指具有一定的票面金额、代表财产所有权或债权，并在流通市场上有市场价格的凭证。

二、票 据

票据是由出票人签名于票据上，约定由自己或他人无条件地支付确定金额、可流通转让的证券。票据分为两大类：一类是传统的商业票据，如汇票、本票和支票；另一类是创新的商业票据，如融通票据。前者又称为真实票据，需要有真实的交易为基础。后者又称为空票据，不以真实的商品交易为基础。

（一）汇票

汇票（Bill of Exchange or Draft）是由出票人签发的，委托付款人在见票时或者在指定日期无条件支付一定金额给收款人或出票人的一种票据。汇票有三方当事人，即出票人、付款人和收款人。由于汇票是由债权人发出的支付命令，因此，须经债务人承兑。承兑（Acceptance）是票据的付款人在票据上签名盖章，写明"承兑"字样，承诺票据到期保证付款的行为。按汇票记载权利人方式的不同，可分为记名汇票、不记名汇票和指定式汇票。按汇票上记载付款期限的长短，可分为即期汇票和远期汇票。按汇票出票人的不同，可分为商业汇票和银行汇票。按汇票承兑人的不同，可分为商业承兑汇票和银行承兑汇票等。

（二）本票

本票（Promissory Note）又称期票，是债务人（出票人）承诺在一定时间及地点无条件支付一定款项给收款人的支付承诺书或保证书。本票基本特征有：一是本票的基本当事人只有两个，即出票人和收款人；二是本票的付款人为出票人自己，因此没有承兑制度。按出票人的不同可分为银行本票（银行签发）和商业本票（企业签发）。按是否注明持票人姓名，本票可分为记名本票和不记名本票。按付款期限可分为即期本票（见票即付）和远期本票（到期付款）。

（三）支票

支票（Check）是存款户向银行签发的要求从其活期存款账户上支付一定金额给指

定人或持票人的凭证。支票按是否记载收款人姓名,可分为记名支票和不记名支票。按支付方式可分为现金支票和转账支票。前者可以从银行提取现金,后者则只能用于转账结算。

商业票据具有很强的流通转让性。为保障持票人的利益,票据流通转让时须经过背书。背书(Endorsement)是指持票人为了将未到期的票据转让给第三者而在票据的背面签名盖章的行为。背书后,背书人即为票据的债务人,若付款人或承兑人不能按期支付款项,持票人有权向背书人要求付款,背书人要对票据的支付负责。

(四) 融通票据

融通票据,是一种新型的票据,通常称为商业票据(commercial paper,CP),或金融票据,是指由资信好的大企业或金融公司等机构以融资为目的而开出的无担保的短期期票。融通票据的签发不需要有真实商业交易发生,它仅仅是为筹资目的而直接签发的一种特殊票据。

当事人一方作为票据的债务人签发票据,另一方作为债务人给予承兑。当融通票据签发并承兑后,票据签发人就可以将票据抵押给银行获得票据抵押贷款,以达到融资的目的。出票人则于票据到期前将款项交给承兑人由其归还银行贷款。因此,在融通票据的关系中,出票人是资金需求者,是真正的债务人;而承兑人和银行则是真正的债权人。

三、股 票

股票(Stock)是一种所有权证券,是股份公司发行的用以证明投资者的股东身份并据以获得股息的凭证,是金融市场上重要的长期信用工具。

股票作为一种现代企业制度和信用制度发展的产物,主要分为普通股票和优先股票两种类型。

(一) 普通股

普通股(common stock)是股份公司发行的最基本、最重要的标准股票,是代表股东享有平等权利,并随着发行公司经营业绩的优劣而获取相应收益的股票。普通股股东主要享有以下三种权利:

1. 对公司的经营参与权

普通股股东是公司的所有者,对公司的最终决策有控制权。这种权利主要通过普通股股东或委托代理人参加股东大会来行使并反映在股东的选举权、被选举权、发言权、表决权上。股东通过这些权利来间接参与公司的管理。

2. 公司的盈余和剩余资产分配权

指普通股股东对公司收益和资产的要求权是排在最后一位的。首先,公司必须先行支付雇员的工资、借贷款项、税款、公司债券持有者的利息、法定公积金和优先股股息后,才进行盈余分配,一般即便是扣除上述支付后的净利润也要保留一部分用于增加公司资本投入,或用于维持未来股息分配的稳定。因此,股利分配的多少取决于公司的经营业绩。有时公司为了维护信誉，会从以前年度累积的留存收益中拿出一部分用于普通股股利的发放。其次，在股份公司破产后，公司资产满足了债权人的清偿权以及优先股股东剩余财产分配权后，普通股股东有权参与公司剩余资产的分配。

3. 优先认股权

指公司在增发新股时一般会以一个较低的价格让普通股股东优先认购，既保持了原有股东的权益比例，也使普通股股东不受损失，普通股股东也可以将此优先认股权出售。

（二）优先股

优先股（preferred stock）的"优先"是相对于普通股而言的，主要体现在公司盈余的分配权以及剩余资产的分配权上。公司盈余进行分配时，优先股要先于普通股取得固定数目的股息，扣除优先股股息和其他相关费用后的盈余才能用于普通股股息的分配。同样，在公司破产后，优先股在剩余资产的分配权上也要优先于普通股，但是必须排在债权人之后。优先股股东获得这种优惠条件也是要付出一定的代价的。在通常情况下，优先股股东的表决权会在很大程度上被加以限制甚至取消，从而不能参与公司的经营管理；优先股股东的股息相对固定，当公司经营状况良好时，一般不会因此获得高额收益；优先股一般是没有优先认股权的。

针对公司在发行优先股所附加的优惠条件的不同，又可以将优先股划分为不同的种类：

1. 参与优先股和非参与优先股

参与优先股指在公司对优先股股东按预先承诺的标准支付股息后，若还有剩余利润，优先股股东也可以和普通股股东一起参与对剩余利润的分配。非参与优先股则没有这一权利。

2. 累积优先股和非累积优先股

如果公司当年的盈利不足以按规定支付优先股的股息，如果是累积优先股的话，该公司就要将未支付的股息累积起来，待经营状况转好后一并补足。而非累积优先股的股东只能参与一个营业年度公司盈余的分配，如公司无力支付，不予累积股息。现实中，非累积优先股比较少见。

课堂互动

1. 你应该持有股票吗？
2. 投资实践中，为什么越来越多的人对股票投资青睐有加呢？

四、债券

债券（Bond）是债务人向债权人发行的承诺按约定的利率和日期支付利息并偿还本金的有价证券。按照发行主体的不同，债券可以分为政府债券、公司债券和金融债券三种。

（一）政府债券

政府债券是指各级政府或由政府提供信用担保的单位发行的债券。因政府有着稳定的税收收入（包括关税和其他的国内税收）作为偿还债务的担保，因此通常认为政府债券是较为安全可靠的。政府债券又可细分为中央政府债券、地方政府债券和政府保证债券。中央政府债券即国债（Treasury Bond），由国家财政部直接发行，国家信用担保下发行的国债是所有有价证券中信誉最高的，被誉为"金边债券"（Gilts）。国债筹集资金的目的是为了弥补财政赤字和进行基础设施建设。地方政府债券由地方政府发行，所筹资金和还本付息一般都计入地方政府的财政预算，通常是用于该地区经济的发展建设。政府保证债券是由政府所属机构发行的，并由政府作为担保的债券。这种债券筹借的资金通常有特定的用途。

（二）公司债券

公司债券是企业所发行的承诺在一定时期内支付利息和偿还本金的债务凭证。公司债券是企业筹措长期资金的重要方式，公司债券的风险较大，因此其利率高于一般的政府债券和金融债券。由于公司债券的风险较高，为了保证投资者的资金安全，一般国家都从信用评级、提供抵押担保、对公司发行额的限制以及规定禁止发行公司债券的情况等方面对其加以限制。

公司债权种类众多，按有无担保可分为信用公司债券和担保公司债券；按利率是否固定，可分为固定利率债券和浮动利率债券；按能否转换为股票可分为可转换公司债券和不可转换公司债券；按偿还方式还可分为可赎回债券、可卖回债券以及偿债基金债券等。

（三）金融债券

金融债券是指银行或其他金融机构为筹集特定用途的资金，向社会发行的一种债务凭证。金融债券的信誉低于国债，但要高于大多数的公司债券。

债券投资：储蓄的近亲

美国微软公司董事长比尔·盖茨向大众透露了他的投资理念，他认为，把宝押在一个地方可能会带来巨大的收入，但也会带来同样巨大的亏损。对待股市，他就是持着这样的看法。在股市上投资时，为了能分散甚至是规避这些风险他经常采用的方法就是利用债券市场。

一般，盖茨会在买卖股票的同时，也在将自己建立的"小瀑布"的投资公司控制的资产投入债券市场，特别是购买国库券。当股价下跌时，由于资金从股市流入债券市场，故而债券价格往往表现为稳定上升，这时就可以部分抵消股价下跌所遭受的损失。

从投资效果看，盖茨这样的组合投资已取得相当好的成绩，他的财富几乎总是以较快的速度增长。而在概括投资战略时，盖茨说："你应该有一个均衡的投资组合投资者，哪怕是再大的超级富豪，都不应当把全部资本压在涨得已经很高的科技股上。

资料来源：张卉妍. 每天读点金融学［M］. 北京：中国华侨出版社，2015：232.

 实训任务

市场调研：

全班同学按照 4～5 人一组进行分组，各组同学利用空余时间到证券公司等金融部门进行调研，了解股票与债券的特点，并结合所学知识对二者进行比较，要求每组提供一份调研报告。

本项目提要：

1. 信用是借贷的总称，是一种以还本和付息为条件的特殊的价值运动形式，体现一定的债权债务关系。信用有借方和贷方两个关系人。信用活动的构成要素至少包括债权人和债务人、时间间隔、信用工具三个方面。信用产生的前提条件是私有制，信用产生的直接原因是经济主体调剂资金余缺的需要。

2. 信用的本质可以从信用是以偿还和付息为条件的借贷行为、信用反映的是债权债务关系、信用是价值运动的特殊形式三个方面进行分析和理解。

3. 表现信贷关系特征的形式称为信用形式。按照借贷关系中债权人与债务人的不同，信用可分为商业信用、银行信用、国家信用、消费信用、股份信用、租赁信用。

4. 信用工具，又称金融工具、金融商品，是指在金融活动中产生的、能够证明金融交易金额、期限、价格的合法凭证，是具有法律约束力的契约。信用工具具有偿还性、流动性、收益性、风险性的特征。

5. 信用工具种类繁多，票据是短期信用工具。股票和债券属于中长期信用工具，它们一般被称为有价证券，是指具有一定的票面金额、代表财产所有权或债权，并在流通市场上有市场价格的凭证。

本项目学习效果评价

一、尝试回答以下问题：

1. 解释下列概念：信用、商业信用、银行信用、支票、融通票据、股票、债券。

2. 比较商业信用与银行信用的特点及二者的关系。

3. 简述股票与债券的区别与联系。

4. 简述消费信用的主要形式，并说明消费信用的作用。

二、计算题：

假设某公司债券面值 100 元，票面利率为 6%，5 年到期。当前价格为 115 元。如果张某购买了该债券并持有 2 年，2 年后以 112 元卖出该债券。

（1）计算当期收益率。

（2）计算实际收益率。

项目三 分析利率

学习目标 >>> >>>

    通过本项目的学习使学生能够认识利息与利率，了解利率的分类，掌握基本的利息利率计算，了解利率决定理论，并能够认识利率市场化。

项目导言 >>> >>>

    利率是金融市场的重要经济变量之一，是调节经济活动的重要经济杠杆。因此，利息与利率理论已成为金融理论中重要的组成部分，它为金融工具在金融市场上的流通提供了价格决定基础。本项目对利息与利率的概念、利率计算及利率决定理论、利率的作用和利率市场化等进行了阐述。

案例导入 >>> >>>

    经济学家一直在致力于寻找一套能够完全解释利率结构和变化的理论，可见利率对国民经济有着非常重要的作用。曾经有人写了这么一则场景故事：

    1993 年年初的某一天，克林顿先生上台不久。克林顿就经济问题召见格林斯潘先生。克林顿："老爷子，现在经济这么低迷，你看，下一步怎么办？"格林斯潘："没什么，我只要挥舞一下手中的魔棒，那帮人就会推动市场。"老爷子像打哑谜一样应付这位上任不久的帅小伙子。

    克林顿："真的？什么魔棒？哪些人？怎么推动市场？"总统先生显得非常着急。他从座位上站起来，手里拿着一支笔，在房间里走来走去。两眼一直望着格林斯潘。

    格林斯潘："就是华尔街那帮金融大亨，我的老相识、老朋友们，他们都得听我的。"

    "听你的，不听我的？"克林顿有点不服气。

    "当然是听我的。不信，你瞧瞧！"格林斯潘用不容争辩的口气说。

    "我对您手中的那根魔棒感兴趣，是什么东西？"

    "利率。"

资料来源：成苗. 每天都会用到的生活经济学［M］. 北京：新世界出版社，2011. 29 章.

    利率为什么具有如此魔力？因为利率是资金使用的价格，它的涨跌关系着居民、企业、政府各方的钱袋，能不让人紧张吗？

任务一　认识利息与利率

一、利息的概念及运用

在现代市场经济中，利息是一个普遍存在的现象。研究利息的实质及其应用对于正确理解利率杠杆在国民经济中的作用非常重要。

(一) 利息的概念及本质

1. 利息的概念

利息是借贷关系中债务人支付给债权人的报酬，是在特定时期内使用借贷资本所付出的代价。根据现代西方经济学的基本观点，利息是投资者让渡资本使用权而索取的补偿。这种补偿由两部分组成：一是对机会成本的补偿。资本供给者将资本贷给借款者使用，即失去了现在投资获益的机会，因此需要得到补偿。二是对违约风险的补偿。如果借款者投资失败将导致其无法偿还本息，由此给资本供给者带来了风险，也需要由借款者给予补偿。因此有：利息 = 机会成本补偿 + 违约风险补偿。

2. 利息的本质

利息的存在，使人们对货币产生了一种神秘的感觉：似乎货币可以自行增值。这是涉及利息来源或者说利息本质的问题。

对于这个问题，马克思曾有深刻的剖析。马克思针对资本主义经济中的利息指出："贷出者和借入者双方都是把同一货币额作为资本支出的，但它只有在后者手中才执行资本的职能。同一货币额作为资本对两个人来说取得了双重的存在，这并不会使利润增加一倍。它所以对于双方都能作为资本执行职能，只是由于利润的分割。其中归贷出者的部分叫做利息。"由此可见，利息本质上是利润的一部分，是利润在借贷双方之间的分割。

利息的本质具体表现为：第一，货币资本所有权和使用权的分离是利息产生的经济基础；第二，利息是借用货币资本使用权付出的代价；第三，利息是剩余价值的转化形式，利息实质上是利润的一部分。

(二) 利息概念的应用

利息概念存在的重要性在于它在现实经济生活中的广泛应用。一是产生了"将利息作为收益的一般形态"现象；二是存在着"收益的资本化"现象。

1. 利息转化为收益的一般形态

根据利息的概念可知，利息是资本所有者由于贷出资本而取得的报酬，显然，没有借贷便没有利息。但在现实生活中，利息已经被人们看成是收益的一般形态：即无论资本是否贷出，利息都被看做资本所有者理所当然的收入——可能取得的或将会取得的收入；与此相对应，无论是否借入资本，企业主也总是把自己所得的利润分割为利息与企业主收入两部分,似乎只有扣除利息所余下的利润才是企业的经营所得,即收益＝利息＋企业主利润。于是,利息率就成为判断投资机会的一个尺度:如果投资回报率不大于利息率,则认为该投资不可行。

2. 收益的资本化

由于利息已转化为收益的一般形态,任何有收益的事物,即使它并不是一笔贷放出去的货币,甚至不是实实在在的资本,也可以通过收益与利率的对比倒过来算出它相当于多大的资本金额,这种现象称为"收益的资本化"。收益的资本化表现在以下几个方面。

(1)货币资本的价格。在一般的货币贷放中,贷放的货币金额,通常称为本金,与利息收益和利息率的关系如下:

$$I = P \times r$$

式中,I代表收益,P代表本金,r代表利率,即货币资本的价格。当我们知道 P 和 r 时,很容易计算出 I;同样,当我们知道 I 和 r 时,P 也不难求得,即 $P = I/r$。

(2)土地的价格。土地尤其是生地,本身不是劳动产品,没有价值,从而本身也无决定其价格大小的内在根据,但土地可以为所有者带来收益,因而认为有价格,从而可以买卖。相应地,地价＝土地年收益/年利率。

例如,一块土地每亩的平均年收益为 100 元,假定年利率为 5%,则这块土地就可以以每亩 2000 元(100÷0.05)的价格买卖。

(3)劳动力的价格。劳动力本身不是资本,但劳动力创造的价值是可以资本化的,通常表现为劳动力的价格。即人力资本价格＝年薪/年利率。

例如,某 NBA 球星年薪为 20 万美元,年利率为 2.5%,则他的身价为 800 万美元(200000÷0.025),这一价格通常被看做该球星转会的市场价格。

(4)有价证券的价格。有价证券是虚拟资本,其价格也可以由其年收益和市场平均利率决定。即有价证券价格＝年收益/市场利率。

例如,如果某公司股票每股能为投资者带来 0.5 元的年收益,当前的市场利率为 8%,则该股票的市场价格为 6.25 元(0.5÷0.08)。

二、利率的概念及种类

(一)利率的概念及其表示方法

利率是金融学中非常重要的一个概念,是经济生活中备受关注的一个经济变量。利率是利息率的简称,它是指借贷期间所形成的利息额与所贷本金的比率。用公式表示为:

$$利率 = 利息额/借贷资本金 \times 100\%$$

按计算利息的时间长短,可以将利率分为年利率、月利率和日利率,也称年息、月息和日息。年利率以本金的百分之几(分)表示,月利率以本金的千分之几(厘)表示,日利率以本金的万分之几(毫)表示。

在我国，不论是年息、月息还是日息，习惯上都用"厘"作单位。虽然都叫"厘"，但差别很大。如年息 7 厘是指年利率为 7%，月息 7 厘是指月利率为 7%。日息 7 厘是指日利率为 7‰。年利率、月利率、日利率之间的换算公式是：

$$月利率 = 年利率 \div 12$$
$$日利率 = 月利率 \div 30$$
$$日利率 = 年利率 \div 360 \text{ 或 } 365$$

（二）利率的种类

经济体中存在着各种各样的利率，这些利率种类由内在因素联结而成一个有机整体，形成了利率体系。一般而言，利率体系主要由：中央银行利率、商业银行利率和市场利率组成。中央银行利率主要包括中央银行对商业银行和其他金融机构的再贴现利率、再贷款利率，以及商业银行和其他金融机构在中央银行的存款利率。商业银行利率主要包括商业银行的各种存款利率、贷款利率、发行金融债券利率以及商业银行之间相互拆借资金的同业拆借利率。市场利率主要包括民间借贷利率、政府和企业发行各种债券的利率等。

课堂互动

说说我们身边不同借款的利率，它们都是哪种类型的利率？

1. 基准利率

基准利率（benchmark interest rate），是指带动和影响其他利率的利率，也叫中心利率。

在多种利率并存的条件下，如果基准利率变动，其他利率也会相应发生变动。在美国，该利率为联邦基金利率，在西方其他国家则主要表现为中央银行的再贴现利率。我国的基准利率在中央银行以直接手段调控经济时，表现为中央银行的再贷款利率，在利率尚未市场化的情况下，中央银行规定的商业银行的存贷款利率也被称做基准利率的一种。随着货币政策调控向间接调控转换，银行间同业拆借市场利率将逐步成为我国利率体系的基准利率。

变动基准利率是货币政策的主要手段之一。一方面，中央银行改变基准利率，直接影响商业银行借款成本的高低，从而对信贷起着限制或鼓励的作用，并影响其他金融市场的利率水平。另一方面，基准利率的改变还会在某种程度上影响人们的预期，即所谓的告示效应。如提高再贴现利率，将引起人们的"紧缩预期"，当人们按预期行事时，货币政策的功效就发生作用了。

2. 名义利率与实际利率

名义利率（nominal interest rate），是指没有剔除通货膨胀因素的利率，通常报纸杂志上所公布的利率、借贷合同中规定的利率就是名义利率。

实际利率（real interest rate），是指从名义利率中剔除通货膨胀因素的利率水平。

它根据预期物价水平的变动（即预期通货膨胀）做出调整，因而能够更准确地反映真实的借款成本。

在预期不会发生通货膨胀的条件下，名义利率与实际利率相等；预期会发生通货膨胀时，名义利率与预期通货膨胀率之差就是实际利率。即，实际利率＝名义利率－预期通货膨胀率。

例如，某公司债券票面利率为 4%，期限为 1 年，如果预期当年的通货膨胀率为 5%，则该公司债券的实际投资收益率为 －1%。债券的实际收益率为负值，显然会降低该债券的吸引力。

负利率真的存在吗？

查阅"负利率"的概念，你会得到如下定义："是指通货膨胀率高过银行存款利率"，进一步的解释是"物价指数（CPI）快速攀升，导致银行存款利率实际为负"。这个负利率只是老百姓计算自己的实际财富损失时所说的负利率，实际上还有名义上的负利率。

名义负利率极为罕见。因为，名义利率倘若为负值，则意味着借款人不用从事生产，只要从贷款人那里借到钱，就会定期得到贷款人的利息支付。这是什么样的"美好时代"啊！

不过，"极为罕见"并非意味着"从未出现"。20 世纪 70 年代末，由于瑞士法郎十分坚挺，瑞士央行投入大量资金用于干预外汇市场，致使瑞士银行间市场出现过名义利率瞬间为负的情况。瑞士的银行以保密工作做得好而世界闻名，所以世界各地的有钱人都喜欢把钱存放在瑞士的银行。但可恶的是，这些有钱人中还包括一小部分"罪恶的犯罪分子"，他们把走私毒品、贩卖军火或贪污受贿所得到的钱存到瑞士银行洗钱，搞得瑞士银行的保险柜都不够用。所以，瑞士银行就曾经宣布过，鉴于"管理成本"的问题，对存入银行的钱收取负利率。

即便在过去 5000 年中已经见识过各种各样的利率，但今天各国中央银行所设定的低利率仍是出乎人们意料。那么，如今的低利率到底是怎样形成的呢？

原来，自 2008 年 9 月份金融危机爆发以来，在"挽救世界经济"的名义之下，美联储在 2008 年 12 月 17 日，将美元的基准利率降低到 0～0.25% 的历史低位。其他国家的中央银行也纷纷跟进：欧盟央行，2009 年 5 月 7 日起，将欧元的基准利率降低到 1% 的历史低位，同日，英国央行也将英镑利率降低到 0.5% 的历史低位；瑞士央行，2009 年 3 月 12 日将瑞士法郎的利率降低到 0.25% 的历史低位；日本央行更是主动跟进，在 2008 年 12 月 19 日就将日元利率降低到了 0.1%；其余的，诸如加拿大央行，在 2009 年 4 月 21 日，将加元的利率降低到 0.25% 的历史低位，新西兰元 0.25%、挪威克朗 1.75%、丹麦克朗 1.2%、瑞典克朗 0.25%、韩元 2%、港币 0.01%、台币 1.625%……

考虑到物价上涨因素的影响，这些国家的实际利率已经达到负利率或者零利率了！无怪乎有人感叹，2008 年金融危机，让人类携手跨入了"零利率时代"！

资料来源：http://www.360doc.com/content/11/0202/01/20425_90389932.shtml.

3. 固定利率与浮动利率

固定利率（fixed rate），是指在借贷期限内利率固定、不随借贷供求状况而变动的利率，它具有简便易行、易于计算等优点。在借贷期限短或市场利率变化不大的条件下，可采用固定利率。

浮动利率（floating rate），是指在融资期限内利率随市场利率的变化而定期调整的利率。调整期限的长短以及以何种利率作为调整时的参照利率都由借贷双方在借款时商定。实行浮动利率，借款人在计算借款成本时难度要加大，利息负担也可能加重。但是，借贷双方承担的利率风险较小，因为利率的高低同资金供求状况紧密相连。

课堂互动

根据现况，我国的金融体系是更适用固定利率还是浮动利率？

4. 官定利率与市场利率

官定利率，是指一国政府通过中央银行或金融管理部门确定的利率，也叫法定利率。如中央银行对商业银行和其他金融机构的再贴现利率和再贷款利率等。官定利率是国家为实现宏观调控目标的一种政策手段，在一定程度上反映了非市场的强制力量对利率形成的干预。

市场利率，是指在金融市场上由货币资金的供求关系所决定的利率。当资金供给大于需求时，市场利率下跌；当资金供给小于需求时，市场利率就会上升。因此，市场利率是借贷资金供求状况的指示器。银行同业拆借市场利率是比较典型的市场利率。

官定利率对市场利率起着导向作用，官定利率的升降通常会使市场利率随之升降。

三、影响利率变动的主要因素

确定利率水平并不是人们单纯的主观行为，必须遵循客观经济规律的要求，综合考虑影响利率变动的各种因素，并根据经济发展和资金供求状况灵活调整。从宏观的角度来看，决定利率水平的因素主要有以下几个。

（一）平均利润率

平均利润率是影响利率水平的基本因素。在市场经济条件下，资金可以自由流动，资金会从低利润率的行业流向高利润率的行业中去，企业之间的这种竞争，最终使各行业的利润率趋于均衡，形成平均利润率。企业不可能把得到的利润全部付给债权人，因此，企业借款利率不会高出其平均利润率。通常情况下，利率也不会低于零。所以，利率总是在平均利润率与零之间波动。

（二）借贷资本的供求

借贷资本的供求是影响利率的重要因素。理论上看，利率的取值介于零和平均利润率之间；但是在利率水平的具体确定上，借贷资本的供求起着决定性的作用。因为利率是资金的价格，一般来说，当借贷资本供不应求时，利率上升；供过于求时，利率下降。

（三）物价水平

物价水平对利率的确定有直接影响。物价上涨，货币就会贬值。如果存款利率低于物价上涨幅度，就意味着客户存款的购买力不但没有增加，反而减少了，如果贷款利率低于物价上涨率，则意味着银行贷款的实际收益不但没有增加，反而减少了。所以，当实际利率水平基本保持不变时，利率与物价的变动具有同向运动趋势，物价上涨时，利率上升；物价下跌时，利率下降。

（四）经济周期

经济周期对利率具有重大影响。社会经济发展存在明显的运行周期，主要包括危机、萧条、复苏和繁荣四个阶段，它对利率波动有很大影响。在危机阶段，利率急剧上升，达到最高限度；在萧条阶段，利率会迅速下降，达到最低程度；在复苏阶段，利率比较平稳；在繁荣阶段，利率会有所上升。

（五）中央银行的再贴现率

中央银行的再贴现率通常是各国利率体系中的基准利率，它的变动会对利率体系产生决定性影响。中央银行提高贴现率，相应提高了商业银行的借贷资金成本，市场利率会因此而提高；反之，中央银行降低贴现率，就会降低市场利率。

（六）国家经济政策

国家经济政策对利率起着调控作用。国家在一定时期制定的经济发展战略、速度和方向，决定了资金的需求状况以及对资金流向的要求。政府可以利用财政政策和货币政策对利率水平和利率结构进行调节，从而利用利率的杠杆作用调节整个国民经济的发展。

（七）国际利率水平

在开放的市场经济条件下，资本可以自由流动，国际利率的变动必然会引起国内利率的变动。如果国内利率高于国际利率水平，资本将大量涌入，导致国内金融市场上资金供大于求，国内利率下降；反之，如果国内利率低于国际利率水平，则资本将流出，国内资金供不应求，国内利率上升。

+—·+—·+—·+—·+—·+—·+—·+—·+—·+—·+—·+—·+—·+—·+—·+—·+—·+—·+

钱的价格

如同任何金融产品的"定价"问题一样，多高的利息才算是"合理"始终是困扰人们的一个大问题。

早在公元前18世纪，古巴比伦帝国的皇帝汉谟拉比就编制了一部被称为《汉谟拉比法典》的著名法典。在这部法典中，对于由于金融活动所产生的债权债务关系规定得非常具体。其中第89条规定，借贷稻谷的利息是本金的1/3，而借贷白银的利息为1/5。这大概是国家对利率最早的规定。

公元前449年，在平民向贵族斗争的背景下，古罗马颁布了著名的《十二铜表法》，规定债务的最高年息不得超过8.33%。然而这个法律的实际效果却相当令人怀疑。在西赛罗时期，利率就上升到了12%。在古罗马，许多著名的政治人物都参与到了有利可图的借贷活动中去了。按照今天的标准，他们都应该被列入非法的高利贷者的行列中。如号称前三杰的庞培据说就以50%的利率向人借出钱财。

事实上，借贷活动在罗马一直是一个关系到国计民生的大事，而利率的规定则是焦点中的焦点。尽管表面上人们都主张限制过高的利率，但是私下里每个人都明白按照法律规定的利率，实际上是借不到钱的。然而，这并不等于不需要对利率进行起码的名义上的管制。至少为了安抚人心，也需要进行利率管理。公元6世纪中叶在位的东罗马帝国皇帝查士丁尼曾经对利率进行过有意思的规定：对有名望的人利率应为4%，对商人利率应为6%，对其他人利率则为8%。这种依据债务人的身份确定利率的做法，与今天银行根据借款人的信用规定利率的做法虽然有着异曲同工之妙，但很可能却并没有反映皇帝的真实初衷——团结贵族和工商业者这两个帝国最主要的支柱。

然而，在货币稀缺的古代，想用法律来限制利率的做法在现实生活中的作用就像乌托邦一样，注定是要失败的。身为高官和哲学家的英国人洛克对此曾经有过朴实的论述："想以法律来有效的控制利率是徒劳的；固定钱的利率，其合理性就像是固定房子或者是船的租金一样。"一个有趣的例子是，1571年英国的伊丽莎白女王颁布法令声称：因为高利贷的本质是犯罪的和极可恶的，禁止它是上帝的旨意。但是可笑的是，这项法律同时规定这个"上帝的旨意"的有效期是5年。可见，对于法律能否控制利率，即使是它的制定者也没有十足的把握。

在古代中国，国家对于民间借贷的利率管理则很少诉诸法律手段。国家有的时候是通过设置像"泉府"这样的专门机构向贫民发放"低息贷款"的方式来抑制民间放款的高利率。人们普遍认为对于货币借贷月息三分，即3%，是"最公道"的水平。而粮食的借贷则盛行"春借一斗，秋还三斗"的惯例。汉代政府对于利息的限制一般是年息20%，违反者将会面临"取息过律"的指控，受到夺爵判刑的严厉惩罚。

然而，对于具有高度风险的借贷，政府往往也会"个案处理"。被广为引用的一次见于司马迁的《史记·货殖列传》："吴楚七国起兵时，长安中列侯封君从军旅，赍贷子钱，子钱家以为侯邑国在关东，关东成败未决，莫肯与。唯无盐氏出捐千金贷，其息什之。三月，吴楚平。一岁之中，则无盐氏之息什倍，用此富埒关中"。意思是：在西汉景帝时候，吴国、楚国等七个诸侯国发动了反叛中央的"七国之乱"。国都长安及其附近封建领主要借钱备战。但由于当时胜负未定，长安城中的高利贷者大多持观望态度，只有无盐氏一家肯向政府贷款，但要求借一还十。仅仅过了三个月，"七国之乱"就被平息了，这个高利贷者于是大发横财，成了关中富豪。

资料来源：http://www.360doc.com/content/12/0817/02/865028_230599406.shtml.

四、单利与复利

利率的出现使各种金融工具的利息可以计算、量化，但不同的计算方法会得出不同的结果。下面介绍单利和复利的概念。

（一）单利

假如一笔资金在整个投资期内所产生的利息始终不转为本金，不做再投资，只有本金保持投资状态，即在当期产生的利息不作为下一期的本金，只是把每一期产生的利息累加到投资期末，按照这种方式增长的利息称为单利（simple interest）。其计算公式为：

利息为 $\qquad I = P \times n \times r$

本利和为 $\qquad S = P + I = P(1 + r \times n)$

式中，I 为利息额，P 为本金，r 为年利率，n 为借贷期限，S 为本金与利息之和，简称本利和。

例如，一笔 5 年期限、年利率为 6% 的 10 万元贷款，在单利的情况下，贷款到期时利息总额为 30000 元（$100000 \times 6\% \times 5$），本利和为 130000 元（$100000 + 30000$）。

（二）复利

假如一笔资金在整个投资期内，本金和利息总处于投资状态，即本期产生的利息自动计入下一计息期的本金，连同原来的本金，在下一计息期间再生利息，并把所产生的全部利息积累到投资期末。按照这种方式增长的利息称为复利（compound interest），俗称"利滚利"。其计算公式为：

本利和为 $\qquad S = P \times (1 + r)^{n}$

利息为 $\qquad I = S - P$

承上例，在复利情况下，本利和大约为 133823 元 $[100000 \times (1 + 6\%)^{5}]$；利息则为 33823 元（$133823 - 100000$）。可见，按复利计息的利息比单利计息的利息多 3823 元（$33823 - 30000$）。显然，复利反映了利息的本质，因为利息在未清偿时也相当于债权人借给债务人使用的资本，应算为债权人的本金范畴。这样处理，对债权人、债务人双方较为公平、合理。

如果一年内计息次数（或复利次数）为 m 次，此时，复利计息公式就变为：

$$S = P \ (1 + r/m)^{mn}$$

承上例，如果改为每月计息一次，则一年内计息次数为 12 次，5 年后的本利和为：

$$S = 100000 \times (1 + 6\% \div 12)^{12 \times 5} = 134885 \ （元）$$

可得，利息为 34885 元，比每年计息一次的利息多 1062 元（$34885 - 33823$）。可见，计息次数越多，未来利息额就越大，因而对债权人越有利。

最极端的例子是计算瞬间复利或连续复利，即每一秒钟都计算复利。计算连续复利的公式为：

$$S = e^{rn}PS$$

其中，$e = 2.71828\cdots$，即自然对数的基。那么，在同样的条件下，连续复利会不会是一个天文数字呢？仍以上面的条件为例，连续复利为：$S = -e^{rn}P = e^{0.06 \times 5}100000 = 134986$（元）；利息为：$I = 134986 - 100000 = 34986$（元）。

可见，在上面的例子中，即使每秒钟都计算利息，与一年计算一次相比，利息也不过多了 1163 元（34986 − 33823）。

复利的威力

爱因斯坦说过复利是世界第八大奇迹。为什么会这么说呢？下面几个小故事，你或许会有所感悟！

一、国王下棋

一个爱下象棋的国王棋艺高超，从未遇到过敌手。为了找到对手，他下了一份诏书，说不管是谁，只要下棋赢了国王，国王就会答应他任何一个要求。

一个年轻人来到皇宫，要求与国王下棋。紧张激战后，年轻人赢了国王，国王问这个年轻人要什么奖赏，年轻人说他只要一点小奖赏：就是在他们下棋的棋盘上放上麦子，棋盘的第一个格子中放上一粒麦子，第二个格子中放进前一个格子数量的一倍麦子，接下来每一个格子中放的麦子数量都是前一个格子中的一倍，一直将棋盘每一个格子都摆满。

国王没有仔细思考，以为要求很小，于是就欣然同意了。但很快国王就发现，即使将自己国库所有的粮食都给他，也不够百分之一。最终国王需给他 18446744073709600000 粒麦子。

因为从表面上看，青年人的要求起点十分低，从一粒麦子开始，但是经过很多次的翻倍，就迅速变成庞大的天文数字。（1 公斤麦子约 4 万粒，换算成吨的话，约等于 4611 亿吨，而我国 2010 年粮食年产量 5.4 亿吨，相当于我国高产量的 853 年的总产量）。

或许你说，这个复利是 100% 的，很少有这么好的复利的。那下面看看这个真实的案例。

二、巴菲特的复利收益

巴菲特这样总结自己的成功秘诀："人生就像滚雪球，重要的是发现很湿的雪和很长的坡。"

从 1965 年巴菲特接管伯克希尔公司，到 2010 年，过去 46 年巴菲特平均取得了 20.2% 的年复合收益率，同期标准普尔 500 指数年复合收益率为 9.4%，巴菲特每年只不过比市场多赚了 10.8% 而已。但是 46 年期间巴菲特累计赚了 90409%，而指数累计增长了 6262%。

或许你又会说，也只有一个巴菲特能做到年复利 20%。那么，你就从现在开始理财，比巴菲特活的时间更长，你也能达到他的财富。

资料来源：静涛. 经济知识全知道 [M]. 武汉：华中科技大学出版社，2010：97.

 **实训任务**

知识运用：

某人于 2014 年 1 月 5 日将 5 万元存入商业银行，选择了 2 年期的定期存款，将于 2016 年 1 月到期。但在 2015 年 1 月 5 日由于急于购买住房，需要资金，鉴于定期存款未到期支取将视同活期存款，损失很多利息收入，因此，决定不将存款取出，而是先向商业银行申请 1 年期贷款，然后等存款到期时归还。（2014 年 1 月份 2 年期定期存款利率为 3.75%，2015 年 1 月活期存款利率为 0.55%，2015 年 1 月份 1 年期贷款利率为 5.78%）。

运用利息公式，试分析上述决定是否合理？试阐述你的理由。

任务二　了解利率决定理论

在整个利率理论中，利率的决定无疑是最基本的内容。下面介绍四种主要的利率决定理论，包括古典利率理论、流动性偏好理论、可贷资金理论和 IS—LM 模型的利率决定理论。

> **课堂互动**
>
> 利率的形成可能与什么有关？

一、古典利率理论

古典利率理论是对 19 世纪末至 20 世纪 30 年代西方国家各种不同利率理论的一种总称。该理论严格遵循古典经济学重视实物因素的传统，主要从生产消费等实际经济领域探求影响资本供求的因素，因而它是一种实物利率理论，也称为储蓄投资利率理论。

（一）古典利率理论的主要思想

古典利率理论认为，利率由两种力量决定：一是可供利用的储蓄，主要由家庭提供；二是投资资本需求，主要来源于商业部门。

1. 资本供给来自于社会储蓄，储蓄是利率的增函数

古典学派认为，资本供给主要来自社会储蓄，储蓄取决于人们对消费的时间偏好。不同的人对消费的时间偏好不同，有的人偏好当期消费，有的人则偏好未来消费。古典理论假定个人对当期消费有着特别的偏好，因此，鼓励个人和家庭多储蓄的唯一途径就是对人们牺牲当期消费予以补偿，这种补偿就是利息。也就是说，利息的支付是对等待或者延期消费的报酬。利率越高，意味着对这种等待的补偿也就越多，储蓄也会相应增加。由此得出：一般情况下，储蓄是利率的增函数。如图 3 - 1 中的 S 曲线，储蓄随利率的上升而上升。

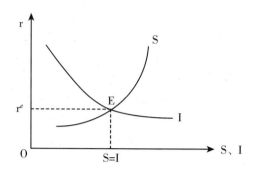

图 3 - 1　古典利率理论

2. 资本需求来自于社会投资，投资是利率的减函数

古典学派认为，资本的需求来自于投资。各个企业在做投资决策时，一般会考虑两个因素，一是投资的预期收益，即资本的边际回报率；二是资本市场上的筹资成本，即融资利率。只要资本的边际回报率大于融资利率，投资就有利可图，促使企业进行借贷和投资。当利率降低时，预期回报率大于利率的可能性增大，投资需求就会不断增加，即投资是利率的减函数。如图 3 - 1 中的，I 曲线，投资随利率的上升而下降。

3. 均衡利率是储蓄与投资相等时的利率

古典学派认为，利率由储蓄和投资的相互作用所决定，只有当储蓄者愿意提供的资金与投资者愿意借入的资本相等时，利率才达到均衡水平，如图 3 - 1 中的点 E 所示，此时，均衡利率为 r^e。

若现行利率高于均衡利率，则必然发生超额储蓄供给，诱使利率下降接近均衡利率水平；若现行利率低于均衡利率，则必然发生超额投资需求，拉动利率上升接近均衡利率水平。

（二）古典利率理论的主要特点

古典利率理论的特点包括：古典利率理论是一种局部均衡理论；古典利率理论是实物利率理论；它使用的是流量分析方法，其理论认为利率具有自动调节资本供求的作用。

古典利率理论的缺陷主要是它忽略了除储蓄和投资以外的其他因素，如货币因素对利率的影响。另外，古典利率理论认为，利率是储蓄的主要决定因素，可是今天的经济学家却发现，收入是储蓄的主要决定因素。最后，古典利率理论认为，对资金的需求主要来自于工商业企业的投资，然而，如今消费者和政府都是重要的资金需求者，同样对资金供求有着重要的影响。

古典利率理论支配理论界达 200 年之久，直到 20 世纪 30 年代西方经济大危机发生后，人们发现运用古典利率理论已经不能解释当时的经济现象，于是出现了流动性偏好理论和可贷资金理论。

二、流动性偏好理论

凯恩斯和他的追随者们在利率决定问题上的观点与古典学派的观点正好相反。凯恩斯学派的利率决定理论是一种货币理论，认为利率是由货币的供求关系决定的，并创立了利率决定的流动性偏好理论。

(一) 利息作为一种货币现象是人们牺牲流动性的报酬

凯恩斯认为，人们存在一种"流动性偏好"，即企业和个人为了进行日常交易或者为预防将来的不确定性而愿意持有一部分货币，由此产生了货币需求。

凯恩斯假定人们可贮藏财富的资产只有货币和债券两种，其中所说的货币包括通货（没有利息收入）和支票账户存款（一般不付利息）。由此可见，货币的回报率为零，但它能提供完全的流动性；债券可以取得利息收入，但只有转换成货币之后才具有支付能力。而且，由于未来的不确定性，持有债券资产可能因各种原因而遭受损失。所以，人们在选择其财富持有形式时，大多倾向于选择货币。但是，通常情况下，货币供给是有限的，人们要取得货币，就必须支付一定的报酬作为对方在一定时期内放弃货币、牺牲流动性的补偿。凯恩斯认为，这种为取得货币而支付的报酬就是利息，利息完全是一种货币现象。

(二) 利率由货币供给与货币需求所决定

1. 货币供给曲线

凯恩斯认为，在现代经济体系里，货币供给基本上为一国的中央银行所控制，是一个外生变量，而中央银行在决定货币供给量的多寡时考虑的主要因素是社会公众福利，而不是利率水平的高低。所以，货币供给曲线，如图 3－2 所示，是一条不受利率影响的垂线。当中央银行增加货币供给时，货币供给曲线向右移动；反之，货币供给曲线向左移动。

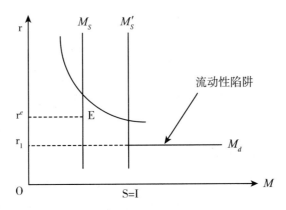

图 3－2   流动性偏好理论

2. 货币需求曲线

凯恩斯认为，在其他条件不变的情况下，利率上升，相对于债券来说，货币的预期回报率下降，货币需求减少。按照机会成本的逻辑，货币需求与利率也是负相关的，因为持有货币的机会成本就是没有持有债券而牺牲的利息收入（预期回报率），随着债券利率上升，持有货币的机会成本增加，货币需求相应减少。因此，货币需求曲线，如图 3-2 中的 M_d 曲线所示，是一条向右下方倾斜的曲线，它表明货币需求是利率的减函数。

3. 货币供给与货币需求相等时决定均衡利率水平

当 $M_s = M_d$ 时，即货币供给与货币需求相等时所决定的利率就是均衡利率 r^e，如图 3-2 中的 E 点。

当利率处于均衡利率水平之上时，货币供给超过货币需求，资金盈余部门将会用手中多余的货币购买债券，导致债券价格升高，促使利率下降并向均衡利率方向移动；反之，当利率低于均衡利率水平时，投资者会反向操作，利率同样会重新向均衡利率方向移动。

（三）流动性陷阱

在凯恩斯的流动性偏好理论中，存在一种特殊的情况，就是"流动性陷阱"。它是凯恩斯提出的一种假说，是指当一定时期的利率水平降低到不能再低时，人们就会产生利率只有可能上升而不会继续下降的预期，货币需求弹性会变得无限大的现象。即无论增加多少货币，都会被人们储存起来。因此，即使货币供给增加，也不会导致利率下降。正如图 3-2 中所示的那样，当利率降到一定水平如 r_1 时，投资者对货币的需求趋于无限大，货币需求曲线的尾端逐渐变成一条水平线，这就是"流动性陷阱"。

课堂互动

哪些国家曾经或正在经历"流动性陷阱"？

按照货币—经济增长原理，假定货币需求不变，当货币供给量增加时，利率必然会下降，从而刺激投资和消费，进而带动整个经济的增长。当遇到"流动性陷阱"时，就意味着即使中央银行再增加货币供给量，人们也不会增加投资和消费，利率也不会下降，货币政策就达不到刺激经济的目的。因此，凯恩斯认为，当遇到"流动性陷阱"时，货币政策无效。

（四）流动性偏好理论的特点

凯恩斯的流动性偏好利率理论具有如下特点：利率纯粹是一种货币现象，与实际因素无关；货币供给只有通过利率才能影响经济运行；它使用的是存量分析方法，然而，该理论也存在缺陷。流动性偏好理论假定收入不变，因此它属于利率决定的短期理论，在长期，利率要受收入水平变化和通货膨胀预期的影响。

谁来决定利率

那么利率到底应该由谁来决定呢？一般认为，利率的高低会直接影响到投资的成本，因此有的经济学家主张通过利率的调节来对经济进行宏观调控。在计划经济国家，利率的决定权在政府或者中央银行。国家通过严格的利率控制、贷款配给和"强制储蓄"为经济提供充足的资金。由于缺乏投资工具和市场竞争，虽然资金匮乏，但是这些国家的利率却骇人听闻的低。很多西方学者认为，这种脱离市场实际的官定利率，尽管在集中使用资源方面非常有效，但是却使得资金运用的效率大大降低——预算软约束下的国有企业永无止境的"贷款饥渴"，会像吸血鬼一样耗尽经济中有限的资源。

在西方社会，利率的决定比较市场化。在 20 世纪 30 年代的大萧条后，各国中央银行开始加大对货币市场的宏观调控，通过对基准利率——再贴现率的调整来干预利率的市场定价。在这类政策中，中央银行可以通过提高利率来抑制通货膨胀，也可以通过降低利率来刺激投资。但是批评者——主张利率应该由市场上的供求关系自主决定的自由主义者们认为，这样做的副作用也很明显——人为操纵的利率变化，有的时候会成为具体的政治目标服务的工具，使得经济生活中多了一种危险因素。

他们告诉大家，人为因素导致的利率频繁变动会使得人们难以估计投资和生产的财务成本，从而反过来抑制投资。而且像凯恩斯这样主张政府对经济进行反周期调节的经济学家，也证明了由于"流动性陷阱"的存在，企图用降低利率的方法使经济复苏的货币政策是无效的。20 世纪 90 年代，日本中央银行为使日本经济摆脱衰退采取的零利率政策收效甚微，似乎证明了凯恩斯理论的正确性。

很多人认为货币当局最好让利率保持稳定，用无为而治的办法为经济创造一个较好的环境，新货币数量论者弗里德曼就是这种观点的代表人物。为此，人们很容易举出 1929 年 8 月，美国联邦储备委员会大幅度调高再贴现率，从而加速了大萧条的到来的例子。但是反对者却同样不缺乏"炮弹"，他们指出 1929 年 8 月的教训不是联储"动了手"，而是动手太晚。货币当局应该未雨绸缪，及时对经济进行——适应性的调整。为此他们举出了美国联邦储备委员会在 20 世纪 90 年代通过对利率的频繁调整，维持美国"新经济"繁荣的例子。当然，这里面还涉及一个人们能不能准确预测市场——超越市场的问题。

但是尽管认为利率应该由市场决定的"利率内生主义者"和认为中央银行应该控制利率的"外生主义者"们在利率的决定机制上存在着难以弥合的分歧，他们在一个问题上还是能达成基本一致的，那就是人们都同意，如果不面临通货膨胀压力的话，那么维持比较低的利率水平，对于提高就业率和经济稳定增长是完全必要的。

资料来源：http://www.360doc.com/content/12/0817/02/865028_230599406.shtml.

三、可贷资金理论

凯恩斯的流动性偏好理论存在的缺陷，导致它一经提出就遭到了许多经济学家的批评。1937 年，凯恩斯的学生罗伯逊在古典利率理论的基础上提出了可贷资金理论。这一理论受到了瑞典学派的重要代表俄林等人的支持，并成为一种较为流行的利率理论。

（一）可贷资金理论的基本思想

可贷资金理论作为新古典学派的利率决定理论，一方面肯定了古典学派考虑储蓄和投资对于利率的决定作用，但同时指出忽视货币因素也是不妥当的；另一方面也指出凯恩斯完全否定实际因素和忽视流量分析是错误的，但肯定其关于货币因素对利率的影响作用的观点。可贷资金理论的宗旨是将货币因素与实际因素、存量分析与流量分析综合为一种新的理论体系。

1. 可贷资金供给与可贷资金需求的构成

该理论认为，可贷资金需求来自于两部分：第一，投资 I，这是可贷资金需求的主要部分，它与利率成负相关关系；第二，货币的窖藏 ΔH，这是指储蓄者并不把所有的储蓄都贷放出去，而是以现金形式保留一部分在手中。显然，货币的窖藏也是与利率负相关的，因为利率是货币窖藏的机会成本。

可贷资金供给也来自两部分：第一，储蓄 S，即家庭、企业和政府的实际储蓄，它是可贷资金供给的主要来源，与利率同方向变动。第二，货币供给的增加量 ΔM_S，因为中央银行和商业银行也可以分别通过增加货币供给和信用创造来提供可贷资金，它与利率成正相关。

2. 利率由可贷资金的供给与需求所决定

按照可贷资金理论，利率是使用借贷资金的代价，利率取决于可贷资金供给（L_S）与可贷资金需求（L_D）的均衡点，故可贷资金利率理论可以用公式表示如下：

可贷资金需求 $\qquad\qquad L_D = I + \Delta H$

可贷资金供给 $\qquad\qquad L_S = S + \Delta M_S$

当利率达到均衡时，则有 $\qquad\qquad S + \Delta M_S = I + \Delta H$

上式中，四项因素均为利率的函数，如图 3 - 3 所示。在该图中，可贷资金供给曲线 L_S 与可贷资金需求曲线 L_D 的交点 E 所决定的利率即为均衡利率。

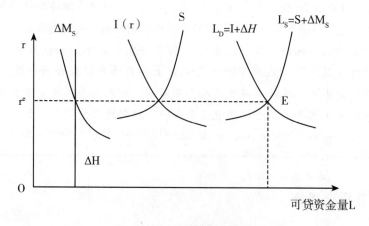

图 3 - 3　可贷资金理论

3. 均衡利率由可贷资金的供给与需求所 r^e 决定

根据可贷资金理论，利率是使用借贷资金的代价，利率取决于可贷资金供给（L_S）与可贷资金需求（L_D）的均衡点，也就是图 3-3 中的 E 点。

（二）可贷资金理论的评价

可贷资金理论具有以下特点：它兼顾了货币因素和实际因素对利率的决定作用；它同时使用了存量分析和流量分析方法。

可贷资金理论的最大缺陷是，在利率决定的过程中，虽然考虑到了商品市场和货币市场，但是忽略了两个市场各自的均衡。当可贷资金市场实现均衡时，并不能保证商品市场和货币市场同时达到均衡。因此，新古典学派的可贷资金利率理论尽管克服了古典学派和凯恩斯学派的缺点，但是不能兼顾商品市场和货币市场，因而仍然是不完善的。

四、IS-LM 模型的利率决定理论

古典利率理论、流动性偏好理论及可贷资金理论虽然都存在各自的缺陷，但有一个缺点却是共同的，即没有考虑收入因素。事实上，如果不考虑收入因素，利率水平就无法确定。因为，储蓄与投资都是收入的函数，收入增加将导致储蓄增加，因此，不知道收入，也就无法知道储蓄，利率也无法确定。投资引起收入变动，同时投资又受到利率的制约，因此，如果事先不知道利率水平也无法得到收入水平。所以，在讨论利率水平决定因素时，必然要引入收入因素，而且，收入与利率之间存在着相互决定的作用，两者必须是同时决定的。这就是希克斯和汉森对利率决定理论改进的主要观点，而他们的 IS-LM 模型也被认为是解释名义利率决定过程的最成功理论。

（一）IS—LM 模型中 IS 曲线和 LM 曲线的导出

从新古典学派的阐述中，我们得到在各种收入（Y）水平下的一组储蓄（S）曲线，如图 3-4（a）中的 S（Y_1）和 S（Y_2），将其与投资需求曲线 I 一并考虑，可知，当储蓄供给等于投资需求时，r_1 对应 Y_1，r_2 对应 Y_2，如此等等，可以得出希克斯—汉森的 IS 曲线，如图 3-4（b）所示。换句话说，新古典理论的阐述告诉我们，在不同的利率水平下会对应着不同的收入水平（给定投资需求曲线和储蓄曲线组）。

从凯恩斯的阐述中，我们得到在不同收入水平下的一组流动性偏好曲线，即货币需求曲线，如图 3-4（c）中的 M（Y_3）和 M（Y_4）。将其与由货币当局决定的货币供给曲线必一并考虑，可知，当货币需求等于货币供给时，r_3 对应 Y_3，r_4 对应 Y_4，如此等等，可以得到希克斯—汉森的 LM 曲线（L 代表流动性，M 代表货币数量），如图 3-4（d）所示。该曲线告诉我们，在不同的收入水平下会对应着不同的利率水平（给定货币数量和流动性偏好曲线组）。

可见，IS 曲线和 LM 曲线都是两个变量的函数：①利率；②收入。因此，如图 3-5 所示，仅仅是投资等于储蓄（IS 曲线）无法确定利率，仅仅是货币需求等于货币供给

（LM 曲线）也无法确定利率，只有当 IS 和 LM 两条曲线相交时，才能同时决定均衡的利率水平 r^e，和收入水平 Y^e。

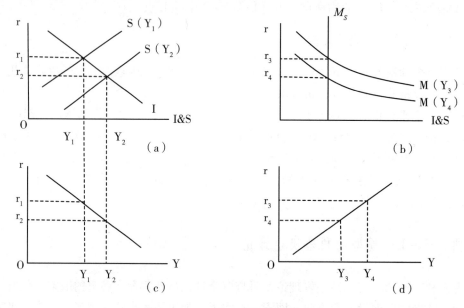

图 3-4 IS 和 LM 曲线的导出

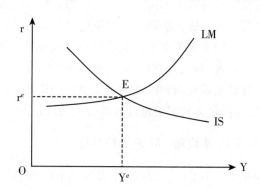

图 3-5 IS—LM 模型决定的均衡利率

在图 3-5 中，IS 曲线和 LM 曲线的交点 E 所决定的收入 Y^e 和利率 r^e，就是使整个经济处于一般均衡状态的唯一的收入水平和利率水平。由于 E 同时是 IS 曲线和 LM 曲线上的点，因此，E 点所决定的收入 Y^e 和利率 r^e，能同时维持商品市场和货币市场的均衡，所以是真正的均衡收入和均衡利率。E 则为一般均衡点，处于这点以外的任何收入和利率的组合，都会通过商品市场和货币市场的调整而达到均衡。

（二）IS—LM 模型利率决定理论的贡献

1. IS—LM 模型考虑了收入在利率决定中的作用

与前三种理论相比，IS—LM 模型在分析利率决定时考虑到了收入的重要作用，而且，收入与利率是相互作用的关系。

2. IS—LM 模型使用的是一般分析法

IS—LM 模型尝试从一般均衡的角度进行分析，结合多种利率决定理论，在兼顾商品市场和货币市场的同时，考虑了它们的各自均衡。IS—LM 模型既克服了古典学派利率理论只考虑商品市场均衡的缺陷，又克服了凯恩斯学派流动性偏好利率理论只考虑货币市场均衡的缺陷，同时，还克服了新古典学派的可贷资金利率理论不能兼顾商品市场和货币市场各自均衡的缺陷。IS—LM 模型认为，只有在储蓄与投资、货币供给与货币需求同时相等，以及商品市场和货币市场同时达到均衡的条件下，收入和利率同时被决定时，才能得到完整的、能使利率得到明确决定的利率理论。

因此，该理论被认为是解释名义利率决定过程最成功的理论。IS—LM 模型已成为宏观经济学中一个极为重要的基本模型。

但是，以上利率决定理论都没有把国外因素对利率产生的影响考虑进去。蒙代尔—弗莱明模型则在 IS—LM 模型的基础上加入了国际收支因素，提出了 IS—LM—BP 模型。该模型认为，在开放经济的条件下，国内实体经济部门、国内货币部门和国外部门同时达到均衡时，一国的国民经济才能达到均衡状态，有兴趣的读者可参见国际金融学或国际经济学中的分析。

 实训任务

小组讨论：

防止金融市场跌入流动性陷阱

我国金融市场已经站在流动性陷阱边缘。据媒体报道，上周应金融机构的要求，人民银行向部分金融机构进行了定向正回购，回收了超过 1 千亿元的流动性。这标志着我国金融市场的流动性已泛滥到无处可去，到了需要主动交还给央行的程度。

2015 年前 4 个月，社会融资总量仅增加了 5.7 万亿元，比上年前 4 个月少增 1.5 万亿元。社融的收缩加重了实体经济的融资难。还是 2015 年头 4 个月，固定资产投资资金来源同比增长仅 6.5%，比同期固定资产投资增速低了 5.5 个百分点。也就是说，实体经济投资项目筹措资金的速度还赶不上项目推进的速度，融资困境可见一斑。

在金融向实体的流动性传导路径未能打通之时，货币宽松更多体现在推升金融资产价格上面，而对实体经济增长的带动极为有限。从 3 月初至今，银行间隔夜利率已经下降了 2.4 个百分点，至 1% 附近。相当于央行在银行间市场进行了 10 次每次幅度为 25 基点的降息。但这并未改善实体经济增长的低迷，反而将上证综指推高了 40% 多，令资产泡沫化风险上升。

类似的情况在欧美早已出现。欧美国家的中央银行为了刺激经济增长，通过 QE 大量投放流动性"淹没"金融市场，力图将资金挤入实体经济。这些举措在刺激经济增长方面成效有限，却大幅推高了金融资产价格，为未来货币政策正常化埋下了不小隐患。

资料来源：徐高. 防止金融市场跃入流动性陷阱 [J]. 经济参考报，2015 - 06 - 01. http：//dz. jjckb. cn/www/pages/webpage2009/html/2015 - 06/01/content_6241. htm.

讨论主题： 如何防止我国经济陷入"流动性陷阱"。

讨论步骤：

1. 由学生分组查找我国自 2014 年开始的降息情况。

2. 以组为单位讨论我国是否有可能陷入"流动性陷阱"？

3. 避免"流动性陷阱"的措施有哪些？

讨论成果： 将讨论内容汇总，完成小论文——如何防止我国经济陷入"流动性陷阱"。

任务三　分析利率的作用

一、利率变动对储蓄和投资的影响

利率是一个重要的经济杠杆，对经济有着极其重要的调节作用。这种作用主要通过以下几条途径来实现。

（一）利率变动的储蓄效应

利率变动的储蓄效应，是指利率变动通过影响储蓄来影响经济运行。利率对储蓄的作用取决于利率对储蓄的替代效应与收入效应的对比结果。

所谓利率的储蓄替代效应，是指储蓄随利率的提高而增加的现象，反映了人们有较强的通过增加利息收入而增加财富积累的偏好。因为利率提高时，人们会认为减少当前消费，增加将来消费比较有利，从而鼓励其增加储蓄。所谓利率对储蓄的收入效应，是指储蓄随利率的提高而降低的现象，反映人们在利息收入随利率的提高而希望进一步改善生活水准的偏好。因为，利率提高时，储蓄者将来的利息收入增加，会使其认为自己较为富有，以至于增加当前消费，可能反而会减少储蓄。因此，当替代效应大于收入效应时，储蓄利率弹性大于零，储蓄随利率变动而同方向变动；当替代效应小于收入效应时，储蓄利率弹性小于零，储蓄随利率变动呈反方向变动；当替代效应等于收入效应时，储蓄利率弹性等于零，利率变动不能影响储蓄变动。

因此，利率如何影响储蓄，进而影响消费，须视替代效应与收入效应之总和而定。就低收入者而言，利率越高，主要会发生替代效应，故利率提高会增加储蓄，减少当前消费。就高收入者而言，利率提高，主要会发生收入效应，从而可能会减少储蓄。就全社会而言，利率的提高究竟会增加储蓄还是减少储蓄，则由这些人增加和减少储蓄的加总净额来决定。如果用 i、S、C、AD、Y 分别表示利率、储蓄、消费、社会总需求和国民经济产出水平，则利率变动的作用过程如下所示：

$$i\uparrow \Rightarrow \begin{cases} S\uparrow \to C\downarrow \to AD\downarrow \to Y\downarrow \text{（储蓄的替代效应）} \\ S\downarrow \to C\uparrow \to AD\uparrow \to Y\uparrow \text{（储蓄的收入效应）} \end{cases}$$

（二）利率对投资的影响

一般地，利率与投资成反比关系。因为利率的高低直接影响投资的成本。因此，一一般来说，降低利率意味着企业投资成本降低，从而会增加投资，促进经济增长；提高利率则意味着企业投资成本上升，从而会减少投资，抑制经济增长。

但是，在利率如何通过影响投资从而对经济发挥调节作用的传递机制方面，经济学家存在争议。

根据托宾（J. Tobin）的 q 理论，q 定义为企业的市场价值除以企业的重置成本。若 q > 1，即企业的市场价值大于企业的重置成本时，企业能在股票市场上得到一个比重新购买的设备和设施要高的价格，因而，企业可以通过发行较少的股票而买到更多新的投资品，投资支出便会增加，按照这一理论，其传递机制应为：

$$M_S \uparrow \to i \downarrow \to P_{股} \uparrow \to q > 1 \to I \uparrow \to Y \uparrow$$

其中，$P_{股}$ 为股票价格。

货币学派认为，现代经济中存在三种价格，即新产品价格、资本货物价格和证券价格。当中央银行降低利率时，证券价格将上升，商业银行会出售有价证券，致使其超额准备金增加，在这种情况下，商业银行开始增加贷款投资，而这会降低市场利率，并使真实资本价格上升，企业的利润增加。在追求利润最大化这一动机的驱使下，企业便会加大新产品开发力度，增加投资，从而扩大新产品市场，促进经济增长。其作用过程如下：

$$M_S \uparrow \to i \downarrow \to P_{股} \uparrow \to 银行出售证券 \to 银行超额准备金 \uparrow \to 贷款 \uparrow$$
$$\to 市场利率 \downarrow \to 真实资本价格 \uparrow \to 新产品开发 \uparrow \to I \uparrow$$
$$\to 新产品市场扩大 \to Y \uparrow$$

课堂互动

　利息的升降会给我们的生活带来哪些影响？

（三）利率在宏观经济中的作用

利率作为宏观政策调控的重要经济杠杆之一，其调控作用归纳如下。

1. 积累功能

在市场经济条件下，资本短缺往往成为制约一国或地区经济发展的"瓶颈"。这在发展中国家表现得尤为明显。但由于经济运行的周期性和资本运动的增值性，以及企业和个人的收入与支出的不完全一致性等原因，尽管一些企业和个人会出现资金不足的局面，就整个社会而言，总会有一定数量的闲置资金存在。当然，对闲散货币资金的运用必须是有偿的，这种有偿就是通过利息支付来实现。一般情况下，闲散货币资金的聚集量同利率成正比。利率的调整具有动员和积聚资金的调节功能。

2. 调节功能

利率变化能引起社会经济多方面的变化，这就是利率的宏观调节功能，主要表现在以下两个方面。

首先是调节国民经济结构的功能。利率引导资金流向的功能会使信贷资金从效益差的企业流向效益好的企业，从而优化了生产结构。如果哪个行业的收益率高，就能获得较多的贷款额，哪个行业的收益率低，就不能获得贷款，因此资金就从低收益率行业向高收益率行业流动。利率引起借贷资金在社会生产各部门之间自由流动，从而调节了社会生产比例和国民经济结构。

其次是调节货币供求的功能。各国中央银行都将稳定货币价值作为其货币政策的最终目标之一，而稳定币值的前提是货币供求的基本平衡。各国中央银行在运用货币政策工具对信贷规模进行间接调控时，利率是货币政策的主要中间变量。调节利率成为货币政策对经济产生作用和影响的有效途径。

3. 抑制通货膨胀的功能

在一个市场化程度较高的社会中，利率可作为预防和调节通货膨胀的重要手段之一。运用高利率可抑制投资的过度增长，从而防止通货膨胀的发生；当经济萧条时，通过降低利率，则可防止通货紧缩的发生。利率的这一功能已被西方国家反复使用。2004～2006年7月美联储体系连续17次上调联邦基金利率以防止通货膨胀的发生就是一个佐证。

4. 平衡国际收支的功能

利率平衡国际收支的功能，是指利率变动通过影响一国的对外经济活动从而影响宏观经济的运行和实现国际收支的基本平衡。这表现在两个方面：一是对进出口的影响；二是对资本输出输入的影响。当利率水平提高时，企业生产成本增加，产品价格提高，出口竞争力下降，出口量减少，从而会引起一国对外贸易的逆差；相反，降低利率会增加出口生产企业的竞争力，改善一国的对外贸易收支状况。从资本输出输入看，在高利率的诱惑下，外国资本会迅速地流入，特别是短期套利资本，可以暂时改善一国的国际收支状况。

总之，利率是重要的经济杠杆，对宏微观经济运行都发挥着重要的调节作用。

+·+

降息带来的影响

中国人民银行决定，自2015年5月11日起下调金融机构人民币贷款和存款基准利率。金融机构一年期贷款基准利率下调0.25个百分点至5.1%；一年期存款基准利率下调0.25%～2.25%，同时结合推进利率市场化改革，将金融机构存款利率浮动区间的上限由存款基准利率的1.3倍调整为1.5倍；其他各档次贷款及存款基准利率、个人住房公积金存贷款利率相应调整。

降息5大影响与你有关：

1. 去银行存钱，利息变少了

例如，50万元存银行1年定期，利息就整整少了1250元。同时，存款利率浮动上限由基准利率的1.3倍扩大到了1.5倍（若商业银行用足上浮区间，则上浮后的存款利率与调整前的水平相当），则给各家商业银行更大的自主空间，银行间形成差别化利率竞争的态势。其实也是件好事，存钱可以"货比三家"，选择利率更高的银行来打理自身的财富。

2. 楼市影响: 商业贷款和公积金贷款利率均下降房贷压力小了

此番基准利率的降低对于一些想要买房的个人和家庭来说,房贷压力变小了。如买房时商业贷款100万元,贷款期限30年,利用等额本息还款法,降息后每月月供减少260元左右,总利息共减少了9万元左右。

3. 生活消费更加活跃

降息,意味着利息可能减少,使银行的存款流转到消费和投资方面。单从消费方面来看,国家统计局曾对中国消费者信心的调查显示,2014年10月城市和农村消费者信心指数分别为102.0和106.9。通过此次降息会促进消费,预计消费者信心指数在未来会有所上升,这也有利经济总体向上发展。

4. 股市影响: 六大行业受益明显最利好地产股

分析称,降息直接利好高负债率行业,如地产、基建、有色、煤炭、证券等行业。但银行业能否享受降息利好还有待观察。

降息对股市什么影响? 无疑是重大利好。因为货币的价格下降,使得企业运营成本降低,也使得股市融资成本降低,这都会刺激更多资金向股市流动,也会刺激企业投资。

当然,就短期而言,对银行股显然是利空,因为降息使得贷款利率下降,而鉴于现在银行仍然缺流动性,它们就不得不继续上浮存款利率。如此,银行存贷款利差将再次被挤压。

降息最大利好的板块就是房地产板块。因为,对于当前房地产行业来说,货币价格高和资金压力大是两个最重要的矛盾。降息会进一步引发人民币的贬值预期,所以对于需要进口原材料较多的企业来说是利空,如造纸行业等。但是,人民币贬值利于出口,所以对于出口产品特别是中高端产品的企业来说,是利好消息。另外,一方面降息;另一方面政府增加基础建设投资,未来基础建设相关板块值得继续关注。

5. 贷款环境宽松,创业投资更容易

此次降息,银行放松了贷款要求,民众贷款更加容易,贷款的成本也降低了。获得了财务支持,会使得更多具有能力的人,更愿意去创业、去做投资来获得更多的经济收入。虽说降息后民众从银行贷款更容易,贷款的金额也放宽,但是银行的贷款审批流程一直很复杂,意味着民众也并非那么容易贷到款。部分人还需从一些非银行的金融机构进行贷款才行。

资料来源: http://news.163.com/15/1024/07/B6M3UFPV00014Q4P.html.

+—+

二、利率发挥作用的条件

在发达的市场经济中,利率的作用之所以如此大,基本原因在于,对于每个可以独立决策的经济行为主体来说,利润最大化、效益最大化是基本的准则。而利率的高低直接关系到他们的收益。在利益约束机制下,利率也就有了广泛而突出的作用。因此,这表明:要使利率充分发挥杠杆作用,对经济起到有效的调节作用,必须具备一些基本的条件，主要有如下方面。

1. 经济的商品化、货币化、信用化已达到相当的程度

利率本身属于货币与信用的范畴，是通过调节货币与信用的关系来调节价值与利益的关系，进而调节微观经济活动和宏观经济总量的。因此，只有在经济的信用化达到一定程度，连接价值利益关系的主要枢纽成为货币与信用后，利率才能充分发挥对经济的调节作用。

2. 微观经济主体的独立性程度及其对利率的敏感程度

这就要求资金借贷双方都是个人或自主经营、自负盈亏的法人主体。只有当资金的借贷双方是具有健全的利益驱动和风险约束机制的法人主体时，利率变化才能影响到经济主体的经营和投资行为，从而对经济发挥调节作用。

3. 市场化的利率决定机制

要求存在健全的、发育成熟的金融市场。利率作为资金价格，以金融市场的存在为前提。只有在发育程度较高的金融市场上，金融资产的种类和数量有了一定的规模，利率才有其形成和存在的基础。

4. 健全和完善的金融机构体系

当一国存在众多的拥有利率自主权的商业性金融机构时，它们会根据中央银行基准利率和资金供求变化，相应调整自己的利率水平，进一步影响到企业、居民的经济行为，从而改变社会总需求，实现既定的货币政策目标。

5. 中央银行运用间接手段调控经济

中央银行在货币政策操作中，将利率作为宏观经济调控的重要手段之一。

 **实训任务**

小组讨论：

讨论主题： 自 2014 年来中国人民银行多次降息，其目的何在，作用效果如何。

讨论步骤：

1. 由学生分组查找中国人民银行 2014 年以来的降息情况，做成图表以便分析。
2. 以组为单位讨论中国人民银行连续降息的背景、目的、效果。
3. 由教师点评总结。

讨论成果： 完成小作业"自 2014 年来中国人民银行连续降息的分析"。

任务四　了解利率市场化

一、利率市场化的含义

利率市场化（interest rate liberalization）是指中央银行放松对商业银行利率的直接控制，由市场主体自主决定利率，中央银行通过制定和调整再贴现率、再贷款率和公开市场买卖有价证券等间接调控手段，形成资金利率，使之间接地反映中央银行货币政策的一种机制。简而言之，利率市场化是指由资金市场的供求关系来决定利率水平，政府放弃对利率的直接行政干预。

课堂互动

哪些国家利率市场化程度较高？

利率市场化有着丰富的内容，至少应包括金融交易主体享有利率决定权，利率的数量结构、期限结构和风险结构应由市场自发选择，中央银行享有间接影响金融资产利率的权力等：

1. 金融交易主体享有利率决定权

利率是货币的价格，由货币供给与需求的均衡所决定。所以，利率市场化的真正含义是指在利率管理机制上，要赋予商业银行和其他金融机构相当充分的自主权，而不是传统的集中指令管理，把商业银行和其他金融机构的存贷款利率决定权交给市场，由市场上资金的供求状况来决定市场利率，市场主体可以在市场利率的基础上根据不同金融交易各自的特点自主决定利率。金融交易主体应该有权对其资金交易的规模、价格、偿还期限、担保方式等具体条款进行讨价还价，讨价还价的方式可能是面谈、招标，也可能是资金供求双方在不同客户或者服务提供商之间反复权衡和选择。

2. 利率的数量结构、期限结构和风险结构应由市场自发选择

与任何商品交易一样，金融交易同样存在批发与零售的价格差别。但与其不同的是，资金交易的价格还应该存在期限差别和风险差别。利率计划当局既无必要也无可能对利率的数量结构、期限结构和风险结构进行科学的测算。相反，金融交易的双方应该有权就某一项交易的具体数量（或称规模）、期限、风险及其具体利率水平达成协议，从而形成合理的利率数量结构、期限结构和风险结构。

3. 同业拆借利率或短期国债利率将成为市场利率的基本指针

显然，从微观层面上来看，市场利率比计划利率档次更高，结构更为复杂，市场利率水平只能根据一种或几种市场交易量大、为金融交易主体所普遍接受的利率来确定。根据其他国家的经验，同业拆借利率或短期国债利率是市场上交易量最大、信息披露最充分从而也是最有代表性的市场利率，它们将成为其他一切利率水平的基本标准，也是衡量市场利率水平涨跌的基本依据。

4. 政府（或中央银行）享有间接影响利率的权利

利率市场化主要是为了解决利率的形成机制问题，即利率的形成应该由市场而不是政府或一国的货币当局中央银行来决定。但是，利率市场化并不排斥政府的调控作用，并不是主张放弃政府的金融调控，正如市场经济并不排斥政府的宏观调控一样，在整个利率管理中也仍有一定程度的国家控制和干预成分。在利率市场化条件下，中央银行在放松对商业银行利率的直接控制的同时往往强化间接调控，通过制定和调整再贴现利率、再贷款利率及公开市场操作等间接手段形成资金的利率，间接地反映货币当局的政

策意图。例如，通过公开市场操作影响资金供求格局，从而间接影响利率水平；或者通过调整基准利率影响商业银行资金成本，从而改变市场利率水平。在金融调控机制局部失灵的情况下，可对商业银行及其他金融机构的金融行为进行适当方式和程度的窗口指导，但这种手段不宜用得过多，以免干扰金融市场本身的运行秩序。

英国的利率市场化

在凯恩斯的故乡——英国，利率的政策性作用受到重视。英国在政策取向上选择了低利率水平，以减轻国债付息的负担。在利率的管理上，英国没有具体条款管制利率，各清算银行实行卡特尔制度——协定利率制，即根据英格兰银行的利率来确定商业银行的存贷款利率，这事实上是用中央银行的利率限制商业银行的利率水平，是一种间接的利率管制。英国的利率管理可以称之为"基准利率指导制"，其主要工具是再贴现率，再贴现率对商业银行的利率具有极强的约束力。

由于英国采取低利率政策，也就不可避免地出现了存款逃离清算银行、存款量不断下降、中央银行调控能力减弱的问题。为转变这种情况，英国金融当局不得不连续提高再贴现率。1971年英格兰银行公布了《竞争和信贷控制法案》，全面取消了清算银行的卡特尔制度，商业银行利率不再与英格兰银行贴现率相联系，可以根据自己的需要变动利率；允许清算银行直接参加银行间存贷市场，使银行之间可以进行短期资金融通；允许清算银行进入CD市场等。由此迈开了金融自由化和利率市场化的步伐。1972年10月，英格兰银行取消贴现率，改为"最低贷款利率"，即英格兰银行在货币市场上作为"最后贷款人"所用的利率。最低贷款利率，每月公布一次，但不作为其他利率变动的依据，然而它对短期利率会产生决定性的影响，并与国库券每周投标所形成的平均利率相联系。银行间协定利率取消后，清算银行又推出基础贷款利率作为共同标准，并与英格兰银行的最低贷款利率挂钩。1981年8月，英国又宣布取消公布最低贷款利率的做法。这样，英国的商业银行不再根据官方最低利率来调整存贷利率，而主要依据市场资金供求关系进行自由调整，基础贷款利率开始与市场利率相联系，平均每月变动一次。但英格兰银行保留必要时干预的权力，即对利率提出建议并规定银行利率，仍控制着市场利率变动。

资料来源：曹龙骐. 金融学案例与分析［M］. 北京：高等教育出版社，2005：36.

二、中国传统利率管理体制的主要弊端

利率管理体制通常有两种较为常见的类型，即利率管制和利率市场化。自新中国成立到现在我国的利率管理体制属于利率管制型，这种管制型的利率管理体制可以分为两个时期：1949～1982年实行高度集中的利率管理体制以及自1982年至今的有限浮动利率管理体制。

1949～1978年，与高度集中的计划经济管理体制相适应，我国实行了高度集中的

利率管理体制。在这种体制下，一切利率均由国家计划制定，由中国人民银行统一管理。1978 年以后，我国引入了商品经济机制，实行有计划的商品经济管理体制，后来进一步明确为有计划的社会主义市场经济，在利率管制方面也相应调整为有限浮动。这主要表现为从 1982 年起四大国有商业银行（中国工商银行、中国建设银行、中国农业银行和中国银行）在对某些特定对象办理存、贷款业务时，可以按照中国人民银行颁布的相应利率进行有限的上下浮动。见表 3－1 所示。

表 3－1　　　　20 世纪 80 年代中国实行有限浮动利率的进程

时间	被授权机构	种类	幅度
1982	中国人民银行	信托资金管理	20%
1983	中国人民银行	企业流动资金贷款	20%
1986	各专业银行	企业流动资金贷款	20%
1988	各专业银行	所有贷款	30%
1988	人行省级分行	存贷款	5%
1989	农村信用社	存贷款	70%（存）100%（贷）

资料来源：相关年份的《中国金融年鉴》。

我国的利率管理体制在本质上是由政府在信贷关系的制度中充当指挥者，绝对或者在较大程度上排斥市场因素对利率的影响，完全根据政府经济发展意图而设计和操作的。这种利率管制导致我国利率总体水平偏低、利率结构不合理、差别利率政策不完善、社会借贷资金供求不均衡，从而产生一系列的弊端。

第一，利率管制通常包含着压低利率水平和信用配给制，扭曲了利率的价格调节功能，极易滋生腐败。利率是资金的价格。利率的自由波动可以调节资金在不同部门之间和不同企业之间的有效配置，使有限的资金能运用到最需要的部门和企业。但是，在利率管制条件下，利率的自由浮动被限制了，通常利率被控制在较低的水平，低利率通常使得经济体系内部始终存在着超额资金需求，对超额资金需求又只能采取信用配给制进行调节，以保证有限的资金流向局限在某一范围内。对资金超额需求与有限配给之间的矛盾导致了金融黑市的产生，这虽然是市场对管制短缺的一种自发反应，但诸多缺乏法律保护的因素决定了它对经济秩序和社会安定局面的破坏性；而信用配给制并非完全依据政府的产业政策，实际操作中更多的是根据借款者的资金和信誉情况、私人交往或友谊，甚至是凭借借款者支付的回扣的多少来分配资金流向的，这种资金分配方式是滋生腐败的温床，极易加剧社会腐败现象的产生。这也会导致企业不惜采取一切手段去争取优惠的信贷资金而不顾企业内在价值的提高。

第二，政府对名义利率规定较低的利率水平，虽然会刺激投资增长，但同时也会减少居民储蓄。一方面，储蓄减少，投资来源相应减少，投资规模的扩大必然受影响，从而部分地抵消了低息政策对投资的刺激效果；另一方面，减少的储蓄有相当一部分进入消费领域，结果形成对消费品的过度需求，进而抬高物价，增加了通货膨胀的压力。在通货膨胀情况下，实际利率比名义利率更低甚至为负值，储蓄者的收益无形中被剥夺，而这实际上被视为用于对投资者的补贴。这样，理性的投资者会进一步减少储蓄，用于消费或投资，从而又加剧了通货膨胀的压力。

第三，利率管制造成资金使用的低效率。不同企业的生产效率高低不一，对资金成本的承受能力也大小不一。效率较高的企业，对资金成本的承受能力较强；效率较低的企业，对资金成本的承受能力较弱。对于相对较高的利率，效率高的企业可以借贷资金，而效率低的企业则无法承受，只能缩小生产规模甚至被淘汰出局。所以，利率对投资者的资金使用效率有一个筛选功能，从而保证资金在既定技术条件下被有效地使用。但是，当利率受管制而处于较低水平时，投资者的融资成本大大降低，一些原来无力借贷的低效率企业也有能力借贷和使用资金。低利率使有能力借贷资金的范围扩大到效率较低的企业，即资金被低效率使用。同时，低利率还会诱使企业倾向于多使用资金，少使用劳动力，即以资金要素替代劳动力要素，而劳动力要素对于发展中的中国来说，远比资金要素充裕，由此将带来整个经济体系效率的损失。

第四，利率管制阻碍了企业创新和经济活力。对利率的全方位管制使得处于借贷资金供给方的金融机构不能自由建立内部风险规避机制，难以在金融产品设计定价环节实现低风险和流动性的经营目的。面临拖欠贷款的道德风险，收益的高不确定性以及难以预料的通货膨胀，极度低的贷款利率上限强化了金融机构逃避风险的动机。在这种情况下，新创立企业和高风险高收益的创新型企业由于缺乏信誉很难从金融机构获得企业发展所必需的资金支持，从而严重影响了企业创新的积极性。另外，由于政府的直接干预，在存贷利差极小的情况下，各个金融机构只能为储蓄者提供很少可供选择的金融产品，既无法满足资产持有者的各种利率风险偏好，又缺乏其他的竞争因素来强化金融机构之间的竞争，结果造成金融机构的近乎垄断状态，金融服务成本居高不下，而社会总福利则因此而下降。

+·+

日本的利率市场化

日本对利率的管制始于 1947 年。是年日本制定了《临时利率调整法》，该法案规定政府有权决定全国银行的存贷款利率最高限，由日本银行制定，大藏省负责公布。制定该法案的目的是为了对付第二次世界大战后初期的经济恐慌，防止利率飞涨。此后，为了支持经济发展，日本政府一直采取人为的低利率政策，利率管制也是为了保证低利率政策的实行。

根据《临时利率调整法》，日本银行按照需要，调整存款利率的最高限，各金融机构必须遵守，不得违背。同时，还对不同存款方式实行分档次的指导利率。对短期贷款利率也规定最高限度，金融债券的利率由发行债券的银行自定，但必须上报大藏省和日本银行同意后方可执行。国债利率由大藏省决定，公司债券利率向国债利率看齐。除证券二级市场的利率外，其余的利率都是被限制的。

20 世纪 70 年代后期，日本开始了利率市场化的改革，突破口是证券利率的市场化。在利率管制时期，证券二级市场的利率也是自由定价的。这就造成证券利率高于银行存款利率，资金流向证券市场，使银行的资金来源减少，同时企业对银行贷款的需求减少。这两方面的作用，使得银行不得不降低贷款利率，致使存贷款利差不断缩小，致使银行收益下降，经营困难。于是，1977年日本政府允许国债上市流通，并于第二年采用招标发行国债的方式，推行中长期利率市场化。1978年6月以后，日本银行逐步取消了对银行间的资金市场（包括短期拆借市场、票据市场、外汇市场）的利率控制，使银行之间的资金往来不再受利率上限的制约。1979年日本开放了银行大额可转让存单（CD）市场利率，开始了短期利率市场化。此后，日本利率的变化更加频繁了。1984年5月，日本政府发表了《金融市场化和日元国际化的现状及展望》，其中对利率市场化做出了安排，计划到1987年最终取消对可转让大额定期存单、超大额定期存单和浮动利率存款的利率限制，完全实现市场化；在此之后再逐步取消小额存款的利率限制。这标志着日本的存贷款利率也开始向市场化发展。但是"这个过程并不是完全自由化——它仅仅表示略微有些弹性"。1991年定期存款利率市场化基本完成，1994年10月，日本完全实现利率市场化。

资料来源：曹龙骐. 金融学案例与分析 [M]. 北京：高等教育出版社，2005：37 - 38.

三、中国利率市场化改革的目标与进程

20世纪90年代，我国开始着眼于定价机制变化的利率市场化改革。我国利率市场化改革的目标是，建立由市场供求决定金融机构存、贷款利率水平的利率形成机制，中央银行通过运用货币政策工具调控和引导市场利率，使市场机制在金融资源配置中发挥主导作用。改革的基本原则是正确处理好利率市场化改革与金融市场稳定和金融业健康发展的关系，正确处理好本、外币利率政策的协调关系，逐步淡化利率政策承担的财政职能。我国利率市场化改革的总体思路是：先放开货币市场利率和债券市场利率，再逐步推进存、贷款利率的市场化。存、贷款利率市场化按照"先外币、后本币；先贷款、后存款；先长期、大额，后短期、小额"的顺序进行。

我国利率市场化改革的基本进程是：

——1993年我国颁布的《关于建立社会主义市场经济体制改革若干问题的决定》和《国务院关于金融体制改革的决定》最先明确利率市场化改革的基本设想。

——1995年中国人民银行与国际货币基金组织共同举办了关于货币市场与利率自由化的国际研讨会。会上，中国货币当局首次系统地提出了逐步实现正利率、协调配套、循序渐进、逐步与国际惯例接轨的利率改革原则。在改革步骤上，首次阐述了先外后内，先贷后存，先商业银行后政策性银行，先批发后零售，先放开同业拆借利率，后扩大商业银行决定利率自主权的改革路径。这些方针至今仍指导着我国的利率改革方向。

——1996年6月1日放开银行间同业拆借市场利率，实现由拆借双方根据市场资金供求自主确定拆借利率。

——1997年6月银行间债券市场正式启动，同时放开了债券市场债券回购和现券交易利率。

——1998 年将金融机构对小企业的贷款利率浮动幅度由 10% 扩大到 20%，农村信用社的贷款利率最高上浮幅度由 40% 扩大到 50%；3 月改革再贴现利率及贴现利率的生成机制，放开了贴现和转贴现利率；9 月放开了政策性银行金融债券市场化发行利率。

——1999 年允许县以下金融机构贷款利率最高可上浮 30%，将对小企业贷款利率的最高可上浮 30% 的规定扩大到所有中型企业；1999 年 9 月成功实现国债在银行间债券市场利率招标发行；1999 年 10 月对保险公司大额定期存款实行协议利率，对保险公司 3000 万元以上、5 年以上大额定期存款，实行保险公司与商业银行双方协商利率的办法。

——2000 年 9 月 21 日实行外汇利率管理体制改革，放开了外币贷款利率；300 万美元以上的大额外币存款利率由金融机构与客户协商确定。2002 年 3 月将境内外资金融机构对中国居民的小额外币存款，纳入人民银行现行小额外币存款利率管理范围，实现中外资金融机构在外币利率政策上的公平待遇。

——2002 年扩大农村信用社利率改革试点范围，进一步扩大农信社利率浮动幅度，允许贷款利率最高浮动幅度扩大到 100%，存款利率最高可上浮 50%；统一中外资外币利率管理政策；同时，简化贷款利率种类，取消了大部分优惠贷款利率，完善了个人住房贷款利率体系。

——2003 年 12 月 10 日，中国人民银行调整了银行超额存款准备金利率和金融机构贷款利率浮动区间。

——2004 年 10 月 29 日放开金融机构贷款利率上限（城乡信用社除外）和存款利率下限。

——2006 年 8 月，浮动范围扩大至基准利率的 0.85 倍；2008 年 5 月汶川特大地震发生后，为支持灾后重建，人民银行于当年 10 月进一步提升了金融机构住房抵押贷款的自主定价权，将商业性个人住房贷款利率下限扩大到基准利率的 0.7 倍。

——2012 年 6 月，中国央行进一步扩大利率浮动区间。存款利率浮动区间的上限调整为基准利率的 1.1 倍；贷款利率浮动区间的下限调整为基准利率的 0.8 倍。7 月，再次将贷款利率浮动区间的下限调整为基准利率的 0.7 倍。

——2013 年 7 月，进一步推进利率市场化改革，自 2013 年 7 月 20 日起全面放开金融机构贷款利率管制。将取消金融机构贷款利率 0.7 倍的下限，由金融机构根据商业原则自主确定贷款利率水平。并取消票据贴现利率管制，改变贴现利率在再贴现利率基础上加点确定的方式，由金融机构自主确定。下一步将进一步完善存款利率市场化所需的各项基础条件，稳妥有序地推进存款利率市场化。

由上可见，我国利率市场化改革已经取得了很大进展。目前，我国国债市场、金融债券市场和企业债券市场等在内的金融市场利率已经基本实现市场化；包括银行同业拆借市场，银行间债券市场，贴现、转贴现、再贴现市场等在内的货币市场，其利率也已基本实现市场化；外币市场利率的市场化已经基本到位；存款金融机构贷款的利率浮动幅度，已经逐渐达到了基本上对银行的利率选择不构成严格约束的程度。银行的存贷款利率浮动空间进一步加大，逐步实现定价的自主化。

利率市场化改革给商业银行带来新机遇

利率市场化改革改变了基准利率的决定方式，通过有序推进的基准利率形成机制将逐渐放宽目前受到央行管制的基准利率范围，并最终建立完备的市场化利率形成与传导体系。在稳步推进的利率市场化改革中，对于商业银行而言，既存在机遇又面临挑战。

首先，利率市场化给商业银行创造更加自由的经营环境，有利于促进资源的优化配置，提高商业银行经营的自主性。银行获得了自主的定价权，使得资金价格能有效地反映资金的供求关系，这既促进了商业银行的资产结构优化调整，又有利于商业银行之间形成公平的竞争环境。

其次，利率市场化改革给商业银行带来新机遇，利率市场化增加了商业银行主动匹配资产与负债的手段。在资产方，银行可以根据自身现实条件确定不同的利率水平，实行优质、优价与风险相匹配和有差别化的定价策略。在负债方面，银行可以实施主动的负债管理，优化负债结构，降低经营成本。

再次，利率市场化也推动了商业银行综合化经营模式的转变，扩大了商业银行发展产品创新和中间业务的范围。市场化的利率决定机制加大了商业银行面临的利率风险，这为银行开发相应的创新产品提供了一种可能。金融创新必然会带来收入结构的变化，近年来我国银行业的中间业务快速发展，也与利率市场化进程的加快有密切关系。

最后，利率市场化还有助于提高商业银行的管理水平。通过建立以市场化的利率为基础的内部收益率曲线，银行可以将内部的资金转移定价与市场利率有机结合，提高了商业银行内部绩效考核与内部资源配置的合理性。

资料来源：赵建军. 利率市场化影响商业银行资产负债管理［J］. 经济参考报，2013（02），http：//jjckb. xinhuanet. com/opinion/2013 -02/06/content_428086. htm.

课堂互动

我国为完成利率市场化改革除了逐步放开利率管制外，还做出了哪些方面的努力？

四、利率市场化的风险与监管

利率市场化可以减少政府对利率的过多的干预，能够让利率体系充分发挥其有效的配置作用，正确地引导资金的流向。但是，利率市场化也会带来巨大的金融风险和资源配置的失效。第一，利率市场化势必产生金融企业间的"利率大战"，导致金融风险加剧，资源配置效率难以保证。随着利率市场化改革的深入，专业银行的商业化经营，非银行金融机构的异军突起，金融企业之间的"利率大战"将不可避免。而且由于银行业的服务供给具有很强的同质性，即银行"产品"趋同，使银行之间的竞争不易依靠差异性"产品"和服务来开拓市场，往往只能依靠价格即利率来进行竞争。在这种情况下，如果让利率完全放任自由，则不一定能增加金融服务供给，反而还可能助长部分储户的炒息心理，致使存款利率居高不下，融资成本过度上升，金融机构和贷款企业经营成本增加，从而加剧金融风险，难以保证金融效率的提高。第二，利率市场化不利于金融经济的稳定。在利率完全自由的条件下，为了使资源配置达到最佳效率，经济决策者必须具有完全的信息。但金融市场上却普遍存在着"信息不对称"，这导致"逆向选择"和"道德风险"很容易产生。"逆向选择"就是由于信息不对称的存在，在市场利率的作用下，逐渐升高的银行贷款利率将安全可靠的借款人和风险小、回报率较稳定的借款项目淘汰出局，而贷款给风险较高的借款人。"道德风险"是指在信息不对称的情况下，银行发放贷款之后，将面对借款者从事那些从银行观点看来存在着高风险的活动。"逆向选择"和"道德风险"都使资金经营者——银行的资金安全性面临巨大的考验，一旦发生风险必将引起经济的剧烈震荡，这一点从亚洲金融风暴中可见一斑。因此，加强对利率市场化的监管是十分必要和重要的。

利率监管应遵循市场化原则，侧重于风险控制。金融当局应以市场为依据、以市场为中介，通过市场对经济主体发生作用，化解可能出现的金融风险，加强利率的监测管理，确保金融业有一个公开、公正、公平的市场竞争环境。金融当局应树立全新的利率监管理念，建立以利率稳健运行、利率中长期风险预测为主要内容的利率监管体系；在监管内容和监管方法上应尽量鼓励金融创新，克服短期监管行为，提高利率监管效力。

 实训任务

小组讨论：

讨论主题： 利率市场化将会给商业银行带来哪些挑战？

讨论步骤：

1. 由学生分组讨论利率市场化将会给商业银行在以下五个方面带来的挑战：影响资产负债结构，给资本管理带来风险；遭受利率风险；带来的信用风险；带来同业恶意竞争风险；带来银行综合化经营转型风险。

2. 小组讨论面对这些挑战商业银行应该如何做。

3. 小组发言，教师点评。

讨论成果： 完成小作业"利率市场化将会给商业银行带来的挑战"。

本项目提要：

1. 利息是借贷关系中借入方支付给贷出方的报酬。利息本质上是剩余价值的一种特殊表现形式。在现实生活中，利息被看做是收益的一般形态，利息转化为收益的一般形态主要表现在导致"收益的资本化"。

2. 利率是一定时期内利息额与贷出本金之比。在众多利率体系中起中心利率作用的是基准利率。

3. 利率的计算方法主要有单利和复利。单利，指仅以本金为基数计算利息，所生

利息不再加入本金计算下期利息的一种利息计算方法。复利，是将每一期的利息加入本金一并计算下一期的利息的计息方法，俗称"利滚利"。

4. 影响利率水平的因素包括：平均利润率、借贷资本供求、物价水平、经济周期、中央银行的贴现率、国家经济政策和国际利率水平等。

5. 古典利率理论把利息看成是等待或延期消费的报酬，认为利率取决于储蓄和投资，且利率具有自动调节储蓄和投资的功能。凯恩斯的流动性偏好利率理论把利息看成是在一定时间内放弃货币、牺牲流动性所得的报酬，因而把利率看成是一种纯粹由货币供求所决定的货币现象。认为，当利率低到某一水平时，存在"流动性陷阱"或者"凯恩斯陷阱"。在"流动性陷阱"条件下，货币政策失效。可贷资金利率理论则认为利率是实质经济因素和货币因素共同作用的结果，认为，利率是由可贷资金的供求来决定的。IS—LM 模型从货币市场和商品市场的全面均衡来分析利率的决定机理。

本项目学习效果评价

一、尝试回答以下问题：

1. 解释下列概念：收益的资本化、基准利率、到期收益率、收益曲线、流动性陷阱。

2. 简述流动性偏好利率理论的主要内容。

3. 已知实际利率为 4%，名义利率为 8%，那么，市场预期的通货膨胀率将是多少？并说明原因。

4. 假设当前利率为 3%，一张 5 年期、票面利率为 5%、票面额为 1000 元的债券价格是多少？当利率上升为 4% 时，债券价格将会发生什么变化？

5. 利率市场化是指什么？

二、案例分析

负利率时代

当前，整个世界正处在一个人类历史上前所未见的低利率时代。2014 年 6 月，欧洲央行宣布下调隔夜存款利率至负 0.1%，这是全球主要央行首次将该利率下调至负值。随后，日本央行也在 2014 年 9 月首开先例，以负利率推行债券货币化。考虑到美国自推出 QE 后利率基本保持在零的水平，低利率甚至负利率已经成为全球各国央行货币政策的常态。

对于一个经济体而言，负利率可以有两个方面的体现：一是名义利率为负；二是实际利率为负。前者是指居民在银行的存款没有利息，后者是指名义利率低于通胀率，即存款利率跑不赢 CPI。

我国国家统计局数据显示，2015 年 8 月份 CPI 同比上涨 2.0%，而一年期存款的基准利率是 1.75%，这也意味着，存银行的钱只会"越存越少"，"负利率时代"即将拉开帷幕。

资料来源：http：//finance. ifeng. com/a/20140606/12493427_0. shtml.

请同学们思考并分析：

1. 上述所提到我国即将进入"负利率时代"，这里的负利率是名义利率为负还是实际利率为负？

2. 世界各国纷纷将利率降至负数，其目的是什么？负利率将会给经济带来怎样的影响？

3. 负利率是否是利率市场化的表现？

项目四　探析金融机构体系

学习目标 >>> >>>

通过本项目的学习，使学生能够理解金融机构的含义和功能；明确金融机构体系的构成；了解我国的金融机构体系和几大主要的国际金融机构。

项目导言 >>> >>>

金融机构的产生与发展内生于实体经济活动的需要。在现代市场经济中，各种货币运动、信用关系和金融市场活动都离不开金融机构。它是整个经济体系中的关键部门，和一般的工商企业相比，有着自己的特殊性和特定的功能。金融机构之间分工协作、相互联系，组成具有整体功能的金融机构体系。本项目在阐述金融机构的含义及功能的基础上，明确了金融机构体系的构成，介绍了我国金融机构体系及世界上主要的国际金融机构。

案例导入 >>> >>>

2014 年互联网金融将对金融机构产生哪些影响

从合时代数据来看，2014 年 3 月网站上线不到 5 个月，交易额已经突破 1 亿元，注册会员数量也持续保持稳定的增长，因为其 100 元就能开始理财及比银行存款收益多几十倍的收益，在网贷圈子里聚集了大批"粉丝"。以便利、高收益、低门槛为卖点的互联网金融来势汹汹，一批以电商为代表的余额宝与以合时代、红岭创投等为代表的优秀理财产品上线，为互联网金融圈注入了一股新活力。

在 2014 年，互联网金融行业将对传统金融机构产生哪些影响？

第一，促使金融产品模式进行创新。互联网金融与生俱来带着创新基因，并以自身影响力促使传统金融行业进行革新，如众安保险就把自己明确定位于互联网保险公司，主要是通过产品创新，为互联网的经营者和参与者提供一系列的整体解决方案。

第二，补充现有金融机构缺少的部分功能。不同的消费群体对金融理财服务有着截然不同的需求，传统的金融行业无法估计每个金融消费者的需求，而互联网金融的碎片化理财特性刚好能够填补小额的、平民的金融需求，正如软交所副总裁罗明雄先生所说的"这是一个最适合平民创业的行业，它让金融创业门槛降低，变得平民能'够得着'。"

第三，促使金融机构升级与优化。网上信贷业务的出现，解决了传统信贷模式下对小微客户的漠视问题，让以前被传统金融机构拒之门外的小微企业与个人的贷款需求得到满足。

资料来源：http://www.docin.com/p-982884885.html.

任务一 了解金融机构体系

一、金融机构概述

（一）金融机构的含义及产生

金融机构有狭义和广义之分。狭义的金融机构（financial institutions）是专门从事金融活动的中介组织，它通常以一定量的自有资金为运营资本，通过吸收存款、发行各种证券、接受他人的财产委托等形式形成资金来源，而后通过贷款、投资等形式运营资金，并且在向社会提供各种金融产品和金融服务的过程中取得收益。广义的金融机构则指所有从事金融活动的组织。其范围包括金融市场的监管机构，如一国的中央银行等，甚至包括如国际货币基金组织等那样的国际金融机构。

在现实经济生活中，经济各部门在日常的收支中通常会形成两种情况：资金盈余或资金不足。为了提高资金的效率和弥补资金的不足，资金会从盈余单位流向赤字单位，这种流动和转化就是资金融通，简称融资。在资金流动中有一个重要的条件是参与融资的双方能够充分掌握对方的有关融资数量、期限、方向等信息，否则会影响到资金融通的效率。在经济中恰恰存在资金数量、期限、方向等信息不对称性和信息搜寻所产生的巨大成本，使融资者难以在规模、方向、期限上找到匹配的交易对手。因此，在资金流动和转化中需要专门的融资中介人牵线搭桥，引导资金的流动。资金盈余者先将资金的使用权让给金融中介机构，并获得一种代表其权益的金融资产，再由金融中介机构将资金贷给资金需求者。因此，金融机构可以界定为专业化的融资中介人，是从事各种金融活动的组织。在间接融资领域中的金融机构，是作为资金余缺双方进行金融交易的媒介体，如各种类型的银行和非银行金融中介机构；在直接融资领域中的金融机构，是为筹资者和投资者双方牵线搭桥的证券公司、证券经纪人以及证券交易所。

（二）金融机构的功能

金融机构是商品经济发展的产物，是适应商品经济发展内生的多样化金融需求而产生的，因此，金融机构在其产生时就具有服务于经济社会的多种功能。

1. 便利支付结算

金融机构提供有效的支付结算服务是其适应经济发展需求而较早产生的功能。银行业的前身——货币兑换商，最初提供的主要业务之一就是汇兑。在社会经济活动过程中，时时刻刻都发生着因商品交易、劳务供应、单向转移等引发的货币收付。金融机构便利支付结算的功能是指金融机构通过一定的技术手段和流程设计，为客户之间完成货币收付或清偿因交易引起的债权债务关系提供服务，实现货币资金的转移。这一功能对商品交易的顺利实现、货币支付与清算和社会交易成本的节约具有重要的意义。

为了能够安全、方便、快速、低成本地满足经济发展中的支付结算需求，金融机构通过创造汇票、本票、支票、信用卡以及各种支付账户，使支付结算的工具日益多样化；通过提供现金支付和转账支付，使货币支付方式发生了重大变化；通过建立票据交易所、清算机构、同业支付系统、电子支付系统、网络支付系统等组织形式，拓宽了支付结算的渠道；通过采用计算机和卫星通信技术及设备，提高了技术水平，从而极大地增强了现代金融机构的支付结算功能与效率。

2. 促进资金融通

促进资金融通是指金融机构充当专业的资金融通媒介，促进各种社会闲置资金的有效利用。

融通资金是所有金融机构都具有的基本功能。不同的金融机构会利用不同的方式来融通资金。存款类机构，一方面作为债务人发行存款类金融工具和债券等动员和集中社会闲置的货币资金；另一方面作为债权人向企业、居民等经济主体发放贷款。保险类金融机构通过提供保险服务来吸收保费，而后在支付必要的出险赔款和留足必要的理赔准备金外，将吸收到的大部分保险资金直接投资于金融资产。基金类金融机构则作为受托人接受投资者委托的资金，将其投入资本市场或特定产业，以取得各类收益性资产。信托类金融机构在接受客户委托管理和运用财产的过程中，将受托人的闲散资金融通给需求者。可见，借助特定的资金融通方式，各类金融机构可以在全社会范围内集中闲置的货币资金，并将其运用到社会再生产过程中去，促进了储蓄向投资转化，从而提高了社会资本的利用效率，推动经济发展。

3. 降低交易成本并提供金融服务便利

降低交易成本是指金融机构通过规模经营和专业化运作，适度竞争，可以合理控制利率、费用、时间等成本，取得规模经济和范围经济的效果，并使得投融资活动最终以适应社会经济发展需要的交易成本来进行，从而满足迅速增长的投融资需求。提供金融服务便利功能是指金融机构为各部门提供专业性的辅助和支持性服务，主要表现在对各种企业和居民家庭、个人开展广泛的理财服务以及对发行证券筹资的企业提供融资代理业务等方面。

4. 改善信息不对称

金融中介具有改善信息不对称的功能，是指金融中介机构通过自身的优势，能够及时搜集、获取比较真实完整的信息，据此选择合适的借款人和投资项目，对所投资的项目进行专业化的监控，从而有利于投融资活动的正常进行，并降低信息处理成本。

信息经济学认为，在信息不对称的市场上会出现逆向选择和道德风险等行为，这样会导致交易成本的增大甚至市场毁灭，而金融中介本身具有此功能。

5. 转移与管理风险

转移与管理风险是指金融机构通过各种业务、技术和管理，分散、转移、控制或减轻金融、经济和社会活动中的各种风险。金融机构转移与管理风险的功能主要体现为它在充当金融中介的过程中，为投资者分散风险并提供风险管理服务。如商业银行的理财业务及信贷资产证券化活动、信托投资公司的信托投资、投资基金的组合投资、金融资产管理公司的资产运营活动都具有该功能。此外，通过保险和社会保障机制对经济与社会生活中的各种风险进行的补偿、防范或管理，也体现了这一功能。

6. 创造工具存款货币

金融机构在其业务活动中可以创造各种信用工具，如早期的银行支票、汇票和银行券，现代的信用卡等。在部分准备金制度下，银行通过其资产负债业务不仅可以扩张或收缩信用，还可以创造存款货币。中央银行的资产业务可以直接授信给金融机构，负债业务可以直接发行信用货币。因此，金融机构的业务活动对于整个社会的信用和货币具有决定性作用。

（三）金融机构的特征

在现代市场经济中，经营性金融机构作为一种特殊的企业，与一般企业之间既有共性，又有特殊性。共性主要表现在金融机构也需要具备普通企业的基本要素，如有一定的自有资本，向社会提供特定的商品（金融工具）和服务，必须依法经营、独立核算、自负盈亏、照章纳税等。另一方面，金融机构又有其特殊性。金融机构的特征是由其特殊性表现出来的。其特殊性主要表现在以下方面。

1. 经营对象与经营内容不同

一般经济单位的经营对象是具有一定使用价值的商品或普通劳务，经营内容主要是商品生产与流通活动；而金融机构的经营对象是货币资金这种特殊的商品，经营内容是货币的收付、借贷及各种与货币资金运动有关的金融业务。

2. 经营关系与经营原则不同

一般经济单位与客户之间是商品或劳务的买卖关系，其经营活动遵循等价交换的原则；而金融机构与客户之间主要是货币资金的借贷或投融资关系，其经济活动遵循信用原则，必须要处理好安全性、流动性和盈利性之间的关系。

3. 经营风险及影响程度不同

一般经济单位的经营风险主要来自于商品生产和流通过程，集中表现为商品是否产销对路，风险主要是商品滞销、亏损或资不抵债而破产，单个普通企业风险造成的损失对整体经济的影响较小。而金融机构因其业务大多是以还本付息为条件的货币信用业务，所以，风险主要表现为信用风险、挤兑风险、利率风险、汇率风险等，这一系列风险所带来的后果往往不局限于某个金融机构自身。由于金融机构具有较高的脆弱性和外部性，所以其自身经营不善而导致的风险，有可能对整个金融体系的运行构成威胁。而一旦金融体系运转失灵，必然会危及整个社会再生产过程，引发社会经济秩序的混乱，甚至会爆发严重的社会或政治危机。1921年中国爆发的"信交风潮"、1997年东南亚爆发的金融危机、2008年美国发生的次贷危机等都是典型的历史佐证。

课堂互动

你所知道的金融机构有哪些？

二、金融机构体系的构成模式

任何一个经济社会中，金融机构体系都发挥着多方面的重要作用。一个健全有效的金融机构体系将能够促进经济长期增长，并保证宏观经济的稳定；相反，一个残缺而低效率的金融机构体系，将会对经济增长和稳定产生负面的影响，更为严重的是，金融机构体系的崩溃将导致整个经济的衰退乃至崩溃。1929年的全球经济大萧条和1997年的亚洲金融危机就是例证。

金融机构体系是指在一定的社会条件下建立起来的各种金融机构及其相互关系。由于各国或地区的经济制度和经济发展水平以及历史文化背景的差异，在世界范围内形成了三种金融机构体系模式。

（一）以中央银行为核心的金融体系

以中央银行为核心的金融体系是当今世界各国普遍实行的一种金融机构体系模式，目前，美国、英国等西方主要工业国家和我国实行的是这种模式。它是以中央银行为核心，商业银行、专业银行和非银行金融机构竞相发展的金融机构体系。这种模式既有利于中央银行运用货币政策工具有效调控宏观经济，同时，也能使商业银行和各类金融机构发挥活跃金融市场的作用，这是目前比较完善的金融机构体系模式。

（二）高度集中的金融机构体系

高度集中的金融机构体系主要为实行高度集中的计划经济管理体制国家所采用。这种模式的突出特征是金融机构集多种功能于一身，既承担货币发行、制定货币政策以及金融监管等职责。苏联、东欧国家以及改革开放前的中国，都曾实行这种模式，这是一种保守的金融体系模式。

（三）无中央银行的金融机构体系

世界上只有少数国家和地区（如新加坡和中国香港）实行的是没有中央银行的金融体系模式。其基本特点是整个金融体系由众多的商业银行、投资银行以及其他各种金融机构组成，不设立中央银行。货币发行是由单纯作为行政机构的货币当局发行，或由政府制定某几家商业银行为货币发行银行，行使货币发行权。

在市场经济条件下，各国金融体系大多数是以中央银行为核心来进行组织管理的，因而形成了以中央银行为核心、商业银行为主体、专业银行和非银行金融机构并存的金融机构体系。在我国，就形成了以中央银行（中国人民银行）为领导，国有股份制商业银行为主体，政策性银行、保险、信托等非银行金融机构，外资金融机构并存和分工协作的金融机构体系。

课堂互动

试分析这三种金融机构体系构成模式的优缺点？

 **实训任务**

案例分析：

　　世界上最古老的银行可以追溯到公元前 2000 年，当时西欧古代社会的一些寺庙已从事保管金银、发放贷款、收付利息的活动。公元前 400 年在雅典，公元前 200 年在罗马帝国，先后出现了银钱商和类似银行的商业机构。

　　近代银行的出现是在中世纪的欧洲，在当时的世界中心——意大利首先产生。意大利于 1171 年设立的威尼斯银行，1407 年设立的热亚那银行以及此后相继成立的一些银行，主要从事存放款业务，大多具有高利贷性质。1694 年英国成立的英格兰银行是世界上第一个资本主义股份银行。18 世纪末至 19 世纪初，随着资本主义生产关系的广泛确立和资本主义商品经济的不断发展，资本主义银行得以普遍建立。资本主义银行是特殊的资本主义企业，它的主要职能是经营货币资本，发行信用流通工具，充当资本家之间的信用中介和支付中介。进入帝国主义时期，银行的垄断组织随着资本的不断集中而形成。银行垄断资本和工业垄断资本融合为金融资本，银行由原来简单的中介人演变为万能的垄断者，它既是控制国民经济的神经中枢，又可通过资本输出和跨国银行的形式加强对外扩张。

　　我国银行业的产生可追溯到 1000 多年前的唐代，当时出现了一些兼营银钱的机构，如邸店、质库等；随后，宋代有钱馆、钱铺；明代有钱庄、钱肆；清代有票号、汇票庄等。这些机构还称不上是真正的银行，但已具备了银行的某些特征。1845 年在上海由英国人创办的东方银行，是出现于我国的第一家银行；1897 年成立的中国通商银行，是我国自办的第一家银行。现代资本主义国家的银行结构和组织形式种类繁多，按其职能划分为：中央银行、商业银行、投资银行、储蓄银行和各种专业信用机构。以中央银行为中心，股份商业银行为主体，各类银行并存，构成现代资本主义国家的银行体系。在社会主义制度下，银行既是经营货币、办理信贷、结算业务的经济组织，又是国家调节、管理经济的重要机构。

　　资料来源：http：//wenwen. sogou. com/z/976422880. htm.

　　请大家思考并讨论如下问题：

　　1. 回忆一下，你在哪些电视、网络、小说里看到过古代从事银钱业务的机构？

　　2. 讨论一下，你所了解的现代银行中哪间是你最熟悉的银行，为什么？

任务二　学习我国的金融机构体系

　　我国目前的金融体系是以中央银行为核心、股份制商业银行为主体，多种金融机构并存的格局。这一体系的形成，经历了几个过程。从新中国成立到改革开放以前，我国的金融机构体系基本上是大一统的银行体系，这是一种高度集中的、以行政管理为主的单一的国家银行体系，由中国人民银行独家经营金融业务，中国人民银行既是金融行政管理机关，又是具体经营银行业务的金融机构，它的信贷、结算、现金出纳等业务活动的开展，都服从于实现国家统一的计划任务与目标。

改革开放以后，经济的发展客观上要求改变大一统的中国人民银行体系。为此，我国政府相继恢复和设立了中国农业银行、中国银行、中国建设银行、中国工商银行四大国家专业银行。随着金融体制改革的不断深入，大一统的银行体系向多类型、多层次的金融格局演变，原国家专业银行逐步改革为国有控股商业银行，其他股份制商业银行也迅速成长壮大，保险公司、证券公司、基金管理公司、信托公司等非银行金融机构纷纷涌现，外资和合资金融机构发展迅速。目前我国已形成了以中央银行为核心，商业银行为主体，政策性金融机构、其他非银行金融机构等多种金融机构并存，分工协作、相对完整的金融机构体系。并且随着改革开放的深入和经济的发展，我国的金融机构体系还将不断发展、完善。

一、金融监管机构

金融监管机构是根据法律规定对一国的金融体系进行监督管理的机构。其职责包括按照规定监督管理金融市场，发布有关金融监督管理和业务的命令和规章，监督管理金融机构的合法合规运作等。

目前，我国金融监管模式是分业监管，即"一行三会"：中国人民银行、中国银行业监督管理委员会、中国证券监督管理委员会、中国保险监督管理委员会。

（一）中国人民银行

中国人民银行（简称央行或人行）是中华人民共和国的中央银行，也是中华人民共和国国务院组成部门之一，于1948年12月1日组成。中国人民银行根据《中华人民共和国中国人民银行法》的规定，在国务院的领导下依法独立执行货币政策，履行职责，开展业务，不受地方政府、各级政府部门、社会团体和个人的干涉。中国人民银行总行设于北京，2005年8月10日在上海设立中国人民银行上海总部。中国人民银行是我国的中央银行，享有货币发行的垄断权，是货币发行的银行，代表政府管理全国的金融机构和金融活动及国库管理。中国人民银行作为最后贷款人，在商业银行资金不足时，可向其发放贷款，因此又被称为"银行的银行"。中国人民银行的性质决定了它的特殊地位：①在国务院领导下，依法独立履行职责，不受地方政府和各级政府部门的干预。②相对于国务院其他部委和地方政府具有明显的独立性。财政不得向中国人民银行透支；中国人民银行不得直接认购政府债券，不得向各级政府贷款，不得包销政府债券。

课堂互动

每当商业银行利息有变动之时，我们总会听到这样的报道，说中央银行宣布何时降息或是升息多少，或者某些时候宣布提高法定存款准备金率等。这说明中央银行的主要职责是什么？

（二）中国银行业监督管理委员会

中国银行业监督管理委员会，简称中国银监会。根据授权，统一监督管理银行、金融资产管理公司、信托投资公司以及其他存款类金融机构，维护银行业的合法、稳健运行。中国银行业监督管理委员会自 2003 年 4 月 28 日起正式履行职责。银监会的成立与职责明确的过程同时也是人民银行职责专业化的过程，两者正是在这一期间进行职责分工的明确与细化。央行监管职责的剥离与银监会的设立，实现金融宏观调控与金融微观监管的分离，是与中国经济、金融发展大环境密不可分的，是金融监管与调控的对象——金融业与金融市场日益复杂化、专业化、技术化的必然要求。

中国银监会监管的目的是：通过审慎有效的监管，保护广大存款人和消费者的利益，增进市场信心；通过宣传教育工作和相关信息披露，增进公众对现代金融的了解；努力减少金融犯罪。

（三）中国证券监督管理委员会

1992 年 10 月，国务院证券委员会（简称国务院证券委）和中国证券监督管理委员会（简称中国证监会）宣告成立，标志着中国证券市场统一监管体制开始形成。国务院证券委是国家对证券市场进行统一宏观管理的主管机构。中国证监会是国务院证券委的监管执行机构，依照法律法规对证券市场进行监管。

中国证监会监管的目的是：维护市场公开、公平、公正；维护投资者特别是中小投资者合法权益；促进资本市场健康发展。

（四）中国保险监督管理委员会

中国保险监督管理委员会成立于 1998 年 11 月 18 日，是中国商业保险的主管机关，也是国务院直属事业单位。其基本目的是为了深化金融体制改革，进一步防范和化解金融风险，根据国务院授权履行行政管理职能，依照法律、法规统一监督和管理保险市场。

二、商 业 银 行

商业银行在金融机构体系中居主体地位，是最早出现的金融机构。它们以经营工商业存、放款为主要业务，并为顾客提供多种服务。其中通过办理转账结算实现着国民经济中的绝大部分货币周转，同时起着创造存款货币的作用。各国都非常重视对商业银行行为的调控和管理。

我国商业银行主要包括以下类型：

（1）国有控股商业银行。

国有控股商业银行由国家专业银行演变而来，包括中国工商银行、中国农业银行、中国银行和中国建设银行。中国工商银行主要承担工商信贷业务，中国农业银行以开办农村信贷业务为主，中国银行主要经营外汇业务，中国建设银行主要承担中长期投资信贷业务。随着金融体制改革的不断深化，几家银行的传统分工开始被打破，各行的业务交叉进一步扩大。至今，四大国有商业银行的传统分工几乎完全消失。2004 年之后，经国务院批准，四大国有商业银行进行股份制改革，成为国有控股的股份制商业银行。

（2）股份制商业银行。

当前，我国的股份制商业银行主要有交通银行、光大银行、招商银行、华夏银行、中国民生银行、中信实业银行、深圳发展银行、上海浦东发展银行、广东发展银行、兴业银行等。

这些商业银行的共同特点是：初步建立了自主经营、自负盈亏、自担风险、自求平衡、自我约束、自我发展的经营机制；有了明晰的产权关系，实行董事会领导下的行长负责制，为建立有效的资产保障安全体系提供了条件；明确了以盈利为目的的经营目标，项目选择有较多的自主权；共同面临竞争压力，促使这些银行不断提高服务质量和水平；不同于四大国有控股的商业银行，一般不承担对国有企业的资金供应义务。

（3）城市商业银行。

城市商业银行有时被冠以"合作"两字，但实际上也属于股份制商业银行，适用于《商业银行法》。1995 年，国务院决定在城市信用社基础上组建城市合作银行和城市商业银行。1995 年 6 月 22 日，全国首家城市合作商业银行——深圳城市合作商业银行经中国人民银行批准正式成立。此后，城市合作银行逐渐在全国大中城市推广。其服务领域是：依照商业银行经营原则为地方经济发展服务，为中小企业发展服务。近年来，城市商业银行发展速度很快，经营管理水平有所提高，抵御风险能力逐渐增强，经济效益明显改善。

（4）邮政储蓄银行。

中国邮政储蓄银行于 2007 年 3 月 20 日正式挂牌成立，是在改革邮政储蓄管理体制的基础上组建的商业银行。中国邮政储蓄银行承继原国家邮政局、中国邮政集团公司经营的邮政金融业务及因此而形成的资产和负债，并将继续从事原经营范同和业务许可文件批准、核准的业务。2012 年 2 月 27 日，中国邮政储蓄银行发布公告称，经国务院同意，中国邮政储蓄银行有限责任公司于 2012 年 1 月 21 日依法整体变更为中国邮政储蓄银行股份有限公司。公告称，股份公司自成立之日起，依法承继中国邮政储蓄银行有限责任公司的全部资产、负债、机构、业务和人员。

-+-

银行：金融界当之无愧的"大哥"

中世纪的时候，世界上只有两种人有钱，一种是贵族；另一种是主教。所以，银行是不必要的，因为根本没有商业活动。

到了 17 世纪，一些平民通过经商致富，成了有钱的商人。他们为了安全，都把钱存放在国王的铸币厂里。那个时候还没有纸币，所谓存钱就是指存放黄金。因为那时实行"自由铸币"制度，任何人都可以把金块拿到铸币厂里，铸造成金币，所以铸币厂允许顾客存放黄金。

但是这些商人没意识到，铸币厂是属于国王的，如果国王想动用铸币厂里的黄金，那是无法阻止的。1638 年，英国国王查理一世同苏格兰贵族爆发了战争，为了筹措军费，他就征用了铸币厂里平民的黄金，美其名曰贷款给国王。虽然，黄金后来还给了原来的主人，但是商人们感到，铸币厂不安全。于是，他们把钱存到了金匠那里，金匠为存钱的人开立了凭证，以后拿着这张凭证，就可以取出黄金。

后来商人们就发现，需要用钱的时候，其实不需要取出黄金，只要把黄金凭证交给对方就可以了。再后来，金匠突然发现，原来自己开立的凭证，具有流通的功能！于是，他们开始开立"假凭证"。他们惊奇地发现，只要所有客户不是同一天来取黄金，"假凭证"就等同于"真凭证"，同样是可以作为货币使用的！

这就是现代银行中"准备金"的起源，也是"货币创造"的起源。这时正是 17 世纪 60 年代末，现代银行就是从那个时候起诞生的。所以，世界上最早的银行都是私人银行，最早的银行券都是金匠们发行的，他们和政府没有直接的关系。

资料来源：张卉妍. 金融一本全 [M]. 北京：中国华侨出版社，2013：188.

三、政策性银行

政策性银行是由政府创立、参股或保证的，不以盈利为目的，专门为贯彻和配合政府社会经济政策或意图，在特定业务领域内，直接或间接从事政策性融资活动，充当政府发展经济、促进社会进步、配合宏观经济调控的金融机构。

（一）政策性银行的主要特点

（1）有自己特定的融资渠道。财政拨款、发行政策性金融债券是主要资金来源，不面向公众吸收存款。

（2）资金多由政府财政拨付。

（3）不以盈利为目标。

（4）有自己特定的服务领域，不与商业银行竞争。

（5）一般不普遍设立分支机构，业务通常由商业银行代理。

（二）政策性银行的分类

1994 年以前，我国没有专门的政策性金融机构，国家的政策性金融业务分别由国有专业银行承担。为适应经济发展需要以及贯彻把政策性金融与商业性金融相分离的原则，我国于 1994 年组建了国家开发银行、中国进出口银行和中国农业发展银行三家政策性银行。

1. 国家开发银行

设立时间：1994 年 3 月。设立目的：（1）为国家重点建设融通资金，保证其顺利进行；（2）集中当时分散管理的国家资金，建立投资贷款审查制度，赋予开发银行一定的投资贷款决策权，同时承担相应的责任与风险，以防止盲目投资，重复建设。

主要任务：服务于国民经济发展的能源、交通等"瓶颈"行业和国家需要优先扶持的西部大开发、振兴东北老工业基地领域。

2008 年 12 月，按照国务院部署，国家开发银行股份有限公司成立，注册资本 3000 亿元人民币，财政部和中央汇金投资有限责任公司分别持股 51.3% 和 48.7%。国家开发银行改革后仍主要从事中长期投融资业务，在银行功能的基础上新增股权投资和投资银行功能，服务于国民经济重大中长期发展战略。

2. 中国进出口银行

设立时间：1994 年 4 月。设立目的：为了按国际惯例运用出口信贷、担保等通行做法。扩大机电产品，特别是大型成套设备和高新技术、高附加值产品的出口，合理促进对外贸易的发展，创造公平、透明、稳定的对外贸易环境。

主要任务：扩大机电产品和高新技术产品出口以及支持对外承包工程和境外投资项目。

3. 中国农业发展银行

设立时间：1994 年 11 月。设立目的：为了集中财力解决农业和农村经济发展的合理的政策性资金需要，促进主要农产品收购资金的封闭运行。

主要任务：承担国家政策性农村金融业务，代理财政性支农资金拨付，专门负责粮棉油收购、调销、储备贷款业务等。

在现代市场经济条件下，商业银行和政策性银行相互补充和配合，共同构成一个国家或地区完整、均衡、稳定、统一的金融体系。商业银行有助于促进经济发展、推动社会进步。政策性银行在优化资源配置、均衡经济增长、构建和谐社会中发挥着商业银行不可替代的作用。2015 年 4 月 12 日国务院正式批准三大政策性银行的深化改革方案，根据国务院的批复内容显示，三大政策性银行中，"国家开发银行要坚持开发性金融机构定位""中国进出口银行改革要强化政策性职能定位""中国农业发展银行改革要坚持以政策性业务为主体"。本次改革的另一大重点是提高政策性银行抗金融风险的能力。政策性银行在深化改革过程中提升自身的抗风险能力，也是对我国金融体系建设的完善。

课堂互动

有人认为政策性银行是肩负特殊的使命的银行。第二次世界大战后的德国民生凋敝、百废待兴，人民亟待重建家园。为了筹集巨额重建资金，1948 年，德国政府出资 10 亿马克组建德国复兴开发银行（KFW）。德国复兴开发银行成立以后，立即通过发行中长期债券筹措巨额款项，为德国人民在废墟上重建家园提供了大量资金。德国复兴开发银行为战后德国的复兴立下了汗马功劳，它也因此与美丽的莱茵河一样闻名遐迩。你是否同意这个观点？能否举例说明？

四、非银行类金融机构

商业银行、中央银行及其他专业银行以外的金融机构，统称为非银行性金融机构（non-bank financial institutions）。非银行性金融机构筹集资金发行的金融工具并不是对货币的要求权，而是其他的某种权利，如保险公司发行的保险单只代表索赔的权利。从本质上来看，非银行性金融机构仍是以信用方式聚集资金，并投放出去，以达到盈利的目的，因而与商业银行及专业银行并无本质区别。如保险公司、投资公司、信用合作社等。但就目前一般而论，其他非银行金融机构与银行相比，或其业务范围较小，或其专业性更强，规模和实力也稍显逊色。非银行金融机构就其性质而言，绝大多数是商业性的，即以盈利为目的，在某一领域以特定方式筹集和运用资金。它在一国金融体系中，起着重要的补充作用。

（一）保险公司

保险是指投保人根据合同约定，向保险人支付保险费，保险人对于合同约定的可能发生的事故因其发生所造成的财产损失承担赔偿保险金责任，或者当被保险人死亡、伤残、疾病或者达到合同约定的期限、年龄时承担给付保险金责任的商业保险行为。

保险公司是经营保险业务的金融机构。它的主要经营活动包括财产、人身、责任、信用等方面的保险与再保险业务及其他金融业务。其资金来源为以保险费形式聚集起来的保险基金以及投资收益。资金运用则为保险赔付，政府公债、市政债券、公司股票及债券、不动产抵押贷款、保单贷款等长期投资。所以，保险公司是当代各国金融机构体系的重要组成部分。在许多国家，它都是最大的非银行金融机构。

17 世纪伦敦一场大火"烧"出了首家火灾保险公司

火灾保险起源于 1118 年冰岛设立的 Hrepps 社，该社对火灾及家畜死亡损失负赔偿责任。1591 年，德国酿造业发生一起大火。灾后，为了筹集重建酿造厂所需资金和保证不动产的信用而成立了"火灾保险合作社"，这是火灾保险的雏形。

1666 年 9 月 2 日，位于伦敦市中心的皇家面包店突然因为烘炉过热，引发了一场火灾。大火蔓延至全城燃烧了五天五夜，烧毁 13000 多栋住宅和 90 多个教堂，伦敦 80% 的建筑物被烧毁，20 万人因此无家可归。

在经历了这场灾难之后，一个叫尼古拉斯·巴蓬的医生开始筹措开办一家承保火灾风险的保险公司。经过十多年的摸索和实践，1680 年，巴蓬医生和他的四个朋友凑齐了 4 万英镑，开办了世界上第一家火灾保险营业所，1705 年更名为菲尼克斯火灾保险公司。巴蓬的主顾们多是经历了伦敦大火的居民，他们为了防止灾害再次造成的巨大损失纷纷到巴蓬这里购买保险，而巴蓬也意识到不能给所有的房子都按照统一标准收费，于是他独创性地依据房屋的结构和租金收取保费，例如，砖石建筑的费率定为年房租的 2.5%，木质结构的房屋费率则提高至 5%，这种差别费率制为日后保险业的发展提供了一个样板，巴蓬本人也被誉为"现代火灾保险之父"。

资料来源：http://finance.sina.com.cn/roll/20070914/09081666778.shtml.

（二）证券公司

证券公司是指专门从事各种有价证券经营及相关业务的金融机构。作为盈利性的法人企业，证券公司是证券市场的重要参加者和中介机构。在许多国家，证券公司与投资银行是同一类机构，经营的业务大体相同。

我国证券公司的主要业务内容有：代理证券发行；自营、代理证券买卖；代理证券还本付息和红利的支付；证券的代保管；接受委托证券利息和红利的支付；接受委托办理证券的登记和过户；证券抵押贷款；证券投资咨询等业务。

我国证券公司是在 20 世纪 80 年代伴随经济改革和证券市场的发展而诞生的。初设时多是由某一家金融机构全资设立的独资公司，或是由几家金融机构、非金融机构以入股的形式组建的股份制公司。近年来，随着分业经营、分业监管原则的贯彻及规范证券公司发展工作的落实，银行、城市信用合作社、企业集团财务公司、融资租赁公司、典当行以及原各地融资中心下设的证券公司或营业机构，陆续予以撤并或转让。在要求证券机构彻底完成与其他种类金融机构脱钩的同时，鼓励经营状况良好、实力雄厚的证券公司收购、兼并业务量不足的证券公司。根据证券业协会统计，截止到 2013 年 12 月 31 日，我国共有证券公司 115 家，其中上市证券公司 20 家、合资证券公司 13 家；证券营业部 5785 家、从业人员 23 万余人。随着我国现代企业制度的建立和完善，尤其是随着国有企业股份制改造及更多公司上市的需要，证券公司将迎来蓬勃发展的新时期，部分证券公司向投资银行过渡也已在酝酿中。

（三）信托投资公司

信托投资公司也称信托公司。它是以资金及其他财产为信托标的，根据委托者的意愿，以受托人的身份管理及运用信托资财的金融机构。

现代信托业务源于英国，但历史上最早办理信托业务的经营机构却产生于美国。在西方国家中，美国、英国、日本、加拿大等国家信托业比较发达，在这些国家，除专营信托公司外，各商业银行的信托部也经营着大量的信托业务。当今，信托公司的业务活动范围相当广泛，几乎涉足所有金融领域的业务。就其信托业务而言，主要包括两大类：第一类是货币信托，包括信托存款、信托贷款、委托存款、委托贷款、养老金信托、投资信托、养老金投资基金信托等；第二类是非货币信托，包括有价证券信托、债权信托、动产与不动产信托、事业信托、私人事务信托等。除信托业务外，一些国家的信托公司还兼营银行业务，大多数国家的信托公司兼营信托之外的服务性业务即其他业务，如财产保管（遗嘱的财产保护，为父母双亡的未成年子女的财产保护，罪犯的财产保护等），不动产买卖及货币借贷之媒介，公债、公司债及股票的募集，债款、息款及税款的代收代付，股票过户及债务清算等。

信托公司在经营信托业务的过程中，表现出来的突出特征在于其投资性。而且，信托投资、委托投资等属于信托公司的传统业务。所以，一般的信托公司又都称为信托投资公司。

信托公司的投资对象一般是：国家及地方政府公债；不动产抵押贷款；公司债及股票等。

1979 年新中国第一家信托公司成立，但随后中国的信托机构从设立到宏观管理，再到业务运作，基本处于无法可依的状态。直到 2002 年"一法两规"出台确定了发展方向之后，信托制度的优势才真正得到发挥。目前，信托已成为与银行、证券、保险、基金并驾齐驱的现代金融业支柱之一，信托业为经济稳定发展做出了重要的贡献。

（四）资产管理公司

1999 年 4 月 20 日，我国第一家经营商业银行不良资产的公司——中国信达资产管理公司在北京宣告成立。同年 8 月 3 日，华融、长城、东方等三家资产管理公司同时宣告成立。组建金融资产管理公司是我国金融体制改革的一项重要举措，对于防范和化解金融风险，依法处置国有商业银行的不良资产，加强对国有商业银行经营状况的考核，促进我国金融业的健康发展具有重要意义。《金融资产管理公司条例》已经 2000 年 11 月 1 日国务院第 32 次常务会议通过，2000 年 11 月 10 日予以公布，并于当日起施行。

我国的金融资产管理公司，是经国务院决定设立的收购国有银行不良贷款，管理和处置因收购国有银行不良贷款形成的资产的国有独资非银行金融机构。设立金融资产管理公司是为了规范金融资产管理的活动，依法处理国有银行不良贷款，促进国有银行和国有企业的改革与发展。金融资产管理公司以最大限度保全资产、减少损失为主要经营目标，依法独立承担民事责任。中国人民银行与中国银行业监督管理委员会、财政部和中国证券监督管理委员会依据各自的法定职责对金融资产管理公司实施监督管理。

（五）信用合作社

信用合作社（简称信用社）是指由个人集资联合组成，以互助为主要宗旨的合作金融组织，其基本的经营目标是以简便的手续和较低的利率，向社员提供信贷服务，帮助经济力量薄弱的个人解决资金困难，以免遭高利贷盘剥。

按照地域不同，可分为农村信用合作社和城市信用合作社。城市信用合作社是中国城市居民集资建立的合作金融组织，宗旨是通过信贷活动为城市集体企业、个体工商业户以及城市居民提供资金服务。1998 年 10 月，针对一部分城市信用社管理不规范、经营水平低下、不良资产比例高、抗御风险能力差、形成了相当大的金融风险这一现实情况，国务院办公厅转发中国人民银行《整顿城市信用合作社工作方案》。全国各地按照《整顿方案》的要求，至 1999 年年底，除了对少数严重违法违规经营的城市信用社实施关闭或停业整顿外，还完成了将约 2300 家城市信用社纳入 90 家城市商业银行组建范围的工作，为城市信用社的健康发展奠定了良好的基础。2005 年 11 月，中国银行业监督管理委员会、中国人民银行、财政部、国家税务总局联合制定并发布了《关于进一步推进城市信用社整顿工作的意见》，提出切实推进城市信用社整顿工作，推进被撤销和停业整顿城市信用社的市场退出工作等要求。2012 年 3 月 29 日，全国最后一家城市信用社宁波象山县绿叶城市信用社，改制为城市商业银行，即宁波东海银行股份有限公司（简称宁波东海银行），城市信用社正式退出了历史舞台。

农村信用合作社是经中国银行业监督管理委员会批准设立，由社员入股组成，实行社员民主管理，主要为社区社员提供金融服务的农村合作金融机构。农村信用合作社按照"明晰产权关系、强化约束机制、增强服务功能、国家适当扶持、省级地方政府负责"的改革方案在全国铺开，并先后在各省市设立了省级农村信用合作社联合社，负责全省市农村信用合作社的"管理、指导、协调、服务"。新中国成立以来，我国农村信用社经历了从人民公社、生产大队管理，到贫下中农管理，又到农业银行管理的多次改革。2003 年 6 月 27 日，国务院下发了《深化农村信用社改革试点方案》，这个方案再次启动了农村信用改革的新一轮创新，试点工作在浙江等 8 个省进行，该方案主要有三方面内容，即改革农村信用社产权制度，改革农村信用社管理体制以及国家帮扶信用社。2004 年 8 月底，将试点地区进一步扩大到了 21 个省市自治区。2007 年 8 月，随着最后一家省级合作社的正式挂牌，我国新的农村信用社经营管理体制框架已经在全国范围内建立起来。

（六）财务公司

我国的财务公司即企业集团财务公司，是指以加强企业集团资金集中管理和提高企业集团资金使用效率为目的，为企业集团成员单位提供财务管理服务的非银行金融机构。财务公司在业务上接受银监会领导、管理、监督与稽核，在行政上隶属于各企业集团，是实行自主经营、自负盈亏的独立法人企业。企业集团财务公司不是商业银行，它的业务限制在本集团内，不得从企业集团之外吸收存款，也不得对非集团单位和个人发放贷款。1987 年，国内第一家财务公司——东风汽车财务公司成立，标志着财务公司在中国的发端。

根据银监会 2004 年 8 月公布的新的《企业集团财务公司管理办法》，财务公司的业务主要有：对成员单位办理财务和融资顾问及相关的咨询、代理业务；协助成员单位实现交易款项的收付；经批准的保险代理业务；对成员单位提供担保、办理票据承兑与贴现、办理贷款及融资租赁；办理成员单位之间的委托贷款及委托投资、内部转账结算及相应的结算、清算方案设计；吸收成员单位的存款；等等。

企业集团财务公司：企业的银行，银行的企业

财务公司出现的时间比较晚，是 20 世纪初兴起的，但是发展速度却很快。在美国，很多知名企业都涉足金融业，有自己的金融财务公司，比较著名的是美国通用电气金融服务公司。作为美国最大的金融财务公司，其目前的业务涉及消费者服务、设备管理、中间市场融资、特殊融资、特种保险五大门类，2001 年年底资产总值 3760 亿美元、利润 52 亿美元，如果参加银行资产排名的话，可以排到美国银行业的第二位。

全球 500 强企业中 2/3 以上均有自己的财务公司。GE、通用、福特、摩托罗拉、爱立信、西门子、英特尔等都是通过财务公司实现了产融结合与共同发展，他们设立的财务公司业务广泛，涉及集团内部资金管理、消费信贷、买方信贷、设备融资租赁、保险、证券发行及投资等，并且盈利能力很强，成为集团业务的重要组成部分。

资料来源：张卉妍. 金融一本全［M］. 北京：中国华侨出版社，2013：201.

（七）金融租赁公司

金融租赁公司是指经金融管理机构批准经营融资租赁业务为主的非银行金融机构。

金融租赁是由出租人根据承租人的请求，按双方的事先合同约定，向承租人指定的出卖人购买承租人指定的固定资产，在出租人拥有该固定资产所有权的前提下，以承租人支付所有租金为条件，将一个时期的该固定资产的占有、使用和收益权让渡给承租人。金融租赁可以分为直接融资租赁、杠杆租赁和回租租赁三种形式。

金融租赁将工业、贸易、金融三个领域紧密结合起来，引导资本、资产有序流动。同时，以融物代替融资，能够保证资金直接进入实体经济，而不会挪作他用，既为企业以较小的投资迅速获得设备使用提供了基础，又为银行和其他资金提供了一条安全的投融资渠道。

我国融资租赁开始于 1981 年 4 月，截至 2013 年年底，全国各类融资租赁公司共有 1026 家，金融租赁公司 23 家。融资租赁行业注册资本达到 3060 亿元，其中，金融租赁公司 769 亿元。全国融资租赁合同余额 2.1 万亿元，其中，金融租赁合同余额约 8600 亿元，业务量约占全行业 41%。截至 2013 年 9 月，金融租赁公司总资产达到 9560 亿元，营业收入 2300 多亿元，2012 年净利润超过 100 亿元。

 **实训任务**

案例分析：

股市有风险，美国著名幽默小说大师马克·吐温曾在其短篇小说《傻头傻脑威尔逊的悲剧》中借主人公威尔逊之口说出一句名言："十月，这是炒股最危险的月份；其他危险的月份有七月、一月、九月、四月、十一月、五月、三月、六月、十二月、八月和二月。"如此说来，月月都是危险月！这不仅仅是马克·吐温的一句幽默之语，当年，马克·吐温曾经迫于还债压力，进军股市希冀大捞一笔，结果却屡战屡败。与马克·吐温相似，历史上也曾经有过一些名人，他们也如今日股民一般历经股海沉浮，有人欢喜有人忧。

大名鼎鼎的牛顿就曾做过一个疯狂的股民。1711 年，为攫取蕴藏在南美东部海岸的巨大财富，有着英国政府背景的英国南海公司成立，并发行了最早的一批股票。当时人人都看好南海公司，其股票价格从 1720 年 1 月的每股 128 英镑左右，很快增值，涨幅惊人。这时候牛顿恰巧获得了一笔款子，加上他个人的一些积蓄，看到如此利好的消息，就在当年 4 月份投入约 7000 英镑购买了南海公司股票。很快他的股票就涨起来了，仅仅两个月左右，比较谨慎的牛顿把这些股票卖掉后，竟然赚了 7000 英镑！

但是刚刚卖掉股票，牛顿就后悔了，因为到了 7 月，股票价格达到了 1000 英镑，几乎增值了 8 倍。经过"认真"的考虑。牛顿决定加大投入。然而此时的南海公司已经出现了经营困境，公司股票的真实价格与市场价格脱钩严重，此前的 6 月英国国会通过了《反泡沫公司法》，对南海公司等企业进行限制。没过多久，南海公司股票一落千丈，到了 12 月份最终跌为约 124 英镑，南海公司总资产严重缩水。许多投资者血本无归，牛顿也未及脱身，亏了 2 万英镑！这笔钱对于牛顿而言无疑是一笔巨款，牛顿曾做过英格兰皇家造币厂厂长的高薪职位，年薪也不过 2000 英镑。事后，牛顿感到自己枉为科学界名流，竟然测不准股市的走向，感慨地说："我能计算出天体运行的轨迹，却难以预料到人们的疯狂。"

与牛顿的一掷千金相比，马克思的炒股规模小得多。1864 年，马克思当时在伦敦做研究工作。他经济上一直比较拮据，主要依靠恩格斯等友人的资助。健康问题上，他不大乐观，医生对他的忠告就是，不可以从事紧张和长时间的脑力劳动。囊中羞涩和脱离工作的滋味，让他感觉到不快乐。当年 5 月，马克思的一个朋友去世，在遗嘱中特意请人把 600 英镑的遗产赠与马克思。对于马克思来说，朋友的这次遗赠不仅是雪中送炭，还给了他在股市小试牛刀的机会。

当时英国刚颁布《股份公司法》，英国的股份公司又开始飞速发展，股票市场也呈现繁荣景象，股价波动较大。有了这笔资金，经济学造诣颇深的马克思便决定投资英国股市，一为休闲，二为体验一下股民生活，赚些生活费用。于是他参考伦敦"金融时报指数"回升的好时机，分批次、购买了一些英国的股票证券，之后他耐心等待市场变化，在他认为政治形势和经济态势提供了良好的投资机会，股票价格开始上升一段时间后，就迅速地逐一清仓。

通过这一番炒股操作，马克思以 600 英镑的本金赚取了约 400 英镑的净利润！对于这段经历，马克思颇以为有趣，他在写信给一个亲人时特意提到：医生不许我从事紧张和长时间的脑力劳动，所以我——这会让你大吃一惊——做起投机生意来了……主要是做英国的股票投机，我用这个办法已经赚了 400 多英镑。

资料来源：http://news.xinhuanet.com/tech/2008 – 01/28/content_7510869.htm.

请大家思考并讨论如下问题：

1. 和大家讨论和分享你所了解的股票。
2. 结合所学的知识，如果你有一笔"闲钱"将如何对这一笔资金进行分配。
3. 讨论投资风险是否可以完全避免。

任务三　了解国际金融机构体系

一、国际金融机构概述

国际金融机构（International financial institution）泛指从事国际金融业务，协调国际金融关系，维护国际货币、信用体系正常运作的超国家机构。

（一）国际金融机构的产生和发展

国际金融机构的产生与发展是同世界政治经济情况及其变化密切相关的。第一次世界大战爆发后，各主要国家政治经济发展的不平衡，使得各国间的矛盾尖锐化，利用国际经济组织控制或影响他国成为必要。同时，战争、通货膨胀及国际收支恶化，又造成诸多工业国家面临国际金融的困境，也希望借助国际经济力量。这样，建立国际性金融机构便成为多数工业国家的共同愿望。

1930 年 5 月，英国、法国、意大利、德国、比利时、日本等国家在瑞士的巴塞尔成立国际清算银行，这是建立国际金融机构的重要开端。它的主要任务是处理战后德国赔款的支付及协约国之间债务清算问题。在后来的发展中，这一机构在促进各国中央银行合作、特别是在推动各国银行监管合作方面，发挥着越来越重要的作用。

第二次世界大战后，随着生产和资本国际化，国际经济关系得到空前发展，国际货币信用关系进一步加强，国际金融机构也迅速增加。1944 年 7 月，44 个主要国家参加的美国新罕布什尔州布雷顿森林会议，确定建立国际货币基金组织和国际复兴开发银行即世界银行，目的在于重建一个开放的世界经济及稳定的汇率制度，并对世界经济及社会发展提供资金。1956 年国际金融公司正式成立，目的是扩大对发展中国家私人企业的国际贷款，促进外国私人资本在这些国家的投资。1959 年 10 月在美国财政部的建议下，成立国际开发协会，作为世界银行的附属机构，目的是向更贫穷的发展中国家提供更为优惠的贷款，加速这些地区的经济发展。自此，世界银行集团正式出现，并成为全球最大的国际金融机构。与此同时，随着国际经济金融关系的发展，大量的区域开发合作性国际金融机构也迅速发展起来。

战后国际金融机构迅速发展的主要原因是：（1）美国控制国际金融、扩大商品和资本输出的需要。（2）工业国家的经济恢复及新兴国家民族经济的发展对资金的迫切需求。（3）生产和资本的国际化，要求各国政府共同干预经济活动。金融干预是一个重要方面，这种趋势的加强为国际性金融机构的建立创造了有利条件。（4）随着生产和资本国际化而来的经济和货币金融一体化的要求，为国际金融机构的产生发展奠定了基础。

（二）国际金融机构的分类与作用

国际金融机构可分为两种类型。（1）全球性金融机构。最重要的首推国际货币基金组织和世界银行集团。（2）区域性金融机构。具体又包括两种类型：一类是联合国附属的区域性金融机构，可称为准全球性金融机构，如亚洲开发银行、泛美开发银行、非洲开发银行等；另一类是真正意义上的地区性金融机构，如欧洲投资银行、阿拉伯货币基金组织、伊斯兰开发银行、国际经济合作银行、国际投资银行、加勒比开发银行等。

国际金融机构在世界经济发展中的主要作用是：（1）提供短期资金，调节国际收支逆差，缓解国际支付危机。（2）提供中长期发展资金，促进发展中国家的经济发展。（3）稳定汇率，促进国际贸易的发展。（4）创造出新的结算手段，解决发展中国家国际结算手段匮乏的矛盾。总之，国际金融机构在促进和加强国际经济合作稳定国际金融秩序、发展世界经济方面起到了重要的作用。

二、国际货币基金组织

国际货币基金组织（International Monetary Fund，IMF）是根据布雷顿森林会议通过的《国际货币基金协定》成立的全球性国际金融机构。1944 年 7 月 1 日至 22 日，44 个国家的代表在美国新罕布什尔州的布雷顿森林举行了"联合与联盟国家货币金融会议",签订了"布雷顿森林协定",决定成立国际货币基金组织与国际复兴开发银行。1946 年 3 月国际货币基金组织正式成立,1947 年 3 月 1 日开始活动,1947 年 11 月 15 日成为联合国所属专营国际金融业务的机构,总部设在华盛顿,会员包括 150 多个国家和地区,其中 39 个国家为创始会员国。

(一) 国际货币基金组织的宗旨

《国际货币基金协定》中明确了该组织的宗旨是:

1. 为会员国提供一个常设的国际货币机构,促进国际货币合作。

2. 促进国际贸易均衡发展,以维持和提高就业水平和实际收入,发展各国的生产能力。

3. 促进汇率的稳定和维持各国有秩序的外汇安排,以避免竞争性的货币贬值。

4. 协助建立各国间经常性交易的多边支付制度,并设法消除妨碍世界贸易发展的外汇管制。

5. 在临时性基础上和具有充分保障的条件下,为会员国融通资金,使之在无须采取有损于本国及国际经济繁荣措施的情况下,纠正国际收支的不平衡。

6. 努力缩短和减轻国际收支不平衡的持续时间及程度。

我国是国际货币基金组织的创始会员国之一,由于历史的原因,中断关系多年,1980 年 4 月 17 日基金组织正式通过决议恢复我国合法席位。1980 年 5 月末我国政府向该组织先后委派了正副理事,正副理事分别由中国人民银行行长和国家外汇管理局副局长兼中国银行副行长出任。同年 9 月我国政府第一次派代表担任基金组织的执行董事,使执行董事的董事名额从 21 人扩大到 22 人。

(二) 国际货币基金组织的业务活动

根据《国际货币基金协定》,基金组织的主要业务活动是:

1. 汇率监督

设立国际货币基金组织的原始目的是保障有秩序的固定汇率安排,维护布雷顿森林体系的正常运行。因此,通过汇率监督,维持汇率稳定的活动成为基金组织的主要活动之一。

2. 磋商与协调

《协定》第一条规定:设置一个常设机构,便于国际货币问题的商讨和协作,以促进国际货币合作,原则上除会议外,基金组织还应每年与各会员国进行一次磋商,对会员国的经济、金融形势和政策做出评价。磋商的目的有两个:一是使基金组织能够履行监督会员国汇率政策的责任;二是有助于基金组织了解会员国的经济发展和政策措施,从而使基金组织能够迅速处理会员国申请贷款的要求。

3. 国际储备创造

1967 年 4 月,比利时提出方案,主张设立基金组织的自动提款权,以解决可能出现的国际流通手段不足问题。1968 年 3 月,"十国集团"在采纳比利时方案的基础上提出"特别提款权"方案。1969 年基金组织年会上正式通过这一方案,并决定 1970 年 1

月实施特别提款权（Special Drawing Right，SDR）。特别提款权的分配，按照基金组织会员国所缴纳份额的同一百分比进行。分配后即成为会员国的资产，它可与黄金、美元并列，作为储备的一部分。当会员国发生国际收支逆差时，可动用特别提款权，偿付逆差，也可用以偿还基金组织的贷款。特别提款权按4种主要货币即美元、欧元、日元及英镑加权平均定值，定值篮子中的货币名单及其定量每五年进行一次调整。这种方法使得特别提款权价值相对稳定。

4. 金融贷款

融通资金是国际货币基金组织最主要的业务活动。其基本内容是：基金组织发放贷款的对象仅以会员国政府为限，对私人企业、组织概不贷款；贷款的用途限于解决因经常项目收支逆差而引发的国际收支暂时性失衡，期限一般在5~10年；贷款规模与会员国所缴份额成正比，会员国之间相差悬殊；贷款采取由会员国用本国货币向基金组织申请购买外汇方式，还款时则以外汇购回本国货币；贷款以特别提款权计值，利息用特别提款权缴付。

（三）国际货币基金组织的资金来源

国际货币基金组织的资金主要来源于成员国缴纳的份额、借款、捐款、出售黄金所得的信托基金以及有关项目的经营收入。

1. 份额

份额是每个成员国向IMF认缴的一定数额的资金，从财务角度看相当于股本。成员国的份额由IMF的份额公式计算得出，它由成员国的国内生产总值、储备余额、平均进口额、出口变化额以及出口占国内生产总值的比例等因素决定。份额显示了成员国在IMF中的相对低位，与成员国的利益关系重大。

（1）它决定了成员国投票权的大小。

IMF规定，每一成员国有250份基本票，这些基本票部分代表了国家的主权，然后按成员国缴纳份额的量，每10万特别提款权折合一票，成员国认缴的份额越多，所获票数也就越多，表决权也就越大。

（2）它决定了成员国可以获得贷款的最高限额。

《国际货币基金协定》规定，每个成员国根据备用信贷和中期贷款安排向IMF的借款累计不得超过其份额的300%。

（3）它决定了一国可获得特别提款权分配的数量。成员国特别提款权的分配权也与其份额成正比。

2. 借款

借款是IMF的另一个主要的资金来源。这种借款是在IMF与成员国协议前提下实现的，主要形式有：①借款总安排，1962年与"七国集团"签订，总额为60亿美元，以应付成员方临时性困难；②补充资金贷款借款安排，1979年与13个成员方签订；③扩大资金贷款借款安排，1981年5月与一些官方机构签订外，IMF还与成员国签订双边借款协议，以扩大资金来源。

3. 黄金

1976 年 1 月，IMF 决定将其所持有的黄金的 1/6，分 4 年按市价出售，以所得的收益中的一部分，作为建立信托基金的一个资金来源，用以向最贫穷的成员国提供贷款。基金组织的协议条款严格限制黄金的使用，在某些情况下，可以卖出或者接受成员方的黄金支付。

课堂互动

收集资料了解在欧债危机中国际货币基金组织的作用。

三、世界银行集团

世界银行集团（World Bank Group，包括 IBRD，IFC，IDA）是联合国系统下的多边发展机构，其宗旨是通过向发展中国家提供中长期资金和智力的支持，来帮助发展中国家实现长期、稳定的经济发展。它包括五个机构：国际复兴开发银行（世界银行）、国际开发协会、国际金融公司、多边投资担保机构和国际投资纠纷解决中心。

（一）世界银行

世界银行（International Bank for Reconstruction and Development，IBRD），全称国际复兴开发银行，是与国际货币基金组织密切联系、相互配合的全球性国际金融机构，也是布雷顿森林体系的产物。世界银行成立于 1945 年 12 月，1946 年 6 月开始营业，自 1947 年起成为联合国的专门金融机构，总部设在华盛顿，并在纽约、日内瓦、巴黎、东京等地设有办事处。

1. 世界银行的宗旨

世界银行的宗旨在《国际复兴开发银行协定》第一条款中有明确规定：①与其他国际机构合作，为生产性投资提供长期贷款，协助会员国的复兴与开发，并鼓励不发达国家开发生产与资源。②通过保证或参与私人贷款和私人投资的方式，促进私人对外投资。③用鼓励国际投资以开发会员国生产资源的方法，促进国际贸易的长期平衡发展，维持国际收支平衡。④在提供贷款保证时，应同其他方面的贷款相配合。

只有国际货币基金组织的会员国才有资格申请加入世界银行。我国于 1980 年 5 月恢复合法席位。世界银行的最高权利机构是理事会，由会员国指派一名理事和一名副理事组成，理事人选一般由该国财政部长或中央银行行长充任。

2. 世界银行的业务活动

世界银行的主要业务活动是对发展中成员国提供长期贷款，对成员国政府或经政府担保的私人企业提供贷款和技术援助，资助它们兴建某些建设周期长、利润率偏低但又为该国经济和社会发展所必需的建设项目。

（1）贷款条件。

世界银行的资金运用，主要是通过长期贷款和投资解决会员国战后恢复和发展经济的资金需要。所以，战后贷款主要集中于欧洲国家的战后复兴。1948 年以后，贷款转向亚非拉发展中国家提供开发资金，贷款额度逐年增加。世界银行的贷款期限较长，用途较广，贷款数额不受份额限制，且利率较市场低。然而，要获得世界银行的贷款绝非易事，需要满足一定的条件和程序。

世界银行贷款条件主要包括：①贷款对象限于具有偿还能力的会员国政府。②借款国在不能按合理条件从其他渠道获得资金时，才能向银行申请贷款。③贷款必须用于特定的工程项目（即项目贷款），专款专用。

（2）贷款方式。

世界银行的贷款方式有两类。第一类是按收入组别分配资金，贷款的主要对象是中等收入国家。第二类是按经济部门分配资金，重点是各种基础设施，如公路、电信、港口、动力设备及能源开发等。世界银行贷款总额中的主导部分是部门和项目贷款。

3. 世界银行的资金来源

世界银行的资金来源主要有三个：

（1）会员国交纳的股金。

按原来规定，会员国加入时先缴付股金的 20%，其中 2% 以黄金或美元缴纳，18%以本国货币支付，其余 80% 则在必要时缴纳。1994 年 6 月底，理事会决议所规定的法定认缴股金为 1700 亿美元。1995 年 9 月，决定将股金增加 1 倍，但实缴资金并未增加，会员国实际缴付的只是认缴额的 10%，其中只有 1% 需要以黄金或美元缴纳，9% 以本国货币缴纳，其余 90% 在必要时缴付。成员国缴纳的股金占世界银行资金的 5%。

（2）筹集资本。

国际复兴开发银行的资本几乎都是从国际资本市场筹集的。它通过发行债券筹集资金，然后再以低息转贷给借款国。债券发行对象是金融机构、退休基金、各国中央银行。

（3）从贷款赚取的利息和收费，以及因投资于流动资产而获得的收入。

世界银行与国际货币基金组织各有自己的组织形式以及不同的行政权力机构，它们的业务活动有着各自的特点。世界银行侧重于会员国经济发展计划的形成和支持；基金组织侧重在汇率的稳定、国际收支调节以及在支持会员国制定一项经济稳定计划并为之奠定良好基础方面发挥作用。但是两个机构是根据相同的原则组成的，相互补充的责任使得它们的业务逐渐交叉，且在逐步发展。从长期看，二者在全球范围内的合作将进一步加强。

世界银行批准的部分中国贷款项目

中国是世界银行的创始国之一，1980 年 5 月 15 日，中国在世界银行和所属国际开发协会及国际金融公司的合法席位得到恢复。1980 年 9 月 3 日，该行理事会通过投票，同意将中国在该行的股份从原 7500 股增加到 12000 股。我国在世界银行有投票权。在世界银行的执行董事会中，我国单独派有一名董事。我国从 1981 年起开始向该行借款，此后，我国与世界银行的合作逐步展开、扩大。世界银行通过提供期限较长的项目贷款，推动了我国交通运输、行业改造、能源、农业等国家重点建设以及金融、文卫、环保等事业的发展。同时，还通过本身的培训机构，为我国培训了大批了解世界银行业务、熟悉专业知识的管理人才。

（1）世界银行 2013 年 3 月 21 日宣布，世行执董会批准给中国五笔贷款共计 6.2 亿美元，用于支持中国建设校园屋顶太阳能、低碳城区和城镇基础设施。

世界银行中蒙可持续发展局副局长郎德称，我们很高兴协助中国政府为降低能源强度、减少碳排放、增强城区防洪能力和改善城镇居民的公共服务所做的努力。发展绿色建筑，清洁能源供应，促进大中小城市协调发展，对中国和全世界都有益。

世行表示，中国正在经历快速的城镇化，2030 年预计城镇化程度可达 70%。建筑和交通的能源需求也会骤增，楼房和电器的能源需求和二氧化碳排放会增加两倍。同时，基本的基础设施不足和公共服务效率不高，是中心城市和城镇面临的一项挑战。

世行贷款将用于支持北京校园屋顶太阳能光伏发电，上海发展绿色能源建设低碳城区，江西景德镇提升城市综合防洪能力，江西与辽宁部分县市区城市基础设施建设和环境治理五个项目。

（2）2014 年 5 月 15 日，世界银行执董会批准了两个中国贷款项目。

河南焦作绿色交通及交通安全综合改善项目，贷款金额 1 亿美元，使用以 LIBOR 为基础的浮动利差贷款，先征费率 0.25%，贷款期 30 年（包括 5 年宽限期），预计项目执行期为 2014 年 5 月至 2019 年 6 月。

云南红河州滇南中心城市交通项目，贷款金额 1.5 亿美元，使用以 LIBOR 为基础的浮动利差贷款，先征费率 0.25%，贷款期 25 年（包括 8 年宽限期），预计项目执行期为 2014 年 5 月至 2019 年 12 月。

资料来源：http://money.163.com/14/0522/10/9SRHKF6600254TI5.html.

（二）国际开发协会

通常提及的世界银行是国际复兴开发银行与国际开发协会的总称。国际开发协会（International Development Association，IDA）是一个专门从事对欠发达的发展中国家提供期限长和无息贷款的国际金融组织。它成立于 1960 年 9 月 24 日，11 月开始营业，总都设在华盛顿。名义上它是独立的机构，但实际上经营方针、贷款原则都与世界银行相同。唯一区别在于国际开发协会主要是对更为贫穷的发展中国家提供长期优惠贷款，作为世界银行贷款的补充，以促进这些国家经济发展和生活水平提高。

国际开发协会的资金来源包括：（1）会员国认缴的股本。（2）"补充资金"。根据协会规定，会员国在一定时期内还须认缴一部分资金作为补充，以保证协会的资金来源。（3）世界银行拨款。（4）协会自身的经营利润。

国际开发协会的信贷只给予政府，不收利息，但计收 0.75% 的手续费。贷款期限长达 50 年，可以部分或全部用本国货币偿还。这种长期低利贷款，被称为"软贷款"，以别于世界银行的"硬贷款"。根据协会章程规定，信贷一般针对特定项目，比较集中在农业开发项目上，其次用于较长时期才能见效或难以用收入效益表示的项目，如教育及人力资源的开发等。

（三）国际金融公司

国际金融公司（International Finance Corporation，IFC）于 1956 年 7 月 24 日正式成立。只有世界银行的会员国才能成为金融公司的会员。由于世界银行贷款是以会员国政府为对象，对私人企业贷款，须由政府机构担保，这在一定程度上限制了世界银行业务的扩展。所以 1954 年世界银行同会员国政府协商后决定建立国际金融公司。

公司宗旨是：专门对会员国私人企业的新建、改建和扩建等项目提供资金，促进不发达国家中私营经济的增长及其市场的发展。

国际金融公司的主要资金来源是会员国认缴的股本。此外，世界银行及个别国家对金融公司的贷款、自身利润积累等也构成资金来源的一部分。公司的主要活动是对会员国私人企业贷款。这种贷款不须政府担保，期限为 7～15 年，以原借入的货币偿还，利率一般高于世界银行的贷款，有时高达 10%。公司还可以对企业直接投资入股，投资对象一般是发展中国家的私营企业。

（四）多边投资担保机构

多边投资担保机构成立于 1988 年。它的宗旨是减少对发展中国家的投资风险，以促进对这些国家的投资，并通过提供技术和资源来帮助新兴国家吸引和留住投资。

它的主要业务活动是向投资者提供担保以防范商业性风险，通过减少商业投资障碍来鼓励向发展中国家的股权投资和其他直接投资；向发展中会员国政府就制定、实施与外国投资有关的政策、计划及程序提供咨询等。这个机构的设立使世界银行集团的职能更趋完善。

（五）国际投资纠纷解决中心

国际投资纠纷解决中心成立于 1966 年。它通过对投资纠纷提供国际调解和仲裁，鼓励外国投资，以此增进各国与外国投资者之间的相互信任。许多国际投资协议都援引该中心的仲裁条款。该中心还在仲裁法和外国投资法领域进行研究和出版活动。

四、区域性国际金融机构

区域性国际金融机构的建立是第二次世界大战后国际经济政治形势发展的结果。20世纪 60 年代，许多原殖民地国家纷纷独立，迫切需要吸收国外资金，取得所需的技术与设备，以发展本国经济。与此同时，发达国家面临的是如何扩大海外投资的问题。为了促进和提高发展中国家和发达国家的资金往来，建立国家间的区域性国际金融组织成为了必要，由此导致了亚洲开发银行等区域性金融组织的产生。

（一）亚洲开发银行

亚洲开发银行（Asian Development Bank，ADB）是一家仅次于世界银行的第二大开发性国际金融机构，也是亚太地区最大的政府间金融机构。根据联合国亚洲及远东经济委员会（1974年改名为亚洲太平洋经济委员会）决议，亚洲开发银行于1966年11月24日成立，总行设在马尼拉。亚行初建时有34个成员，目前其成员不断增加，凡是亚洲及远东经济委员会的会员或准会员，亚太地区其他国家以及该地区以外的联合国及所属机构的成员，均可参加亚行。

1. 亚洲开发银行的宗旨

根据章程规定，它的宗旨是促进亚洲和太平洋地区的经济增长与合作，并协助本地区的发展中成员国集体和单独地加速经济发展的进程。为实现其宗旨，亚行的主要任务是：(1) 促进为开发目的而在本地区进行的公私资本投资。(2) 利用亚行拥有的资金，为本地区的发展中成员国提供资金支持。其中特别考虑本地区较小或较不发达成员国的需要。(3) 帮助本地区成员国协调其发展政策和计划，并为拟订、资助和执行发展项目和计划提供技术援助。(4) 以适当方式同联合国及其附属机构以及参加本地区开发基金投资的国际公共组织、其他国际机构和各国公司进行合作。亚行是独立机构，但实际上属于联合国执行区域性货币信贷安排的国际金融机构，它与联合国的国际货币基金组织、世界银行、发展计划署、亚太地区经济与社会委员会、粮食及农业组织等机构保持密切联系。

2. 亚洲开发银行资金来源与运用

亚行的资金来源包括普通资金、亚洲开发基金、技术援助特别基金、日本特别基金及联合金融资金。其中主要是前三项，即用于硬贷款的普通资金、用于软贷款的亚洲开发基金和用于以赠款形式进行技术援助的技术援助特别基金。

亚行资金运用的主要形式是贷款。贷款包括两大类：一类是用普通资金发放的普通贷款（称硬贷款）。主要贷给收入较高的发展中国家和地区，用于工业、农业、电力、运输、邮电等部门开发工程项目。贷款期限10~30年，贷款利率低于市场利率，一般半年调整一次。另一类是用特别基金发放的特别贷款（称软贷款）。主要贷给较贫困的发展中成员国，贷款优惠，具有援助性质。贷款期限40年，不收利息，仅收1%的手续费。此外，亚行还用特别基金向成员国提供技术援助、股票投资以及联合融资。亚行贷款原则和程序与世界银行类似。贷款主要向本地区成员国政府、政府所属机构、公私企业等方面提供。贷款形式包括项目贷款、规划贷款、部门贷款、开发金融机构贷款、综合项目贷款、特别项目贷款等，其中最主要的是项目贷款。

课堂互动

近几年，亚洲开发银行对中国的贷款项目有哪些。中国在亚洲开发银行中的作用是什么？

（二）非洲开发银行

非洲开发银行（Africa Development Bank，AFDB）是非洲国家创办的区域性国际金融机构。成立于1964年9月，1966年7月正式营业。总行设在象牙海岸首都阿比让。成立初期有23个成员方，都是非洲国家。1978年后允许区外国家参加。中国于1985年5月10日正式加入非洲开发银行。

非洲开发银行的宗旨是为成员国的经济和社会发展提供资金，协助非洲大陆制定总体发展战略，协调各国的发展计划，以便逐步实现"非洲经济一体化"。为实现这一宗旨，非洲开发银行的主要任务是利用本行的各种资金为本地区成员国提供各种开发性贷款和技术援助。

非洲开发银行的资金主要由成员国认缴股本构成。非行成立时核定资本为2.5亿记账单位（1记账单位=1971年贬值前的1美元），以后数次增资。此外，向国际金融市场借款，发达国家的捐款及非行的经营利润也构成了非行的资金来源。非行还设立了非洲开发基金等四个合办机构，根据不同需要，筹措资金开展业务。非行的贷款业务分为普通贷款和特种贷款。前者使用普通资本基金，后者使用特别基金。贷款主要为项目贷款，其次是结构和政策调整方面的贷款。

五、国际清算银行与巴塞尔银行监管委员会

（一）国际清算银行

国际清算银行（Bank for International Settlements，BIS）是英国、法国、德国、意大利、比利时、日本等国家的中央银行与代表美国银行业利益的摩根银行、纽约和芝加哥的花旗银行组成的银团，根据海牙国际协定于1930年5月共同组建的，总部设在瑞士巴塞尔。国际清算银行是世界上历史最悠久的国际金融组织，是国际上唯一办理中央银行业务的机构。

1. 国际清算银行的宗旨

国际清算银行最初创办的目的是为了处理第一次世界大战后德国的赔偿支付及其有关的清算等业务问题。第二次世界大战后，它成为经济合作与发展组织成员国之间的结算机构，该行的宗旨也逐渐转变为促进各国中央银行之间的合作，为国际金融业务提供便利，并接受委托或作为代理人办理国际清算业务等。国际清算银行不是政府间的金融决策机构，亦非发展援助机构，实际上是西方中央银行的银行。

2. 国际清算银行的资金来源与运用

国际清算银行的资金主要来源于三个方面：

（1）成员国缴纳的股金。该行建立时，法定资本为5亿金法郎，1969年增至15亿金法郎（gold francs），以后几度增资。该行股份80%为各国中央银行持有，其余20%为私人持有。

（2）借款。向各成员国中央银行借款，补充该行自有资金的不足。

（3）吸收存款。接受各国中央银行的黄金存款和商业银行的存款。

国际清算银行的主要业务包括以下三个方面：

（1）处理国际清算事务。第二次世界大战后，国际清算银行先后成为欧洲经济合作组织、欧洲支付同盟、欧洲煤钢联营、黄金总库、欧洲货币合作基金等国际机构的金融业务代理人，承担着大量的国际结算业务。

（2）办理或代理有关银行业务。第二次世界大战后，国际清算银行业务不断拓展，

目前可从事的业务主要有：接受成员国中央银行的黄金或货币存款，买卖黄金和货币，买卖可供上市的证券，向成员国中央银行贷款或存款，国际清算银行也可与商业银行和国际机构进行类似业务，但不得向政府提供贷款或以其名义开设往来账户。目前，世界上很多中央银行在国际清算银行存有黄金和硬通货，并获取相应的利息。

（3）定期举办中央银行行长会议。国际清算银行于每月的第一个周末在巴塞尔举行西方主要国家中央银行的行长会议，商讨有关国际金融问题，协调有关国家的金融政策，促进各国中央银行的合作。

（二）巴塞尔银行监管委员会

巴塞尔银行监管委员会（Basel Committee on Banking Supervision），简称巴塞尔委员会，巴塞尔银行监管委员会原称银行法规与监管事务委员会，是由美国、英国、法国、德国、意大利、日本、荷兰、加拿大、比利时、瑞典10大工业国的中央银行于1974年年底共同成立的，作为国际清算银行的一个正式机构，以各国中央银行官员和银行监管当局为代表，总部在瑞士的巴塞尔。每年定期集会4次，并拥有近30个技术机构，执行每年集会所订目标或计划。巴塞尔委员会本身不具有法定跨国监管的权力，所作结论或监管标准与指导原则在法律上也没有强制效力，仅供参考。但因该委员会成员来自世界主要发达国家，影响大，一般仍预期各国将会采取立法规定或其他措施，并结合各国实际情况，逐步实施其所订监管标准与指导原则，或实务处理相关建议事项。在"国外银行业务无法避免监管"与"适当监管"原则下，消弭世界各国监管范围差异是巴塞尔委员会运作追求的目标。

 实训任务

案例分析：

亚洲基础设施投资银行（Asian Infrastructure Investment Bank，AIIB，简称亚投行）是一个政府间性质的亚洲区域多边开发机构，重点支持基础设施建设，总部设在北京。亚投行法定资本1000亿美元。

2013年10月2日，习近平主席提出筹建倡议，2014年10月24日，包括中国、印度、新加坡等在内21个首批意向创始成员国的财长和授权代表在北京签约，共同决定成立亚洲基础设施投资银行。2015年3月12日，英国正式申请加入亚投行，成为首个申请加入亚投行的主要西方国家。

截止到2015年4月5日，法国、德国、意大利、韩国、俄罗斯、澳大利亚、埃及、瑞典等国家先后已同意加入亚洲基础设施投资银行，这将使亚投行扩围至55个成员国（及中国台湾地区），涵盖了除美日之外的主要西方国家，其中34个国家已成为正式的意向创始成员国。

亚洲基础设施投资银行（亚投行）的57个意向创始成员国代表6月29日在北京出席《亚洲基础设施投资银行协定》签署仪式，标志着成立亚投行及其日后运营有了各方共同遵守的"基本大法"，迈出筹建最关键的一步。

此次各方签署的亚投行协定共 11 章 60 条，详细规定了亚投行的宗旨、成员资格、股本及投票权、业务运营、治理结构、决策机制等核心要素，为亚投行正式成立并及早投入运作奠定了坚实法律基础。

协定中，最受关注的是各意向创始成员国的股本和投票权。亚投行法定股本为 1000 亿美元，域内成员和域外成员的出资比例为 75∶25，域内外成员认缴股本参照 GDP 比重进行分配，并尊重各国的认缴意愿。

按照协定规定的原则计算，中国以 297.804 亿美元的认缴股本和 26.06% 的投票权，居现阶段亚投行第一大股东和投票权占比最高的国家。

目前，亚投行已经明确总部设在中国北京，并将根据未来亚投行业务发展需要，在其他地方设立机构或办公室。亚投行协定明确，亚投行将设立行长 1 名，从域内成员产生，任期五年，可连选连任一次。

资料来源：http://baike.sogou.com/.

请大家思考并分析以下问题：

1. 为什么由中国发起的亚投行得到这么多国家的响应。

2. 结合所学的知识，分析一下亚投行和亚洲开发银行运行的侧重点。

3. 亚投行的建立给中国带来的影响。

本项目提要：

1. 金融机构是专门从事各种金融活动的组织，包括银行、保险公司、证券公司、信托投资公司、资产管理公司等。它在社会经济运行和金融活动中发挥着便利支付结算、促进资本融通、降低交易成本和改善信息不对称等功能。

2. 金融机构体系是指在一定的社会条件下建立起来的各种金融机构及其相互关系。我国目前的金融体系是以中央银行为核心、股份制商业银行为主体，多种金融机构并存的格局。

3. 国际金融机构泛指从事国际金融业务，协调国际金融关系，维护国际货币、信用体系正常运作的超国家机构。它的成员通常由参加国政府或政府机构组成，是一种政府间的金融合作组织。主要有国际货币基金组织、世界银行、国际清算银行和区域性金融机构。

本项目学习效果评价

一、回答以下问题

1. 是否能够详细说明一般金融机构体系的结构？

2. 你能够描述主要金融机构的业务内容吗？

3. 你对国际性金融机构了解多少？能够总结出它们的宗旨、职责和业务内容吗？

4. 概括地说明美国银行体系和德国银行体系的特征。

二、查找、编辑资料

1. 总结我国金融机构体系发展演变的基本情况（用框图表示）。

2. 例述我国各类金融机构数量及主要机构的名称。

项目五 揭示商业银行

学习目标 >>> >>>

通过本项目的学习，使学生能够掌握商业银行性质及职能；掌握商业银行资产业务、负债业务、中间业务；熟悉商业银行经营管理原则；了解中国商业银行的改革。

项目导言 >>> >>>

商业银行是金融机构体系的主体部分。商业银行是历史上最早出现的银行，是货币信用关系推进和发展的必然产物，在经济发展中发挥着越来越重要的作用。本项目将会带着大家一起了解商业银行的起源，了解商业银行的性质及职能，熟悉商业银行的业务和经营管理原则，了解中国商业银行的改革。

案例导入 >>> >>>

银行次级抵押贷款到期不能偿付是引发美国乃至全球金融危机的导火索

2007年4月，美国第二大次级抵押贷款公司——新世纪金融公司破产，揭开了次级抵押贷款风暴的序幕。次级抵押贷款简称次贷，指的是银行针对信用记录较差的客户发放的住房贷款。在房市火爆的时候，银行可以借此获得高额利息收入而不必担心风险；但如果房市低迷，利率上升，就可能出现一些客户违约而不再偿还贷款，造成坏账。

2007年2月13日，美国新世纪金融公司发出2006年第四季度盈利预警，为此，汇丰控股为在美次级贷款业务增加18亿美元坏账准备。面对来自华尔街174亿美元的逼债，新世纪金融公司在2007年4月2日宣布申请破产保护及裁减54%的员工。

美国次贷危机迅速波及欧洲国家。2007年8月2日，德国工业银行宣布盈利预警，而后估计出现了82亿欧元的亏损，因为旗下的一个规模为127亿欧元的"莱茵兰基金"以及银行本身因参与了美国房地产次级抵押贷款市场业务而遭到巨大损失。德国央行召集全国银行同业商讨拯救德国工业银行的一揽子计划。

之后，危机频发。2007年8月6日，美国第十大抵押贷款机构——美国住房抵押贷款投资公司正式向法院申请破产保护，成为继新世纪金融公司之后美国又一家申请破产的大型抵押贷款机构。8月8日，美国第五大投资银行贝尔斯登宣布旗下两只基金倒闭，同样是因为次贷风暴。8月9日，法国第一大银行——巴黎银行宣布冻结旗下三只基金，也是因为投资了美国次贷债券而蒙受巨大损失。次举导致欧洲股市重挫。8月13日，日本第二大银行——瑞穗银行的母公司瑞穗集团宣布与美国次贷相关损失为6亿日元。日、韩银行因美国次级房贷风暴产生损失。据瑞银证券日本公司的估计，日本九大银行持有美国次级房贷担保证券已超过一万亿日元。此外，包括友利银行在内的五家韩国银行总计投资 5.65 亿美元的担保债权凭证。投资者担心美国次贷问题会对全球金融市场带来强大冲击。其后花旗集团也宣布，2007 年 7 月由次贷引起的损失达 7 亿美元，虽然对于一个年盈利 200 亿美元的金融集团来说，这只是小数目，不过花旗集团的股价已由高位时的 23 美元跌到了 3 美元多一点，其财务状况不容乐观。

资料来源：王秀芳. 金融学 [M]. 上海：上海交通大学出版社，2015：131.

思考题：美国次贷危机发生的原因是什么？美国次贷危机对我国商业银行经营的安全性有何启示？

任务一　了解商业银行的职能

一、商业银行的起源

近代银行的出现是在中世纪的欧洲，意大利是银行的发源地，"银行"一词最早起源于拉丁文 Banco，译为"长板凳"。在中世纪中期的欧洲，各国间日益频繁的贸易往来，使水运交通便利的威尼斯、热那亚等几个港口城市商贩云集，成为欧洲最繁荣的商业贸易中心。各国商贩带来了各自国家的金属货币，这些货币在品质、成色、大小等方面都各不相同，兑换起来相当麻烦为了方便交易，出现了专门为别人鉴别、估量、保管、兑换货币的人。他们按照当时的惯例，都在港口或集市上坐着长板凳来等候需要兑换货币的人。渐渐地，人们统一称呼他们为"坐长板凳的人"。这就是商业银行的前身。

现代银行中的纸币竟然是这样发展而来的，恐怕人们都想象不到。从上面这段资料，大家就可以看出，银行起源于古代的货币经营业。而货币经营业主要从事与货币有关的业务，包括金属货币的鉴定和兑换、货币的保管和汇兑业务。当货币经营者手中大量货币聚集时就为发展贷款业务提供了前提。随着贷款业务的发展，保管业务也逐步改变成存款业务。当货币活动与信用活动结合时，货币经营业便开始向现代银行转变。1694 年，英国英格兰银行的成立，标志着西方现代银行制度的建立。

西方现代银行体系的建立主要有两条途径：一是旧的高利贷性质的银行业逐渐适应新的经济条件而转变为现代银行；二是按股份制原则组织起来的现代银行。起主导作用的是后一条途径。1694 年在英国政府支持下私人创办的英格兰银行是最早出现的股份制银行，其正式贴现率一开始就定为 4.5%～6%，大大低于早期银行业的贷款利率，这意味着高利贷在信用领域的垄断地位已被动摇。随后，在 18 世纪末到 19 世纪初，各西方主流国家在工业革命后，纷纷建立起规模巨大的股份制商业银行体系。

二、商业银行的性质

商业银行是以追求最大利润为经营目标，以多种金融资产和金融负债为经营对象，为客户提供多功能、综合性服务的金融企业。商业银行的性质具体体现在以下几个方面：

1. 商业银行具有一般企业的特征

商业银行与一般企业一样，拥有业务经营所需要的自有资本，依法经营，照章纳税，自负盈亏，具有独立的法人资格，拥有独立的财产、名称、组织机构和场所。商业银行的经营目标是追求利润最大化，获取最大利润既是其经营与发展的基本前提，也是其发展的内在动力。

课堂互动

商业银行是风险很大的企业吗？为什么？

2. 商业银行是一种特殊的企业

商业银行具有一般企业的特征，但又不是一般企业，而是一种特殊的金融企业。因为一般企业经营的对象是具有一定使用价值的商品，而商业银行经营的对象是特殊商品——货币，商业银行是经营货币资金的金融企业，是一种特殊的企业。这种特殊性表现在以下四个方面：

（1）商业银行经营的内容特殊。一般企业从事的是一般商品的生产和流通，而商业银行是以金融资产和金融负债为经营对象，从事包括货币收付、借贷以及各种与货币有关的或与之相联系的金融服务。

（2）商业银行与一般工商企业的关系特殊。一方面，一般工商企业要依靠银行办理存、贷款和日常结算，而商业银行也要依靠一般企业经营过程中暂时闲置的资金，增加资金来源，并以一般工商企业为主要贷款对象，取得利润；另一方面，一般工商企业是商业银行业务经营的基础，企业的发展和企业的素质影响到商业银行的生存。

（3）商业银行对社会的影响特殊。一般工商企业的经营好坏只影响到一个企业的股东和这一企业相关的当事人，而商业银行的经营好坏可能影响到整个社会的稳定。

（4）国家对商业银行的管理特殊。由于商业银行对社会的特殊影响，国家对商业银行的管理要比对一般工商企业的管理严格得多，管理范围也要广泛得多。

3. 商业银行是一种特殊的金融企业

商业银行不仅不同于一般工商企业，与中央银行和其他金融机构相比，也存在很大差异：

（1）与中央银行比较，商业银行面向工商企业、公众、政府以及其他金融机构，商业银行从事的金融业务的主要目的是盈利。而中央银行是只向政府和金融机构提供服务的具有银行特征的政府机关。中央银行具有创造基础货币的功能，不从事金融零售业务，从事金融业务的目的也不是为盈利。

（2）与其他金融机构相比，商业银行提供的金融服务更全面、范围更广。其他金融机构，如政策性银行、保险公司、证券公司、信托公司等都属于特种金融机构，只能提供一个方面或几个方面的金融服务，而在有些国家商业银行则是"万能银行"或者"金融百货公司"，业务范围比其他金融机构要广泛得多。

我国商业银行设立的条件

商业银行是经营货币的特殊的经济机构，具有很强的社会公共性，其经营风险对客户的利益甚至整个社会的经济安全均构成威胁，因此对商业银行的设立各国政府都有着严格的规定。根据《中华人民共和国商业银行法》和《中资商业银行行政许可事项实施办法》，我国组建商业银行要求符合以下基本条件：

（1）必须实行自主经营、独立核算、自负盈亏、自担风险的经营机制，具备合格与独立的法人资格，严格按照《公司法》的规定和现代企业制度的要求组建商业银行。

（2）有符合《公司法》、《商业银行法》规定的组织章程和完备的业务经营规章制度，有健全的组织机构和有效的业务经营管理系统，配备具有任职资格的、有专业知识和业务工作经验的各层次金融业务管理人员。

（3）有符合《商业银行法》规定的注册资本最低限额，且为实收货币资本金，并在保持资本金合理构成的基础上形成一定数量和质量的营运资本。我国商业银行法规定，设立商业银行注册资本最低限额为10亿元人民币；城市合作银行的注册资本最低限额为1亿元人民币；农村合作银行的注册资本最低限额为5000万元人民币。

（4）必须拥有法定的营业地址和固定的符合主管机构要求的营业场所，以及开展业务经营所必需的设施与设备和必要的安全防范措施。

（5）必须承认和接受金融管理部门的领导和监管，全面履行法律规定的基本职责义务。

资料来源：《中华人民共和国商业银行法（2015年修正）》。

三、商业银行的职能

商业银行的性质决定了其职能作用，作为现代经济的核心，商业银行具有以下特定的职能：

1. 信用中介

信用中介（credit intermediary）是指商业银行通过负债业务，将社会上的各种闲散资金集中起来，通过资产业务，将所集中的资金运用到国民经济各部门中去。商业银行充当资金供应者和资金需求者的中介，实现了资金的顺利融通。信用中介职能是商业银行最基本、最能反映其经营活动特征的职能。商业银行一方面通过支付利息吸收存款，增加资金来源；另一方面又通过贷款或有价证券投资收取利息及投资收益，形成商业银行利润。

商业银行的这种中介职能虽然没有改变资本的所有权，但改变了货币资本的使用权，使货币资本既处于流通过程，同时又处于一个分配过程。商业银行在执行信用中介职能的过程中，形成对经济过程多层次的调节关系。在不改变社会资本总量的条件下，改变资本的实际使用量，从而扩大生产规模，实现资本增值。商业银行通过执行信用中介职能，将社会闲置的小额货币资金汇集成巨额资本，将大部分用于消费的货币资本转化为生产建设资本，加速社会生产的增长；通过执行信用中介职能，把短期货币资本转化为长期资本，在盈利性原则的支配下，还可以使资本从效益低的部门向效益高的部门转移，从而优化经济结构。

2. 支付中介

支付中介（pay intermediary）是指商业银行利用活期存款账户，为客户办理各种货币结算、货币收付、货币兑换和转移存款等业务活动。在执行支付中介职能时，商业银行是以企业、团体或个人的货币保管者、出纳或支付代理人的资格出现的。商业银行支付中介职能形成了以它为中心、经济过程中无始无终的支付链条和债权债务关系。

从历史来看，商业银行的支付中介职能先于信用中介职能。最初产生的货币经营企业主要从事货币保管和办理支付，当货币积存量不断增加，货币经营企业为求盈利而放款时，信用中介职能才产生。但从发展过程来看，支付中介职能也有赖于信用中介职能的发展，因为只有在客户有存款的基础上，商业银行才能办理支付，所以，二者相互推进，共同构成了商业银行信贷资金的整体运动。

课堂互动

在什么情况下，商业银行执行的是支付中介的职能？举例说明。

3. 信用创造

信用创造（credit creation）是商业银行的特殊职能，它是在信用中介和支付中介职能的基础上产生的。信用创造是指商业银行利用其吸收活期存款的有利条件，通过发放贷款、从事投资业务而衍生出更多的存款，从而扩大货币供应量。商业银行的信用创造包括两层意思：一是指信用工具的创造，如银行券或存款货币；二是指信用量的创造。信用工具的创造是信用量创造的前提，信用量的创造是信用工具创造的基础。

商业银行通过吸收各种存款，并通过资金运用，把款项贷给工商企业，在支票流通和转账的基础上，贷款转化为新的存款，在这种新的存款不提现或不完全提现的条件下，又可用于发放贷款，贷款又会形成新的存款。在整个银行体系中，除了开始吸收的存款为原始存款外，其余都是商业银行贷款创造出来的派生存款。

必须指出的是，整个信用创造过程是中央银行和商业银行共同完成的，中央银行运用创造货币的权力调控货币供应量，而具体经济过程中的货币派生又是在各商业银行体系内形成的。商业银行通过创造流通工具和支付手段，可节约现金使用，节约流通费用，同时又满足社会经济发展对流通和支付手段的需要。

4. 金融服务

现代化的社会经济生活和企业经营环境的日益复杂，使银行间的业务竞争日趋激烈，从各方面对商业银行提出了金融服务的新要求。而商业银行联系面广，信息灵通，特别是电子计算机的广泛应用，使商业银行具备了为客户提供更好的金融服务的技术条件。社会化大生产和货币流通专业化程度的提高，又使企业将一些原本属于自己的货币业务转交给商业银行代为办理，如发工资、代理支付费用等。因此，在现代经济生活中，金融服务已成为商业银行的重要职能。

 实训任务

市场调研：

调研下你所了解的商业银行（至少 3 家），比较各自的特色及优势，哪家是你最熟悉的，为什么？

任务二　熟悉商业银行的业务

尽管各国商业银行的名称、组织形式、经营内容和重点各异，但就其经营的主要业务来说，一般均分为负债业务、资产业务以及中间业务。

一、负债业务

商业银行的负债业务（liability business）是指形成其资金来源的业务。商业银行的全部资金来源包括自有资本和对外负债两部分。银行自有资本占整个负债的比重低，对外负债的规模大体决定了资产业务的规模以及获取利润的能力。

1. 自有资本

商业银行的自有资本是银行得以成立和发展的前提与基础。银行作为具有较强外部性的特殊企业，各国都采取高额注册资本金要求的方式来提高该行业的准入门槛。自有资本金显示了银行实力，有利于增强客户对银行的信心；同时，资本金也是银行自身吸收外来资金的基础，是银行抵御损失风险的最后屏障。

关于自有资本的构成，《巴塞尔协议》对股份制商业银行有明确的规定。该协议将自有资本划分为核心资本和附属资本两大类：

（1）核心资本，包括股本和公开储备，其中股本包括普通股和优先股。公开储备是指通过保留盈余或其他盈余的方式在资产负债表上明确反映的储备，如股票发行溢价、未分配利润和公积金等。

（2）附属资本，包括未公开储备、重估储备、普通准备金、混合资本工具，例如，可转换债券工具、永久性债务工具以及长期附属债务等。

《巴塞尔协议》的核心思想就是，商业银行的最低资本额由银行资产结构的风险程度所决定，资产风险越大，要求的最低资本额越高；银行最低资本额为银行风险资产的 8%，其中核心资本不能低于风险资产的 4%。

课堂互动

商业银行与一般企业相比，自有资本占比孰高孰低？这意味着什么呢？

理解资产损失准备金

在次贷危机愈演愈烈的情况下，你或许已经多次从新闻中得知商业银行正在大规模地增加资产损失准备金，这可能会给你带来一些模糊的认识，这里说到的"准备金"和资产负债表中资产项下的"准备金"是一回事吗？答案是否定的，资产损失准备金是银行负债项下银行资本中的组成部分。

当预计商业银行的资产面临比较确定的损失时，银行可以将相应数额的资金从收益中提出，记入贷款损失准备金账户，待损失既成事实，直接用准备金进行冲抵。

银行之所以在坏账被勾销之前就将它记入贷款损失准备金账上，是因为对银行来说当收入较高时计提准备金总比在形成损失、收入锐减时弥补亏损要从容很多。另外，增加贷款损失准备金可以减少报告收入，从而减少银行必须缴纳的税收，而且也是一条向银行股东、存款人以及管理者通报银行未来的可能损失的途径。

资料来源：宋羽. 金融学教程　理论与实训［M］. 上海：复旦大学出版社，2010：163.

2. 存款类负债

存款（deposit）是商业银行的主要负债和经常性的资金来源。传统上，存款可以分为活期存款、定期存款和储蓄存款三大类。活期存款是那些可以由存户随时存取、使用支票进行转账结算的存款，又称支票存款；储蓄存款一般是个人为积蓄货币和取得利息收入而开立的存款账户，一般不能签发支票，包括活期、定期等不同种类。定期存款是指存款人在银行存款时要约定存款期限，到期存款户才能提取存款。商业银行最突出的特点是经营活期存款。

西方商业银行的存款工具

近年来，西方商业银行为了适应激烈的竞争，创新了许多新的存款工具，既为客户提供了更多的选择，也扩大了自身的资金来源。代表性的存款工具有：

（1）可转让支付命令账户（NOWs）。这是一种针对个人和非营利机构开立的计息支票账户，又称付息的活期存款。它以支付命令书取代了支票，实际上是一种不使用支票的支票账户。客户可随时开出支付命令书，或直接提现，或直接向第三者支付其存款余额以及利息收入。

（2）可转让定期存单（CDs）。这是一种针对机构投资者，具有固定期限和固定利率，可在市场上转让的银行存单，是商业银行脱媒现象的产物。可转让定期存单面额较大，从10万~100万美元不等，利率一般高于同期储蓄存款，而且可随时在二级市场变现。

（3）货币市场存款账户（MMDA）。其性质介于储蓄存款和活期存款之间，主要特点是：①有2500美元的最低限额；②没有利率上限，其存款利息是以公布的每日利率为基础随时计算的；③10万美元的存款额可得到联邦存款保险公司的保险；④存款者每月可办理 6 次自动转账或电话转账；⑤对存款不规定最低期限，但银行有要求客户提款时应提前 7 天通知的权利。

（4）自动转账服务账户（ATS）。储户同时在银行开立储蓄和活期存款两个账户。后者的余额始终保持 1 美元，其余额转入储蓄账户可获得利息收入。当银行收到存款人开出的支票付款时，可将支付款项从储蓄账户转到活期存款账户上进行自动转账。按规定 ATS 要缴纳存款准备金，储户对于银行提供的这一服务也要支付一定的服务费。

（5）特种储蓄存款。这是银行针对客户的某种特殊需求而设计的存款创新工具，其品种包括养老金储蓄、存贷结合储蓄、旅游账户、教育账户、假期账户、宠物账户等，是适应不同客户的个性化需求而产生的。

资料来源：朱福兴. 货币银行学 ［M］. 南京：南京大学出版社，2015：103.

3. 借入类负债

商业银行在自有资金和存款不能满足其需要时，就可考虑通过借入资金的方式来融资。主要途径有：

（1）向中央银行的贴现或借款。一般情况下，商业银行向中央银行借款的目的在于缓解本身资金暂时不足、流动性危机等情况，而非用来放贷盈利。

（2）银行同业拆借（interbank offered credit）。它是指银行相互之间的资金融通，主要目的是缓解临时资金周转困境，期限一般较短，有的只是今日借明日还。利率水平较低。拆借方式一般通过各银行在中央银行的存款账户进行。

（3）向国际金融市场借款。商业银行在国际货币市场上可通过吸收存款，发行 CDs，发行商业票据、银行债券等方式获取资金。

（4）结算过程中短期资金的占用。商业银行在为客户办理转账结算等业务中可以占用客户的资金。

（5）发行金融债券（financial bond）。作为商业银行典型的主动负债方式，其规模和信誉会直接影响公开市场上融资的价格。

二、资产业务

商业银行的资产业务（assets business）就是将其负债业务聚集起来的货币资金加以运用的业务，是商业银行取得收益的重要渠道。具体业务有现金资产、贷款、贴现、证券投资。

1. 现金资产

现金资产（cash assets）是商业银行资产中最具流动性而盈利性低的部分，属于一级储备资产。银行管理从本质上就是解决利润最大化与资产流动性之间的矛盾，现金资产是直接满足流动性需求的资产，对银行的正常运转至关重要。现金资产包括库存现金、央行存款、存放同业资金以及托收中现金。随着银行管理水平的提高，现金资产在资产业务中的比例趋于缩小。

课堂互动

商业银行在资金运用时，为什么必须先保留一定量的现金资产，然后才能进行贷款或者投资类的业务？现金资产是不是保留得越多越好？

2. 贷款

贷款（loan）是商业银行作为贷款人，按照一定的贷款原则和政策，以还本付息为条件，将一定数量的货币资金提供给借款人使用的一种借贷行为。贷款是商业银行最大的资产业务，大致要占其全部资产业务的60%左右。

按照不同的分类标准，商业银行贷款有以下几种分类方法：①按贷款期限划分，可分为活期贷款、定期贷款和透支三类；②按照贷款的保障条件分类，可分为信用放款、担保放款和票据贴现；③按贷款用途划分，则比较复杂，若按行业划分有工业贷款、商业贷款、农业贷款、科技贷款和消费贷款，若按具体用途划分又有流动资金贷款和固定资金贷款；④按贷款的偿还方式划分，可分为一次性偿还贷款和分期偿还贷款；⑤按贷款风险度划分有正常贷款、关注贷款、次级贷款、可疑贷款和损失贷款。

贷款五级分类法

按贷款风险度的分类方法是我国在借鉴美国经验的基础上，结合我国国情制定的。1998年5月后执行的《贷款分类指导原则》中对风险不同的五级贷款作了具体规定：①正常贷款，借款人能够履行合同，有充分把握按时足额偿还本息；②关注贷款，尽管借款人目前有能力偿还贷款本息，但是存在一些可能对偿还产生不利影响的因素；③次级贷款，借款人的还款能力出现了明显的问题，依靠其正常经营收入已无法保证足额偿还本息；④可疑贷款，借款人无法足额偿还本息，即使执行抵押或担保，也肯定要造成一部分损失；⑤损失贷款，在采取所有可能的措施和一切必要的法律程序之后，本息仍然无法收回，或只能收回极少部分。这种贷款风险分类的意义在于：根据所能获得的全部信息，包括贷款风险的信息，判断扣除风险损失后的贷款当前价值，该价值和原账面价值的差额，就是对该贷款所面对的信用风险的度量。为了弥补和抵御已经识别的信用风险，银行应该计提专项呆账准备金。

资料来源：《贷款分类指导原则》（1998年制定）。

3. 贴现

贴现（discount）也叫贴现贷款，是银行买进尚未到付款日期的票据。贴现是西方商业银行早期最重要的资产业务。其计算公式为：

$$贴现付款额 = 票据金额 \times (1 - 年贴现率 \times 未到期天数 / 360)$$

贴现业务形式上是票据的买卖，但实际上是信用业务。票据所反映的是载明的支付人对持票人负债：在票据未贴现前，对持有票据的客户负债；贴现后则对购入票据的银行负债。票据贴现实际上是银行以这种方式间接地贷款给票据金额的支付人。

4. 证券投资

证券投资（portfolio investment）是指银行购买有价证券的业务。由于有价证券的流动性较强，兼有一定的盈利性，商业银行常将其归为"二级储备资产"。

银行购买的有价证券包括债券和股票，债券又包括国库券、公债券和公司债券。目前各国商业银行的投资主要用于购买政府债券和一些评级较高的公司债券。各国一般多加限制股票的购买，这一方面是为了限制银行对企业的控制，防止出现垄断；另一方面也是为了防止商业银行投资风险过大。在混业经营的国家，一般对商业银行投资股票会有一些具体数量上的限定，而在分业经营的国家更是严格限制银行涉足证券买卖和持有股票。我国《商业银行法》明确规定，商业银行不得从事境内信托投资和股票业务。

三、中间业务

依据中国人民银行 2001 年 7 月 4 日颁布的《商业银行中间业务暂行规定》，中间业务（middleman business）是指不构成商业银行表内资产、表内负债，形成银行非利息收入的业务，即能为商业银行带来货币收入，却不直接列入银行资产负债表内的业务。在西方商业银行的业务框架中，与我国中间业务概念相对应的是表外业务。

根据《巴塞尔协议》的有关规定，商业银行所经营的中间业务主要有两种类型：一是或有资产/负债，即狭义的中间业务；二是金融服务类业务。

（1）或有资产/负债的中间业务主要包括：①担保和类似的或有负债，如担保、备用信用证、跟单信用证、承兑票据等，这类中间业务有一个共同的特征，就是由银行向客户的现行债务提供担保，并且承担风险。②贷款承诺，包括不可撤销的承诺和可撤销的承诺，前者指在任何情况下，即使潜在借款者的信用质量下降或完全恶化的条件下，银行也必须履行事先允诺的义务；后者指在某种情况下，特别是在潜在借款者的信用质量下降或完全恶化的条件下，银行可以收回原先允诺的义务，而不会受到任何金融方面的制裁或惩罚。③金融衍生工具，主要指 20 世纪 80 年代以来与利率或汇率有关的创新金融工具，主要有金融期货、期权、互换和远期利率协议等工具。

（2）金融服务类中间业务主要包括：①信息咨询业务，如资产评估业务、财务顾问业务等；②进出口服务业务，如各类汇兑业务、出口托收及进口代收等；③代理服务业务，如代理发行、承销、兑付各类证券业务等；④其他中间业务，如保管箱业务等。

 **实训任务**

知识运用：

题目：用表格的形式总结概括我国商业银行的主要业务内容。

要求：查找 2 家以上大中型商业银行业务的有关资料，并按照负债业务、资产业务、中间业务进行分类。

任务三 学习商业银行的经营管理

一、商业银行业务经营的原则

(一) 安全性原则

安全性是与风险相对而言的,即指商业银行的资产、收入、信誉以及所有经营生存发展条件免遭损失的可靠程度。

银行的特点决定了其恪守安全性原则极为重要:首先,银行经营的商品是货币资金,无论宏观到整个社会还是微观到个人对其运行的安全性都十分敏感;其次,银行属典型的负债经营,其运营资金主要依赖外部借入,且资本金比较少,所以银行经不起较大的损失,银行的破产倒闭往往不是因为不能盈利,而是因为安全性遭到破坏。

对银行安全性的威胁主要来自资金运行中存在的各种风险,而风险和收益的正比关系又决定了无风险则意味着无收益。因此,银行永远要在风险和收益间求取平衡,通过准确地度量风险、适度地承担风险、有效地转移风险、尽力地分散和化解风险来保障银行资金运作的安全性,同时兼顾资金营运的收益性。

(二) 流动性原则

流动性是指商业银行在需要资金时通过主动负债迅速获取可用资金的能力,以及资产在无损失的情况下迅速变现的能力。可见银行的流动性体现在资产和负债两个方面:资产的流动性是指银行持有的资产能够随时得以偿付或在不贬值的条件下及时变现;负债的流动性是指银行能够轻易地以较低成本随时获得所需要的资金。

商业银行之所以以流动性作为经营管理的原则之一,是因为与其他企业相比,银行资金的流动性更加频繁,现金资产的收支规模更大、频率更快,且收支时间更难预测,因此越发需要随时保留一定数量的现金准备和流动性较强的资产准备,以保持充足的流动性。

(三) 盈利性原则

商业银行的企业属性决定了其业务运行的最终目标是赚取利润,银行能否盈利既关系到其生存和发展,也构成了其从事各项业务活动的动因。

银行盈利是贷款利息收入、投资收入及各种服务收入,扣除付给存款人的利息、银行自身运营成本和费用后的差额。

银行盈利的增加可以通过增收和节支两个方面来实现:增收的渠道包括扩大贷款数量,提高贷款利率,增加中间业务收费收入等,其中,增加中间业务收费收入是现代商业银行获取盈利的首选方式或主要途径;节支的手段包括降低负债的利率水平,降低各种管理费用，减少非经营性支出等。

"安全性、流动性、盈利性"是商业银行在经营过程中必须时刻注意并严格遵循的原则。从根本上讲，这三条原则是统一的，它们的存在，共同保证了商业银行经营活动的正常而有序的进行；但从三者的一一对应关系看，它们之间又存在一定的矛盾性。一般来说，流动性与安全性成正比，流动性越强，风险越小，安全就越有保障；然而，流动性、安全性与盈利性成反比，流动性越强，安全性越好，银行盈利水平就会越低，反之亦然。作为银行家就是要面对这样的现实，以协调这三者之间的关系作为工作的核心，在狭小的操作空间内使它们之间达到一个最佳的组合状态。

课堂互动

试举例说明安全性、流动性、盈利性三者的关系。

二、商业银行管理的基本内容

（一）商业银行资产管理

商业银行的资产管理（assets management）就是在资金运用领域兼顾"安全性、流动性、盈利性"三项原则，在保证安全性和流动性的前提下，力求通过资产的选择和结构的安排实现收益的最大化。它要求商业银行积极挖掘高质量的借款客户，以此降低贷款的违约率；在金融市场上不断寻找满足银行投资条件的优质证券，并通过资产的多样化"避其风险、求得收益，并兼顾流动性"的要求。根据商业银行各项主要资产的特性，将其管理要点归纳如下。

1. 现金资产

在银行资产负债表上列出的第一个资产项目往往是现金资产，它既是银行防备提存的第一道防线，也是银行应付客户临时贷款的首要资金来源。现金资产最重要的特征就是流动性最强而收益率为零。因此从提供充足流动性的角度看，现金资产越多越好，而从收益的角度看其规模则应尽可能降到低点，在这样的条件下寻求适度的现金库存规模便是现金资产管理的要点所在。

2. 贷款项目

贷款是资产负债表中最大的资产项目。就商业银行资产管理而言，首先，要选择安全性较好的贷款项目，并在期限搭配上与存款项目统筹考虑；其次，要为未来的贷款损失设立准备金。此笔准备金来自银行收入，形成专门的坏账准备金账户，待贷款损失一经形成，便可从该账户冲减坏账金额，同时从资产账户的贷款总额中减去同等金额。

3. 证券投资

证券投资是商业银行最容易把握流动性和收益性的资产项目。在一般情况下短期优质债券往往是补充流动性的第二道防线，而长期的优质证券资产则是取得较好收益的重要途径，所以证券资产的管理重点就在于形成合理的投资结构，使投资于证券的资产既能提供流动性的补充，又能创造较高的收益。

（二）商业银行负债管理

负债管理理论（liability management）是在金融创新中发展起来的理论。在 20 世纪 60 年代以前，商业银行疏于进行负债管理的原因有以下两个：

（1）活期存款在存款中所占比重较大，而根据当时的法律规定，活期存款是不支付利息的，因此，商业银行无法利用利率手段吸引客户，负债的经营和管理表现出很大的局限性。

（2）当时的银行间拆借市场很不发达，使商业银行缺少主动负债的渠道。

随着上述两个条件的改变，银行业竞争日趋加剧，如何增加资金来源渠道，改变过分依赖存款负债补充资金的局面，逐渐成为商业银行经营管理的重点。特别是在西方各国对商业银行利率上限严格控制，而同时金融市场利率不断上升，使大量资金流入货币市场，对银行资金来源造成了很大的冲击的情况下，银行不得不调整负债管理策略，加快金融创新的步伐，从多种渠道主动负债，积极筹措资金。

一方面，商业银行可以变被动等待存款为主动发行可转让存单来灵活地取得资金来源，通过负债业务的创新，绕过活期存款利率的管制，拓宽主动负债的渠道。

另一方面，充分利用逐步发展起来的同业拆借市场，灵活地、及时地、低成本地融入所需要的资金，从而重新布局银行的负债结构。

这样，商业银行保持一定的流动性就没有必要依赖资产项下的高流动性的资产的准备，而尽可能地将其投入有盈利的贷款项目中去。

负债管理改变了银行的经营方针，使银行由以内源调整资产结构的方式转变为以外源积极创造负债的方式来满足流动性的需求，为银行经营管理拓宽了思路，改变了旧有的保守和过于稳健的经营思想。由于对负债进行主动管理，就可以根据资产的需要来调整或组织负债，让负债去适应或支持资产扩张，这就为银行扩大业务规模和范围创造了条件，为银行加强经营管理、保证流动性提供了新的方法，较好地解决了流动性与盈利性之间的矛盾，增强了银行的市场竞争力。

（三）资本金和资本充足性管理

商业银行资本金的作用表现为以下两个方面：

（1）用来防范银行倒闭，从而保护存款人和一般债权人不受损失。

（2）影响银行股东的收益。

银行究竟需要多少资本？没有办法精准量化，但可以把握以下两点：

（1）资本金越高，银行承受倒闭风险的能力就越强，也就是说，当银行面临经营困境时，如果资本金占资产的比例较高，便可以以资本金作为缓冲，覆盖风险资产，将损失吸收掉。

（2）判断一家商业银行抵御风险和稳健经营的能力，只凭资本金规模的大小是不够的，必须同时考虑该银行的资产负债结构是否合理。

（四）商业银行的流动性管理

商业银行的流动性是指商业银行满足存款人提取现金、支付到期债务和借款人正常贷款需求的能力。流动性管理意味着商业银行在经营活动中要保持足够高质量的流动性资产和灵活多样的主动负债手段，在不损失价值和低成本的前提下随时变现资产或增加负债，以满足存款人提取现金、支付到期债务和借款者正常贷款的需要，避免因流动性不足而引起的支付危机。从资金运用的角度看，由于流动性强的资产收益率很低，持有过量会影响银行的收益水平，因此流动性管理的实质在于保持适度的流动资产规模，进而寻求流动性与收益性的最佳均衡点。

更为全面地考察商业银行的流动性管理，还必须分别从存量和流量两个方面进行分析。从存量角度来看，要求银行必须保留适量的流动性资产，且在数量、期限上要与预期的流动性需要相匹配。从流量角度来看，资金的流动性可以通过银行的各种资金流入来获得，这就意味着商业银行还应具有迅速从其他渠道筹措资金的能力。

由此可见，商业银行流动性管理的目标就是：适度控制存量，适时调节流量。前者主要考虑静态的资金成本与收益之间的均衡问题，后者主要考虑通过对头寸动态的及时调度，随时保证资金存量的相对平衡。

商业银行是一座资金池，它通过吸收存款、借入资金，取得各种非存款业务收入以及贷款的到期收回、卖出证券、出售银行资产等形成资金收入，增加池内"水"的存量；通过贷款投放、存款提取、借款归还、同业的拆出以及利息和其他支出的增加等减少池内"水"的存量。前者构成了银行流动性供给，后者引致了银行流动性需求。

银行的流动性问题既有可能产生于银行内部，即由于资金流动性供给不充分、不及时所导致，也有可能产生于银行外部，即因为客户的流动资金储备不足，以集中地、大量地提取存款或向银行贷款予以弥补，从而给银行带来流动性压力，甚至导致银行的流动性危机。一般情况下后者出现的频次较高，也就是说，银行的流动性问题多源于外部，这就要求银行必须时刻关注流动性需求状况，通过调整流动性供给，处理流动性不足的问题，其具体操作方法可以分别从资产的变现和负债的追加两方面展开。

1. 源于资产变现的流动性解决方案

方案 1：保持一定比例的现金资产，随时应付各种提款的需要。需要注意的是现金资产必须保持适当的比例，过少，不能满足流动性需要；过多，又会影响银行的资金收益。

方案 2：出售有价证券。当面临存款者的取款需求时，银行可以在公开市场上出售有价证券，以弥补资金供给的不足。这种补充流动性的方式只调整银行的资产结构，对负债没有影响。

方案 3：收回贷款。贷款是银行最大的资产项目，如果银行能够成功地通过收回贷款来弥补资金流动性缺口，同样只影响银行的资产结构，对负债没有影响。但是，贷款收回经常会受到多重限制，在银行面临流动性危机时，往往没有恰好到期的贷款与之匹配；如果银行在贷款到期前收回资金，不仅会打乱借款人原来的资金支出计划，而且也会影响银行收益的稳定性。可见通过收回贷款增加资金流动性的方式缺乏银行自由掌控的空间。

方案4：其他资产业务创新方式。主要有贷款合同转让和资产证券化。贷款合同转让或贷款销售是指商业银行把已发放的贷款合同转让给其他银行，从而提前收回贷款、获得资金的业务。贷款合同转让提高了商业银行资产的流动性，有利于缓和资金短缺的矛盾，为商业银行的流动性管理创造了新的手段。同样，利用资产证券化方式，在将各种贷款和应收债权汇集组合、信用加强的基础上，以其为担保发行证券，也可以实现现金回流。通过贷款合同转让或资产证券化等资产业务创新方式补充流动性的不足，既可以低成本的融得现金，又可以改善资产结构，是现代商业银行经常采用的增加流动性的方法。

2. 源于负债追加的流动性解决方案

方案1：向中央银行借入资金。中央银行是银行的银行，是最后的贷款人，中央银行按照确定的利率，在急需资金的时候拆借现金给商业银行。对于银行来说，这是最直接、最便利、最有保证的补充流动性的渠道和方式。

方案2：票据的转贴现和再贴现。即商业银行在需要补充流动性时，可以将所持有的商业票据向其他金融机构转贴现或向中央银行再贴现，这种取得现金的方式在变现力较强的同时风险较小。

方案3：吸收现金存款。通过吸收存款增加外源资金融得现金的方式是银行比较重视的补充流动性的方式，但在运作的过程中存在两个问题：一是吸收存款的主动权不掌握在银行手中，尽管银行可以采取一系列营销手段，但最终在流动性不足时能够将多少现金收归囊中，银行是没有把握的；二是通过吸收存款取得的资金是要提留存款准备金的，这样，就会减少所筹集资金的实际使用额度。

方案4：向同业拆借资金。在中央银行存有超额准备金的商业银行，可随时从其他商业银行拆入资金以补充流动性的不足，从而构成了银行融入现金的基本途径。

方案5：有价证券的回购交易。当需要现金回流时，银行可以将所持有的证券卖出，并同时签订购回协议，这种看似证券买卖，实则借贷的融资方式，既可以在需要时融入资金，又可以保全证券收益，是极具灵活性的融资方式。

方案6：发行大额定期存单。大额定期存单是商业银行主动负债的工具，发行大额存单可使商业银行筹措到一大笔确定期限并可足额使用的资金。大额定期存单在货币市场上具有相当的流动性。

 实训任务

小组讨论：

讨论主题：商业银行稳健经营能力分析。

假设A、B两家商业银行资本的充足性和资产、负债的流动性状况如下表所示。请讨论A，B两家银行抵御风险和稳健经营的能力如何？

资产	A 银行	B 银行	负债和资本	A 银行	B 银行
现金和应付款	140	105	活期存款	245	595
短期政府债券	210	52.5	储蓄存款	140	21
长期政府债券	210	140	定期存款	315	21
贷款	280	542.5	可转让存单	70	98
			资本	70	105
合计	840	840	合计	840	840

讨论步骤：

1. 学生分组讨论，形成各组观点。

2. 以组为单位进行全班交流。

3. 教师对主要观点进行总结、归纳、补充、评价。

讨论成果： 综合资本充足性管理和流动性管理的内容，分析银行稳健运行的条件，并形成书面材料。

任务四　了解中国商业银行的改革

中国银行体系为了适应经济体制改革的需要，不断进行调整，特别值得关注的是我国国有商业银行的股份制改革。

一、中国银行体系的改革历程

自 1978 年以来，随着经济体制改革的深入进行，中国银行体系也不断进行调整和改革。其改革历程大致可分成三个阶段：一是从 20 世纪 80 年代初到 1993 年由大一统银行体系转变为专业银行体制；二是从 1994 年到 2003 年将专业银行转变为国有商业银行；三是 2003 年年底开始的国有商业银行股份制改革。

第一阶段改革的主要内容是打破银行体系政企不分和信用活动过分集中的旧格局，把大一统的银行体系转变为中国人民银行专门行使国家金融管理机关职能，恢复和成立中国农业银行、中国银行、中国工商银行、中国建设银行四大国家专业银行。这种体制的基本特征是：专业银行是国家的银行，是国家的独资企业，国家拥有单一产权。专业银行作为国有资本人格化代表，必须执行国家信贷计划或规模控制，必须保证国家重点建设资金需要，重点支持支柱产业，发放政策性贷款任务；在国家需要的时候，还必须对社会的稳定和发展负责。专业银行体制上有两重性：一方面，它是对高度集权的单一计划经济体制的否定和改革，并在改革旧体制的同时，孕育着新的商业银行体制的要素。正是因为有了专业银行体制，也才有后来从 1987 年起相继恢复和建立的几家全国性或区域性商业银行，如交通银行、中信实业银行（现更名为中信银行）、深圳发展银行、招商银行、广东发展银行和福建兴业银行（现更名为兴业银行）等股份制银行。

另一方面，它由于脱胎于大一统的计划金融体制的母体，又不可避免地带有旧体制的痕迹，内部约束机制不健全、经营效率低下仍是其致命的弱点。因此，这种体制是我国计划经济体制向社会主义市场经济体制转轨中的一种过渡性体制。

第二阶段，针对专业银行体制的弊端，从1993年起，中共十四届三中全会明确提出，国有专业银行要逐步向国有商业银行转变。1994年国务院开始实施这一改革方案。其主要内容是赋予中央银行即中国人民银行独立执行货币政策的职能，中央银行对商业银行的监管主要运用货币政策手段实施间接调控；分离专业银行政策性业务，成立国家开发银行、国家进出口银行、农业发展银行三家政策性银行；现有国有商业银行按照现代商业银行经营机制运行，其经营管理具有一定的独立性。

同时，为了让国有商业银行摆脱历史包袱，轻装上阵，实现国有商业银行的真正商业化经营，1998年国家用2700亿元特别国债来充实四大银行的资本金，又先后成立了信达、华融、长城和东方四家资产管理公司，剥离了四家国有银行的1.4万亿元不良资产。

这次改革在完善国有商业银行的经营管理上做了大量工作，国有商业银行经营的外部环境大为改善。然而，改革并没有达到预期效果，2000年我国四家国有独资商业银行不良贷款剥离了1.4万亿元后，余额为1.35万亿元，但截至2004年年初，按四级分类为1.7万亿元，增加了3500亿元，按五级分类则高达2万亿元，增加了6000多亿元。这表明，这次改革的成效并不明显。原因在于这次改革并没有触及国有银行体制的核心，没有改变不清晰的国有银行产权。国有商业银行国有独资产权模式虽名为国有，但实际上所有权由谁代表并没有解决。这种产权制度安排使得一方面国有银行的所有者缺位或所有权虚置；另一方面国家在国有银行资产上的各种权利得不到切实有效的保护。产权关系不清晰，资本非人格化以及所有权与经营权难以分离，导致我国国有商业银行激励机制不强、约束机制不硬、责权利不明、经营效率和效益低下等，并由此产生了诸多负面效应，如资产质量低下、信贷约束软化、金融资源误配、金融效率不高、金融秩序稳定性差、金融体系不稳健以及各种寻租、设租活动等。

第三阶段是2003年年底开始的国家控股的国有商业银行股份制改革，目的是为了从根本上改善国有商业银行的经营状况，实现国有商业银行从传统体制向现代企业制度的历史性转变。

2003年10月，十六届三中全会明确指出，"选择有条件的国有商业银行实行股份制改造，加快处置不良资产，充实资本金，创造条件上市"。2004年1月6日，国务院决定，选择中国银行、中国建设银行进行股份制改革试点，并动用450亿美元外汇储备，通过新组建的中央汇金投资有限责任公司注资上述两家银行。中央汇金投资有限责任公司股东单位为财政部、中国人民银行和国家外汇管理局，将作为中国银行和中国建设银行的大股东，行使出资人的权利，获得投资回报和分红收益。

二、国有商业银行的股份制改革

2004年以来，国有商业银行股份制改革进展迅速。中国银行股份有限公司、中国建设银行股份有限公司和中国工商银行股份有限公司先后成立，并在中国香港和上海两地先后成功上市。

1. 国有商业银行股份制改革的步骤与模式

从目前实际情况来看，中国银行、中国建设银行和中国工商银行的股份制改革都采取了以下三个阶段：首先是改组为股份有限公司，股东为中央汇金投资有限责任公司、财政部等，实际上只有国家一个股东；其次是引进战略投资者，主要是海外战略投资者，实现股权多元化，完善法人治理结构；最后实现公开上市，筹集资金，成为公众银行和符合现代企业制度要求的真正商业银行。

中国建设银行于 2004 年 9 月 21 日改组为股份有限公司。2005 年 6 月和 9 月，美国银行和新加坡的淡马锡控股分别以 25 亿美元和 14 亿美元购进中国建设银行 9% 的股份和 5.1% 的股份。建设银行在引进战略投资者后不久，同年 10 月 27 日在香港证券交易所公开上市，2007 年 9 月 25 日在上海证券交易所公开上市。

中国银行于 2004 年 8 月 26 日改组为股份有限公司，自此先后引进苏格兰皇家银行、新加坡淡马锡控股、亚洲开发银行、瑞银集团和亚洲开发银行及社保基金等战略投资者，2006 年 6 月 1 日和 2006 年 7 月 5 日分别在中国香港和上海证券交易所公开上市。

中国工商银行于 2005 年 10 月 28 日改制为股份有限公司，2006 年 4 月以 37.8 亿美元的价格增发 241.85 亿股（当时占比 8.89%）引进高盛集团、安联集团和美国运通公司等三家境外战略投资者，2006 年 10 月 27 日在香港和上海同时公开上市。

中国农业银行由于历史包袱沉重，机构人员规模在四大行中最为庞大，经营效率也低于同业水平，因此其股份制改造最为艰难和漫长，经过多年的努力，最终于 2009 年 1 月 15 日改制为中国农业银行股份有限公司。农业银行也已于 2010 年 7 月实现了在上海和中国香港上市。

从国有商业银行上市模式来看，目前都采取整体上市的模式，整体上市是指国有商业银行以其整体资产进行重组，改制为股份制商业银行后整体上市。这一模式符合国际潮流，可以确保国有银行的完整性，上市后透明度高，可以防止关联交易。

2. 国有商业银行股份制改革的目标

首先，公开发行上市有助于提高国有商业银行的资本充足率，提高我国银行核心竞争力。改革前，我国的国有独资商业银行不良资产包袱仍然存在，资本充足率还不是很高，盈利能力差，不能适应银行业发展的需要。这不仅影响到我国国有商业银行的健康发展，还会加大金融风险，加快隐藏的金融问题的爆发，进而危及国民经济的健康发展。股改上市可以筹集到更多的资金，进而通过完善内部管理体制，推进人事和激励、约束机制改革，积极调整信贷结构，资产的质量和盈利水平就会得到进一步的改善，不良资产率就会控制在安全范围内。因此，通过股份制改革和公开上市融资，不仅有助于提高我国银行资本充足率，而且可以提高我国银行竞争力，维护金融稳定，充分发挥国有商业银行在国民经济中的重要作用。

其次，四大国有商业银行进行股份制改革的目的不仅仅在于实现上市，更重要的是通过股份制改革上市实现产权明晰，完善法人治理结构，建立现代银行制度。改革前，我国国有商业银行产权不明晰，法人治理结构不完善，是我国国有商业银行诸多问题的核心，也是我国决心对国有商业银行进行股份制改革的最主要原因。要把国有商业银行办成真正的股份制的现代商业银行，就必须在国有商业银行建立以"产权明晰、权责分明、政企分开、管理科学"为基本特征的现代金融企业制度。只有股改上市，引进战略投资者，形成数量众多的公众投资者，才能真正实现股权多元化，组成多元的股东大会，选举产生互相制衡的董事会、监事会和高管层。同时，上市后增大了透明度，提高了公众监督的力度，国有商业银行必须满足上市公司信息披露的要求，上市为真正的公众监督创造了条件。因此，从更实质的意义看，只有通过股份制改革和公开上市，通过施加足够的外部压力，才有可能真正建立和完善公司治理结构，切实切断机关化运行机制，保证国有商业银行改革成功；适应银行高级管理人员职业化的趋势，大力发展经理市场，促进银行管理人员之间的充分竞争，真正实现银行管理的职业化；强化资本市场的作用，努力发挥资本市场对于商业银行的约束作用；强化独立和外部审计机构的作用，加强对商业银行的审计监督；完善有关法律制度，对商业银行进行严格的法律约束。

再次，国有商业银行通过公开发行上市有助于健全银行风险管理体系，降低金融风险。国有商业银行处理历史遗留不良贷款以后，面临新的挑战就是如何防止新增不良贷款。目前的风险管理流程仍然存在许多弊端，公开上市后通过完善法人治理结构，重塑风险管理体制，通过董事会、专业委员会、行长的相互制约，有助于降低不良资产的发生率。对传统的风险识别评价决策与检测方法进行改造和提升，引进更多的量化的风险管理工具，实现全额的风险计量和控制。风险管理需要与银行整体改制联动，要改革风险管理机制，逐步由被动、静态的传统管理模式，向积极的、动态的现代管理模式转变，要学习利用多种多样的方式和工具转移和分散风险，更好地服务于长远的业务发展。

最后，国有商业银行股份制改革需要保持国家对金融的绝对控制，这是保障国家经济主权的基础。金融是经济的核心，同时也是国民经济的命脉。国有商业银行引进海外战略投资者之后，就产生了控制权方面的问题。海外战略投资者会有进入董事会的要求，从正面的角度看，可以起到完善法人治理结构，改善管理理念与方式，实现董事会相互制衡，开拓银行经营的国际视野等，这也是国有商业银行股改的目的；然而，从国际经验来看，在外资对银行的股权并购中，一旦出现具有强烈投机色彩的短期资本和各类投资基金，很容易引发东道国银行业的不稳定性。韩国曾发生过这种情况。一些外资控股的银行为追求眼前利益，缩减这些银行的公司金融部门，增加低风险、高收益的消费信贷，导致支撑韩国经济发展的微观基础——企业信贷规模缩减，影响韩国经济的长远发展后劲。同时，考虑到我国经济发展所处的阶段、市场机制完善程度以及与其他制度安排的相容性等因素，对于关系国民经济命脉的国有商业银行股权结构应当保持国家绝对控股的地位。从银监会 2003 年 12 月发布的《境外金融机构投资入股中资金融机构的管理办法》来看，境外金融机构向中资银行入股的比例已从 15% 提高到 20%、总体入股比例从 20% 提高到 25%，但总体上，外资还不可能控股。

 实训任务

小组讨论:

分组讨论下我国国有商业银行股份制改革的意义。

本项目提要:

1. 商业银行是特殊的金融企业,其职能有:信用中介、支付中介、信用创造、金融服务。

2. 商业银行经营的主要业务分为负债业务、资产业务以及中间业务。商业银行的负债业务主要包括自由资本、吸收存款和借款,其中,以吸收存款为主。资产业务是银行获取收益的主要途径,主要包括现金资产、贷款、证券投资和贴现。

3. 商业银行的经营原则是安全性、流动性和盈利性原则。三者是辩证统一的关系。

4. 商业银行的经营管理内容包括:资产管理、负债管理、资本金管理和流动性管理等,其核心是流动性管理。

本项目学习效果评价

一、尝试回答以下问题

1. 简述商业银行的性质与职能
2. 简述商业银行的主要资产业务与负债业务。
3. 商业银行的经营原则是什么?
4. 试述商业银行负债管理的发展脉络。
5. 试述商业银行流动性管理的方法。

二、案例分析

考察甲银行和乙银行,回答下列问题:

甲行 　　　　　　　　　　　　　　　　　　　　单位:百万元

资产		负债	
现金资产	10	活期存款	80
短期债券	5	储蓄存款	15
长期债券	25	小额定期存款	5
贷款	70	资本账户	10
总资产	110	总负债和资本账户	110

乙行 　　　　　　　　　　　　　　　　　　　　单位:百万元

资产		负债	
现金资产	20	活期存款	30
短期债券	25	储蓄存款	20
长期债券	25	小额定期存款	50
贷款	35	资本账户	5
总资产	105	总负债和资本账户	105

请同学们思考并分析：

1. 计算甲乙两行的资本与总资产的比率。

2. 综合流动性管理内容，分析哪个银行表现出较高的流动性结构。

3. 随着时间推移，哪个银行存款和准备金将表现更大的波动，为什么？

4. 监管当局会更关注哪个银行？

项目六 揭示中央银行

学习目标 >>> >>>

通过本项目的学习，使学生掌握中央银行的性质和职能；掌握中央银行的主要业务；掌握中央银行的货币政策工具及其运用。

项目导言 >>> >>>

中央银行是现代金融体系的重要构成部分，是一国政府对经济发展进行宏观调控的重要部门。现代信用货币制度条件下，中央银行是掌管货币发行与流通管理的机构，是决定货币供给的重要机构。中央银行是一国货币政策制定和实施的重要部门，利用对货币供给的决定与影响、对主导利率的确定、对金融机构资金来源的影响、对金融机构信贷活动的干预、对市场利率和汇率变动的影响，辅助实现国家宏观经济发展目标，包括国内经济稳定发展和对外经济均衡发展。中央银行是进行金融监管的重要机构，对实现一国金融稳定具有重要作用。

案例导入 >>> >>>

英格兰银行的产生与发展

英格兰银行成立于 1694 年，其发展大体上可分为三个时期：第一个时期，即从它的建立到 19 世纪 70 年代以前，是英格兰银行逐渐完成从经营商业银行业务的大银行向中央银行的过渡。1834 年，英国爆发第二次经济危机后，英格兰银行由于自己的资金力量雄厚，从而未受大的影响，从此在英国开始扮演"最后贷款人"的角色。第二个时期，即从 19 世纪 70 年代起到第二次世界大战期间。这个时期，英格兰银行是独立于政府的中央银行。1929~1933 年，资本主义世界的经济大危机结束了资本主义各国经济和货币流通相对稳定的局面，金本位制崩溃了，代之以不兑现的纸币流通制度，英格兰银行成为英国纸币的唯一发行者。第三个时期，即第二次世界大战结束后至今。1946年英国国会通过了新的英格兰银行法，工党政府以超过英格兰银行原有股票名义价值三倍的国家债券将它收归国有，并明确规定它是英国的中央银行。从此，英格兰银行就成为英国的国家银行，成为英国政府的一个重要机构。

资料来源：方泉. 英格兰银行——英国的中央银行 [J]. 中国金融，1985（3）：50–51.

上面的案例描述了英格兰银行的产生背景和成长过程。从这个案例中，其实我们已经可以看到中央银行的部分职能内容及其演变，如"最后贷款人"；中央银行与政府的关系界定等。本项目的内容也主要是围绕中央银行这样的方方面面来展开的。

任务一 了解中央银行的产生和发展

中央银行机构的出现及相应的中央银行制度的形成，并不是人为的主观臆造，而是一种历史发展的产物。通过对中央银行制度的历史考查可以发现，中央银行的产生是商品经济、货币信用制度及银行体系发展到一定阶段的必然结果。

一、中央银行产生的必要性

中央银行（central bank），是指专门从事货币发行、专门办理对一般银行的业务以及专门执行国家货币政策的银行。中央银行是银行业发展到一定阶段之后的产物。具体说来，它的产生是适应了以下几方面需求的结果。

（一）统一银行券发行的需要

在金本位制下，为了便利流通和节省流通费用，商业银行大多发行各自的银行券代替铸币流通。最初，几乎每家银行都拥有银行券发行权，市场上流通的银行券五花八门，这种由众多银行分散发行银行券的局面逐步暴露出其严重的缺点：①不利于保证货币流通的稳定。为数众多的中小银行信用实力薄弱，其发行的银行券常常不能兑现，某些"野猫银行"（wild cat bank）则有意设在遥远地区，使人们难以向其兑现。尤其在危机时期，不能兑现的情况非常普遍，从而容易使货币流通陷入混乱局面。②不利于商品流通范围的进一步扩大。众多分散的小银行，其信用活动领域有着地区限制，它们所发行的银行券只能在有限的地区内流通，从而限制了商品跨地区流通。

（二）统一全国票据清算的需要

随着银行业务不断扩大，银行每天收受票据的数量日益增多，各银行之间的债权债务关系错综复杂。在银行业的发展初期，银行间的往来与票据交换往往是单独进行的，没有统一的清算系统，效率低下，而且极不安全。于是，出现了新的票据交换和清算制度。刚开始时是银行的收款人员自发地聚集在某一固定的地点，交换手中所持有的由对方付款的票据，并相互结清差额。在此基础上，1773 年英国伦敦成立了世界上最早的票据交换所，即集中办理同城或同一区域内各银行间应收应付票据的交换和资金清算的场所。银行早期的票据交换所虽然对清算效率的提高发挥了极为重要的作用，但一般仅局限于同城内的票据清算，而且结算后的差额仍须以现金（金属货币）清偿，不方便之处依然存在。因此，客观上需要有一个更权威的、全国性的、统一的清算中心。中央银行建立起来后，这一职责非常自然地就由有政府背景的中央银行承担起来。因为，现代商业银行都在中央银行开立了账户，中央银行就可以通过银行账户为商业银行提供便利的票据清算了。

（三）最后贷款人角色的需要

最后贷款人，是指在商业银行发生资金困难而无法从其他银行或金融市场筹措时，中央银行对其提供资金支持的功能。

在经济发展的过程中，随着工商企业对银行贷款的需求不断增长，银行的贷款规模也随之扩大。当银行的贷款不能按期收回，或者受经济周期波动的影响而陷入资金周转困境时，银行往往陷入流动性不足的局面，严重时甚至会发生存款人挤兑现象，很多银行因无法应对流动性危机而破产倒闭。这既不利于经济发展，也不利于社会稳定。因此，客观上需要一家权威性机构适当集中各商业银行的存款准备金作为后盾，在必要时为商业银行提供货币资金，发挥最后贷款人的角色，也即流动性支持，这一机构就是中央银行。

经济危机中的美联储

自 1929 年起，美国经历了四年的大萧条。此次经济萧条以农产品价格下跌为先导，接着 1929 年 10 月发生了闻名世界的华尔街股市暴跌，金融业的核心——银行普遍遭遇挤兑，大量银行倒闭。面对这一严酷局面，美联储理应采取应对措施，发挥其"最后贷款人"的作用以拯救危机中的银行。可事实是美联储完全没有反应。

根据经济学家弗里德曼等人的报告，美联储无动于衷的主要原因是其官员没有理解银行倒闭对货币供给和经济的负面影响，甚至认为"银行倒闭是其经营管理不善的结果，或是对以前过度投机不可避免的反应，或是在这一过程中金融和经济崩溃的后果，但绝不是金融和经济崩溃的原因"。弗里德曼等同时还指出，政治斗争也可能在美联储的消极表现中发挥了重要的作用。1928 年以前，在美联储体系中占支配地位的纽约联邦储备银行，强烈鼓吹积极的公开市场购买计划，以便在银行恐慌期间向银行体系提供储备。但是美国联邦储备体系中的其他势力集团反对纽约银行的提议，结果该提议被否决。

该案例告诉人们，中央银行在整个金融体系及国民经济运行乃至宏观调控中具有重要的职责与作用。

资料来源：赵何敏，黄明皓. 中央银行学［M］. 北京：清华大学出版社，2012：340.

（四）金融宏观调控的需要

银行业经营竞争激烈，很多银行由于经营不善而在竞争中破产倒闭。银行的破产倒闭会给经济造成极大的震动和破坏。为了建立公平、有效和稳定的银行经营秩序，尽可能避免和减少银行的破产和倒闭，政府需要对金融业进行监督管理。而政府对金融业直接施与行政干预既是不经济的，也不具备相应的技术手段和操作工具，因此，客观上需要有一个能代表政府意志、与商业银行有业务联系、能够运用经济手段制约银行业务的金融机构专司金融业管理、监督、协调等工作，这一机构就是中央银行。中央银行是最早承担起金融监管职责的机构，也是目前绝大多数国家金融监管的最主要机构，在金融监管尤其是银行监管方面发挥着重要作用。

因此，目前世界各国大都设立了中央银行或类似中央银行的机构。它在金融体系中处于核心地位，担负着发行货币、制定和执行货币政策、调节和控制国民经济的发展等重任。

课堂互动

说出世界上有名的中央银行，我国的中央银行是哪个银行？

二、中央银行产生的途径

中央银行主要通过两条途径产生。

（一）由商业银行演变而来

中央银行产生的第一条途径是，由资本实力雄厚、社会信誉卓著、与政府有特殊关系的大商业银行逐步发展演变而来。在演变过程中，政府根据客观需要，不断赋予这家大银行某些特权，从而使之逐步具备中央银行的某些性质，并最终发展成为中央银行。如英国的中央银行——英格兰银行。成立于1694年的英格兰银行，是最早真正发挥现代中央银行各项职能的金融机构，被称为中央银行的鼻祖，以后各国纷纷仿效英格兰银行。

英格兰银行成立的最初目的是为了集资120万英镑按年息8%贷款给英国国王威廉三世，以支持其欧洲大陆的军事行动。当时，正值英法战争时期（1689～1697年），英国政府庞大的战争开支，使英政府入不敷出，英国财政陷入困境。为了弥补财政支出，英国皇室特许英格兰银行于1694年7月27日成立。因此，英格兰银行在成立时是一个较大的股份制银行，其实力和声誉高于其他银行，并且同政府有着特殊的关系，但它所经营仍是一般银行业务，如对一般客户提供贷款、存款及贴现等。

19世纪，英国的商业银行发生了多次银行危机，引起了社会的广泛关注。在1875年的银行危机中，英格兰银行采取行动帮助有困难的银行，开始充当最终贷款人的角色。而且，商业银行在资金短缺时就向贴现行贴现，贴现行在资金短缺时就直接向英格兰银行贷款。英格兰银行表面上是充当贴现行的最终贷款人，实际上是间接地充当整个银行系统的最终贷款人。

英格兰银行的国有化

1946年英格兰银行收归国有，与此同时，调整利率的权力从英格兰银行行长转移到财政部部长。对此，时任英格兰银行总裁的欧布莱恩爵士辩称，中央银行收归国有和煤矿国有化不同，"我们当然不是国有化的产业，我们是国有化的金融机构"。的确如此，英格兰银行国有化时，正式结构并没有任何变化，工党政府只是强迫股民将股份出售给政府，使英国女王成为英格兰银行唯一的股东。英格兰银行不是法律创造的法定公司，而是像其他有限责任公司一样，是在法律上获得特许的公司。该行总裁由唯一的股东英国女王任命，任期5年，但是不能由女王或首相撤职。英格兰银行收归国有后，在1979年之前，该行从来不向任何人透露自己的账目，甚至不对英国财政部公布账目。

资料来源：马丁·迈耶. 美联储——格林斯潘的舞台［M］. 北京：中信出版社，2002：45.

除了英格兰银行以外，瑞典国家银行、法兰西银行等中央银行的前身也为一些实力强大、信誉良好的商业银行，通过借助政府的力量，享有某些特权逐步垄断行使中央银行职能，最终成为一个国家的中央银行。

（二）由政府出面通过法律规定直接组建

中央银行产生的另一条途径是，由政府出面通过法律规定直接组建一家银行作为一国的中央银行，如成立于1913年的美国联邦储备体系。1913年成立的联邦储备体系，是美国的中央银行。美国联邦储备体系的建立，标志着中央银行制度在世界范围的基本确立。

美国联邦储备体系的成立经历了一个长期的摸索过程。此前，18～19世纪，美国先后成立过美国第一银行和第二银行，这两家银行都具有一定程度的中央银行性质，但自身经营目标不明确，均在20年经营期满后被迫停业。

1908年5月，国会建立了国家货币委员会，用以专门调查研究各国银行制度，1912年决定建立兼顾各州利益又能满足银行业集中管理需要的联邦储备制度，1913年12月23日，国会通过了《联邦储备法》。根据法律规定，联邦储备银行的主要任务是提供一种有弹性的货币（也就是今天常说的"最后贷款人"），为商业票据提供再贴现，并实施对银行更有效的监管。联邦储备体系初步具有发行的银行、银行的银行和政府的银行的职能，使得现代中央银行制度终于在美国得以建立。

三、中央银行的历史演变

中央银行的产生与发展，经历了一个漫长的历史阶段，它是伴随着资本主义银行业的发展而产生的。中央银行的产生与发展经历了三个阶段，即中央银行萌芽和建立阶段、中央银行制度的建立与普遍推广阶段、中央银行制度的强化阶段。

（一）萌芽和建立阶段

中央银行的萌芽和建立阶段大约从1656～1843年。这一时期有代表性的中央银行是瑞典国家银行和英格兰银行。

最先具有中央银行名称的是瑞典国家银行，它原是1656年由私人创办的银行，后于1668年由政府出面改组为国家银行，对国会负责，但直到1897年才独占货币发行权，成为真正的中央银行。因此，瑞典银行虽然在英格兰银行之前设立，但若以是否具有垄断发行权为标准，则其只能排在英格兰银行之后。

如前所述，成立于 1694 年的英格兰银行，是最早真正发挥现代中央银行各项职能的金融机构，被称为中央银行的鼻祖，标志着中央银行的诞生。以后各国纷纷仿效英格兰银行。这一阶段成立的中央银行主要有：法兰西银行（1800 年）、芬兰银行（1809 年）、荷兰银行（1814 年）、奥地利国民银行（1817 年）、挪威银行（1817 年）、丹麦（1818 年）等。

此阶段的中央银行具有以下特点。

（1）多是基于政府的需要而设立。如为政府筹措经费、发行货币、代理国库等，这时的中央银行还只是政府的银行和发行的银行，但没有履行银行的银行和管理金融的银行的功能。

（2）兼营商业银行业务。在中央银行出现的初期，大商业银行演变为中央银行，履行中央银行的职责，但并没有放弃从事原来的商业银行业务。因此，这种机构同时身兼二职，既是中央银行，又是商业银行。

（3）一般多是私人股份银行或私人与政府合股银行。不论是大商业银行演变而来，还是由国家直接设立的中央银行，一般多是私人股份银行或私人与政府合股银行充当中央银行，政府只是部分参股。

（4）不具备完全调节与控制金融市场的能力。由于各方利益集团的博弈和技术的不足，以及货币制度的不完善，早期的中央银行不具备完全调节与控制金融市场、干预和调节国是经济的能力，金融危机时有发生。

（二）普遍推广阶段

1844 年到第二次世界大战结束是中央银行的建立与普遍推广阶段。如前所述，1844 年，英国国会通过《比尔条例》，规定英格兰银行具有独立的货币发行权，其他银行不得增发钞票，从而正式确立了英格兰银行中央银行的地位，由此奠定了现代中央银行组织的模式。其他国家纷纷仿效，如比利时国民银行（1850 年）、西班牙银行（1856 年）、俄罗斯银行（1860 年）、德国国家银行（1875 年）、日本银行（1882 年）等。到 1900 年，主要的西方国家都设立了中央银行。

这一时期成立的有代表性的中央银行当属成立于 1913 年的美国联邦储备体系。如果从 1656 年最早成立中央银行的瑞典国家银行算起，到 1913 年美国建立联邦储备体系，中央银行的创立经历了 257 年的曲折历程。

当然，这一时期大量新设或改组的中央银行主要集中于 20 世纪 20 年代以后，这归因于布鲁塞尔国际金融会议。1920 年，布鲁塞尔国际金融会议决定：凡是还未成立中央银行的国家，应尽快成立中央银行，以改变第一次世界大战后期汇率和金融混乱的局面。1922 年，日内瓦国际会议又一次建议各国，尤其是新成立的国家尽快成立中央银行。

在国际联盟的帮助下，中央银行制度在世界各国得到迅速发展。这一时期成立的中央银行，如澳大利亚联邦银行（1924 年）、中国中央银行（1928 年）、希腊银行（1928 年）、土耳其中央银行（1934 年）、墨西哥中央银行（1932 年）、新西兰储备银行（1934 年）、加拿大银行（1935 年）、印度储备银行（1935 年）、阿根廷中央银行（1935 年）等。

从 20 世纪初到第二次世界大战结束，是中央银行历史上发展最快的一个时期，这一时期的中央银行制度具有以下特点。

（1）大部分中央银行是依靠政府的力量成立的。与前一时期相比，这一时期的大部分中央银行都不是由商业银行自然演进而成的，而是依靠政府的力量创建的，而且，在较短时期内数量迅速增加，是中央银行历史上发展最快的一个时期。

（2）设立中央银行的区域扩大了。不仅经济发达的欧洲国家普遍设立了中央银行，经济欠发达的美洲、亚洲和非洲等国家也纷纷设立中央银行。设立中央银行已成为全球性的普遍现象。

（3）中央银行管理金融的职能得到加强。由于该阶段发生了 20 世纪 30 年代大危机，大量金融机构的倒闭给社会经济造成巨大震荡和破坏，使人们认识到金融机构和金融体系保持稳定的必要性，中央银行日益成为管理宏观金融的重要机构，中央银行的职能逐步扩展。

美国联邦储备系统

1. 美联储的发展历史

美联储全称美国联邦储备局，是美国的中央银行　它成立于 1912 年 12 月，总部设在华盛顿，在纽约、波士顿、旧金山等 12 个城市设有地区分行。

2. 美联储的组成、任期、职责、目标

美联储内部由 4 部分组成：联邦储备管理委员会、公开市场委员会、储备银行系统、秘书处。

有权参与美联储决定利率政策投票的是 12 名公开市场委员会的委员，其中的 7 名是联储管理委员会的委员，他们同时也是整个联储局的领导（包括联储主席、副主席等，任期 4 年）；其余的 5 个成员中，因为纽约在美国金融业中的特殊地位，所以 1 名永远是联储纽约分行的行长；剩下的 4 个位置则由 12 个地区分行的老总轮流坐庄，每位任期 1 年。

美联储的主要任务是管理及规范银行业、通过买入及售出美国国债来执行货币政策、维持一个坚挺的支付系统，其他任务包括经济教育、社会超越、经济研究。

3. 美联储的现任主席和前任主席

现任主席：本·伯南克（Ben Shalom Bernanke）

前任主席：艾伦·格林斯潘（Alan Greenspan）

4. 美联储主席由谁任命

美联储主席由总统提名参院批准。

5. 美联储的独立性

作为美国的中央银行，美联储从美国国会获得权利。它被看做是独立的中央银行，因其决议无须获得美国总统或者立法机关的任何高层的批准，它不接受美国国会的拨款，其成员任期也跨越多届总统及国会任期。其财政独立是由其巨大的盈利保证的，主要归功于其对政府公债的所有权。它每年向政府返还几十亿元。当然，美联储服从于美

国国会的监督，后者定期观察其活动并通过法令来改变其职能。同时，美联储必须在政

国国会的监督，后者定期观察其活动并通过法令来改变其职能。同时，美联储必须在政

府建立的经济和金融政策的总体框架下工作。

6. 美联储的监管

根据银行的性质不同，美国的金融监管实行的是联邦和州两级管理体制。目前，美国共有8500多家商业银行，其中的2300多家是依美国联邦法注册成立的银行，其余的都是依据各州法律成立的银行，依联邦法成立的银行都归美联储管理，而依据州法律成立的银行中有1000多家申请成了联储成员，也归美联储监管，其余的归各州金融监管部门管理。

和其他国家的中央银行一样，美联储的监管内容主要也是执照的核发、资本金的按比例存储、提交结算报告等。不过，因为业务量过于庞大，在实际操作中，美联储的监管重点主要是大的商业银行和金融机构，如花旗集团每两周就要和美联储的调查官员召开一次例行会议，对于众多的小银行，美联储主要监督其清算和资金循环，对其具体业务活动的监管则一般以抽查为主。另外，美联储采取法人监管原则，即只对银行法人一级的机构进行监管。如花旗银行设在其他地区的分行就不在单独接受美联储及地区分行的监管。

美国的联邦储备系统已经运作超过100年了，它在保持美国的经济平稳发展方面发挥了许多重要的作用，其联邦储备系统对经济的调控方式已日臻成熟。

资料来源：http：//wenku. baidu. com/link?url = yGghG_Va4_HI－Ld18MCOmdBMCo7IGMqnI3BQo4Zsg8kZB2LtjeCqQ9yW7fkFzog6tkl5QPS3N－V－HEtlLr_QYGHsiv1mzcKhfquGo068vhW.

（三）强化阶段

从中央银行的发展历史来看，如果说第一阶段初创时期是中央银行的自然演变，第二阶段推广时期是政府力量推动中央银行的迅速创建时期，那么，第二次世界大战以后至今的发展时期则是政府对中央银行控制的加强和中央银行宏观经济调控职能进一步强化的时段。第二次世界大战后，很多国家的经济陷入困境，为了摆脱困境重振经济，各国都开始信奉凯恩斯的国家干预主义理论，中央银行作为国家的银行的职能得以强化，各国纷纷利用中央银行干预和调节经济，中央银行由此得到重大发展。

与此对应的是政府对中央银行的控制也在加强，一些原来是私有股份制的中央银行被收归国有，中央银行的政府机构色彩浓厚起来。现代中央银行制度具有以下特点。

（1）专门行使中央银行职能。过去的中央银行一般都兼营部分商业银行业务。第二次世界大战后，这些中央银行逐步放弃商业银行业务，专门行使中央银行职能。新成立的中央银行则一开始就不办理商业银行业务。

（2）中央银行的国有化。如英国、法国两国在第二次世界大战后，分别将英格兰银行和法兰西银行收归国有。目前只有少数国家的中央银行还有私人股份，如美国联邦储备体系，各会员银行以按一定比例认购联邦储备银行的股份。

（3）干预和调节经济的功能得到加强。现代中央银行日益运用法定存款准备金率、再贴现率和公开市场业务等政策工具对经济金融进行宏观调控。中央银行的货币政策日

益成为重要的宏观经济政策之一。

（4）各国中央银行加强国际合作。第二次世界大战后，成立了国际货币基金、世界银行、亚洲开发银行等国际性和区域性的金融组织，绝大多数国家的中央银行都代表本国政府参加了这些国际金融组织，从而加强了各国中央银行之间的国际合作。

欧洲中央银行

1. 基本信息

欧洲中央银行前身是设在法兰克福的欧洲货币局。根据1992年《马斯特里赫特条约》的规定，欧洲中央银行于1998年7月1日正式成立，它是为了适应欧元的发行流通而设立的金融机构，同时也是欧洲经济一体化的产物。欧洲央行的职能是维护货币的稳定，管理主导利率、货币的储备和发行以及制定欧洲货币政策，其职责和结构以德国联邦银行为模式，是独立于欧盟机构和各国政府之外的欧洲中央银行，简称欧洲央行欧洲中央银行的资本为50亿欧元，各成员国中央银行是唯一的认购和持有者。

2. 欧洲中央银行总部

欧洲中央银行的总部设在德国金融中心法兰克福。

3. 欧洲中央银行的决策机构

欧洲中央银行的决策机构是管理委员会和执行委员会，管理委员会由执行委员会所有成员和参加欧元区的成员国中央银行行长组成成员国中央银行行长的任期最少不低于5年。管理委员会实行一人一票制，当表决时赞成和反对票数相等时，管理委员会主席可投出决定的一票，管理委员会每年至少开会10次。管理委员会进行表决时至少应达到2/3的规定人数，如不满足这一最低要求时，可由欧洲中央银行行长召集特别会议来作出决定。

执行委员会由欧洲中央银行行长、副行长和其他四个成员组成、执行委员会的表决采取一人一票制，在没有特别规定的情况下，实行简单多数。

4. 欧洲中央银行的独立性

欧洲中央银行是一个管理超国家货币的中央银行，独立性是它的一个显著特点、货币政策的权力虽然集中了，但是具体执行仍由各欧元国央行负责，各欧元国央行仍保留自己的外汇储备。

资料来源：http://www.fx3721.com/jiankang/chanjing/2015-10-06/8257.html.

四、中央银行在中国的发展

（一）1948年前的中央银行实践

中央银行在我国出现较晚，最早具有中央银行形态的是清政府时期的户部银行。户部银行于1905年8月（光绪三十一年）在北京西郊民巷开业，它是模仿西方国家中央银行而建立的我国最早的中央银行。1908 年，清政府将户部银行改称为"大清银行"，清政府赋予它经营国库及发行铸币等特权，但它并不是真正意义上的中央银行。第一，它不是"银行的银行"。当时的户部银行和后来的大清银行都经营大量商业银行的业务，如拆息放款、收存款项、保管要物、票据贴现、买卖金银等。第二，它不是"发行的银行"。清末是中国银行业的初创时期，这段时期内，许多银行（不是所有银行），诸如大清银行、中国通商银行、交通银行等都有银行券的发行权，大清银行并未也不可能独占货币发行。因此，只能说大清银行只是一家有某些中央银行性质的国家银行。

孙中山先生认为，"欲革命之成功，非特有健全之军队训练，尤需有完善之金融组织。"1924 年 8 月，孙中山先生在广州组建国民革命政府并成立了国民革命政府的中央银行，1926 年北伐军在武汉成立了中央银行，这两家银行由于存在的时间都很短，所以，并没有真正行使中央银行的基本职能。

1927 年南京国民政府成立，制定了《中央银行条例》，并于 1928 年 11 月，新成立了中央银行，总部在上海。国民政府的中央银行完全仿效西方先进国家中央银行组建规范，在制度上符合国际中央银行惯例。该行享有发行纸币、经理国库、募集和经理内外债之特权。当然，该行成立之初，尚未完全独占货币发行权，当时具有货币发行权的，还有中国银行、交通银行和中国农民银行等几家银行。

1942 年 7 月 1 日，根据《钞票统一发行办法》，将中国银行、交通银行和中国农民银行三家银行发行的钞票及准备金全部移交给中央银行，由中央银行独占货币发行权，同时由中央银行统一管理国家外汇。随着内战的爆发，国民政府的中央银行制度被彻底毁掉，1949 年 12 月，中央银行撤往中国台湾。与此同时，中国共产党也开始了中央银行的实践。1932 年 2 月，在江西瑞金成立了"中共苏维埃共和国国家银行"（简称"苏维埃国家银行"），并发行货币。从土地革命到抗日战争时期一直到中华人民共和国诞生前夕，人民政权被分割成彼此不能连接的区域。各根据地建立了相对独立、分散管理的根据地银行，并各自发行在本根据地内流通的货币。

1948 年 12 月 1 日，以华北银行为基础，合并北海银行、西北农民银行，在河北省石家庄市组建了中国人民银行并发行人民币，成为中华人民共和国成立后的中央银行和法定本位币。

（二）中华人民共和国成立后的中央银行——中国人民银行

中国人民银行是新中国的中央银行。1949 年 2 月，中国人民银行将总行迁往北京。中国人民银行成立初期的主要任务是运用经济、行政、法律手段稳定金融物价。1983 年以前，中国人民银行是"大一统"的"一身二任"的"复合式"中央银行体制。中国人民银行身兼中央银行和专业银行两项职能，附属于财政部，充当财政出纳的角色，其职能没有充分发挥。

课堂互动

中国人民银行对于新中国的经济发展与稳定起到了什么作用？

1983 年 9 月，国务院发布了《关于中国人民银行专门行使中央银行职能的决定》，决定中国人民银行专门行使中央银行的职能，不再兼办工商信贷和储蓄业务，专门负责领导和管理全国的金融事业，并设立中国工商银行接管中国人民银行的专业银行业务。从 1984 年起，中国人民银行专门行使中央银行职能，有了明确的货币政策目标及宏观金融调节手段，宏观调控方式逐渐由直接控制向间接控制转换。

1995 年 3 月 18 日，第八届全国人民代表大会第三次会议通过了《中华人民共和国中国人民银行法》，首次以国家立法形式确立了中国人民银行作为中央银行的地位，标志着中央银行体制走向了法制化、规范化的轨道，是中央银行制度建设的重要里程碑。

按照中国人民银行法的规定，中国人民银行在国务院领导下，制定和执行货币政策，防范和化解金融风险，维护金融稳定。

 **实训任务**

小组讨论：

　　讨论主题：中央银行的形成与发展阶段。

　　讨论步骤：

　　1. 由学生分组查找每个阶段具有代表性的中央银行，总结它们这一阶段中央银行产生的原因、特点。

　　2. 以组为单位简要阐述自己的讨论结果。

　　3. 由教师进行评价和补充。

　　讨论成果：将中央银行的形成与发展以及其产生原因、特点以表格形式汇总。

任务二　认识中央银行的性质与职能

一、中央银行的性质

中央银行的性质是通过国家法律赋予中央银行的特有属性，这一属性可以表述为：中央银行是国家赋予其制定和执行货币政策，对国民经济进行宏观调控和管理监督的特殊的金融机构。这一性质表明中央银行既是特殊的金融机构，又是特殊的国家机关。

（一）中央银行是特殊的金融机构

中央银行的性质集中体现在中央银行是一个"特殊的金融机构"，具体表现为：业务的特殊性和地位的特殊性。

1. 业务的特殊性

与商业银行相比，中央银行不以盈利为目的，不能与商业银行和其他金融机构处于平等的地位，不能开展平等的竞争，不与普通的企业和个人进行业务往来，其业务对象仅限于商业银行、其他金融机构以及政府等；中央银行在业务经营过程中拥有某种特权，如中央银行享有发行货币的特权，这是商业银行所不能享有的权利。除此之外，它还负责集中存款准备金、代理国库、管理国家黄金和外汇储备、维护支付清算系统的正常运行等职能。

2. 地位的特殊性

中央银行就其所处的地位而言，处于一个国家金融体系的中心环节，它是全国货币金融的最高权力机构，也是全国信用制度的枢纽和金融最高管理当局。可见，中央银行的地位非同一般，它是国家货币政策的体现者，是国家干预经济生活的重要工具，是政府在金融领域的代理，也是在国家控制下的一个职能机构。它的宗旨是维持一国的货币和物价稳定、促进经济增长、保障充分就业和维持国际收支平衡。

课堂互动

中央银行还有哪些区别于一般商业银行的性质？

（二）中央银行是特殊的国家机关

作为国家管理金融业和调控宏观经济的重要部门，中央银行具有一定的国家机关性质，负有重要的公共责任。但是，虽然国家赋予中央银行各种金融管理权，但它与一般的政府行政管理机构仍然存在明显不同。其特殊性表现如下。

1. 履行管理职能的手段不同

中央银行行使管理职能时，不是单凭行政权力行使其职能，而是通过经济和法律的手段，如信贷、利率、汇率、存款准备金、有关法律等去实现。其中，尤以经济手段为主，如调整基准利率和法定存款准备金率、在公开市场上买卖有价证券等，这些手段的运用具有银行业务操作的特征，这与主要依靠行政手段进行管理的国家机关有明显不同。

2. 履行管理职能的方式不同

中央银行对宏观经济的调控是间接的，有弹性的。即通过货币政策工具操作，首先调节金融机构行为和金融市场的变量，再影响到企业和居民个人的投资与消费，从而影响整个宏观经济，其调控方式具有一定的弹性，也具有一定的时间差，即时滞。而一般的国家行政机关的行政决议可以迅速且直接地作用于各微观主体，如税率的调整，缺乏弹性，政策效果呈现出刚性。

3. 履行管理职能时拥有一定的独立性

中央银行相对于政府具有相对的独立性，而一般的国家行政机关本身就是政府的组成部分之一。

二、中央银行的职能

中央银行的职能是其性质的具体体现。中央银行的性质和宗旨决定了其有三项基本职能：发行的银行、银行的银行和政府的银行。

（一）发行的银行

1. "发行的银行"的界定

所谓发行的银行，是指中央银行垄断货币的发行权，成为全国唯一的现钞发行机构。集中和垄断一国的货币发行权，是中央银行之所以成为中央银行的最本质特征。中央银行正是因为垄断了货币发行权，才能更好地完成其他职能。由中央银行垄断货币发行权是统一货币发行、稳定货币价值的基本保证。

这里必须明确一点，发行的银行所指的"货币发行"这个概念中的"货币"通常专指银行券或现钞，而不包括存款形态的货币。目前世界上几乎所有国家的现钞都由中央银行发行，而辅币的铸造、发行，有些国家由中央银行经管，有些国家则由财政部负责，发行收入归财政。

作为发行的银行，中央银行需要承担两方面的责任：一是保持货币流通顺畅；二是有效控制货币发行量，稳定币值。中央银行垄断货币发行权，并不意味着中央银行可以任意决定货币发行量。在实行金本位制条件下，中央银行是依靠足额发行准备或部分发行准备来保证其发行银行券的可兑换性的。因而，中央银行必须集中足够的黄金储备，作为保证银行券发行与流通的物质基础，黄金储备数量成为银行券发行数量的重要制约因素。在货币流通均转化为不兑现的纸币流通后，虽然纸币不再是可兑换的了，但一国政府所提供的信用担保足可以保证一国货币的稳定。因此，此时的中央银行必须根据经济发展的需要来决定货币发行量，并有责任规范货币发行，以确保货币价值的稳定。如果滥用货币发行权，其结果必然是通货膨胀、货币贬值，严重时中央银行所发行的现钞甚至形同废纸。因此，必须对中央银行的货币发行进行适当的控制。

·+

美国南北战争与林肯绿币

在南北战争爆发初期，南方的军事进攻节节胜利，英法等欧洲列强又强敌环伺，林肯陷入了极大的困境。银行家们算准了此时的林肯政府国库空虚，不进行巨额融资战争将难以为继。1812 年与英国的战争结束以来，美国的国库收入连年赤字，到林肯主政之前，美国政府预算的赤字都是以债券形式卖给银行，再由银行转卖到英国的罗斯柴尔德银行和巴林银行，美国政府需要支付高额利息，多年积累下来的债务已使政府举步维艰。

银行家们向林肯总统提出了一揽子融资计划并开出了条件，当听到银行家们开出的利息要求高达 24%～36% 时，惊得目瞪口呆的林肯总统立即指着门让银行家们离开。这是一个彻底陷美国政府于破产境地的狠招，林肯深知美国人民将永远无法偿还这笔天文数字的债务。

没有钱就无法进行战争，而向国际银行家借钱无疑是把绞索往自己脖子上套。林肯苦思冥想解决方案。这时，他在芝加哥的老友迪克·泰勒给林肯出了一个主意——政府自己发行货币。

"让国会通过一个法案，授权财政部印发具有完全法律效力的货币，支付士兵工资，然后去赢得你的战争。"林肯问美国人民是否会接受这种新货币，迪克说："所有的人在这个问题上将别无选择，只要你使这种新货币具有完全的法律效力，政府赋予它们完全的支持，它们将会和真正的钱一样通用，因为宪法授予国会发行和设定货币价值的权力。"

林肯听了这个建议后，大喜过望，立即让迪克筹划此事。这个石破天惊的办法打破了政府必须向私人银行借钱并付高额利息的惯例。这种新货币使用绿色的图案以区别于其他的银行货币（Bank Note），史称"绿币"（Greenback）。这种新货币的独到之处在于它完全没有金银等货币金属做抵押，并在20年里提供5%的利息。

在内战期间，由于这种货币的发行，政府克服了在战争初期严重缺乏货币的状况，极大和高效地调动了美国北方的各种资源，为最终战胜南方奠定了坚实的经济基础。同时，由于这种低成本的货币依法成为北方银行的储备货币，北方的银行信贷得以大幅扩张，军事工业、铁路建设、农业生产和商业贸易都得到了前所未有的金融支持。

资料来源：宋鸿兵. 货币战争［M］. 北京：中信出版社，2007：45.

2. 现钞发行程序

至于中央银行发行货币的程序，下面以我国的人民币发行为例说明。人民币的具体发行是由中国人民银行设置的发行基金保管库（简称"发行库"）和商业银行的业务库之间划拨来办理的。所谓发行基金是人民银行保管的已印制好而尚未进入流通的人民币票券。发行库在人民银行总行设总库，下设分库、支库，在不设人民银行机构的县，发行库委托商业银行代理。各商业银行对外营业的基层行处设立业务库。业务库保存的人民币，是作为商业银行办理日常现金收付业务时的备用金。为避免业务库过多存放现金，通常由上级银行和同级中国人民银行为业务库核定库存限额。

现金发行的具体操作程序是：当商业银行基层行处现金不足时，可到当地人民银行在其存款账户余额内提取现金。于是，人民币从发行库转移到商业银行基层行处的业务库，这就意味着这部分人民币现钞进入了流通领域，这一过程称为"出库"。当商业银行基层行处收入的现金超过其业务库库存限额时，超过的部分应自动送交人民银行，该部分人民币现钞进入发行库，意味着退出流通领域，这一过程称为"入库"。

总之，中央银行发行货币并不仅仅是印制新钞票并投入流通，而是要负责现钞货币的整个动态流动过程。包括：货币印制、货币调拨、货币保管、货币投放、货币流通、货币回笼、货币注销等流程。

课堂互动

在发行的不同面值人民币上找到中国人民银行的字样，别的国家发行的货币是否也有其中央银行的标志。

（二）银行的银行

"银行的银行"有以下几层意思：一是中央银行的业务对象是商业银行和其他金融机构及特定的政府部门；二是中央银行在与其业务对象之间的业务往来中仍表现出银行

所固有的"存、放、汇"等业务特征；三是中央银行为商业银行提供支持和服务的同时，也是商业银行的监督管理者。

作为银行的银行，中央银行的职能具体体现在以下三个方面。

1. 集中存款准备金

按法律规定，商业银行和其他金融机构都要按法定比例向中央银行交纳存款准备金，同时，商业银行出于流动性考虑，也会将一定比例的资金存放于中央银行构成超额存款准备金。因此，中央银行集中和保管的准备金存款包括商业银行等金融机构的法定准备金存款和超额准备金存款。

中央银行集中保管存款准备金的意义在于：第一，加强存款机构的清偿能力。如遇到金融机构资金周转发生困难时，通过中央银行加以调剂，既能保障存款人的安全，又能防止银行发生挤兑而倒闭。第二，有利于中央银行控制商业银行的信贷规模和控制货币供应量。因为中央银行有权根据宏观调控的需要，变更、调整法定存款准备金的比率，这就使存款准备金制度成为一个重要的货币政策工具。第三，中央银行吸收超额准备金存款有利于为商业银行等金融机构办理资金清算。

2. 充当最后贷款人

"最后贷款人"是指在商业银行发生资金困难而无法从其他银行或金融市场筹措时，中央银行对其提供资金支持。

"最后贷款人"一词最早是由沃尔特·巴杰特（Walter Bagehot）于1873年提出，他主张当某家银行出现流动性不足时，中央银行有责任对其予以贷款支持，以帮助其渡过难关，从而避免因银行破产倒闭而带来巨大的负面效应。最后贷款人可以发挥以下作用：一是支持陷入资金周转困难的商业银行及其他金融机构，以免银行挤兑风潮的扩大而最终导致整个银行业的崩溃；二是通过为商业银行办理短期资金融通，调节信用规模和货币供给量，传递和实施宏观调控意图。中央银行对商业银行和其他金融机构办理再贴现和再贷款的融资业务时，执行的就是"最后贷款人"的职能。

3. 组织全国的清算

中央银行为各商业银行及其他金融机构相互间应收应付的票据进行清算，就履行了"最后清算人"的职能。商业银行及其他金融机构在中央银行开立账户，并在中央银行拥有存款（超额存款准备金账户），这样，它们收付的票据就可通过其在中央银行的存款账户划拨款项，办理结算，中央银行将结算轧差直接增减各银行的准备金，从而清算彼此之间的债权债务关系。此时，中央银行充当了全国票据清算中心的角色。

中央银行参与组织管理全国清算，一方面，加快了资金周转速度，减少了资金在结算中的占有时间和清算费用，提高了清算效率；另一方面，解决了非集中清算带来的问题，如不安全性以及在途资金占有过多等困难，最后，有利于中央银行及时掌握各商业银行的头寸状况，便于中央银行行使金融监管的职能。目前，大多数国家的中央银行已成为全国资金的清算中心。

（三）政府的银行

所谓政府的银行，也称为"国家的银行"，是指中央银行代表国家从事金融活动，对一国政府提供金融服务，贯彻执行国家货币政策，实施金融监管，其具体表现如下。

1. 代理国库收支

中央银行代理经办政府的财政预算收支，政府的收入和支出都通过财政部门在中央银行系统内开设的各种账户来进行。具体包括：按国家预算要求代收国库库款；按财政支付命令拨付财政支出；向财政部门反映预算收支执行情况；经办其他有关国库事务等。

2. 代理政府债券的发行

当一国政府为调剂政府收支或弥补政府开支不足而发行政府债券时，通常由中央银行来代理政府债券的发行，并代办债券到期时的还本付息等事宜。

3. 为政府提供信用

中央银行作为国家的银行，在国家财政出现入不敷出时，一般负有提供信贷支持的义务。这种信贷支持主要有两种方式：一是直接向政府提供放款或透支；二是购买政府债券。第一种方式通常用以解决财政收支的暂时性不平衡的矛盾，因而是短期融资，这种信贷对货币流通总的影响一般不大。但在财政赤字长期化情况下，政府如果利用中央银行的信用弥补自己的支出，就会破坏货币发行的独立性，威胁到货币币值的稳定。因而，许多国家都限制财政向中央银行的无限制借款。对于第二种方式，又有两种情况，一是直接在一级市场上购买政府债券，中央银行所支付的资金就成为财政收入，等同于直接向政府融资。因此，一些国家的中央银行法就禁止中央银行以直接的方式购买政府债券。我国《中国人民银行法》第二十八条明确规定：中国人民银行不得直接认购、包销国债和其他政府债券。二是间接在二级市场上购买，即公开市场业务，则资金间接流向财政。中央银行根据经济发展或宏观政策的需要，通过在二级市场上买卖政府债券可以改变基础货币的投放量，因而，公开市场业务已成为各国中央银行所积极采用的一项重要货币政策工具。

4. 充当政府的金融代理人，代办各种金融事务

作为国家的银行，中央银行充当政府金融代理人的内涵是多方面的。例如，保管和管理国家黄金外汇储备；制定和执行货币政策，调节货币供给量，实施宏观金融的监督和管理；代表政府参加国际金融组织和国际金融活动；对金融业实施监管等。

 **实训任务**

小组讨论：

　　讨论主题：对比中国人民银行与美联储在性质及职能上的异同。

　　讨论步骤：

　　1. 由学生分组查找中美法律规定中关于中国人民银行及美联储的性质和职能。

　　2. 根据所收集资料，分析两国央行的异同，对于不同的地方说明原因。

　　3. 以组为单位简要阐述自己的讨论结果。

　　讨论成果：完成小作业"中美两国央行在性质及职能上的异同"。

任务三　了解中央银行的业务

一、中央银行的资产业务

中央银行的资产是指中央银行在一定时点上所拥有的各种债权。中央银行的资产业务包括黄金外汇储备业务、再贴现和再贷款业务、证券买卖业务。

（一）中央银行的黄金外汇储备业务

1. 中央银行保管和经营黄金外汇储备的目的

随着经济金融一体化，全球化进程的进一步加快，世界各国之间的经济往来越来越频繁，它包括商品和劳务的进出口、资金借贷、各种赠与和援助等，由此产生了国与国直接的债权债务关系。这种债权债务在一定时期内就需要用国际通用货币进行清偿，国际债权债务清算的手段就是黄金和外汇。

由于黄金和外汇是国际间进行清算的支付手段，各国都把它们作为储备资产，由中央银行保管和经营，以便在国际收支发生逆差时，用来清偿债务。

美联储的外汇干预

1980～1985 年初期，美元的强势导致美国公司相对于外国公司的竞争力下降，国内贸易保护主义浪潮不断高涨，激发了国会的批评者要求美联储实行更扩张的货币政策，以降低美元价值。1985 年 9 月，来自世界上五个最重要的工业国家，即美国、日本、德国、英国和法国的财政部长签署了《广场协议》，一致同意干预外汇市场，确定了使美元币值下降的政策。《广场协议》后，美元币值持续快速下降。美联储继续以高速扩张的货币供给，有力推动了美元币值的下降。

资料来源：赵何敏，黄明皓. 中央银行学 ［M］. 北京：清华大学出版社，2013：115.

2. 中央银行保管和经营黄金外汇储备的意义

（1）稳定币制。为了保证经济的稳定，中央银行必须保持货币币值的稳定。为此，许多国家的中央银行都保留一定比例的黄金外汇准备金。当国内商品供给不足、物价呈上涨趋势时，就利用持有的黄金外汇储备从国外进口商品或直接向社会出售上述国际通货，以回笼货币，平抑物价，使币值保持稳定。

（2）稳定汇价。在实行浮动汇率制度的条件下，一国货币的对外价值会经常发生变动。汇率的变动对该国的国际收支乃至经济发展产生重大影响。因此，中央银行通过买进或卖出国际通货，使汇率保持在合理的水平上，以稳定本国货币的对外价值。

（3）调节国际收支。当国际收支发生逆差时，就可以动用黄金外汇储备补充所需外汇的不足，以保持国际收支的平衡。从结构看，当国际收支经常项目出现顺差，黄金外汇储备充足有余时，中央银行则可以用其清偿外债，减少外国资本流入。

3. 国际储备的种类构成

构成国际储备的主要是黄金、外汇和在国际货币基金组织的储备头寸及未动用的特别提款权。一个国家在保有上述国际储备时一般都需要考虑它们构成的比例问题。因为国家保有国际储备的最终目的是在必须使用时作为国际支付手段，这就要求国际储备必须具备安全性、收益性和灵活兑现性。

课堂互动

我国国际储备的构成情况如何？对于我国持有的大规模的美元外汇应如何经营？

（二）中央银行的再贴现和再贷款业务

1. 再贴现业务

再贴现是指商业银行将通过贴现业务所持有的尚未到期的商业票据向中央银行申请贴现，中央银行据此以贴现方式向商业银行融通资金的业务。对于接受再贴现的中央银行，是付出资金，买进贴现票据；对于商业银行等进行再贴现的金融机构，是交付贴现票据，取得贴现资金。

·—·

"雪中送炭"的再贴现政策

2001 年 9 月 11 日，在恐怖分子撞毁了纽约世界贸易中心大楼的几个小时之后，联邦储备委员会立即宣布向美国各地的银行运送现金，以保证银行的支付，即贴现政策。为了保证整个美国的银行系统和金融机构的正常运行，恐怖袭击后的第二天，美联储已经向美国银行系统补充了 382.5 亿美元的特种临时储备资金。在美国，没有一个城市发生挤提存款事件，没有一家银行因为支付危机而倒闭，甚至也没有一家银行出现支付困难。无疑，央行再贴现政策的雪中送炭给市场送去了信心和温暖。

资料来源：张卉妍. 金融学一本全［M］. 北京：中国华侨出版社，2013：220.

·—·

再贴现业务的一般规定：

（1）再贴现业务开展的对象。只有在中央银行开立了账户的商业银行等金融机构才能够成为再贴现业务的对象。

（2）再贴现业务的申请和审查。商业银行必须以已办理贴现的未到期的合法票据申请贴现。中央银行接受商业银行所提出的再贴现申请，应审查票据的合理性和申请者资金营运状况，确定是否符合再贴现的条件。若审查都一致通过，商业银行则在票据上背书，并逐笔填制再贴现凭证，一并交中央银行办理再贴现手续。

中国人民银行再贴现业务审查的主要内容

中国人民银行收到再贴现申请后，按照贴现政策有关规定进行审查，审查的主要内容有：

（1）所附汇票内容填写是否齐全。付款单位是否已承兑，贴现申请人是否办理背书；

（2）商品交易合同是否符合国家经济政策的要求，签发的汇票是否符合交易合同的要求；

（3）付款单位的经营状况、经济效益和信用情况，必要时需对相关情况进行细致的了解和调查；

（4）审查商业汇票背书的连续性，如收款人的背书、贴现银行的背书是否完整齐全，是否符合规定的要求，签章是否有效等。

资料来源：中国人民银行全员岗位任职资格培训教材. 金融基础概论［M］. 北京：中国金融出版社，2006：83.

（3）再贴现金额和利率的确定。

$$再贴现实付金额 = 票据面额 - 再贴现利息$$
$$再贴现利息 = 票据面额 \times 日贴现率 \times 未到期天数$$

再贴现利率是中央银行购进资产——票据的价格，也是商业银行获得临时可用资金的价格。在大多数国家，再贴现率是一种基准利率，其他各种利率依据再贴现的变动而调整。同时，再贴现率是一种官定利率，它是根据国家的信贷政策所规定的，在一定程度上反映着中央银行的政策意向。此外，再贴现率还是一种短期利率，因此，其对金融市场的影响具体体现在货币市场。通常，再贴现利率是采取定期挂牌的方式公布的。再贴现利率的调整，一般都作为实现货币政策的手段。

（4）再贴现票据的规定。商业银行等存款机构向中央银行申请再贴现的票据，必须是确有商品交易为基础的真实票据。这在许多国家的金融立法中都有明文规定。这样做的目的是为了便利商品和劳务的生产销售，不会引发通货膨胀。随着经济的发展，再贴现已不再严格强调真实票据，未到期的政府国库券也可予以再贴现。

（5）再贴现的收回。再贴现的票据到期，中央银行通过票据交换和清算系统向承兑单位或承兑银行收回资金。若承兑单位账户存款不足，由承兑单位开户银行将原票据按背书行名退给申请再贴现的商业银行，按逾期贷款处理。

2. 再贷款业务

（1）概念。中央银行的再贷款业务是指中央银行采用信用放款或抵押放款的形式，对商业银行等金融机构和政府进行的贷款。它是中央银行的主要资产业务之一，也是中央银行向社会提供基础货币的重要渠道。

（2）中央银行贷款的种类。

① 对商业银行的贷款。这是中央银行最主要的贷款种类。中央银行通常定期公布贷

款利率。商业银行提出贷款申请后，中央银行将严格审查贷款的数额、期限等，有的还规定用途。一般借款都是短期，而且通常是以政府债券和商业票据做担保的抵押贷款。

② 对政府的放款。中央银行对政府的放贷一般是短期的，且多是信用放款。大致分为三种情况：一是政府的正常借款，其放贷方式与对商业银行的放款方式大体相同；二是政府透支；三是债务投资性放款。中央银行在公开市场上购买的政府发行的国库券和公债，事实上都是在间接向政府提供贷款。

③ 对非金融部门贷款。少数中央银行的贷款业务也包括对非金融部门的贷款，如我国中国人民银行对老少边穷地区的特殊贷款。

④ 其他贷款。中央银行的其他贷款包括对外国银行或国际性金融机构的贷款等。

（三）中央银行的证券买卖业务

一般来讲，中央银行在公开市场上买卖的证券主要是政府公债、国库券以及其他流动性很高的金融债券等有价证券。

中央银行从事证券买卖业务都是通过公开市场进行的，这需要有一个完善的证券市场。一般中央银行不在一级市场买卖证券，只能在证券交易市场即二级市场买卖证券，这是保持中央银行相对独立性的客观要求。同时，中央银行不买流动性差的证券，以保持资产的高度流动性。此外，中央银行还不买非正式或非挂牌的有价证券，这实际上是对证券质量的信誉，中央银行买卖这样的证券才能起到调节宏观经济的作用。

灵活的公开市场业务

2008年年初，中国股市楼市等相继出现投资过热的情况，物价水平高涨。央行2月上旬开始首次公开市场操作，净回笼资金2960亿元，之后公开市场操作的力度依然不减。2月下旬，中国人民银行又在公开市场业务操作中发行了6亿元1年期央票，比此前一周减少150亿元，但仍维持在2008年以来的高位水平，发行利率也继续持平。同时，央行还进行了两期正回购操作，分别为28天期限和91天期限正回购操作，合计交易量350亿元，这样1天时间内央行就回笼了950亿元的流动性。

由于接下来的股票市场又将迎来一只大盘股——中铁建发行，而当时央行的公开市场操作仍保持较高的紧缩力度，表明了央行大力度回笼流动性资金的决心，使得市场信心增强。公开市场维持净回笼态势成为定局。

资料来源：张卉妍. 金融学一本全 [M]. 北京：中国华侨出版社，2013：222.

二、中央银行的负债业务

（一）中央银行货币发行业务

1. 货币发行的含义和意义

货币发行具有双重含义：一是指货币从中央银行发行库通过各家银行业务库流向社

会；二是指货币从中央银行流出的数量大于流入的数量。中央银行经营货币发行业务具有特殊的意义：货币发行是中央银行主要的负债业务，通过这项业务，中央银行既为商品流通和交换提供流通手段和支付手段，满足了社会商品发展和商品流通扩大的需要，也相应筹集了社会资金，满足中央银行履行其各项职能的需要。

2. 中央银行货币发行的原则

（1）垄断性原则。中央银行垄断货币发行的意义在于：有利于避免发行银行券分散的诸种弊端，防止发钞银行倒闭以及银行券挤兑、贬值所造成的金融动荡和经济混乱；有利于对货币流通的管理，保证货币发行量与国民经济发展过程中货币的需求量相适应；有利于增强中央银行的实力，通过对整个社会资金供应的控制，实现宏观调控能力的增强；有利于实现国家货币金融政策的推行；有利于保证政府获得一定收益。

（2）信用保证原则。即通过建立一定的发行准备制度（要有一定的黄金或有价证券作为保证），保证中央银行的独立发行。当今各国中央银行发行货币的准备大致有现金准备和证券准备两大类。

（3）弹性发行的原则。即货币发行要具有高度的伸缩性和灵活性。因此，中央银行要通过研究国民经济发展中的货币需求和货币供应量的变化，根据实际情况及时向市场注入或抽回货币，以适应社会经济状况变化的需要。

（二）中央银行的存款业务

存款业务也是中央银行主要负债业务之一。中央银行存款的对象有金融机构、政府、外国和特定机构等，一般可分为金融机构的准备金存款业务、政府存款业务、外国存款业务等。

1. 准备金存款业务

准备金存款是中央银行存款业务中最主要的一项。准备金存款业务是由存款准备金制度决定的，准备金存款业务是中央银行存款业务中最为重要的一项。存款准备金是商业银行等金融机构按吸收存款的一定比例提取的准备金。它由三部分组成：一是以库存现金的形式而存在的部分；二是根据法律规定提取的法定准备金部分；三是为满足清算债权债务的资金部分。

巴杰特规则：准备金应用三招

英国经济学家巴杰特（1873）为中央银行在危机时如何应用准备金而开出的经济处方，至今也很少有人提出质疑。巴杰特认为，如果一家金融机构遇到存款客户提款，却不能满足存款客户的要求时，就会倒闭，所以英格兰银行应该"无限制地"，根据"良好的抵押"，以"惩罚性利率"给予贷款。这三招被后人称为"巴杰特规则"。

规则1："无限制地"向满足偿债和抵押条件的银行提供贷款，确定了准备金最基本的应用机制。这个规则意味着中央银行的事先承诺，即在未来所有恐慌时期将迅速而有力的提供贷款的承诺。这种承诺有利于减少公众对未来的不确定性，稳定公众预期。

规则2："良好的抵押"建立了准备金应用中的资金安全机制。它规定了准备金应用的对象及资产要求，中央银行在进行干预、防止系统风险时，要求借款人具有清偿能力，借款人虽然出现了临时性的流动性不足，但他所持有的良好的抵押物足以保证中央银行资金的安全。

规则3："惩罚性利率"建立了准备金应用中的风险补偿机制。其意义在于，一是出于对问题银行违约风险的担心，中央银行要求一种溢价来补偿风险，惩罚性利率成了覆盖中央银行风险暴露的公平价格。二是鼓励问题银行依靠自身力量来解决流动性问题，弱化其对中央银行资金的依赖，确保中央银行的流动性支持是真正的"最后性支持"。三是有利于测试银行的稳健程度。比市场水平更高的贷款利率迫使问题银行首先求助于同业拆借市场，如果它能成功从市场获取所需资金，表明这家金融机构的财务状况是健康的；相反，如果只能求助于中央银行，则表明其行业认可度较低，它的资产不为市场接受，隐含着财务风险。

巴杰特规则迄今已有100多年的时间，它几乎成了多数国家的中央银行在危机中或常规中执行"最后贷款人"职能，应用准备金的通则。

资料来源：马丁·迈耶. 美联储——格林斯潘的舞台［M］. 北京：中信出版社，2002：78.

准备金存款业务的基本内容主要有以下几个方面：

（1）规定了存款准备金比率。各国对法定存款准备金比率有严格的规定，凡商业银行吸收的存款，必须按照法定比率保留一定的准备金，其他部分才能用于放款与投资。首先，按照存款的类别，不同期限的存款规定不同的比率。如德国对存期短的存款规定较高的准备金率，对存期长的存款规定较低的准备金率。

（2）规定了可充当法定存款准备金的内容。不少国家对法定准备金的内容规定不同，如美国、德国、法国等国家将金融机构的库存现金计入存款准备金，但在日本和意大利则不行。

（3）规定了存款准备金计提的方法。首先，确定应提准备金的存款余额。一般有三种方法：日平均余额法、旬末余额法和月末余额法。其次，确定缴存准备金的基期，即应提存的准备金是以何时的平均余额为基准。一般有两种方法：其一是采取当期准备金账户制，即一个结算期的法定准备金以当期的存款数作为计提基础；其二是采取前期准备金账户制，即一个结算期的法定准备金以前一个或两个结算期的存款余额作为计提基础。

中国人民银行降准分析

自2015年2月5日起，中国人民银行决定下调金融机构人民币存款准备金率0.5个百分点。同时，对小微企业贷款占比达到定向降准标准的城市商业银行、非县域农村商业银行额外降低人民币存款准备金率0.5个百分点，对中国农业发展银行额外降低人民币存款准备金率4个百分点。

- 内因分析

近日，人民币对美元即期汇率连续数日逼近跌停，资本流出增多，外汇占款下降，再加上春节前资金需求上升，市场流动性趋紧。2015年1月，中国制造业PMI回落至49.8%，两年以来首次低于荣枯线，也弱于市场预期，同时，2014年中国GDP可比增速回落至7.4%，经济下行压力较大。此外，2014年12月，消费者价格指数（CPI）同比上涨1.5%，全年上涨2.0%，远低于全年3.5%的调控目标。综上所述，国内宏观经济的下行压力是央行降准的主要原因。

- 外因分析

当前，全球经济增速放缓以及通缩压力抬头已经成为全球包括发达国家和新兴国家在内的经济体共同面临的挑战，众多非美元国家纷纷采取宽松货币政策以应对美元走向，是促进中国人民银行降准的推动原因。

- 影响分析

中国人民银行此次的全面降准将有助于解决企业融资贵、融资难的问题，促使企业扩大投资，促进一、二线城市楼市的回暖，改善市场心理预期，促进中国经济稳定增长。此外，中国人民银行此次的定向降准则突出了中国政府对小微企业、三农等经济薄弱领域提供了进一步的支持和倾斜，有利于促进中国经济全方位发展。

资料来源：https://mp.weixin.qq.com/s?__biz=MzA5NzAxNzYzMQ==&mid=205761632&idx=1&sn=36a244fb09041dc9799cb7e7e801ee4e

2. 政府存款

各国中央银行吸存的政府存款构成存在差异。有些国家仅包括中央政府的存款，而有些国家还包括地方政府、政府部门以及依靠国家财政拨款的行政事业单位的存款。

3. 外国存款

这项存款是指外国中央银行或外国政府的存款。他们持有这些债权构成本国的外汇，随时可以用于贸易结算和清算债务。

（三）中央银行的其他负债业务

中央银行的负债业务除了货币发行和存款业务以外，还有一些业务也可以成为中央银行的资金来源，引起中央银行资产负债表负债方的变化，如发行中央银行债券，对外负债和资本业务等。

1. 发行中央银行债券

发行中央银行债券是中央银行的主动负债业务，具有可控制性、抗干扰性和预防性。与一般金融机构发行债券的目的是为了获得资金来源不同，中央银行发行债券更多考虑的是调节流通中的货币。

2. 对外负债

中央银行的对外负债主要采取的形式有：向外国银行借款、对外国中央银行负债、向国际金融机构借款、向外国发行中央银行债券等。中央银行对外负债的主要目的有三个：平衡国际收支、维持汇率稳定和应付危机。

3. 资本金业务

所谓中央银行资本金业务，就是筹集、维持和补充自有资本的业务。

三、中央银行的支付清算业务

(一) 中央银行支付清算体系

支付清算系统是一个国家或地区对交易者之间的债权债务关系进行清偿的系统。具体来讲，它是由提供支付服务的中介机构、管理货币转移的规则、实现支付指令传递及资金清算的专业技术手段共同组成的，用以实现债权债务清偿与资金转移的一系列组织和安排。

1. 支付清算制度

支付清算制度是关于结算活动的规章政策、操作程序、实施范围等的规定和安排。中央银行作为货币当局有义务根据国家经济发展状况、金融体系构成、金融基础设施及银行业务等与有关部门共同制定支付清算制度。

2. 同业间支付清算制度与操作

同业间清算（又称行间清算或联行清算）是金融机构之间为实现客户委办业务和自身需要所进行的债权债务清偿和资金划转而制定的规则、程序与清算安排。

课堂互动

我国中央银行经营的支付清算体系经历了怎样的发展过程？

现代化支付系统的体系结构

中国人民银行通过建设现代化支付系统，将逐步形成一个以中国现代化支付系统为核心，商业银行行内系统为基础，各地同城票据交换所并存，支撑多种支付工具的应用和满足社会各种经济活动支付需要的中国支付清算体系。

中国现代化支付系统建有两级处理中心，即国家处理中心（NPC）和全国省会（首府）及深圳城市处理中心（CCPC）。国家处理中心分别与各城市处理中心连接，其通信网络采用专用网络，以地面通信为主，卫星通信备份。

政策性银行和商业银行是支付系统的重要参与者。各政策性银行、商业银行可利用行内系统通过省会（首府）城市的分支行与所在地的支付系统CCPC连接，也可由其总行与所在地的支付系统CCPC连接。同时，为解决中小金融机构结算和通汇难问题，允许农村信用合作社自建通汇系统，比照商业银行与支付系统的连接方式处理；城市商业银行汇票业务的处理，由其按照支付系统的要求自行开发城市商业银行汇票处理中心，依托支付系统办理其银行汇票资金的移存和兑付的资金清算。

为有效支持公开市场操作、债券发行及兑付、债券交易的资金清算，公开市场操作系统、债券发行系统、中央债券簿记系统在物理上通过一个接口与支付系统NPC连接，处理其交易的人民币资金清算。为保障外汇交易资金的及时清算，外汇交易中心与支付系统上海 CCPC 连接，处理外汇交易人民币资金清算，并下载全国银行间资金拆借和归还业务数据，供中央银行对同业拆借业务的配对管理。

资料来源：百度百科——中国现代化支付系统：http：//baike. baidu. com/link?url = kutnJEsasFjQd-KwrF3tOSVXX0YvLIABzSzI6bDyvz3kXZch1ZoYk4cWOeqyaLHfGGRWK03X9pVmFqB1OPI_KqK.

（二）中央银行支付清算业务的主要内容

1. 组织票据交换和清算

当各银行收到客户提交的票据之后，需通过票据交换的方式，将代收的票据交付付款行，并取回其他银行代收的以已方为付款行的票据，彼此间进行债权债务抵消和资金清算，一般通过各银行在中央银行开立的账户完成。

2. 办理异地跨行清算

由于各银行间的异地债权债务形成了各银行间的异地汇兑，会引起资金头寸的跨银行、跨地区划转，各国中央银行通过各种方式为异地跨行清算提供服务，以保证异地跨行清算的顺利进行。

3. 提供跨国清算服务

在国家的对外支付清算和跨国支付系统网络建设中，中央银行也发挥着重要作用。

 实训任务

小组讨论：

讨论主题：中国人民银行的业务范围。

讨论步骤：

1. 由学生分组查找我国中央银行的业务范围，哪些是法律上明确规定的，哪些是明确禁止的。

2. 以组为单位简要阐述自己的讨论结果。

3. 将中国人民银行的业务分类汇总。

讨论成果：将中国人民银行的业务范围以表格形式分类汇总。

任务四　分析中央银行的独立性

一、中央银行独立性的内涵及必要性

（一）中央银行独立性的内涵

中央银行的独立性是指在中央银行履行其自身职责时，由法律赋予的或其自身实际拥有的决策与行动的自主权。独立性问题集中反映在中央银行与政府的关系上，这种关

系具有两层含义：一是中央银行应当对政府保持一定的独立性；二是中央银行对政府的独立性是相对的。

（二）中央银行独立性的必要性

中央银行应当对政府保持一定的独立性，这是因为：

（1）中央银行只有独立于政府才能避免政府行为对货币发行的干扰，防止通货膨胀的产生。中央银行以稳定货币为天职，而政府往往关注短期利益，倾向于扩大财政支出，这会导致通货膨胀。实证研究表明，中央银行的独立性与通货膨胀之间存在着明显的负相关关系，即央行的独立性越强，通货膨胀率就越低；央行的独立性越差，通货膨胀率就越高。

（2）中央银行在制定和执行货币政策以及实施金融监管时，需要具备必要的专业理论知识并进行长期的从业经验积累。中央银行调控对象是货币、信用、金融机构与金融市场。调控手段是技术性很强的经济手段，这就要求中央银行的机构与人员必须具有专业技术经验和一定程度的独立性和稳定性。如果政府进行不适当的干预，会导致中央银行的职能无法发挥，使整个经济陷入困境。

（3）中央银行是负有社会责任的机构，其货币政策应当保持稳定性和连续性，不受党派和政府的干扰。政府在经济政策的制定方面具有明显的短期性、周期性的特点，往往出于政治需要，讨好选民，执行有利于当选的政策；强调中央银行的独立性，可以防止短期的、个别利益集团的利益对国家长远的、全局的利益产生影响，实现经济稳定增长。

（4）中央银行与政府所处的地位不同，工作侧重点也不同。在现代社会中，政府的目标是多元的，不仅有经济目标，还有社会目标。经济目标也不仅仅是价格稳定，更关注的是充分就业和经济增长。而保持货币币值稳定是中央银银行的首要责任，这与充分就业和经济增长的目标是有冲突的，为了实现中央银行稳定币值的目标．就必须使中央银行与政府保持一定的独立性。

课堂互动

中央银行独立性的强弱应该通过什么来判断？

但是，中央银行对政府的独立性不是绝对的，而是相对的。原因是：

（1）中央银行的货币政策目标不能背离国家总体经济发展目标，中央银行对货币政策的制定与实施，不仅要考虑自身担负的责任，还必须重视国家利益。

（2）货币政策是国家宏观经济政策的一部分，它必须服从、配合、服务于整个宏观经济政策的制定和实施。过于独立的中央银行将造成宏观经济政策协调困难，从而产生货币政策的"摩擦损失"。

（3）中央银行具有国家行政机关的性质，其业务活动和监管都是在国家授权下进行的，其主要负责人一般由政府委任，其资本结构具有国有化趋势，这些也决定了中央银行不可能绝对独立于政府之外。

（4）在特殊情况下，如遇到战争、特大灾害时，中央银行必须完全服从政府的领导和指挥。

（5）官员并非从本意上就追求公共利益，实际上他们也像普通人一样追求个人或机构利益最大化。因此，需要某种权利制约以防止中央银行主要官员通过非正当行为危害公众利益。所以，中央银行的独立性也是相对的。

应当说，中央银行的独立性是指相对独立性，即中央银行不能完全独立于政府控制外，不受政府约束，也不能凌驾于政府之上，应接受政府一定的监督和指导，并在国家总体经济政策的指导下，独立地制定和执行国家的货币金融政策，并且与其他政府机构之间相互配合。

美联储应该保持独立性吗？

支持独立的观点：（1）联邦储备体系较多受到政治压力，可能会导致通货膨胀倾向的货币政策。许多观察家认为，民主社会的政治家们目光短浅，把赢得下一局选举作为首要目标，不可能关注诸如保持价格稳定等长期目标，只会寻求如高就业、高利率的短期方案。结果高货币增长带来高通货膨胀，最后导致高利率。而远离政治的美联储可能会关注长期目标，捍卫美元的坚挺，保持物价稳定。（2）美国的政治程序导致了所谓的政治周期，即选举之前采取扩张性货币政策以降低失业率和利率，这个政策的不良影响是导致选举过后的高通货膨胀和高利率。一个处于国会或总统控制下的联邦储备体系，可能会使这个周期更明显。（3）美联储的独立性有利于对货币政策的控制。这项任务与权力不能留给政治家。因为政治家具有相对较少的按公众利益决策的动机。

反对独立的观点：（1）由一批不对任何人负责的精英分子控制货币政策是不民主的。货币政策需要和财政政策协调，只有使控制着财政政策的政治家也控制货币政策，才能防止两种政策相互冲突。（2）独立的美联储并非总是成功运用它的自由，它的独立性并没能阻止20世纪60年代和70年代的扩张性货币政策和高通货膨胀率；它的独立性可能鼓励其追求狭隘的自身利益，而不是公共利益。

资料来源：弗雷德里克·S·米什金. 货币金融学［M］. 北京：中国人民大学出版社，2011：395.

二、中央银行独立性的主要内容

中央银行的独立性主要包括以下几个方面：

（一）组织独立

组织独立是指中央银行的组织形式、分支机构的设置、人事任免等不受政府的影响，这是中央银行独立性的核心部分。之所以这样说，是因为作为制定和执行国家货币政策的机关的中央银行，其组织机构、人事制度安排会直接左右中央银行的职能发挥，进而影响一国宏观经济调控的全过程。

（二）目标独立

目标独立是指中央银行能够自主选择政策目标的自由程度以及中央银行是否以保持币值稳定作为其主要目标。如果中央银行能够自由地确定其货币政策目标，则其目标独立性程度就高，反之就低。中央银行货币政策目标的选择主要集中在币值稳定和促进经济增长两个方面。在市场经济体制下，政府在宏观经济目标，即币值稳定、充分就业、经济增长和国际收支平衡的选择上存在着多重目标选择和目标冲突。从世界各国中央银行发展的实际和经验来看，以稳定币值为主要目标的占大多数。但中央银行稳定币值的货币政策目标与政府的经济目标是存在一定偏差的，因为每届政府从其政绩出发，往往把经济增长作为其首要目标。

英格兰银行独立性的演变

英格兰银行的独立性随时间而变化。1946 年以前，英格兰银行是一家私人银行，独立于政府，但 1946 年其所有权国有化的银行法案，确认了政府对银行的管辖权，直至 1997 年，选择货币政策目标的权力赋予了财政大臣，其代表政府，而英格兰银行只起建议与执行的作用。1997 年，英格兰银行和货币政策委员会虽然不具备制定货币政策最终目标的独立性，但被授予了操作独立性，以便实现财政大臣设定的通货膨胀目标。1998 年的《英格兰银行法》把这些安排制定为法律，根据这一法案，财政大臣制定货币政策目标（现在为通货膨胀率的一个目标值），英格兰银行和货币政策委员会为了实现该目标，有责任制定和实施相关的政策。但"在极端情况下"，财政大臣可以就特定时期的利率对中央银行发出指标。由此，自 1999 年起，英国政府赋予其中央银行操作的独立性，而不是目标的独立性。

资料来源：赵何敏，黄明皓. 中央银行学 [M]. 北京：清华大学出版社，2012：38.

（三）职能独立

职能独立是指中央银行能否独立地制定货币政策，并独立地运用一定的工具来保证货币政策的有效执行和货币政策目标的实现，中央银行的主要职能包括依法制定和执行货币政策，发行法定货币，维护金融稳定，维持支付、清算系统的正常运行，制定金融业的有关规章等，职能的实现是通过工具来保证的。中央银行可以运用的工具如存款准备金率、再贴现、再贷款、公开市场操作以及窗口指导等，其运用的目的都是为了保证货币政策的有效执行。因而中央银行独立自主地、依据经济金融发展变化情况来履行中央银行职能，行使相应的工具，是构成中央银行独立性的又一主要内容。

（四）财务独立

财务独立是指中央银行的运营是依赖于财政拨款，还是有可供其独立支配的财源。

如果中央银行不依赖于政府的财政拨款，有独立支配的财源，则其财务独立性就高，否则其财务独立性程度就低。就当前各国中央银行而言，大多数中央银行不以追求利润为目标。其资本金由国家出资，业务运营的亏损由国家承担，利润属国家所有，国家每年按预算拨付运营资金。国际货币基金组织副总裁理查德·D·厄伯认为：在强大的中央银行所具备的特性中，独立性是至关重要的，中央银行应当独立，且不屈从于任何来自其他政府机构的指令：中央银行不应依靠财政拨款，而应自己解决资金来源。

欧洲中央银行体系的独立性

欧洲中央银行体系（ESCB）具有完全的独立性，其调节委员会成员的任期较长，使之独立于欧洲的治理结构与欧洲议会，从而弱化来自于政治和成员国的压力。ESCB的职能类似于其他国家的中央银行，负责发行欧洲货币（欧元），制定和实施货币政策，执行外汇业务，持有成员国的外汇储备，促进支付系统的稳定运转。《马斯特里赫特条约》规定 ESCB 货币政策的基本目标是稳定价格，调节理事会把通货膨胀率定为现实目标，它在行使其他职能时不能妨碍价格稳定的目标。ESCB 单一目标制的立法规定，增强了公众对 ESCB 实现既定目标能力的了解，也提高了 ESCB 的责任感。当然，如果成员国必须在通货膨胀目标和其他经济目标间进行选择时，这种单一目标的规定可能会成为一种无效的限制。

资料来源：赵何敏，黄明皓. 中央银行学［M］. 北京：清华大学出版社，2012：38.

三、我国中央银行独立性的问题

《中国人民银行法》规定，中国人民银行是在国务院领导下开展工作的，因此，有人认为我国中央银行与政府之间的独立性较弱。从本质上讲，不能以此作为判断我国央行独立性强弱的唯一标准，即使是西方发达国家、中央银行也要受制于不同的国家权力机构，主要区别在于是直接受制于政府还是超越政府直接受制于国会。与西方国家相比，我国中央银行制度形成的历史较短，并且由于长期实行计划经济，央行对政府的依附性较强。以德国中央银行的独立性为参照物，用统计学方法进行测定，结果显示我国央行的独立性较差，甚至低于大多数转型经济国家。那么是不是说我国应当立即深化金融体制改革，加强央行的独立性呢？

课堂互动

以我国目前的经济发展状况来看，中国人民银行的独立性是否需要提高，应在哪些方面做出努力？

我们应当具体问题具体分析。我国央行独立性较弱反映了我国中央银行体制中仍然存在一定问题，这方面问题的存在不利于中央银行职能的充分发挥。所以，深化改革、提高央行的独立性是有必要的。但也要认识到，加强中央银行独立性本身并不是目的，而是为了适应我国经济发展的要求，提高中央银行维持经济稳定发展的工作效率，从而更好地实现币值稳定，促进经济增长的目标。在这方面，中央政府与中央银行的总体目标是一致的，具体问题可以通过沟通和协调解决的。

 实训任务

小组讨论：

讨论主题： 对比中国人民银行、美联储、欧洲央行、日本央行的独立性。

讨论步骤：

1. 由学生分组查找中国人民银行、美联储、欧洲央行、日本央行的独立性情况。

2. 以组为单位简要阐述自己的讨论结果。

3. 由教师点评总结。

讨论成果： 完成小作业"中国人民银行、美联储、欧洲央行、日本央行的独立性对比"。

本项目提要：

1. 中央银行产生的必要性包括：统一银行券发行的需要、统一全国票据清算的需要、最后贷款人角色的需要、金融宏观调控的需要。中央银行主要通过两条途径产生，由商业银行演变而来，或是由政府出面通过法律规定直接组建。

2. 中央银行是特殊的金融机构，是特殊的国家机关。其职能可概括为：发行的银行、银行的银行、政府的银行。

3. 中央银行的业务可分为三类：资产业务、负债业务以及支付清算业务。中央银行的资产业务包括：黄金外汇储备业务、再贴现和贷款业务、证券买卖业务。负债业务包括：货币发行业务、中央银行的存款业务等。

4. 中央银行有必要保持独立性，但这种独立性应该是相对的。

本项目学习效果评价

一、尝试回答以下问题：

1. 美联储的建立与发展，经历了从不规范到法律制度的规范过程，对我国有何启示？

2. 根据你的分析与理解，中国人民银行作为我国央行是否拥有较高的独立性？

3. 中央银行有哪些主要职能？这些职能在央行的资产负债表中是如何体现的？

4. 为什么流通中的现金属于中央银行的一种负债？

5. 有人认为中央银行垄断货币发行权往往导致货币多发、通货膨胀，所以主张让自由竞争的私人银行来发行货币，因为私人银行会关注自己所发货币的币值稳定，可以避免过量的货币发行。对此你有何评论？

6. 中央银行集中保管存款准备金的目的是什么?

7. 一般而言,中央银行提高存款准备金率将导致证券市场的价格发生何种变动?

二、案例分析:

美联储的量化宽松政策

所谓量化宽松政策,是指在短期利率接近或者达到零的情况下,中央银行通过购买各种债券等资产向市场注入大量流动性的非常规货币政策工具。2008 年金融危机后,美联储、英国央行、日本央行等推出了多轮量化宽松货币政策,以刺激经济持续复苏,但效果并不明显,经济学家普遍担心长期的量化宽松政策可能埋下未来全球通货膨胀的隐患。

2008 年雷曼兄弟倒闭,金融危机爆发,众多金融机构濒临倒闭。

2008 年 11 月 25 日,美联储开始实施第一轮量化宽松政策,宣布将购买政府支持房利美、房地美和联邦住房贷款银行与房地产有关的直接债务,还将购买由两房、联邦政府国民抵押贷款协会所担保的抵押贷款支持证券。到 2010 年 4 月,第一轮量化宽松政策结束,总计购买政府支持企业债券及相关抵押贷款支持证券 1.725 万亿美元,并将联邦基金利率降至 0.25% 历史低位。

美联储的第一轮量化宽松政策把华尔街的金融公司从破产边缘拯救了出来。虽然道琼斯工业指数在此后大幅上涨,但美国就业率没有根本改善。

两轮量化宽松政策后,美国经济复苏仍陷困局。2010 年 11 月 4 日,美联储宣布,启动第二轮量化宽松政策。截至 2011 年 6 月量化计划结束,美联储从市场购入 6000 亿美元中长期国债,并对资产负债表中到期债券回笼资金进行再投资。

进行第二轮量化宽松政策的原因在于上一轮政策未实现增加就业的目标,高失业率使美国政府面临较大的政治压力,同时也使依赖消费拉动的美国经济增长乏力。但是美国第二轮量化宽松政策结束后,效果并不理想,美国的失业问题仍然严峻,经济复苏依然脆弱,物价大涨。

美国就业市场持续疲弱,美联储再推第三轮量化宽松政策。2012 年 9 月 14 日,美联储麾下联邦公开市场委员会在结束为期两天的会议后宣布,0 ~ 0.25% 超低利率的维持期限将延长到 2015 年中,从 15 日开始推出进一步量化宽松政策,也就是第三轮量化宽松政策。

美联储宣布将每月向美国经济注入 400 亿美元,直到疲弱的就业市场持续好转。此外,美联储还承诺将超低利率进一步延长至 2015 年。

资料来源:盘点:美国三轮量化宽松政策 http://finance.sina.com.cn/world/mzjj/20141030/203120689826.shtml

请同学们思考并分析:

1. 美联储在经济危机后采取了什么行动,这属于中央银行的什么业务?

2. 美联储在拯救经济危机的过程中承担了什么职能,起到了什么作用?

3. 为拯救经济危机而采取的大规模的量化宽松政策是否使美联储的独立性减弱?

项目七　探析金融市场

学习目标 >>> >>>

通过本项目的学习，使学生能够了解金融市场的概念、功能；理解和掌握货币市场的概念和构成，掌握同业拆借市场和国库券市场的运作；理解和掌握资本市场的概念及构成，掌握股票与债券市场的运作，比较股票与债券的区别；了解金融衍生市场概念，掌握金融衍生工具的种类；了解外汇市场的相关知识。

项目导言 >>> >>>

金融市场是市场经济条件下各个要素市场的核心与枢纽，资金运动与货币变动离不开金融市场。发展市场经济，首先必须建设一个发达、完善的金融市场。学习本项目重在深入把握金融市场在社会经济体系中的地位和作用，掌握金融市场的构成要素、基本功能以及货币市场、资本市场、衍生品市场以及外汇市场的交易活动和基本理论。

案例导入 >>> >>>

中国证监会主席周小川指出，21世纪初期，中国证券市场的发展战略应该是以规范化为目标，以优化结构和增强功能为手段，通过完善市场体系，大力发展机构投资者，把规范与发展更好地结合起来，把防范金融风险与激发市场活力更好地结合起来，不断开拓创新，努力提高证券市场配置资源的效率和国际化水平。我国证券市场未来发展有着巨大的空间和良好的条件。周小川是在"WTO与中国资本市场国际研讨会"上作此表述的。他指出，为推进中国证券市场的进一步发展，当前和今后一段时间应在建立完善的多层次的市场体系、采取超常规、创造性的办法，大力培育机构投资者、积极推进网上交易的发展等方面作出积极努力。

周小川认为，社保制度的完善和社保基金的建立，将给中国资本市场带来历史性机遇。养老基金应该是资本市场中最重要的投资者，对我国资本市场的规范化、健康化及解决历史遗留问题都有很大好处。同时，资本市场又为养老基金提供了保值增值的运作机制，使其实力和规模不断增大。从市场监管的角度，需要积极做好各项配合准备工作，要研究落实基本养老保险制度的具体实施办法。

资料来源：人民网，www.people.com.cn.

上面的资料说明在资本市场激烈的竞争中，股市越发全球化和复杂化，单个的中小散户投资者的劣势就越来越明显，因此，集中散户成为大的投资者是全球资本市场发展的必然趋势。从这个案例中，其实我们已经可以简单地了解资本市场的发展过程。本项目的内容也主要是围绕金融市场定义、功能、要素及其资本市场的运行等展开。

任务一 初识金融市场

经历了整个 20 世纪,世界上各个国家或地区的金融市场都发生了巨大变化——由第二次世界大战后的零乱到今天的繁荣,由相互分割到日益融合为一体化。特别是随着信息技术和经济全球化的加快发展,金融市场的变革必将对全球经济、贸易、居民福利乃至世界各个国家或地区的政治生活产生深刻影响。

一、金融市场的含义

金融市场(financial market)是商品经济发展的产物。金融市场是以金融工具为交易对象而形成的资金供求关系的总和。

在商品经济条件下,随着商品流通的发展,生产日益扩大和社会化、社会资本的迅速转移、多种融资形式和种类繁多的信用工具的运用和流通导致金融市场的形成。金融市场是以货币信用关系的充分发展为前提的,是实现资金融通的场所,在这里实现借贷资金的集中和分配,并由资金供给与资金需求的对比形成该市场的"价格"——利率。

金融市场体系是现代社会最重要的发明之一,其基本功能就是将稀缺的货币和资本从储蓄者手中转移到借款者手中,以满足借款者对商品和服务的购买、新机器设备的购买,以此实现全球经济的不断增长和人民生活水平与社会福利的不断提高和改善。通过金融市场体系,股票、债券和其他各种各样的金融工具得到交易,金融产品和服务在世界范围被提供。如果没有金融市场及其资金的融通,现代社会经济生活的每一部分都不可能像现在这样正常运行。

综上所述,所谓金融市场就是货币和资本的交易活动、交易技术、交易制度、交易产品和交易场所的集合。换言之,金融市场是以金融工具为交易对象而形成的资金供求关系的总和。

二、金融市场的分类

按照最常用的标准可以把金融市场分为货币市场(monetary market)和资本市场(capital market)。货币市场主要指银行间同业拆借市场(interbank market)、商业票据市场(commercial draft market)、大额可转让定期存单市场(certificates of deposit, CDs)、短期债券市场(short-term bond market)和回购市场(counter purchase)。资本市场包括股票市场(stock market)和债券市场(bond market)。其他金融市场包括外汇市场(foreign exchange markets)、金融衍生品市场(financial derivative products)等。

在金融市场的形成和发展进程中,金融市场根据资金融通与金融产品交易的需要,其内在结构也在持续地发生着变化,按不同的标准可以将其划分为若干类市场。

（一）货币市场和资本市场

金融市场根据期限可以分为货币市场和资本市场。货币市场又称短期金融币场，是指短期资金的融通活动及其场所的总和。所谓短期，习惯上是指一年或一年以内。短期资金因偿还期限短、风险小以及流动性强而往往被作为货币的代用品，主要解决市场主体的短期性、临时性资金需求。在经济生活中，政府、企业、家庭和银行等金融机构都需要短期资金用于周转，因而成为短期金融市场的主体。货币市场使用的金融工具主要是货币头寸、存单、票据和短期债券（国库券）等。据此，货币市场包括同业拆借市场、票据市场、短期债券市场等。

资本市场又称长期金融市场，是指期限在一年以上的中长期资金融通活动及其场所的总和。长期资金大都参加社会再生产过程，在生产过程中发挥着资本的作用——主要是满足政府、企业等部门对长期资本的需求。资本市场的交易工具主要是各种有价证券，如政府公债、企业债券、股票等。这些金融工具偿还期长、流动性较差、风险较大。资本市场包括政府债券市场、公司债券市场、股票市场、银行中长期信贷市场等。

（二）现货市场、期货市场和期权市场

根据金融交易合约性质的不同，金融市场可分为现货市场、期货市场和期权市场。现货市场是指现货交易活动及其场所的总和。一般而言，现货交易是交易协议达成后立即办理交割的交易。

期货市场是指期货交易及其场所的总和。期货交易一般是指交易协议达成后在未来某一特定时间才办理交割的交易。在期货市场上，成交和交割是分离的。在期货交易中，由于交割要按成交时的协议价格进行，而证券价格的升或降就可能使交易者获得利润或蒙受损失。期货市场对于交易的参加者而言，既具有套期保值功能，又具有投机功能。

期权市场是各类期权交易活动及其场所的总和，它是期货交易市场的发展和延伸。期权交易是指买卖双方按成交协议签订合同，允许买方在交付一定的期权费用后取得在特定时间内、按协议价格买进或者卖出一定数量的证券的权利。但是直到协议合同到期，购买期权的一方没有行使该权利，则期权合同自动失效。

（三）一级市场和二级市场

金融市场还可分为一级市场和二级市场：一级市场也称初级市场或发行市场，是初次发行的有价证券的市场。一级市场是金融市场的基础环节，其主要功能是为办公机械、设备和货物的新投资筹集金融资本。投资者购买一家公司新发行的股票或是为一个企业或家庭提供抵押或信用贷款的活动均属于一级市场活动。

相反，二级市场是指已经发行证券的交易市场，又称次级市场或流通市场，其主要功能在于为证券投资者提供流动性，也就是给金融产品的投资者提供一个将投资转换为现金的渠道。通常二级市场的交易规模远大于一级市场的交易规模。不过，一级市场和二级市场是互动的，二级市场证券价格的上涨也会引起一级市场发行证券定价的提高。

之所以会如此，是因为不同市场间套利机制的存在使不同市场间价格与收益的利差趋于缩小并消失。

（四）公开市场和协议市场

金融市场根据金融产品成交与定价方式的不同可以分为公开市场和协议市场。所谓公开市场是指金融资产的交易价格通过众多的买主和卖主公开竞价而形成的市场，金融资产在到期偿付之前可以自由交易，并且只卖给出价最高的买者。公开市场一般是有组织的交易场所，如证券交易所、期货交易所等。

协议市场一般是指金融资产的定价与成交通过私下协商或面对面的讨价还价方式完成的市场，如未上市的有价证券、银行信贷、保险等交易均通过此种方式进行。传统上，协议市场是交易范围有限、交易效率较低、交易并不十分活跃的市场，但是，随着现代计算机技术的普及及其在金融市场的应用，协议市场的交易效率已经大大提高，其市场范围和影响也日益扩大。

（五）有形市场和无形市场

按有无固定场所划分有形市场和无形市场。有形市场是指有固定交易场所的市场，如证券交易所等。这种市场通常只限于会员进场进行交易，非会员必须委托会员才能进行交易。

无形市场是指通过现代化的通信工具而形成的一种金融交易网络。它没有固定的集中场所，也没有固定的交易时间，而只是一种大型的网络，所以称之为无形市场。在现实世界中，大部分金融资产的交易都是在无形市场上进行的。

（六）国内金融市场与国际金融市场

金融市场按地域划分，还可以分为国内金融市场与国际金融市场。国内金融市场是指融资交易活动的范围仅限于一国国境之内，即只有本国居民参加交易的金融市场。

国际金融市场则是指融资交易活动并不仅限于一国国境之内，即允许非居民参加交易的金融市场。

（七）其他

按交易的标的物划分，还可划分为货币市场、资本市场、外汇市场和黄金市场。外汇市场是专门进行外汇交易的市场，以外汇作为交易的标的物。黄金市场是专门集中进行黄金买卖的市场。由于黄金目前仍然是一种重要的国际储备资产，而且具有较强的保值功能，所以黄金市场仍被视作金融市场的组成部分。

三、金融市场的构成要素

金融市场的构成要素主要包括交易主体、交易对象、交易工具、交易的组织形式和交易价格等。

（一）交易主体

金融市场的主体即金融市场的交易者。参与金融市场交易的机构或个人，或者是资金的供给者，或者是资金的需求者，或者是以双重身份出现。如果从参与交易的动机来看，则可以更进一步地将其细分为投资者（投机者）、筹资者、套期保值者、套利者、调控和监管者等。对于金融市场来说，市场主体具有非常重要的意义。

一般来说，金融市场的主体主要包括政府部门、工商企业、居民个人与家庭、存款性金融机构、非存款性金融机构等。

（二）交易对象与交易工具

如前所述，人们在金融市场上交易的对象是单一的，只有货币资金一种。无论是货币市场上的交易活动，还是资本市场上的证券买卖，进行的都是货币资金的交易。作为资金需求者融入的都是货币资金，作为资金供应者融出的也都是货币资金，只不过在融资的期限、数额、价格以及形式上有所不同而已。

由于金融市场上的交易是一种信用交易，资金供应者让渡的只是货币资金的使用权，并没有转移货币资金的所有权，所以在交易活动达成之时，在资金供应者和资金需求者之间也就形成了一种债权债务关系。为了明确这种债权债务关系，就需要一定的凭证来作为依据，这就是金融工具。所谓金融工具，又称信用工具，是指在金融市场中可交易的金融资产。金融工具出现后，市场上的资金交易便可借助于金融工具来完成，融资凭证也就成了交易的工具。当赤字单位需要补充资金时，便可在金融市场上通过出售金融工具来融入资金；当盈余单位需要运用资金时，便可在金融中场上通过购买金融工具来贷出资金。通过这种金融工具的买卖，资金供求双方达到了资金交易的目的，金融工具实际上成为资金的载体和金融市场上交易的工具。

（三）交易的组织形式

有了交易主体和交易对象及交易工具就形成了市场交易的可能性，但要达成交易还需要有一定的组织形式，把交易双方和交易对象结合起来，使交易双方相互联系，实现转让交易对象的目的。纵观各国金融市场，所采用的交易组织形式一般有两种。

1. 交易所形式

证券交易所是证券交易的固定场所，是证券交易市场的最早形态。证券交易所只是为交易双方提供一个公开交易的场所，它本身并不参加交易。能进入证券交易所的都是取得交易所会员资格的经纪人和交易商，会员资格的取得历来均有各种严格限制并需缴纳巨额会费。经纪人和交易商的区别在于：前者只能充当证券买者与卖者的中间人，从事代客买卖业务，收入来自佣金；后者则可以直接进行证券买卖，收入来自买卖差价。

交易所内的证券交易是通过竞价成交的。所谓竞价成交，是指在对同一种证券有不止一个买方或卖方时，买方交易员和卖方交易员分别从当时成交价逐步向上或向下报价。当任一买方交易员与任一卖方交易员的报价相等时，则这笔买卖即拍板成交，竞价成交后，还须办理交割和过户的手续。交割是指买方付款取货与卖方交货收款的手续。过户手续仅对股票购买人而言。如为记名股票，买者须到发行股票的公司或其委托部门办理过户手续，方可以成为该公司股东。

2. 场外交易形式

场外交易是指在证券交易所以外进行的证券交易，是一种分散在各个证券商柜台前进行交易的组织形式，所以，也称为柜台交易形式或店头交易形式。

场外交易的特点是：（1）无集中交易场所，交易通过通信网络进行；（2）以买卖未在交易所登记上市的证券为主；（3）证券交易可以通过交易商或经纪人，也可以由客户直接进行；（4）证券交易由双方协商议定价格，不同于交易所采取的竞价制度。

场外交易市场由于具有可以不必公开财务状况、可以直接交易、有利于降低交易成本等特点，因此，自创办以来发展较快。尤其是计算机技术被应用于证券交易后，场外交易市场变得更加繁荣。其实这种交易组织形式现在也很少在柜台前直接进行，而多借助于电话、电传等现代通信手段来达成交易。

（四）交易价格

以上所述要素仅构成金融市场的基本框架，金融市场的交易活动要能正常运行还必须要有一个健全的价格机制。利息是资金所有者由于借出资金而取得的报酬，利息率是借贷期内所形成的利息额与所贷金额的比率。在金融市场的交易中，由于利率即是资金商品的价格，所以健全的价格机制在这里实际上就是指健全的利率机制，即能够根据市场资金供求状况灵活调节的利率机制。当市场上资金供不应求时，市场利率则会趋于上升；当市场上资金供过于求时，市场利率又能自动下降。

四、金融市场的功能

金融市场通过组织金融资产、金融产品的交易，可以发挥多方面的功能。

（一）资源配置

金融市场实现着资源、社会财富和风险的再分配功能。金融市场能够迅速有效地引导资金合理流动，提高资金的配置效率，扩大了资金供求双方接触的机会，便利了金融交易，降低了融资成本，提高了资金的使用效益。

（二）价格发现

金融市场具有定价功能，金融市场价格的波动和变化是经济活动的晴雨表。金融资产均有票面金额。企业资产的内在价值（intrinsic value）包括企业债务的价值和股东权益的价值——是多少，只有通过金融市场交易中买卖双方相互作用的过程才能"发现"。即必须以该企业有关的金融资产由市场交易所形成的价格作为依据来估价，而不是简单地以会计报表的账面数字作为依据来计算，金融市场的定价功能同样依存于市场的完善程度和市场的效率。

（三）分散风险

金融市场帮助实现风险分散和风险转移。金融市场的发展促使居民金融资产多样化和金融风险分散化、发展金融市场就为居民投资多样化、金融资产多样化和银行风险分散化开辟了道路，为经济持续、稳定地发展提供了条件。居民通过选择多种金融资产、灵活调整剩余货币的保存形式增强了投资意识和风险意识。

（四）宏观调控

金融市场对宏观经济具有调节作用。金融市场为金融管理部门进行金融间接调控提供了条件。金融间接调控体系必须依靠发达的金融市场传导中央银行的政策信号，通过金融市场的价格变化引导各微观经济主体的行为，实现货币政策的调整意图。在发达的金融市场体系内部，各个子市场之间存在高度相关性。随着各类金融资产在金融机构储备头寸和流动性准备比率的提高，金融机构会更加广泛地介入到金融市场的运行中去，中央银行间接调控的范围和力度将会伴随金融市场的发展而不断得到加强。

课堂互动

金融市场有哪些类型和主体？他们的主要功能是什么？

五、现代金融市场的发展趋势

目前，世界各国金融市场的发展日新月异，并呈现出以下趋势：

（一）金融市场全球化

随着经济全球化的不断发展，金融市场也呈现全球化趋势。金融市场全球化意味着全世界的金融市场整合成一个国际性的大市场。任何一个国家企业的融资可以不限于本国的金融市场，投资者也可以不仅仅投资于国内金融市场中的金融商品。金融市场全球化形成的主要因素包括各国金融管制的放松、技术的进步和金融市场主体的机构化。全球化竞争促使各国政府不断开放本国的金融市场，放宽对金融市场各项业务的管制，以利于本国的金融机构有效地参与竞争。市场主体已经从小额投资者为主转化为以机构投资者为主，金融机构日益成为投资的主体。金融机构更愿意使资金在国际间移动以改进投资组合，获得更多的收益和较低的风险。

（二）金融市场自由化

20世纪80年代以来，全球各国政府逐步放松了对金融的管制，使国际金融市场出现了金融自由化的浪潮。金融自由化的主要内容有：取消商业银行等金融机构的存贷款利率上限；取消外汇管制；减免对外国投资者所征收的税收；允许外国人购买国内证券；允许外国人在国内发行债券；允许外国商业银行在国内参与当地借贷市场的业务活动；允许外国投资银行和商业银行参与国内市场股票、债券的发行和交易业务；等等。

（三）金融业务综合化

这是指一些大型金融机构能经营多种金融业务，为客户提供综合服务。这是金融市场发展的一种新形态，人们称为"超级金融市场"。此外，20 世纪 90 年代以来，各国银行业、证券业间掀起了一轮新的兼并浪潮，一批实力雄厚的金融机构应运而生，客观上亦形成了经营不同产品、不同业务的综合性金融机构。

（四）金融创新多样化

作为金融改革的一个重要方面，金融创新的潮流在 20 世纪 80 年代以来势不可当，主要表现在国际金融业务创新的势头方兴未艾，金融市场交易的技术创新日新月异。美国率先将商品期货交易技术运用于金融业务中，随后，金融期货、期权、货币互换、利率互换等金融衍生工具不断出现，为金融市场参与者稳定投资收益，降低筹融资成本等提供了更为灵活方便的手段。

（五）金融资产证券化

所谓金融资产证券化，是指各种有价证券在资本总量中所占的比重不断增大的过程。主要表现在两个方面：一方面是指通过在资本市场和货币市场上发行证券融资的现象日益增加，经济主体筹集资金可以直接通过金融市场而不需要向银行申请贷款或透支；另一方面是指把已经存在的信贷资产集中起来并以这些资产为抵押发行新的证券进而转卖给市场上的投资者。这项技术运用于金融市场已经多年，许多缺乏流动性的资产通过证券化技术被重新盘活，许多因风险不容易控制而不能实行市场融资的项目得以实现，许多因筹资者或资金需求者和投资者都相对分散的项目也通过证券化技术实现了资本市场融资。如在美国金融市场上，已经被证券化或正在尝试证券化的金融资产就有：居民住宅抵押贷款；私人资产抵押贷款、汽车销售贷款、其他各种个人消费贷款、学生贷款、商业房地产抵押贷款、人寿健康保险单、各类工商业贷款等。资产证券化减少了货币资本运行过程中的许多中间环节和流动成本，减少了金融机构的浪费和损失，增强了资本流动性，提高了资本效率，使资本的作用得到更大的发挥。

+·+

金融市场的运行机制

金融市场上资金的运动具有一定规律性，由于资金余缺调剂的需要，资金总是从多余的地区和部门流向短缺的地区和部门。金融市场的资金运动起因于社会资金的供求关系，最基本的金融工具和货币资金的形成，是由银行取得（购入）企业借据而向企业发放贷款而形成的。银行及其他金融机构作为中间人，既代表了贷者的集中，又代表了借者的集中，对存款者是债务人，对借款者是债权人，因而，它所进行的融资是间接融资。当银行创造出大量派生存款之后，为其他信用工具的创造和流通建立了前提。当各种金融工具涌现，多种投融资形式的形成，金融工具的流通轨迹就变得错综复杂，它可以像货币一样多次媒介货币资金运动，资金的交易不只是一次就完成，金融市场已形成了一个相对独立的市场。金融工具会脱离最初的交易场所反复地运动，这种运动，大多是借助于直接融资工具如股票、债券的多次流通而实现的。这种直接融资是资金供求双方的直接交易，无须借助于中间人，或者只需中介者集中撮合即可。另外，借助于中介机构发行的金融工具，形成金融流通市场，表现在支票、汇票、本票的流通及贷款证券化的流通。因而，在金融市场上，金融工具的卖出者可以转化为买入者，金融工具的买入者可以转化为卖出者。再加上新的交易伙伴的不断涌入，推动着金融工具流通转让；与此同时，资金相应地作逆向的流动，使金融市场纷繁复杂起来。金融市场的范围有多大？有人认为仅指银行之外的资金交易和融通，不包括银行所进行的融资活动。其实，当银行走向市场化之后，以银行所推动的金融产品交易，同样是作为商品的交易，即使是在过去计划经济时代，资金交易也仅是有计划的商品交易。因而，将银行这一大块资金交易排除在金融市场之外，显然是不适当的。可以说，金融市场是各类金融机构、金融活动所推动的资金交易的总和，它是一个宏观的概念，只要是资金交易，就离不开金融市场，它是无所不包的。

资料来源：爱德华·甘伯. 货币金融学 ［M］. 北京：机械工业出版社，2013：159.

 实训任务

知识运用：

学生搜集资料，整理我国的货币市场和资本市场发展历程，并与发达国家的货币市场和资本市场进行比较，总结有何差别？将成果以小论文形式上交给老师。

任务二　了解货币市场

货币市场有许多子市场，如银行同业拆借市场、票据贴现市场、大额可转让定期存单市场、短期债券市场、回购协议市场等。

一、银行同业拆借市场

（一）银行拆借市场概念

银行同业拆借市场（interbank market）是指银行之间短期的资金借贷市场。市场的参与者为商业银行以及其他各类金融机构。拆借期限较短，有隔夜、7 天、14 天等，最长不过 1 年。我国银行间拆借市场是 1996 年 1 月联网试运行的，其交易方式主要有信用拆借和回购两种方式，其中主要是回购方式。

（二）银行同业拆借市场的特点

1. 融资期限比较短

一般是 1 天、2 天或 1 个星期，最短也可能是几个小时，或隔夜拆借。目前，银行同业拆借市场已经从临时调剂性市场变成了短期的融资市场，成为各金融机构弥补短期资金不足、进行短期资金运用、解决或平衡资金流动性和盈利性矛盾的市场。

2. 拆借活动有着严格的市场准入条件

一般在金融机构或某类金融机构之间进行，而非金融机构包括工商企业、政府部门及个人或非指定的金融机构，不能进入拆借市场。有些国家或者在某些特定的时期，政府也会对进入这一市场的金融机构进行一定的限制。如只允许商业银行进入，进行长期融资的金融机构不能进入；只允许存款性金融机构进入，不允许证券、投资、信托、保险机构进入等。

3. 交易手段比较先进，交易手续比较简便，成交时间也较短

银行同业拆借市场的交易主要采取电话协商的方式进行，是一种无形市场。达成协议后，就可以通过各自在中央银行的存款账户自动划账清算；或者向资金交易中心提出供求和进行报价，由资金交易中心进行撮合成交，并进行资金交割划账。

4. 交易金额较大

一般不需要担保或抵押，完全是一种协议和信用交易关系。双方都以自己的信用担保，并严格遵守交易协议。

5. 利息率低

银行同业拆借市场的利率是一种市场化很高的利率，能够充分灵敏地反映市场资金供求的状况及变化。一般情况下，银行同业拆借利率要低于中央银行的再贴现利率。由于是信用交易，其利率也会略高于同等条件下回购市场利率。银行同业拆借市场利率是比较典型的市场利率，其中伦敦银行同业拆借利率（LIBOR）是国际金融市场上借贷利率的基础。而国内银行同业拆借利率则是上海同业间拆借利率（SHIBOR），该利率较好地反映了我国信贷资金的供求状况，是我国目前比较有代表性的市场利率。

+·—·+

我国同业拆借市场的发展

我国的同业拆借始于 1984 年。1984 年以前，我国实行的是高度集中统一的信贷资金管理体制。银行间的资金余缺只能通过行政手段纵向调剂，而不能自由地横向融通。1984 年 10 月，我国针对中国人民银行专门行使中央银行职能，二级银行体制已经形成的新的金融组织格局，对信贷资金管理体制也实行了重大改革，推出了统一计划，划分资金，实贷实存，相互融通的新的信贷资金管理体制，允许各专业银行互相拆借资金。新的信贷资金管理体制实施后不久，各专业银行之间，同一专业银行各分支机构之间即开办了同业拆借业务。不过，由于当时实行严厉的紧缩性货币政策，同业拆借并没有真正广泛地开展起来。1986 年 1 月，国家体改委、中国人民银行在广州召开金融体制改革工作会议，会上正式提出开放和发展同业拆借市场。同年 3 月国务院颁布的《中华人民共和国银行管理暂行条例》，也对专业银行之间的资金拆借做出了具体规定。此后，同业拆借在全国各地迅速开展起来。到 1987 年 6 月底，除西藏外，全国各省、市、自治区都建立了不同形式的拆借市场，初步形成了一个以大中城市为依托的，多层次的，纵横交错的同业拆借网络。

1988 年 9 月，面对社会总供求关系严重失调，储蓄存款严重滑坡，物价涨幅过猛的严峻的宏观经济和金融形势，国家实行了严厉的"双紧"政策，同业拆借市场的融资规模大幅度下降，某些地区的拆借市场甚至关门歇业。到 1992 年，宏观经济、金融形势趋于好转，全国各地掀起一轮新的投资热潮。同业拆借市场的交易活动也随之活跃起来，交易数额节节攀升。1995 年，为了巩固整顿同业拆借市场的成果，中国人民银行进一步强化了对同业拆借市场的管理，要求跨地区、跨系统的同业拆借必须经过人民银行融资中心办理，不允许非金融机构和个人进入同业拆借市场，从而使同业拆借市场得到了进一步规范和发展。1995 年 11 月中国人民银行发出通知，要求商业银行在 1996 年 4 月 1 日前撤销其所办的拆借市场。这一措施为建立全国统一的同业拆借市场奠定了坚实的基础。1996 年 1 月 3 日，经过中国人民银行长时间的筹备，全国统一的银行间同业拆借市场正式建立。

资料来源：周浩明. 货币金融学（第 2 版）[M]. 上海：上海财经大学出版社，2013：168.

二、商业票据市场

（一）商业票据的产生和发展

商业票据（commercial draft）是一种短期无担保的在公开市场上发行的期票，它代表了发行公司应付的还债义务。最初，商业票据的发行是为公司筹集短期的季节性资金和营运资金，为信用级别高的公司提供了一种比银行借款成本更低的筹资途径。从 20 世纪 80 年代以后，商业票据的发行成为提供过渡性融资的手段之一。

20 世纪 60 年代末，商业票据开始与商品、劳务的交换相分离，成为一种建立在信用基础上的单纯的债权债务关系。之后，商业票据市场得到了迅猛的发展，在全球范围内不断扩大。商业票据市场之所以能够得到迅速的发展，主要是源于其不同于其他融资工具的一些特点。无论对发行者还是投资者而言，商业票据都是一种理想的金融工具。

商业票据的信用评估

美国主要有三家评级机构对商业票据进行评级，它们是穆迪投资服务公司、标准普尔公司和惠誉国际信用评级有限公司。商业票据的发行人至少要获得其中的一个评级，大部分获得两个。商业票据的评级和其他证券的评级一样，也分为投资级和投机级。美国证券交易委员会认可两种合格的商业票据：一级票据和二级票据。一般来说，要想成为一级票据，必须有两家评级机构对其所发行的票据给予"1"的评级，成为二级票据则必须有一家给予"1"的评级，至少还有一家或两家的评级为"2"。二级票据为中等票据，货币市场基金对其投资会受到限制。

资料来源：殷孟波. 货币金融学［M］. 北京：清华大学出版社，2013：342.

（二）商业票据融资的优点

对于发行者来说，用商业票据进行融资具有以下主要优点：

1. 成本较低

商业票据一般由大型企业发行。有些大型企业的信用级别要高于某些中小型银行，商业票据的发行人可以获得成本较低的资金。又由于其中减少了银行放贷从中赚取的一部分利润，一般来说，商业票据的融资成本要低于市场上短期借贷的成本。

2. 具有灵活性

可以根据发行机构与经销商的协议，在某一段约定的时间内，发行机构根据自身资金的需要情况，以及证券市场的状况，不定期、不限次数地发行商业票据。

3. 提高发行公司的声誉

由于商业票据的发行都是经过评级机构认真审查，评出的信用卓著的大型企业，因此商业票据的发行本身在市场上就是发行机构信用的标志，从而提高自己的声誉。对于投资者而言，投资于商业票据能获得比银行短期存款更高的利息收益，又具有比存款更高的流动性。通常情况下，商业票据的风险也比较小。

三、可转让大额定期存单市场

大额存单（certificates of deposit，CDs）是由商业银行发行的一种金融产品，是存款人在银行的存款证明。大额可转让定期存单与一般存单不同的是，金融为整数，并且在到期之前可以转让。

1986 年，交通银行、中国银行以及中国工商银行曾相继发行大额存单。1989 年中国人民银行首次颁发《关于大额可转让定期存单管理办法》（后于 1996 年修订），允许最高利率上浮幅度为同类存款利率的 10%，出现了存款"大搬家"的情况。1997 年 4月，中国人民银行决定暂停大额可转让定期存单。随着利率市场化的推进，在 2015 年6 月 15 日，中国工商银行、中国建设银行、中国农业银行、中国银行等 9 家银行推出各自的首期大额存单业务。

可转让大额定期存单的发展现状

与其他西方国家相比，我国的大额可转让存单业务发展比较晚。我国第一张大额可转让存单的面世于 1986 年，最初由交通银行和中央银行发行，1989 年经中央银行审批其他的专业银行也陆续开办了此项业务，大额存单的发行者仅限于各类专业银行，不准许其他非银行金融机构发行。存单的主要投资者主要是个人，企业为数不多。

中央银行当时规定：对个人发行的存单面额为 500 元及其整数倍，对单位发行的存单面额为 50000 元及其整数倍，存单的期限分别为 1 个月、3 个月、6 个月及 1 年（《大额可转让定期存单管理办法》第二章第九条规定：对城乡居民个人发行的大额可转让定期存单面额为：1 万元、2 万元、5 万元；对企业发行的大额可转让定期存单的面额为 50 万元、100 万元和 500 万元；第十条规定：大额可转让定期存单的期限为 3 个月、6 个月和 12 个月），存单不分段计息，不能提前支取，到期时一次性还本付息，逾期部分不计付利息；存单全部通过银行，由营业柜台向投资者发放，不须借助于中介机构。存单的利率水平一般是在同期期限的定期储蓄存款利率的基础上再加 1～2 个百分点，弹性不大，银行以大额可转让定期存单吸收的存款需向中央银行缴存准备金。

基于各专业银行在发行大额可转让定期存单时出现的由于利率过高引发的存款"大搬家"，增加银行资金成本的弊病，中国人民银行曾一度限制大额定期存单的利率，加之我国还未形成完整的二级流通市场，20 世纪 80 年代大量发行的大额可转让定期存单到 1996 年以后整个市场停滞，几近消失。

资料来源：http：//mt. sohu. com/20160612/n453910122. shtml

2015 年 6 月 2 日，中国人民银行发布了《大额存单管理暂行办法》中规定：大额存单采用标准期限的产品形式。个人投资人认购大额存单起点金额不低于 30 万元，机构投资人认购大额存单起点金额不低于 1000 万元。大额存单期限包括 1 个月、3 个月、6 个月、9 个月、1 年、18 个月、2 年、3 年和 5 年共 9 个品种。大额存单发行利率以市场化方式确定。固定利率存单采用票面年化收益率的形式计息，浮动利率存单以上海银行间同业拆借利率（Shibor）为浮动利率基准计息。大额存单自认购之日起计息，付息方式分为到期一次还本付息和定期付息、到期还本。发行人应当于每期大额存单发行前在发行条款中明确是否允许转让、提前支取和赎回，以及相应的计息规则等。大额存单的转让可以通过第三方平台开展，转让范围限于非金融机构投资人。对于通过发行人营业网点、电子银行等自有渠道发行的大额存单，可以根据发行条款通过自有渠道办理提前支取和赎回。

近几年，随着我国市场机制的进一步完善发展，为了拓宽筹资渠道，努力集聚社会闲散资金支持国家经济建设，经中国人民银行批准，中国工商银行、中国建设银行、中国农业银行、中国银行等 9 家银行于 2015 年 6 月 15 日，又重新推出各自的首期大额存单业务。

课堂互动

大额定期存单、银行定期存款、银行理财产品相比较各自有哪些优势劣势？

四、银行承兑汇票市场

银行承兑汇票（banker's acceptance draft）市场就是以银行承兑汇票为交易对象，

通过发行（出票）、承兑、贴现进行融资的市场，是以银行信用为基础的市场。但是应该明确的是，并非所有已经开具的银行承兑汇票都能够进入市场流通。

银行承兑汇票市场的参与者主要是承兑银行、市场经纪人和投资者。

银行承兑汇票市场由发行市场和二级市场构成。初级市场涉及的票据行为有出票和承兑，二级市场上有贴现和再贴现。

银行是第一责任人，而出票人则负责第二手责任。以银行承兑票据作为交易对象的市场即为银行承兑票据市场。

银行承兑汇票是为方便商业交易活动而创造的一种工具，在对外贸易中运用较多。

五、贴现市场

贴现（discount）是票据持有者将未到期的票据交给银行，银行按票据面额扣除自贴现日到到期日利息后付款给票据持有人的行为。假设票据的票面金额为50000元，3个月后到期，贴现率为6%，则银行要从票据面额中扣除750元（50000×6%×3/12），只支付给持票人49250元。贴现既是一种票据买卖和资产转移，同时也是银行的一种短期贷款。

贴现市场的主要参与者是商业银行、贴现所和作为最后贷款人的中央银行。贴现的票据主要是银行承兑汇票和商业票据，此外还有国库券和短期债券。一般情况下，工商企业直接向商业银行贴现，商业银行可向中央银行要求再贴现，商业银行处于中心地位。中央银行作为最后贷款人，通过调整再贴现率，可以实现间接调控宏观经济、执行货币政策的目的。

+·+

贴现市场的运行方式

票据贴现市场的市场主体（市场参与者）、市场客体（市场交易工具）及与市场运行密切相关的贴现利率等因素综合在一起，构成了票据贴现市场的运作机制。在西方，由于不同国家在票据贴现市场的融资规模、结构状况及中央银行对再贴现政策的重视程度方面存在差异，因而票据贴现市场也具有不同的运行特点。

美国的票据贴现市场，主要由银行承兑汇票市场和商业票据市场所构成。英国的票据贴现市场：一方面，票据贴现所接受客户的商业票据，为其办理贴现；另一方面，它们又把手中未到期的汇票拿到商业银行或英格兰银行那里，办理转贴现或再贴现。日本的票据贴现市场上用来贴现的票据，主要是期票和承兑汇票。所谓期票，是由一些资信度较高的大企业签发的，以自身为付款人，以银行为收款人的一种票据。

票据贴现利率是票据贴现市场运作机制的一个重要环节，从理论上讲，合理的贴现率水平，应比照相同档次的贷款利率水平来确定。不过，由于票据贴现是提前预扣利息，等于是占有了客户贴息的时间价值，因而利率水平应比同档次贷款利率低一些。实际上，在确定贴现率的具体水平时，票据贴现期限、票据信用程度、短期资金供求关系以及中央银行的再贴现率水准等，也都是必须考虑的因素。至于转贴现率和再贴现率，前者主要由贴现双方参照有关利率自由商定，或由金融同业公会加以规定，后者则主要取决于中央银行的货币政策意图和金融宏观调控决策。

资料来源：殷孟波. 货币金融学 ［M］. 北京：清华大学出版社，2013：301.

六、国库券市场

国库券（treasury bill）市场即短期国债（1 年期以下）的发行和流通市场，是利率最低、风险最小、流动性最强的市场。

国库券由于其自身的安全性（无违约风险）、收益的稳定性、市场的广泛性以及高度的流动性的优势，从而受到了投资者极大的欢迎。投资者可以随时将国库券变现、交易，也可以利用国债作为抵押品进行回购和逆回购，灵活地运用资金。此外，国库券的交易也是政府进行宏观调控的重要场所。中央银行通过增加或减少国库券的发行、流通，以及调整国库券的利率和贴现率，来执行其货币政策。

课堂互动

在国库券市场上，政府、中央银行以及商业银行的活动有什么不同？

七、回购市场

回购（counter purchase）市场是指在货币市场上出售证券的同时，出售证券的一方承诺在约定的时间按约定价格或约定的利率重新购回该项证券的协议。回购协议虽然表现为买卖证券的形式，但实质上是一笔以证券为抵押品的短期资金融通，出售证券的一方就是资金的借入者，买入证券的一方就是资金的借出者。在回购协议中，卖出证券取得资金的一方承诺按照约定期限和约定价格购回所卖出的证券。回购协议市场具有下列特点。

1. 流动性强

回购协议主要以短期为主，最长的回购期限一般不超过 1 年。我国回购市场上，最长的不超过 4 个月，其中期限为 3 天、7 天、14 天的交易最为活跃。

2. 安全性高

这是由市场自身的性质决定的。回购协议的交易场所是经国家批准的规范性场内交易场所，只有合法的机构才可以在场内进行交易，交易的双方以出让或取得证券抵押权为担保进行资金拆借，交易所作为证券抵押权的监管人承担相应的责任。回购交易的对象是经货币当局批准的最高资信等级的有价证券。可以说，回购交易几乎是无风险交易。

3. 以机构参与者为主

回购协议市场的参与者主要是银行、非银行金融机构、企业和政府。对于商业银行来说，利用回购协议融入的资金不属于存款负债，不用交纳存款准备金。由于大型商业银行是回购市场的主要资金需求者，回购交易具有非常明显的优势，这些银行往往利用回购协议市场作为筹集资金的重要场所。

 实训任务

知识运用：

在老师的组织下，将学生每四人分为一个小组，作为公司代表。老师指定四人作为银行代表。现各公司经营出现资金紧张的情况，有一批汇票尚未到期，请公司委托人员到银行办理贴现业务。由双方共同商讨。由小组长写出总结在下次课上向全班汇报。

任务三　分析资本市场

资本市场是指经营 1 年以上长期资金借贷业务或进行中长期金融工具的发行与交易的市场，也称为长期资金市场。融资目的主要是解决中长期投资性资金需要，筹措的资金主要用于补充资本金，扩大生产能力及国家长期建设项目的投资等。资本市场的基本功能是实现并优化投资与消费的跨期选择。按市场工具来划分，资本市场通常由股票市场、中长期债券市场、抵押贷款市场组成。

一、股票市场

股票市场（stock market）是指股票发行和交易的场所。股票市场由两个相互联系的市场——股票发行市场和股票流通市场组成。

（一）股票发行市场

股票发行市场，也称股票一级市场（Primary Market），是指发行人直接或通过中介机构向投资者出售新发行的股票。股票发行市场体现了发行者与投资者之间的一种纵向关系，即股票由股票发行主体流向投资者，资金由众多的投资者手中集中到股票发行者手中。

1. 股票发行制度

为了保障投资者的权益，各国政府都授权某一部门对申请发行股票的公司进行审核评估。各国股票市场的发行制度，可分为注册制和核准制两种。

注册制是指发行人在准备发行证券时，必须将依法公开的各种资料完全、准确地向证券主管机关呈报并申请注册。证券主管机关仅对申报文件的全面性、真实性、准确性和及时性作形式审查。如果申报文件没有包含任何不真实的信息且证券主管机关对申报文件没有异议，则经过一定的法定期限，申请自动生效。

核准制是指发行人在发行股票时，不仅要充分公开企业的真实状况，而且还必须符

合有关法律和证券管理机关规定的必备条件，证券主管机关有权否决不符合规定条件的股票发行申请。证券主管机关除了进行注册制所要求的形式审查外，还对发行人的营业性质，发行人财务状况和盈利能力、素质及发展前景，发行数量与价格等条件进行实质审核，并由此作出发行人是否符合发行实质条件的价值判断。

目前，发达国家的证券市场通常都采用注册制，如美国。而证券市场历史不长、各种条件和制度不完善、不规范的新兴市场，则多数不得不采用核准制。

2. 股票发行方式

股票的发行方式，也就是股票经销出售的方式。由于各国的金融市场管制不同，金融体系结构和金融市场结构不同，股票发行方式也有所不同。

（1）按募集对象划分，股票发行可分为公开发行和非公开发行两种方式。

公开发行，又称公募，是指事先不确定特定的发行对象，而是向社会广大投资者公开销售股票。由于公开发行涉及众多的投资者，其社会影响很大。为了保证投资者的合法权益，政府对股票的公开发行控制很严，要求发行公司必须提供经过证券主管部门审核的股票发行说明书以及经过注册会计师核实的财务资料。公开发行的股票由于其销售对象是非特定公众，因此股票持有人数众多，股权分散程度高，具有较高的流动性，因而易于被广大投资者接受。同时，公开发行也提高了发行者的知名度，使其能够在较短的时间内筹集到大量资金，因而也有利于发行者。不足之处在于其承销和推销很大程度上依靠承销商的协助，需要付给他们可观的手续费，这样使其发行成本较高。

非公开发行，又称私募，是指发行公司只对特定的发行对象推销股票。如有些筹资企业在内部向职工个人发行证券，或向其他熟悉的单位（如金融机构或与发行人有密切往来关系的企业等）发行证券。采取非公开发行的方式，不仅可以节省委托中介机构发行的手续费，降低发行成本，还可以调动老股东和内部股东的积极性，巩固和发展公司的公共关系。其缺点是：不公开发行的股票，不能公开在市场上转让出售，从而会大大降低股票的流动性和公司的社会性和知名度。

课堂互动

比较公募发行和私募发行的优缺点？

（2）按是否有中介机构（证券承销商）协助，股票发行可分为直接发行与间接发行两种方式。

直接发行，又称直接招股，是指发行人不通过证券承销机构而自己发行证券的一种方式。发行人自己直接发行股票，大多数是非公开发行。采取直接发行的方式可以使发行公司直接控制发行过程，程序比较简单，同时不经过中介机构，节省了发行的费用。但是它也存在着不足之处：社会影响小，不利于提高公司的知名度；筹集时间较长，当发行量较大时，很难迅速获得所需资本；当实际认购额达不到预定的资金额时，剩余部分必须由发行公司的发起人承担，风险很大。因此，只有非公开发行的股票或因公开发行有困难的股票，或者是实力雄厚、有把握实现巨额私募从而节省发行费用的大股份公司股票，才考虑采取直接发行方式。

间接发行，又称委托发行，是指行人不直接参与证券的发行过程，而是委托证券承销机构出售股票的一种方式。一般而言，证券承销机构主要是投资银行、证券公司、信托公司等。间接发行对于发行人来说，虽然要支付一定的发行费用，但是有利于提高发行人的知名度，筹资时间较短，风险也较小。因此，一般情况下，证券发行大都采用间接发行的方式。

3. 股票发行价格

股票的发行价格是指发售新股票时的实际价格。由于股票发行的目的不同、对象不同、发行方式不同以及股票种类的不同，其实际发行价格也各不相同。但就总体上划分，股票的发行价格有以下几种。

（1）平价发行。

平价发行即以股票面额为发行价格，也称为"面额发行"。由于股票上市后的交易价格通常要高于面额，平价发行能够使投资者得到交易价格高于发行价格时所产生的额外收益，因此，大多数的投资者都乐于接受。平价发行的方式较为简单易行，但缺点是发行人筹集资金量较少。平价发行在证券市场不发达的国家和地区较为普遍。

（2）溢价发行。

溢价发行是指发行人按高于面额的价格发行股票，因此可以使公司用较少的股份筹集到较多的资金，降低了筹资成本。溢价发行又可分为时价发行和中间价发行。

时价发行也称为市价发行，是指以同种或同类股票在流通市场上的价格（即时价）为作为发行价格。

中间价发行，即指以市价和面值的中间值作为发行价格。通常是在以股东配股形式发行股票时采用，这样不会改变原来的股份构成，而且可以把差价收益的一部分归原股东所有，一部分归公司所有用于扩大经营。

（3）折价发行。

折价发行即按照股票面额打一定的折扣作为发行价格。其折扣的大小由发行公司和证券承销商双方决定，主要取决于发行公司的业绩。如果发行公司的业绩很好，则其折扣较低；如果发行公司是新设公司，业绩一般，公众也不了解，则折扣就较高，以便于股票的推销。我国不允许折价发行。

（二）股票流通市场

股票流通市场，也称二级市场（secondary market），是已经发行的股票进行转让、买卖和流通的市场。股票二级市场可分为场内交易市场（证券交易所）和场外市场（也称柜台交易或店头市场）。此外，还有第三市场和第四市场。

1. 证券交易所交易

证券交易所，又称场内交易市场，是专门的、有组织、有固定地点，并能够使证券集中、公开、规范交易的场所。场内市场是证券市场的主体和核心。

证券交易所市场是商品经济发展的产物，早在资本原始积累时期就已出现。

在交易所市场近 400 年的发展历程中，经历了若干次质的飞跃，从集市般的讨价还价到经纪人制度的出现，从电子化的改革到互联网的应用，但无论怎么样变化，提高市场效率，降低交易成本，使参与者更加广泛、市场信息更加透明、竞争更加充分，使整个社会资源的配置更加迅速、更加有效，都是证券交易所发展历史轨迹中永远不变的理念。

证券交易所的组织形式一般分为公司制和会员制两种。

公司制证券交易所是一个按照股份制原则设立的，由股东出资组成的组织，是以盈利为目的的法人团体。公司制证券交易所的特点是：证券交易所本身不参与证券买卖，只为证券经纪商提供交易场地、设施和服务，以便证券交易完成。公司制证券交易所的最高决策管理机构是董事会，董事和监事由股东大会选举产生。

注册合格的证券商在交易所买卖证券，证券商与交易所签订合同，并缴纳营业保证金，同时交易所收取证券成交的佣金。公司制证券交易所的优点：能提供比较完善的设备和服务，又能保证证券交易的公正性。公司制证券交易所的缺点：由于交易所的设立是以盈利为目的的，交易所的收入主要来源于按证券交易金额的一定比例收取的佣金，而且收取的佣金一般比较高，所以对于证券交易者来说，费用成本较高。

会员制证券交易所是一个由会员自愿出资共同组成的、不以盈利为目的的法人团体。会员制证券交易所的会员必须是出资的证券经纪人或自营商，只有会员才有资格在交易所进行证券交易。会员制证券交易所由会员来共同经营，会员与交易所不是合同关系，而是自治和自律关系，这是会员制证券交易所与公司制证券交易所的最大区别。会员制证券交易所的最高决策管理机构是理事会，理事会成员由会员选举产生。会员制证券交易所的优点：首先，会员制证券交易所不以营利为目的，收取的证券成交佣金一般比较低；其次，会员制证券交易所内部实行自律，各个会员要严格约束自己，而且还要相互约束，会员责任感一般都比较强。会员制交易所的缺点：在会员制证券交易所内买卖双方需自负交易责任，不能取得交易所的赔偿，因而风险较大。

西方大多数国家都是采用会员制建立证券交易所，如美国的纽约证券交易所就是按会员制建立的证券交易所。我国上海、深圳两家证券交易所都是会员制的事业法人。

2. 场外交易市场

场外交易市场简称 OTC（over the counter）市场，又称柜台交易或店头交易市场，是指在证券交易所以外由证券买卖双方直接进行交易的场所。在早期银行业与证券业尚未分离前，由于证券交易所尚未建立和完善，许多有价证券的买卖都是通过银行进行的，投资者买卖证券直接在银行柜台上进行。实行分业制后，证券交易转由证券公司承担，因此有人称之为柜台市场或店头市场。随着通信技术的发展，目前许多场外交易并不直接在证券公司柜台前进行，而是由投资者与证券公司通过电话进行业务接洽，故又称为电话市场。

场外交易市场是一个分散的、无固定交易场所的无形市场，它由许多各自独立经营的证券公司分别进行交易，而且主要依靠电话和计算机网络等现代通信工具进行交易，投资者可直接参与证券交易过程。

3. 第三市场

第三市场也是场外市场的一种形式，是一个专门为投资者进行大宗上市股票交易而形成的市场。第三市场的市场参与者主要是机构投资者。由于机构投资者需要买卖大量的股票，直接在证券交易所进行交易需要向证券交易所支付一笔不菲的交易佣金。因此，机构投资者就在证券交易所之外买卖这些上市股票，以减轻大宗交易股票的费用负担。这种在市场上大量买卖所上市股票的投资行为促使形成了一个特殊的大宗交易批发市场，即第三市场。

4. 第四市场

第四市场也是场外市场，是为方便机构投资者之间的相互交易便利而设立的市场。与第三市场不同的是第四市场交易模式不需要中间商角色。换句话说就是，第四市场上不存在造市商，机构和机构之间可以直接对话交易，也不需要付任何手续费，属于对手方交易模式。

随着互联网技术的发展，第四市场也在变化。依托互联网的网上交易撮合系统开始为个人投资者提供没有中间商的直接交易撮合模式。现在，第四市场的报价和交易已经可以通过先进的互联网技术和全自动化的电子撮合技术来实现。

二、我国股票市场的发展

我国在 1880 年前后开始有股票交易，这是由于清政府洋务派创办近代工业企业引起的。清末开始，政府发行公债及铁路债券的数量增多，证券交易日盛。1918 年以后，上海和北京分别成立证券交易所。从 1918～1949 年，中国的证券交易所经历了兴衰的交替。1949 年新中国成立后，证券交易所停止活动。

改革开放以来，由于企业及政府开始发行股票、债券等有价证券，建立证券交易市场势在必行。1986 年 8 月～1989 年，一些不规范的、属于尝试性的证券交易市场开始运行。1990 年 11 月 26 日，上海证券交易所成立，它是按照证券交易所的通行规格组建的，办理组织证券上市、交易、清算交割、股票过户等多种业务。1991 年 7 月，深圳证券交易所开业。深、沪证券交易所的成立，标志着中国的证券交易市场开始走上正规化的发展道路。

自 1990 年以来，中国股票市场的发展速度加快，1990 年年底，全国只有 13 家上市公司。至 2015 年 6 月底，在沪、深两个证券交易所上市的公司数量（A、B）达 2782 家。1998 年 12 月《中华人民共和国证券法》通过立法程序并于 1999 年 7 月 1 日实施。2005 年 4 月 29 日，中国证监会发布《关于上市公司股权分置改革试点有关问题的通知》，开始着手解决困扰我国股市健康发展的难题；2009 年 10 月我国创业板在深圳正式启动，2013 年 11 月，中国证监会发布了《关于进一步推进新股发行体制改革的意见》，股票发行制度开始由核准制向注册制过度，标志着中国证券市场进入新的发展时期。

中国的创业板

创业板出台是 1998 年全国科技大会作出的决定，为加快科技创新、促进技术成果产业化，中共中央、国务院 1999 年 8 月在《加快科技创新、发展高科技、实现产业化的决定》中提出，在深沪股市建立"高新技术企业板块"，经过各有关方面的反复研究斟酌，决定按照各国惯例将拟议中的高新技术板块正式称为创业板。1999 年 3 月，中国证监会第一次明确提出了"可以考虑在沪深证券交易所内设立科技企业板块"。2000 年 10 月，深市停发新股，开始筹建创业板。经过 8 年的筹建，在 2008 年 3 月，证监会发布了《首次公开发行股票并在创业板上市管理办法》，就创业板规则和创业板发行管理办法向社会公开征求意见。

2009 年 3 月 31 日，证监会发布《首次公开发行股票并在创业板上市管理暂行办法》，办法自 5 月 1 日起实施；2009 年 8 月 14 日，第一届创业板发行审核委员会正式成立，这标志着创业板发行工作即将正式启动；2009 年 9 月 17 日，中国证监会召开首次创业板发审会，当日将有 7 家公司上会接受审核。

2009 年 10 月 30 日，历经十年的创业板终于正式在我国挂牌上市。2009 年 10 月 23 日，我国创业板举行开班启动仪式，首批上市的 28 家公司以平均 56.7 倍市盈率于 2009 年 10 月 30 日登陆我国创业板。

资料来源：http://www.sznews.com/zhuanti/node_47295.htm.

三、中长期债券市场

中长期债券市场（bond market）是资本市场的另一种基本形态，其发行和交易的债务工具与权益工具有着本质的区别，因而债券市场的特点也与股票市场有所不同。

（一）债券发行市场

债券的发行与股票类似，不同之处主要有发行合同和债券评级两个方面。同时，由于债券是有期限的，因而其一级市场多了一个偿还环节。

1. 发行合同书

发行合同书是说明公司债券持有人和发行债券公司双方权益的法律文件，由受托管理人代表债券持有人监督合同书中各条款的履行。债券发行合同书中的各种限制性条款占很大篇幅，有限责任公司一旦资不抵债而发生违约时，这些限制性条款就是用来保护债权人利益的。

2. 债券评级

债券违约风险的大小与投资者的利益密切相关，也直接影响着发行者的筹资能力和成本。为了较客观地估计不同债券的违约风险，通常需要由中介机构进行评级。目前最著名的两大评估机构是标准普尔公司和穆迪投资者服务公司，它们根据各公司的财务和清偿状况划分其所发行债券的级别。在具体等级的表示上，穆迪投资者服务公司和标准普尔公司有所不同。从 Aaa（或 AAA）到 C 级信用等级依次降低，代表违约风险依次上升。以标准普尔评级为例，AAA——A 债券统称为 A 级债券，即高信用等级债券，它们的本金和收益的安全性大，受外部因素影响程度较小，其中的 AAA 级债券为最高级别，信用最高，因此发行成本最低；BBB——B 级债券统称为 B 级债券，又称为"投资家的债券"，这些债券受经济中不稳定因素的影响，投资有一定的风险，收益水平可能较高，对那些甘愿冒些风险购买收益较高的债券的投资者来说特别具有吸引力；而CCC级及其以下债券属投机级债券，还本付息可能性极低，俗称为"垃圾债券"，从正常的投资角度来看，没有什么价值。

3. 债券的偿还

债券的偿还一般可分为定期偿还和任意偿还两种方式。（1）定期偿还。它是在经过一定宽限期后，每过半年或一年偿还一定金额的本金，到期时还清余额。这一般适用于发行数量巨大且偿还期限长的债券，但国债和金融债券一般不使用该方法。（2）任意偿还。任意偿还是债券发行一段时间以后，发行人可以任意偿还债券的一部分或全部，具体操作可以用新债偿还旧债，也可在二级市场上买回予以注销。

（二）债券的流通市场

债券流通市场，是指已发行的债券在到期之前买卖、转让或流通所形成的市场。

与股票流通市场一样，债券流通市场的主要组织形式分为场内交易市场和柜台交易市场。

场内交易市场，如前所述，即证券交易所，其交易的债券大多是政府债券和取得上市资格的其他债券。参与债券交易的主体包括证券公司、保险公司、基金管理公司、财务公司等金融机构以及企业和个人等。债券在交易所交易，采用公开竞价的方式进行。

与股票市场相比，债券场外交易市场更加重要，很多债券因不符合证券交易所的上市条件或其他原因而无法上市交易外，还在第三市场和第四市场交易转让。在中国，债券交易的场外市场主要是指银行间债券市场。

课堂互动

为什么债券发行会如此看重信用评级呢？

债券市场的发展

债券市场自20世纪90年代成立以来，不断发展壮大，债券市值过20万亿元，和股票市场市值接近。管理层在2014年证券监管工作会议讲话上指出"要积极稳妥发展债券市场"，"显著提高公司类债券融资在直接融资中的比重，研究探索和试点推出高收益企业债、市政债、机构债等债券新品种"。债券市场正面临着重大的发展机会，前途不可限量。

在一般人的印象中，债券是低风险、低回报的投资品种，债券市场离普通百姓似乎很遥远，只有机构投资者才会参与。可是如果把过去十年债券指数涨幅和股票指数涨幅、通胀指数累计涨幅做个对比，你就会惊讶地发现债券指数表现十分抢眼，而且在过去的十年中，债券指数只有3年当年收益为负，而股票指数有6年当年收益为负。可见债券指数的波动更小，更容易实现绝对收益。

当前全球经济进入"新常态",低增长、去杠杆成为各国的长期现象。国内的通胀预期也在宏观调控下逐步走低。债券市场受到越来越多投资人的关注。

资料来源：蒋先玲. 货币金融学［M］. 北京：机械工业出版社，2013：176.

+·─·+·─·+·─·+·─·+·─·+·─·+·─·+·─·+·─·+·─·+·─·+·─·+·─·+·─·+·─·+·─·+·─·+·─·+·─·+

四、抵押贷款市场

抵押贷款是为个人或企业购买住房、土地或其他不动产而发放的贷款，以那些不动产或土地充当贷款的抵押品。抵押贷款市场是资本市场最活跃的部分，数量庞大，并且涉及巨大的公共利益。

近年来，抵押贷款证券的开发是抵押贷款市场最重要的发展。由于抵押贷款期限和利率各异，因而，若在二级市场上作为证券进行交易其流动性不高。为促进抵押贷款发展，1970 年，美国政府全国抵押贷款协会（GNMA）设计了一种能够起转换作用的以抵押贷款为依据的证券，把一批标准化的抵押贷款捆在一起，担保其本息的支付。按照这样的办法，可以把一批经 GNMA 担保的抵押贷款合成一个组合（比如说 100 万美元），作为一项证券出售给第三方，通常是像养老基金那样的大型机构投资者。当个人对这种由 GNMA 担保的抵押贷款向金融机构清偿付款时，后者就将款项转给这种证券的所有者，即按全部付款总额送交一纸支票。因为由 GNMA 担保付款，这种转换证券的违约风险很小，因而颇受欢迎。

2008 年次贷危机的爆发，对抵押贷款证券化的一些问题敲响了警钟。金融创新可以降低风险，增加金融工具的流动性，但监管不到位反而会扩大风险，进而带来经济危机。

 实训任务

小组讨论：

讨论主题：选股的方法

讨论步骤：

1. 登录"同花顺"官网，下载并安装同花顺股票行情分析软件，按步骤完成模拟账户的注册开户。

2. 登录同花顺股票行情分析软件，利用个人模拟账户分别买入深、沪两市主板、中小板、创业板股票，讨论收益情况。

讨论成果：完成大作业：影响股票价格的因素有哪些？

任务四　了解衍生金融市场

金融衍生产品（financial derivative products）是指以杠杆或信用交易为特征，在传

统的金融产品货币、债券、股票等的基础上派生出来的具有新的价值的金融工具。20世纪90年代初少数机构开展地下期货交易为起点，我国金融衍生产品市场先后出现了外汇期货、国债期货、指数期货及配股权证等交易品种。1992～1995年，上海和海南的交易所曾推出过国债和股指期货；2004年推出的买断式回购，2005年推出的银行间债券远期交易、人民币远期产品、人民币互换和远期结算的机构安排等，意味着中国金融衍生品市场的初步形成。此后，伴随着股权分置改革而创立的各式权证使衍生品开始进入普通投资者的视野，权证市场成为仅次于中国香港的全球第二大市场。2006年9月8日，中国金融期货交易所在上海挂牌成立，拉开了我国金融衍生品市场发展的大幕。黄金期货于2008年1月9日在上海期货交易所的鸣锣上市，使得期货市场品种体系进一步健全，除石油外，国外成熟市场主要的大宗商品期货品种基本上都在我国上市交易。

一、远期合约

远期合约（forwards contract）是交易双方约定在未来特定日期按既定的价格购买或者出售约定数量的某项资产的书面协议。金融远期合约的特点为：未规范化、标准化，一般在场外交易，不易流动；买卖双方易发生违约问题，从合约签订到交割期间不能直接看出履约情况，风险较大。在合约到期之前并无现金流。合约到期必须交割，不可实行反向对冲操作来平仓。

人民币不交收远期外汇交易是客户与银行之间的协定，让客户可在预先设定的日期按协定汇率兑换指定金额的人民币。外汇远期合约可让你于指定的日期按事先议定的汇率买入或卖出指定金额的外币。

二、期货

期货（futures）是指在特定的交易所通过竞价方式成交，承诺在未来的某一日或某一期限内，以事先约定的价格买进或卖出某种标准数量的某种金融工具的标准化契约。在期货交易中，买卖双方在最后交割时都有可能亏本，为了保证履约，买卖双方都要按规定交付一定比例的保证金；当保证金随着价格的波动而相对减少时，还要增交保证金。期货交易根据合同清算方式的不同又可分为两种：第一种是期货交割交易，指在合同到期时，买方须交付现款，卖方则须交出现货即合同规定的股票；第二种是现金结算交易，在合同到期时，双方都可以做相反方向的买卖，并准备冲抵清算，以收取现金而告终。这两种交易方法统称为清算交易。

债券的期货交易，是指买卖成交后，买卖双方按契约规定的价格在将来的指定日期（如3个月、6个月以后）进行交割清算。进行债券的期货交易，既是为了回避风险，转嫁风险，实现债券的套期保值，同时因其是一种投机交易，也要承担较大的风险。因为债券的成交、交割及清算的时间是分开的，清算时是按照买卖契约成立时的债券价格计算，而不是按照交割时的价格计算。而实际中，由于各种原因，债券价格在契约成立时和实际交割时往往是不一致的。当债券价格上涨时，买者会以较少的本钱获得较多的收益；当债券价格下跌时，卖者会取得较好的收益，而不致发生损失。

股票期货交易是指交易双方签订契约，按约定价格在约定的交割日里进行交割清算的一种交易方式。在期货交易中买卖双方签订合同，并就买卖股票的数量、成交的价格及交割期达成协议。买卖双方签订合约后不用付款也不用交付证券，只有到了规定的交割日买方才交付货款，卖方才交出证券。结算时是按照买卖契约签订的股票价格计算的，而不是按照交割时的价格计算。

远期合约与期货颇有相似之处，容易混淆。因为这两种合约都是契约交易，均为交易双方约定为未来某一日期以约定价格买或卖一定数量商品的契约。它们的区别则在于：

第一，交易场所不同。期货合约在交易所内交易，具有公开性，而远期合约在场外进行交易。

第二，合约的规范性不同。期货合约是标准化合约，除了价格，合约的品种、规格、质量、交货地点、结算方式等内容都有统一规定。远期合约的所有事项都要由交易双方一一协商确定，谈判复杂，但适应性强。

第三，交易风险不同。期货合约的结算通过专门的结算公司，这是独立于买卖双方的第三方，投资者无须对对方负责，不存在信用风险，而只有价格变动的风险。远期合约须到期才交割实物、金融早就谈妥不再变动，故无价格风险，它的风险来自届时对方是否真的前来履约，实物交割后是否有能力付款等，即存在信用风险。

第四，保证金制度不同。期货合约交易双方按规定比例缴纳保证金，而远期合约因不是标准化，存在信用风险，保证金或称定金是否要付，付多少，也都由交易双方确定，无统一性。

第五，履约责任不同。期货合约具备对冲机制、履约回旋余地较大，实物交割比例极低，交易价格受最小价格变动单位限定和日交易振幅限定。远期合约如要中途取消，必须双方同意，任何单方面意愿是无法取消合约的，其实物交割比例极高。

+-+

期货市场的发展

期货市场最早萌芽于欧洲。早在古希腊和古罗马时期，就出现过中央交易场所、大宗易货交易，以及带有期货贸易性质的交易活动。最初的期货交易是从现货远期交易发展而来。第一家现代意义的期货交易所1848年成立于美国芝加哥，该所在1865年确立了标准合约的模式。20世纪90年代，我国的现代期货交易所应运而生。我国有上海期货交易所、大连商品交易所、郑州商品交易所和中国金融期货交易所四家期货交易所，其上市期货品种的价格变化对国内外相关行业产生了深远的影响。

中国期货市场产生的背景是粮食流通体制的改革。随着国家取消农产品的统购统销政策、放开大多数农产品价格，市场对农产品生产、流通和消费的调节作用越来越大，农产品价格的大起大落和现货价格的不公开以及失真现象、农业生产的忽上忽下和粮食企业缺乏保值机制等问题引起了领导和学者的关注。能不能建立一种机制，既可以提供指导未来生产经营活动的价格信号，又可以防范价格波动造成市场风险成为大家关注的重点。1988 年 2 月，国务院领导指示有关部门研究国外的期货市场制度，解决国内农产品价格波动问题，1988 年 3 月，七届人大一次会议的《政府工作报告》提出：积极发展各类批发贸易市场，探索期货交易，拉开了中国期货市场研究和建设的序幕。

1990 年 10 月 12 日郑州粮食批发市场经国务院批准成立，以现货交易为基础，引入期货交易机制，迈出了中国期货市场发展的第一步。

1991 年 5 月 28 日上海金属商品交易所开业。

1991 年 6 月 10 日深圳有色金属交易所成立。

1992 年 9 月第一家期货经纪公司——广东万通期货经纪公司成立，标志着中国期货市场中断了 40 多年后重新在中国恢复。

1993 年 2 月 28 日大连商品交易所成立。

1998 年 8 月，上海期货交易所由上海金属交易所，上海粮油商品交易所和上海商品交易所合并组建而成，于 1999 年 12 月正式运营。

2006 年 9 月 8 日中国金融交易所成立。

2010 年 4 月 16 日中国推出国内第一个股指期货——沪深 300 股指期货合约。

2011 年 4 月 15 日中国大连商品交易所推出世界上首个焦炭期货合约。

2012 年 12 月 3 日中国郑州商品交易所推出首个玻璃期货合约。

随着期货市场和期货行业改革的深入推进，期货行业将进入历史上最好的发展机遇期。短期内，随着市场扩容和市场效率提升，期货行业将有望迎来业绩拐点；从长期来看，随着业务创新的全面铺开，期货行业将打开持续。

资料来源：http：//business. sohu. com/s2007/9178/s250262068.

三、期 权

（一）期权的定义

期权（options）交易是指赋予其购买者在规定期限内按双方约定的价格或执行价格购买或出售一定数量某种金融资产的权利的合约。期权交易的方式有两个好处：一是风险较小，买方的损失是已知的和固定的；二是只需缴纳少量的期权费就可以做大额交易，而且利润比现货交易高。

（二）期权的分类

由于期权交易方式、方向、标的物等方面的不同，产生了众多的期权品种，对期权进行合理的分类，更有利于我们了解期权产品。

1. 按权利划分

按期权的权利划分，有看涨期权和看跌期权两种类型。

看涨期权（call options）是指期权的买方向期权的卖方支付一定数额的期权费后，

即拥有在期权合约的有效期内，按事先约定的价格向期权卖方买入一定数量的期权合约规定的特定商品的权利，但不负有必须买进的义务。而期权卖方有义务在期权规定的有效期内，应期权买方的要求，以期权合约事先规定的价格卖出期权合约规定的特定商品。

看跌期权（put options）：按事先约定的价格向期权卖方卖出一定数量的期权合约规定的特定商品的权利，但不负有必须卖出的义务。而期权卖方有义务在期权规定的有效期内，应期权买方的要求，以期权合约事先规定的价格买入期权合约规定的特定商品。

2. 按交割时间划分

按期权的交割时间划分，有美式期权和欧式期权两种类型。美式期权是指在期权合约规定的有效期内任何时候都可以行使权利。欧式期权是指在期权合约规定的到期日方可行使权利，期权的买方在合约到期日之前不能行使权利，过了期限，合约则自动作废。中国新兴的外汇期权业务，类似于欧式期权，但又有所不同，我们将在中国外汇期权业务一讲中详细讲解。

3. 按合约上的标的划分

按期权合约上的标的划分，有股票期权、股指期权、利率期权、商品期权以及外汇期权等种类。

期权交易中的风险

期权交易中，买卖双方的权利义务不同，使买卖双方面临着不同的风险状况。对于期权交易者来说，买方与卖方均面临着标的资产价格不利变化的风险。这点与期货相同，即在权利金的范围内，如果买的低而卖的高，平仓就能获利。相反则亏损。与期货不同的是，期权多头的风险底线已经确定和支付，其风险控制在期权费范围内。期权空头持仓的风险则存在与期货部位相同的不确定性。由于期权卖方收到的权利金能够为其提供相应的担保，从而在价格发生不利变动时，能够抵消期权卖方的部分损失。虽然期权买方的风险有限，但其亏损的比例却有可能是100%，有限的亏损加起来就变成了较大的亏损。期权卖方可以收到权利金，一旦价格发生较大的不利变化或者波动率大幅升高，尽管期货的价格不可能跌至零，也不可能无限上涨，但从资金管理的角度来讲，对于许多交易者来说，此时的损失已相当于"无限"了。因此，在进行期权投资之前，投资者一定要全面客观地认识期权交易的风险。

资料来源：李国华. 期货与期权市场简明教程. 北京：经济管理出版社，2010：186.

四、互换合约

互换（swaps）合约也称掉期，是指互换双方达成协议并在一定的期限内转换彼此货币种类、利率基础及其他资产的一种交易。较常见的有货币互换和利率互换，下面以货币互换为例来说明。

货币互换是指为降低借款成本或避免远期汇率风险，将一种货币的债务转换成另一种货币的债务的交易。交易双方按照预先约定的汇率和利率，在一定的时期内，按照一定的汇率和利率，将不同币种、不同利率的债务进行互换。在进行货币互换交易时，必须签订货币互换合约。货币互换合约是交易双方之间具有约束力的协议，该协议规定了交易双方在一段时间的期末，按照预定的汇率，交换两种不同货币的本金。在这一时期，双方互相交换利息，利息以双方交出的本金货币来标价和计算。

某企业从 A 银行贷款一笔日元，金额为 10 亿日元，期限 5 年，利率为固定利率 6.25%。付息日为每年 6 月 30 日和 12 月 31 日。2003 年 12 月 20 日提款，2008 年 12 月 20 日到期一次性归还本金。企业提款后，将日元换成美元，用于采购生产设备，产品出口后获得美元收入。企业采取以下货币互换的方式，就可以有效锁定汇率风险。

1. 在提款日（2003 年 12 月 20 日）企业与 B 银行互换本金。企业从 A 银行提取贷款本金，同时支付给 B 银行，B 银行按约定的汇率支付相应的美元；

2. 在付息日（每年 6 月 30 日和 12 月 31 日）企业与 B 银行互换利息。B 银行按日元利率水平向企业支付日元利息，公司将日元利息支付给 A 银行，同时按约定的美元利率水平向 B 银行支付美元利息；

3. 在到期日（2008 年 12 月 20 日）企业与 B 银行再次互换本金。B 银行向企业支付日元本金，企业将日元本金归还给 A 银行，同时按约定的汇率水平向 B 银行支付相应的美元。

从以上可以看出，由于在期初与期末，企业与 B 银行均按约定的同一汇率互换本金，且在贷款期内企业只支付美元利息，而收入的日元利息正好用于归还日元贷款利息，从而使企业避免了汇率波动的风险。

课堂互动

说说你对基金、期权和互换的理解？

 实训任务

知识运用：

衍生金融工具的出现使得金融市场投机之风盛行的议论就极为强烈，但是衍生工具的发展势头并未因此减弱，学生搜集资料，并整理金融衍生工具是在怎样的经济背景下产生并迅速发展起来的？成果以小论文形式上交给老师。

任务五　了解外汇市场

第二次世界大战以后，随着世界经济的迅速发展，外汇市场发生了巨大的变化，不仅形成了包括伦敦、巴黎、纽约、东京、新加坡、中国香港、苏黎世、阿姆斯特丹、卢森堡、马尼拉、开曼群岛和巴林等在内的诸多国际金融中心，而且世界各地营业时间相

互衔接，使得外汇交易可以在全球 24 小时不间断地进行。外汇市场及其交易活动的影响越来越大，受到人们的普遍关注。

一、外汇市场的含义及功能

（一）外汇市场的定义

外汇市场（foreign exchange market，exchange market）是指从事外汇买卖或兑换的交易场所，或是各种不同货币彼此进行交换的场所，是金融市场的重要组成部分。

外汇市场的组织形态主要有两种：一是有固定场所和设施的有形市场，如外汇交易所。二是没有固定交易场所的无形的、抽象的市场。无形市场通常表现为由电话、电传和计算机终端等各种远程通信工具所构成的交易网络，该网络使外汇信息的流通和交易成为可能。

（二）外汇市场的功能

1. 外汇买卖的中介

如同其他商品市场一样，外汇市场为外汇这一特殊商品提供了一个集中的交易场所，外汇市场为外汇交易的双方寻找交易对象和发现交易价格节约了交易成本，提高了外汇市场的交易效率。

2. 调节外汇的供求

外汇市场不仅充当了外汇买（需求方）、卖（供给方）双方的交易中介，而且外汇市场上汇率的变化对外汇的供求起着调节作用。任何外汇供求的失衡均会引起价格（即汇率）的相应变动，而价格的变动又反过来影响外汇供求的变动，进而使外汇供求的失衡得以调节。

3. 宏观调控的渠道

外汇市场也是各国政府调节国际收支乃至整个国民经济的重要渠道，各国政府可通过一系列政策和措施影响外汇的供求和汇率的变动，进而达到调节国际收支乃至宏观经济的目的。

4. 套期值与投机的场所

外汇市场为试图避免外汇风险的交易者提供保值的场所。市场的交易者可在外汇市场上从事套期保值、掉期交易等外汇交易以避免外汇风险，同样，外汇市场也为那些希望从汇率波动中获取收益的投机活动提供了可能。

二、外汇市场的参与主体

外汇市场的参与主体主要包括：

1. 银行

在外汇交易过程中，银行充当着重要角色。许多银行拥有遍布全球的机构网络，承担着绝大部分的跨国资金调拨、借贷及国际收支结算等多种任务，因而它们在外汇交易中发挥着核心作用。在外汇市场上，银行的主要交易包括两个方面：一是受客户委托从事外汇买卖，其目的是获取代理佣金或交易手续费；二是以自己的账户直接进行外汇交易，以调整自己的外汇头寸，其目的是减少外汇头寸可能遭受的风险，以及获得买卖外汇的差价收入。

银行是外汇市场上最重要的参与者。在美国，十几家设在纽约以及几十家设在其他主要城市的大型商业银行实际上充当着做市商（market maker）的角色。由于他们经常在外汇市场上大规模地进行各种货币的买卖，使得外汇市场得以形成并顺利运转，而且银行所进行的外汇交易额占外汇交易总量的绝大部分，闪此，以银行为主体的外汇供求已成为决定外汇市场汇率的主要力量。

2. 中央银行

各国中央银行也是外汇市场的重要参与者，它代表政府对外汇市场进行干预。一是中央银行以外汇市场管理者的身份，通过制定法律、法规和政策措施，对外汇市场进行监督、控制和引导，保证外汇市场上的交易有序地进行，并使之符合本国经济政策的需要。二是中央银行直接参与外汇市场的交易，主要是依据国家货币政策的需要主动买进或卖出外汇，以影响外汇汇率走向。中央银行的外汇买卖活动实际上充当外汇市场的最后交易者或"清道夫"，即因汇率不能充分调整（即达不到均衡汇率的水平）而导致的外汇超额供给或需求都由中央银行购进或出售，进而维持外汇市场的稳定。

3. 外汇经纪人

外汇经纪人主要为从事外汇买卖的金融机构牵线搭桥，充当外汇交易的中间人。外汇市场的信息量大而且瞬息万变，交易者只有随时掌握最新信息，才能迅速达成交易并从中获取收益。对于业务繁重的外汇银行来说，有效地处理和利用这些信息较为困难，而外汇经纪人拥有庞大的信息网络和专业化的信息处理技术，并在世界许多外汇市场设有分支机构且彼此之间联系紧密，他们为外汇银行以更快的速度和更为有利的价格达成交易提供了可能。

外汇经纪人一般只是通过提供咨询、信息、买卖代理及其他服务而赚取一定比例的佣金，而不直接为自己买卖外汇。由于外汇经纪人与外汇买卖活动无直接利害关系，从事外汇交易的银行才会对外汇经纪人的诚实与公正给予高度的信任。

4. 非银行客户及个人

非银行客户及个人主要指因从事国际贸易、投资及其他国际经济活动而出售或购买外汇的非银行机构及个人。非银行客户及个人有的为了实施某项经济交易而买卖外汇，如经营进出口业务的国际贸易商、到外国投资的跨国公司、发行国际债券或筹借外币贷款的国内企业等；有的为了调整资产结构或利用国际金融市场的不均衡进行外汇交易，如买卖外国证券的投资者，在不同国家货币市场上赚取利差、汇差收益的套利者和套期保值者，赚取风险利润的外汇投机者等。除此之外，还有其他零星的外汇供求者，如国际旅游者、留学生、汇出或收入侨汇者、提供或接受；外汇捐赠的机构和个人等。在上述各种外汇供求者中，跨国公司较为重要，因为跨国公司的全球经营战略涉及许多种货币的收入和支出，所以他们进入外汇市场的频率非常高。

三、我国的外汇市场

我国的外汇市场有两个层次：第一个层次是客户与外汇指定银行之间的零售市场；第二个层次是银行之间买卖外汇的同业市场，也称银行间外汇市场——包括银行与银行相互之间的交易，以及外汇指定银行与中央银行之间的交易。

我国银行间外汇市场的正式名称为中国外汇交易中心暨全国银行间同业拆借中心，成立于1994年4月，总部设在上海。中国人民银行公开市场业务操作室为外汇市场调控部门，设于交易中心。

银行间市场交易以美元/人民币的交易为主。外币指定银行根据中国人民银行公布的基准汇率，在规定的幅度内制定挂牌汇率，买卖外汇。

与合法的外汇市场并行，存在于外汇黑市。外汇黑市上的需求包括两部分：一部分是本身即属非法交易，如走私、洗钱、非法转移个人资产、违规对外投资等交易所形成的需求。另一部分是一些正当的需求，如个人因私用汇和符合国家规定的对外投资等，但或因审核手续烦琐，或因有关规定不清楚，或因国家对购汇有所限制等，以致进入非法交易渠道。黑市的外汇供给有的是黑钱，有的也是合法收入。

由于外汇黑市交易通常与走私、洗钱、非法资产转移等活动联系在一起，因而一直是国家规范和整顿市场经济的重点。同时，管理部门还不断创造条件，通过放宽用汇限制，提供满足企业和个人合理外汇需求的措施，从源头减少非法外汇交易。

外汇市场交易时间

由于全球金融中心的地理位置不同，外汇市场的营业时间此关彼开，数据通过互联网连成一体，成为昼夜不停，全天24小时连续运作的巨大市场。

惠灵顿，悉尼，东京，中国香港，法兰克福，伦敦，纽约等各大外汇市场紧密相连，为投资者提供了没有时间和空间障碍的理想投资场所。只有周六、周日以及各国的重大节日，外汇市场才关闭。

悉尼市场：

简述：从北京时间来看，悉尼外汇市场是每天全球最早开市的外汇交易市场之一。

交易时间：北京时间6：00－15：00

交易特点：通常汇率波动较为平静，交易品种以澳元、新西兰元和美元为主。

东京市场：

简述：东京市场是亚洲最大的外汇交易市场。

交易时间：北京时间的8：00－15：30

交易特点：在东京外汇交易所交易时段，可能仅有日元出现波动的概率大一些。

伦敦市场：

简述：伦敦是全球老牌金融中心，也是开办外汇交易最早的地方。

交易时间：北京时间的15：30－23：30

交易特点：全球外汇市场一天的波动也就随着它的开盘而开始加剧，个人投资者在这个时段的机会也将逐渐增多。

纽约市场：

简述：纽约外汇市场是重要的国际外汇市场之一，其日交易量仅次于伦敦。

交易时间：北京时间的 20：00 - 3：00

交易特点：其高度的活跃性也就意味着投资者盈利机会的增多。

最佳交易时段：

1. 两大外汇交易地区重叠交易时段：

如亚洲和欧洲市场重叠（北京时间 15：00 - 16：00）

欧洲和北美洲市场重叠（北京时间 20：00 - 24：00）的交易时段市场最活跃。

2. 每周中间时段：（北京时间周二~周四）是一周交易较活跃时期，较适宜交易。

不适宜交易时段：

周五：可能会有一些出乎意料的消息产生，此时交易风险较大。

节假日：一些银行可能休市，交易量清淡，不宜交易。

重大事件发生时：此时入市风险较大。

资料来源：张芳. 金融学［M］. 北京：对外经济贸易大学出版社，2014：61.

人民币汇率是如何形成的？

人民币汇率是如何形成的？简单地说，是中国外汇交易中心在各成员买卖外汇的交易过程中形成的，这些成员中，中国人民银行是一个超级大户，是最后的买家，它的出价基本就是当期的人民币汇率。因此，当人民银行宣布增强人民币汇率弹性，就意味着价格的变动。

改革开放之初，为适应外贸体制改革的需要，使人民币汇价同时照顾到贸易和非贸易两个方面，国务院决定从 1981 年起实行两种汇价制度，即另外制定贸易外汇内部结算价，并继续保留官方牌价用作非贸易外汇结算价，开始了"汇率双轨制"。从 1981 年 1 月到 1984 年 12 月期间，我国实行贸易外汇内部结算价，贸易外汇 1 美元 = 2.80 元人民币；官方牌价即非贸易外汇 1 美元 = 1.50 元人民币。前者主要适用于进出口贸易及贸易从属费用的结算；后者主要适用于非贸易外汇的兑换和结算。

1993 年 12 月，国务院正式颁布了《关于进一步改革外汇管理体制的通知》，开始执行人民币单一汇率，向市场化方向迈进。1994 年 1 月 1 日，人民币官方汇率与外汇调剂价格正式并轨，结束了汇率的双轨制；取消外汇留成，实行结售汇制度；建立全国统一的外汇交易市场，"实行以市场供求为基础的、单一的、有管理的浮动汇率制"。这样所形成的汇率是盯住美元的汇率。

2005 年 7 月 21 日，我国对完善人民币汇率形成机制进行改革。人民币汇率不再盯住单一美元，而是选择若干种主要货币组成一个货币篮子，同时参考一篮子货币计算人民币多边汇率指数的变化。这就是所谓"人民币汇率形成机制改革"，俗称 2005 年"汇改"。人民币汇率形成机制改革以来，以市场供求为基础，人民币总体小幅升值。中国人民银行于每个工作日闭市后公布当日银行间外汇市场美元等交易货币对人民币汇率的收盘价，作为下一个工作日该货币对人民币交易的中间价。

　　自2006年1月4日起，中国人民银行授权中国外汇交易中心于每个工作日上午9时15分对外公布当日人民币对美元、欧元、日元和港币汇率中间价，作为当日银行间即期外汇市场（含OTC方式和撮合方式）以及银行柜台交易汇率的中间价。这是汇改的进一步深化。中国的外汇市场是封闭的或者说是半开放的，相对应的是人民币的非自由兑换，在自由兑换之前，一定会不断地作出制度安排和制度修正，以适应国际形势，为这种不完全的市场定价作出必要的周旋。

　　资料来源：周浩明主编. 货币金融学（第2版）［M］. 上海：上海财经大学出版社，2013：113.

 实训任务

市场调研：

　　在老师的组织下，将学生每四人分为一个小组，请每组同学查找资料，了解我国人民币汇率自2005年进行改革以来，人民币兑美元的变动情况，并分析对我国经济和社会生活的影响。整理结果由小组长在下次课汇报。

本项目提要：

　　1. 金融市场是商品经济发展的产物。金融市场是以金融工具为交易对象而形成的资金供求关系的总和。

　　2. 金融市场的构成要素主要包括交易主体、交易对象、交易工具、交易的组织形式和交易价格等。

　　3. 金融市场具有资源配置、价格发现、风散风险、宏观调控等功能。

　　4. 银行间拆借市场是指银行之间短期的资金借贷市场.

　　5. 货币市场有许多子市场，主要有银行同业拆借市场、票据贴现市场、大额可转让定期存单市场、短期债券市场、回购协议市场等若干个子市场。

　　6. 金融衍生产品是指以杠杆或信用交易为特征，以在传统的金融产品货币、债券、股票等的基础上派生出来的具有新的价值的金融工具。

　　7. 外汇市场是指从事外汇买卖或兑换的交易场所，或是各种不同货币彼此进行交换的场所，是金融市场的重要组成部分。

　　8. 期货是指在特定的交易所通过竞价方式成交，承诺在未来的某一日或某一期限内，以事先约定的价格买进或卖出某种标准数量的某种金融工具的标准化契约。

　　9. 期权交易是指赋予其购买者在规定期限内按双方约定的价格或执行价格购买或出售一定数量某种金融资产的权利的合约。

本项目学习效果评价

一、尝试回答以下问题：

1. 金融市场的作用与特点有哪些?

2. 简述同业拆借市场形成与发展的客观要求及直接原因。

3. 货币市场的作用是什么？

4. 资本市场的结构？

5. 债券的偿还方式有哪些？

6. 外汇市场的功能有哪些？

二、案例分析

创新是金融市场发展的灵魂

上海证券交易所（简称上交所）总经理张育军2010年6月18日在上海证券报主办的"2010年金融与投资峰会"的演讲中指出，创新是金融市场发展的灵魂，自此之后上交所各项创新活动按照风险可控、有序推进、安全平稳的原则在扎实进行。

我国资本市场仍然坚持在金融发展中把创新作为主要方向和目标来予以推进。具体到上交所，主要围绕指数基金、融资融券等五个方面开展了业务创新。

其一，2015年基金市场快速发展，截至2015年11月26日，沪市ETF上市交易数量增加至76只，180ETF份额创出年内新高，表明产品创新提高了市场流动性。其二，融资融券顺利推出，使得交易方式日益丰富。其三，不断改进交易机制，完善交易制度。上交所放开了大宗交易的交易时间限制，申报时间从原来的半小时扩展到全天。同时，展开了报价回购业务试点，实现证券公司创新试点的重要突破。下一步上交所还将进一步推动合格投资人制度和大宗交易制度的完善，包括提供盘后固定价格交易方式；增加匿名交易模式；丰富非担保的交收方式等。其四，加强债券市场创新，深化债券市场改革。这一方面，上交所主要以公司债和企业债为主要品种，扩大发行上市规模。其五，股指期货成功推出后，推动了监管手段创新。具体而言，股指期货上市后，交易所进一步完善监察系统功能，强化了对沪深300指标股相关监控工作。而为增强盘中异常的及时发现和处置，上交所与中金所还建立了盘中监管"绿色通道"制度，如双方发现盘中异常情况，可以由事先指定的人员通过电话方式及时沟通盘中各自交易情况，以便于及时发现和控制风险。

请同学们思考并分析：

1. 本案例提到了几个金融市场的子市场，分别是什么？

2. 本案例提到了哪几种金融工具？分别是什么？

3. 本案例提到了几种创新、分别是什么？

4. 你认为什么是金融市场的创新？

项目八　分析货币供求与货币均衡

学习目标 >>> >>>

通过本项目的学习，使学生能够了解货币需求的影响因素；掌握货币供给的过程及影响因素；熟悉通货膨胀衡量指标、形成原因；了解通货膨胀的影响及治理；了解通货紧缩的相关知识。

项目导言 >>> >>>

货币政策是中央银行对货币供求关系的调控，本项目介绍货币供求与均衡理论的目的是为下一个项目讨论中央银行的货币政策提供必要的知识储备。本项目将会带着大家一起了解货币需求的影响因素，分析货币供给的概念和层次划分，探讨银行系统货币供给的过程和影响因素，了解通货膨胀的衡量指标、形成原因及影响，了解通货紧缩的相关知识。

案例导入 >>> >>>

天量信贷投放与货币供给

2008 年年底，在美国经济危机的强大冲击下，我国政府实施了以 4 万亿元人民币为核心的一揽子经济刺激计划，以达到尽快稳定中国经济之目的。实践表明，这一庞大的经济刺激计划，保证了中国经济的稳定增长并使得中国经济保持了 2009 年全球一枝独秀的发展态势。众所周知，2009 年天量信贷投放成为推动中国经济走出危机、恢复增长的"头号功臣"。根据中国人民银行对外公布的《2009 年第四季度货币政策执行报告》显示，2009 年年末，广义货币供应量 M_2 余额为 60.6 万亿元，同比增长 27.7%，增速比上年高 10.0 个百分点；狭义货币供应量 M_1 余额为 22.0 万亿元，同比增长 32.4%，增速比上年高 23.3 个百分点；各金融机构人民币贷款年末余额 40.0 万亿元，同比增长 31.7%，增速比上年高 13 个百分点，比年初增加 9.6 万亿元，同比多增 4.7 万亿元。2009 年年末，基础货币余额 14.7 万亿元，比年初增加 1.8 万亿元，同比增长 14.1%；年末货币乘数为 4.11，比上年年末高 0.43。这是史无前例的货币投放。

这一天量信贷投放是中央银行的主观愿望吗？这种史无前例的高额信贷投放会不会超出市场主体对货币的需求量？会不会带来其他不良影响？

资料来源：王秀芳. 金融学［M］. 上海：上海交通大学出版社，2012：181.

任务一　分析货币需求

一、货币需求的含义

货币需求（money demand）是指社会各部门（个人、企业、政府）在既定的收入或财富范围内能够而且愿意以货币形式持有资产的数量。货币需求通常表现为一国在既定时间上社会各部门所持有的货币量。

理解货币需求含义要把握的几个关键点：

（一）货币需求是一个存量的概念

它主要考察的是在某个时点和空间内（如 2008 年年底，中国），社会各部门在其拥有的全部资产中愿意以货币形式持有的数量或份额；而不是在某一段时间内（如从 2007 年年底到 2008 年年底），各部门所持有的货币数额的变化量。尽管货币存量的多少与流量的大小、速度相关，但货币需求依然是个存量概念，而非流量概念。

（二）货币需求是一种能力与愿望的统一

货币需求与需要不同，需要是一种心理上的主观愿望，而需求强调一种有支付能力的需求。例如，一个人可能需要"奔驰""宝马""别墅"，但这种需要与自己的收入和能力并不相符，那么就只能停留在需要的层次，只是一种无限的、纯主观的、心理上的占有欲望，而无法转变为现实，无法转变为需求。所以，货币需求强调的是以收入或财富的存在为前提，在具备获得或持有货币的能力范围之内愿意持有的货币量。所以货币需求是一种能力与愿望的统一，有能力而不愿意、愿意而无能力都无法形成货币需求。

（三）现实中的货币需求包括对现金和存款货币的需求

把货币需求仅仅局限于现金是片面的，因为货币需求是所有商品、劳务的流通以及一切有关货币支付、财富贮藏所提出的需求，现金和存款货币都可以满足这种需求。

（四）人们对货币的需求包括满足流通手段、支付手段、价值贮藏的需求

不论是因为满足流通和支付的需要，还是满足价值贮藏的需要，都形成了现实的货币需求，其差别就在于货币发挥着不同的职能，货币需求者的持币动机不同。

我们到底需要多少钱呢？

张大娘在菜市场门口拉住李大妈说："老李，你借我 20 元钱买些菜吧，我今天出门钱没带够。"这里张大娘口中的"钱"是指她身上的现金。

　　白领小杨给他的一个好哥们儿打电话："强子，借点钱给我当生活费吧，我连烟钱都没有了。"电话那边说："怎么又没钱了，上周不是刚发的工资吗？"小杨讪讪地说："我那钱都让股票给套牢了，取不出来呀！"这边小杨口中的"钱"指的是他可以随时支用的资金，包括现金和银行活期存款。

　　听说工商银行的微小企业贷款非常迅速和便利，还不用担保和抵押，做五金生意的老周赶紧让他老婆去工商银行办理小额贷款。老周老婆说："咱家不是还有些存款吗？为什么要去银行贷款啊？"老周解释说："现在五金行业有搞头，我打算再开一家分店，但是我们手头的钱不够扩大店面的。"这里，老周一家人口中的"钱"指的是他家的现金、活期存款和定期存款。

　　年轻人大鹏在公交车上挤得满头大汗，突然看见一个跟他差不多年纪的青年开着一辆宝马敞篷车从公交车旁飞驰而过。大鹏不服气地对一旁的朋友说："不就是'富二代'嘛，有什么了不起，仗着家里有钱就在街上嚣张，18年后我儿子也是一个'富二代'呢。"这时大鹏口中的"钱"指的是现金、银行活期和定期存款以及个人固定资产。

　　六岁的小朋友豆豆马上就要上小学一年级了，正在聚精会神地听《新闻联播》，跟着播音员学习说标准的普通话，"国家统计局21日在国务院新闻办发布数据，2009年中国国内生产总值为335353亿元，比上年增长8.7%"。听到这里，豆豆兴奋地跳了起来，大声喊道："妈妈、妈妈，你快来看呀，我们国家有好多钱呢，30多万亿元可以让我买好多好多的奥特曼、喜羊羊和灰太狼了吧！"豆豆不了解的是，电视里说的30多万亿元国内生产总值，也就是我们平常所说的GDP，是指一个国家或地区在一定时期内（通常为一年）运用生产要素所生产出的全部最终产品和劳务的价值。

　　资料来源：张卉妍. 金融学一本全（上）[M]. 北京：中国华侨出版社，2013：89.

　　由上可见，货币有好多种形式，现实中的货币需求指的是对现金和存款货币的需求。货币需求要解决的问题是，在一定的财富范围内，人们愿意以现金和存款形式持有的货币数量是多少。

二、货币需求的分类

（一）微观货币需求和宏观货币需求

　　微观货币需求（micro money demand）是指个人、家庭、企业单位在既定的收入水平、利率水平和其他经济条件下所保持的最为合适的货币需求。

　　宏观货币需求（macro money demand）是指一个国家在一定时期内为满足经济发展和商品流通等所必需的货币数量总和。

　　宏观货币需求和微观货币需求只说明分析的角度不同，并不意味着可以厚此薄彼或相互替代，在对货币需求进行研究和分析时，往往要同时对两种货币需求都有所关注。

（二）名义货币需求和实际货币需求

　　名义货币需求（nominal money demand）和实际货币需求（real money demand）是

根据货币需求是否剔除了通货膨胀或通货紧缩的影响而做出的划分。这一分类对研究宏观经济形势和制定并实施货币政策具有一定的意义。

持币者在当前价格水平下对货币的需求为名义货币需求，它以货币单位（如"元"）来表示，通常用 M_d 表示。在名义货币需求基础上剔除物价因素，以货币所实际对应的社会资源即商品和劳务表示的货币需求，即为实际货币需求，通常用 M_d/P 表示。

三、货币需求理论

对货币需求的理论研究，焦点是对决定和影响货币需求因素的分析，古往今来，有很多学者都提出了一些不同的看法，并有着激烈的争论，形成了不同的理论和学说：20世纪30年代的古典货币需求理论；1936年以来形成的凯恩斯主义的货币需求理论；以及1956年以来以弗里德曼为代表的一批经济学家建立和发展的现代货币数量论。

（一）古典货币数量论

货币数量论，就是以货币的数量来解释货币的价值或一般物价水平的一种理论。根据这种理论，在其他情况不变的条件下，一个国家的物价水平的高低、货币价值的大小完全决定于这个国家货币数量的多少。也就是说，货币数量的变动必将引起一般物价水平发生同方向、同比例的变化。

1. 费雪的现金交易说

美国经济学家欧文·费雪在他1911年出版的《货币购买力》一书中，对古典货币数量论进行了最好的概括。在这本书里，他提出了著名的交易方程式（equation of exchange），也称为费雪方程式：

$$MV = PT$$

其中，M 为货币数量；V 为货币流通速度；P 为一般物价水平；T 为商品与劳务的交易量。由于商品与劳务量 T 很难得到，一定时期的商品、劳务交易额（PT）也用名义国民收入（PY）表示。

首先，费雪认为，货币流通速度 V 是由制度因素决定的，具体地说，它取决于人们的支付习惯、信用的发达程度、运输与通信条件及其他与流通中货币量无关的社会因素。由于这些因素随时间的推移缓慢变化，所以，在短期内可将其视为一个常数。把货币流通速度视为相对固定的常数具有重要的理论意义。因为，如果货币流通速度变动不定的话，货币和交易总价值及名义国民收入就不会有稳定的关系，交易方程式也就变成了一个毫无意义的恒等式（实际上，不少凯恩斯学派的经济学家正是这种观点），但是只要货币流通速度是固定的，就意味着名义国民收入完全取决于货币供应量，而这正是货币数量论的主要观点之一。

其次，和其他许多古典经济学家一样，费雪认为工资和物价是灵活变动的，经济会保持在充分就业的水平上，因为一定时期的实际商品劳务总量（T）在短期内也将保持不变。由于 V 和 T 都保持不变，所以货币供给量（M）的变化完全体现在价格（P）上。例如，M 增加20%时，P 也增加20%。这样，我们又可得出传统货币数量论的另一种观点，即货币供应量的变化引起一般物价水平的同比例变化。

费雪的现金交易说在货币数量论发展史上占有重要的地位，因为它不仅是前人货币数量论的总结和深化，而且还是以后货币数量论发展的基础和源头。但它也有明显的不足，主要是：第一，V 和 T 为常数的假定与现实相悖。根据实证材料，无论是短期还是长期，V 和 T 都是变化的。第二，现金交易说的货币需求研究未涉及利率，事实上利率变动对货币需求的影响极为重要。第三，现金交易说仅把货币看做是交易的媒介，而忽视了货币支付手段的功能。第四，现金交易说混淆了金属货币与纸币在决定物价中的不同作用。在金属货币流通条件下，由于金属货币的自发调节作用，向流通中注入货币并不会引起物价的上升；相反，是物价的升降引起货币数量的变化。只有在纸币流通条件下，由于纸币不能退出流通，其数量的变化才会影响物价。

2. 现金余额数量说

以英国剑桥大学马歇尔、庇古为代表的一批古典经济学家，一反费雪从货币供应和货币流通角度看待货币需求的做法，直接从货币需求量或货币持有量的角度来分析货币数量，提出了现金余额理论，对货币数量论进行了重新解释。尤其是庇古根据他的老师马歇尔的学说，在 1917 年发表了一篇题为"货币的价值"的论文（载于美国《经济学季刊》），提出了剑桥方程式（equation of Cambridge）：

$$M = KPY$$

其中，M 为货币数量；K 为以货币形式持有的财富占名义总收入的比例；P 为一般物价水平；Y 为实际国民收入。该方程式具有如下意义：第一，货币需求首先会受到个人财富总额的限制。第二，人们持有货币存在机会成本，即货币以外各种资产的收益，进而影响货币需求。人们往往将持有货币的好处（流动性）和持有其他金融资产和实物资产的好处（利息收入和消费满足等）进行权衡。第三，货币持有者会对未来收入、支出和物价进行预期，从而影响货币需求。例如，预计物价上涨时，为避免货币贬值带来的损失，则将增加消费支出，减少货币持有额。

无论是现金交易说还是现金余额说，都认为货币的价值产生于货币与商品的对立与交换，因而都注意物价水平与货币数量的关系，而假定其他因素都是相对稳定的，但这两种学说又各具特点，其经济意义大不相同。第一，对货币需求分析的侧重点不同。交易方程式强调的是货币交易手段的功能，没有把货币当做资产看待；而剑桥方程式则重视货币财富储藏的功能，认为货币需求是人们资产选择的结果。这是两个方程式最大的区别。第二，交易方程式中的 V 和剑桥方程式中的 K 的经济含义不同。交易方程式中的 V 只是货币作为交易媒介职能的货币流通速度，它反映了货币需求和支出流量的联系；而剑桥方程式中的 K 是人们以货币形式持有的财富占总收入的比例，它体现了人们持有货币的动机，反映了货币需求与经济主体动机的联系，人们持有货币不仅要满足交易需要，而且为了预防未来不测，留作不时之需，以保证一定的安全性。第三，两个方程式强调的货币需求的决定因素不同。交易方程式用货币数量的变动来解释价格。反过来，在交易商品量给定和价格水平给定时，也能在既定货币流通速度下得出货币需求函数；而剑桥方程式则从微观角度进行分析，认为人们选择以货币形式持有财富占名义收入的比例取决于人们持有货币的满足感与机会成本比较，并由货币需求函数推导货币数量论。

现金余额理论从货币需求函数出发推出货币数量论，较现金交易理论从货币数量论推导出货币需求函数，其逻辑顺序的不同蕴含着较多的合理成分，为以后经济学家研究货币需求及货币与国民收入的关系奠定了宝贵基础。但人们以货币形式持有财富占总收入的比例（K）是由利率、通货膨胀率等多种因素影响的变量而不是一个常数，现金余额理论仅仅是因为贪图方便，或急于得出货币数量论的观点，而放弃对它的进一步研究，简单地把它视为一个常数，影响了其研究深度。

（二）凯恩斯流动偏好理论

凯恩斯继承了现金余额理论的分析方法，从资产选择的角度来考察货币需求。但与他的前辈不同，他没有在概略地陈述了影响货币需求的各种因素之后，草率断定只有名义国民收入才是影响货币需求的主要因素，而是对人们持有货币的各种动机进行了详尽的分析，并进而得出实际货币需求不仅受实际收入的影响，而且受利率影响的结论。这一结论隐含着另一个含义：货币流通速度也受利率的影响，因而是多变的。凯恩斯将人们持有货币的动机，称为流动性偏好，所以凯恩斯的货币需求理论也称为流动偏好论。

所谓流动性偏好，就是说人们宁愿持有流动性高但不能生利的现金和活期存款而不愿持有股票和债券等虽能生利但较难变现的资产，这一流动性偏好便构成了对货币的需求。凯恩斯将人们持有货币的动机分为三类，即：交易动机（transaction motive）、预防动机（precautionary motive）、投机动机（speculative motive）。相应地，货币需求也被分为三个部分：交易性需求、预防性需求、投机性货币需求。

1. 交易动机的货币需求

货币的交易性需求是指个人或企业为了日常交易而愿意持有的一部分货币。这是由于货币交易媒介职能而导致的一种需求。由于收入的获得时间和支出的发生时间总会有一定的间隔，在这段间隔内，企业和个人为了应付日常交易需要，必须保持一定数量的货币。这就是所谓"交易动机的货币需求"。这一货币需求的数量主要取决于收入的多少。收入多，这种货币需求也多；收入少，这种货币需求也少。简而言之，交易动机的货币需求与收入同向变动。

2. 预防动机的货币需求

预防性的货币需求是指企业和个人为了应付突发事件或者捕捉到一些突然出现的有利时机而愿意持有的一部分货币。正如凯恩斯一贯坚持的那样，未来充满着不确定性，人们不能把一切支出都计算好，并据此决定持有多少货币，而总要在日常支出计划外，留出一部分机动货币来应付诸如生病、原材料涨价之类的突发事件，或捕捉到一些意料之外的购买机会（如商品降价）等，这部分货币需求就构成货币的预防需求。根据凯恩斯的观点，货币的预防需求与收入成正方向变动。

3. 投机性的货币需求

投机性货币需求是凯恩斯货币需求理论中最有特色的内容。是指人们在未来某一适当时机进行投机活动而愿意持有的一部分货币。是对闲置货币余额的需求。人们持有闲置货币余额，是为了在利率变动中进行债券投机，以获得利润。

根据凯恩斯的分析，每个人心目中都有一个正常利率。若市场利率高于这一正常利率，人们预期的利率就下降；若市场利率低于这个利率，则人们预期利率就上升。虽然这种正常利率因人而异有所不同，但从整个经济来看，如果市场利率较高，就会有较多的人预期利率下降；而市场利率较低，就会有较多的人预期利率上升。

在一般情况下，市场利率与债券价格反向变动，人们预期利率上升，则意味着预期债券价格下降；而预期利率下降，则意味着债券价格上涨。这种预期将影响人们持有资产的决策，从而影响投机性货币需求。具体而言，当市场利率较低，人们预期利率上升时，人们将抛出债券持有货币，以期在利率上升、债券价格下跌时再买进债券；而当市场利率较高，人们预期利率下跌时，人们将抛出货币而持有债券，以期获得资本溢价收入。所以，投机性货币需求与利率水平呈反向变动，利率越高，投机性货币需求越少；利率越低，则投机性货币需求越多。在一种极端情况下，当利率低到一定程度，整个经济中所有的人都预期利率上升，从而都持有货币而不愿持有债券时，投机性货币需求将趋于无穷大。在这种情况下，若中央银行继续增加货币供给，将如数被人们无穷大的投机动机的货币需求吸收，使利率不再下降。这种情形就是后人所谓的"流动性陷阱"。对于这种情形是否真的存在，经济学家存在着广泛的争论。

将上面的讨论归纳起来，就可以得到凯恩斯的货币需求函数。应注意的是，凯恩斯讨论的货币需求是实际货币需求，而不是名义货币需求。人们决定持有多少货币时，是根据货币能够购买到多少商品来决定，而不仅仅是面值是多少。实际货币需求由 M 表示，P 表示价格水平。

凯恩斯把与实际收入正向变动的交易性需求和预防性需求归结为 M_1，它随收入（y）的增加而增加，即 $M_1 = L_1(y)$；把受利率影响的投机性需求归结为 M_2，它随税率（I）的增加而减少，即 $M_2 = L_2(I)$；把两项合起来，就得到货币需求函数：

$$M = M_1 + M_2 = L_1(y) + L_2(I)$$

它表示对货币的总需求是由收入和利率两个因素决定的。

凯恩斯流动性偏好理论的重要意义在于：第一，强调了货币不仅具有交换媒介的职能，而且还具有资产功能，它可以作为价值储藏工具，将其购买力用于未来的消费，是现在与未来的联系物。凯恩斯特别重视对人们货币持有动机的分析，他的货币需求理论也是建立在人们持有货币的三项动机基础之上的。第二，将利率引入货币需求量决定因素中，意味着通过利率这个变量，可以将社会总产出与社会总需求联系起来分析货币市场供求的变化对商品市场供求的影响。由于利率是货币市场供求关系的反映，货币供应量的变动能迅速影响利率，所以，货币供给不仅通过价格的变动调节货币需求量，而且可以通过利率的变化调节货币需求量。根据这一思想，凯恩斯提出了一个重大的政策理论，即国家可以在社会有效需求不足情况下扩大货币供应量，降低利率，通过降低利率诱使企业家扩大投资，增加就业与产出。这样的结果，并不会对价格产生较大的冲击，因为前提是有效需求不足，而且产出扩大会给物价的稳定提供保证。

（三）弗里德曼货币需求理论

1936 年凯恩斯的《就业、利息和货币通论》出版后，对学术思想和经济政策均产生了深刻的影响。在货币理论方面，它推翻了自 18 世纪以来占统治地位的传统货币数量论，代之以他称为流动性偏好的货币需求理论。凯恩斯批评了古典货币数量论和货币政策的失效，在 20 世纪 30 年代经济危机时期，引起了共鸣。但 50 年代开始，西方经济形势发生了变化，大规模经济萧条现象已不是世界经济的主要问题，而通货膨胀成为经济中的头号问题，到 70 年代，简单的通胀又为更复杂的"滞胀"问题所代替。在这种经济环境下，1956 年弗里德曼发表了他的名作——《货币数量学说的重新表述》，从而标志着现代货币数量论的诞生。

按照弗里德曼的观点，货币数量说首先是一种货币需求理论，其次才是产出、货币收入或物价水平的理论。因此，现代货币数量论的表述是从货币需求入手的。

1. 影响货币需求的因素分析

（1）总财富。总财富是制约人们货币需求的规模变量。由于总财富在实际生活中无法用货币来直接度量，必须借助于与之存在密切关系的收入来代替。由于现期收入的大小受经济波动的影响经常变动，很不稳定，因此在弗里德曼的货币需求理论中，被作为货币需求决定因素的收入是持久性收入——消费者在较长时期内所能获得的平均收入，这是弗里德曼在他的消费理论中提出的一个概念。在实际计算中，该变量可用现在及过去年份的实际收入加权平均估算。利用这一变量可以排除一些偶然因素影响，而反映收入实际水平。

（2）人力财富与非人力财富的比例。在弗里德曼的货币需求理论中，总财富分为人力财富和非人力财富。人力财富也叫人力资本。是指人们所具有的能为自己带来收入的能力，包括体力、智力、掌握的某种技巧等；非人力财富则是指各种实物财富。虽然人力财富和非人力财富都能为所有者带来收入，但二者给所有者带来收入的稳定性不同。一般地说，人力财富转化为非人力财富，将受到经济形式、经济环境和制度方面的限制，流动性较低，不像股票、债券那样容易出售。因此，人力财富在总财富中占比重较大的所有者将试图通过持有较多的货币来增加其资产的流动性，因为货币是一种流动性最高的资产。弗里德曼据此认为人力财富对非人力财富的比率或非人力财富占总财富的比率是影响货币需求的重要因素。

（3）持有货币的预期报酬率。持有货币的预期报酬率包括两部分：一是银行为支票存款支付的少量利息；二是银行为支票存款提供的各种服务，例如，自动为存款人支付水、电费等。

（4）其他资产的预期报酬率。即持有货币的机会成本，它是指货币与其他资产的预期收益率之差。货币的名义收益率在通常情况下为零，其他资产的预期收益率一般可以分为两部分。第一部分是目前的名义收益率，主要指：预期固定收益率，如债券利率和债券价格的预期波动；预期非固定收益率，如股票收益率，包括股票价格的预期波动。第二部分名义收益率是指预期商品的价格变动率。当通货膨胀时，各种商品的价格会剧烈波动，物质财富给持有者带来收益或损失。因此，通货膨胀时，物价上涨就是持有货币的机会成本之一。物价上涨越快，持有货币的机会成本越高，对货币的需求就越小。

（5）其他因素。例如，效用，对于个人或企业来说，持有货币既可用于日常支付，也可以应付不测之需，还可以抓住获利机会，这就是货币所提供的效用。虽然这些效用无法直接测量，但人们的感觉和现实证明它确实存在。这种流动性效用以及影响因素，如人们的偏好、兴趣等是影响货币需求的因素之一，而且在短期内可视为不变。

通过对货币需求因素的分析，弗里德曼提出了他的货币需求函数：

$$M/P = f(Y, W, r_m, r_b, r_e, 1/p \cdot dp/dt, U)$$

式中，Y 表示实际持久性收入，用来代表财富；W 表示非人力财富占总财富的比例；r_m 表示货币预期名义报酬率；r_b 表示债券的预期名义报酬率，包括债券利率和债券价格的预期波动；r_e 表示股票的预期名义报酬率即资本利得，包括股票的价格变化和现金付款；$1/p \cdot dp/dt$ 表示商品价格的预期变化率，也就是实物资产的预期名义报酬率；U 表示其他影响货币需求的因素。

2. 弗里德曼货币需求函数的分析

从弗里德曼货币需求函数看，弗里德曼货币需求理论，一方面以传统的货币数量论为基础；另一方面又吸收凯恩斯的流动性偏好理论加以发展。因为，弗里德曼的货币需求函数虽然复杂，但如经简化，就与 MV = PT 或 M = KPY 相似，只不过弗里德曼并不将 K 或 V 当做一个固定的常数，而是当做某些变量，如各种金融资产的预期收益率、预期物价变动率等。另外，Y 也不是当期收入，而是持久性收入，并作为财富的代表。同时，弗里德曼的货币需求函数又是在凯恩斯的货币需求函数 M = L（Y，I）的基础上进一步发展的，只不过弗里德曼货币需求函数中的 I 不只限于债券利率，而是包括各种金融资产以及实物资产的收益率。由此可见，弗里德曼货币需求函数是传统货币数量论与凯恩斯流动性偏好理论的混合物。尽管如此，弗里德曼的货币需求函数仍有自己鲜明的特点，其主要特点是强调持久性收入对货币需求的主导作用。弗里德曼认为，一个人的消费支出不是取决于他现在的收入水平，而是取决于他一生中或较长时间的平均收入水平，由此提出了反映长期因素影响的持久性收入概念。由于持久性收入具有高度的稳定性，所以受持久性收入支配的货币需求也是稳定的，货币流通速度的变化也是不大的。既然如此，就必须以稳定的货币需求函数为基础，从货币供应的变动来研究货币对产量和物价的影响。可见，弗里德曼货币需求函数在理论上的关键点是持久性收入概念的引入。

四、货币需求的影响因素

那么，在一定的社会经济条件下，人们到底需要多少货币呢？人们的货币需求受哪些因素影响等，是研究货币需求必须要解决的基本问题。从单个经济体的持币动机、持币行为来考察货币需求，一般来说，影响货币需求的因素有以下几方面。

（一）收入状况

收入状况对货币需求的决定作用具体表现在两个方面：一是收入水平的高低；二是人们取得收入的时间间隔。在其他条件不变的情况下，收入水平与货币需求正向变动。即收入水平越高，货币需求越多；反之，越低。货币需求与收入水平正向变动的原因：第一，收入水平在一定程度上制约着货币需求量。因为货币是人们持有财富的一种形式，是财富的一部分，收入水平往往决定着财富的规模及增长速度。第二，收入的数量决定着支出的数量。在现代经济中，收入的取得与支出的发生都以货币形式进行，在一般情况下，收入越多，支出越多，而支出越多，则要求持有的货币也越多。收入水平的变动对货币需求具有重要影响。这种影响不仅表现为货币需求将随着收入水平的变动而变动，而且当收入水平变动时，货币需求往往以更快的速度或更大的幅度变动。

除收入水平的高低决定货币需求外，货币需求还取决于人们取得收入的时间间隔。在收入水平一定的条件下，人们取得收入的时间间隔与货币需求呈正比。也就是说，人们取得收入的时间间隔越长，货币需求越多；反之，越少。因为，在一般情况下，收入通常是定期的、一次性取得，而支出则是经常性的、陆陆续续的发生。由于收入取得与支出发生不在同一时点，在取得收入到下次取得收入之间存在一定的时间间隔，在这段时间间隔中，人们必持有一定数量的货币，以便随时支出。而且，人们取得收入的时间间隔越长，则平均的货币持有额越多；而取得收入的时间越短，则平均的货币持有额也就越少。具体对每一个人而言，每个月取得一次工资时，为了满足一个月内支出所需要的货币额，比半月取得一次工资、满足半月所需货币额多。在全部收入用于当期支出而没有结余的假设条件下，其平均货币持有额为货币需求额。这说明，即使人们的收入水平一定，取得收入的时间长短也将对货币需求产生明显影响。

课堂互动

你们家里的财富都有哪些形式？为什么在既定的财富范围内，各家保留的现金和存款的数量是不一样的？

（二）市场利率

在市场经济中，市场利率是人们在一定时期内使用资金的价格。在现代货币经济中，资金的表现形式是货币。因此，资金的供求关系通常表现为货币的供求关系。在一般情况下，市场利率与货币需求反向变动，即市场利率上升，货币需求减少；市场利率下跌，货币需求上升。市场利率对货币需求的影响表现为两个方面：一是市场利率决定人们持有货币的机会成本。在现代市场经济中，可供人们选择的资产持有形式很多，货币只是其中的一种。与其他各种资产的持有形式相比，货币虽然具有高度的流动性和安全性，但是人们持有货币一般没有收益或只有很少的收益，而其他非货币金融资产的收益率一般都高于货币，市场利率决定和影响非货币金融资产的收益率，从而决定或影响着人们持有货币的机会成本。二是市场利率影响人们对未来利率变动的预期，从而影响人们对资产持有形式的选择。一般情况下，市场利率与有价证券价格反向变动，市场利率价格越高，有价证券价格越低；反之，则越高。虽然，短期内市场利率随经济发展的周期性变化不断波动，但就长期来看，它将稳定在某一合理或正常的水平上。

所以，在利率市场化条件下，利率上升到一定高度时将回落；反之，利率下降到一定水平时又将回升。因此，当利率上升时，特别上升到一定高度时，人们往往预期利率将下降，从而有价证券的价格上升。于是，他们将减少货币持有量，相应地增加有价证券持有量，以期日后取得资本溢价收入。反之，当利率下降时，特别下降到一定低度时，人们又通常预期利率将回升，有价证券价格将下跌。于是，人们将减少有价证券持有量，相应增加货币持有量，并准备在有价证券价格下跌后以较低的价格买进。

（三）信用的发达程度

如果一个社会信用发达，信用制度健全，人们在需要货币时能容易地获得现金或贷款，那么人们需要持有的货币就会少些，人们可以将暂时不用的货币先投资于其他金融资产，待需要使用货币时，再将其他金融资产出售以换取现金。另外，在信用制度发达的经济中，有相当一部分交易可通过债权债务的相互抵消来结算，这也减少了货币需求量。而在信用制度不发达、融资不方便的经济中，人们要取得现金和贷款不太容易，于是人们宁愿在手中多持些货币。因此，一般来说，货币需求量与信用的发达程度成负相关关系。

课堂互动

你觉得我们现在的社会信用程度高吗？为什么？

（四）货币流通速度、社会商品可供量和物价水平

若以 M_d 代表货币需求量；P 代表物价水平；Q 代表社会商品可供量；V 代表货币流通速度。那么，根据货币流通规律公式：

$$M_d = PQ/V$$

可得，货币需求与物价水平和社会商品可供量呈正比，而与货币流通速度呈反比。需要指出的是，马克思的货币流通速度规律是在金属货币流通条件下提出的。在金属货币流通条件下，因为金属货币本身具有内在价值，流通中的货币量可自动调节，因此，由商品价值决定的商品价格是决定流通中货币必要量的一个重要因素。但是，在不兑现的纸币流通条件下，因为纸币本身没有内在价值，过多的纸币也不能自行退出流通，因此，在社会商品可供量和货币速度一定时，流通中的纸币决定了一般物价水平。于是，在纸币流通条件下，若将一般物价水平作为流通中货币必要量的一个决定因素，必然会形成这样一种现象：物价上涨时，流通中的货币必要量增加，为了使货币供求平衡，货币供给也必须相应增加，而货币供给的增加又必然引起新一轮的物价上涨。所

以，在货币政策的具体实践中，不宜将一般物价水平及其变动作为决定流通中货币必要量的一个因素，更不能将那种纯粹由物价因素引起的流通中的货币必要量作为决定货币供给量的一个依据。当然，在分析个人货币需求时，特别在分析个人对名义货币余额需求时，一般物价水平及其变动则是一个应加以考虑的重要因素。

（五）人们的预期与心理偏好

货币需求在很大程度上还受到人们预期与心理偏好的影响。一般而言，当人们预期证券投资收益丰厚时，则会减少货币需求量转而持有证券；预期证券投资收益微薄时，则会增加货币需求量而减少证券持有量。而心理偏好全凭个人爱好，当人们偏好货币时，货币需求量将增加。反之，当人们偏爱其他盈利性金融资产或实物资产时，货币需求量将减少。

+-+

我国证券保险业务活动对货币需求的影响

证券（股票和债券）的发行和交易都要求一定的货币与之相对应，证券发行规模越大，市场交易越活跃，这类金融商品引致的货币需求就越多。近几年来，国内许多关注资本市场与货币需求之间联系的研究，已在这一问题上达成了一致看法，并从3条路径对股市状况与货币需求之间的关系进行了论证：一是财富效应，股市上涨，人们收入增加，相应地，货币需求也会增加；二是交易余额效应，股市交易越活跃，交易量越大，需要的媒介货币也就越多；三是替代效应，股票价格上涨会使得人们对自己的资产结构进行调整，作为非生利资产的货币在人们资产组合中的相对比重将下降，这会在一定程度上降低人们的货币需求。无论股市行情是好还是坏，财富效应和交易余额效应的货币需求强度总是大于替代效应产生的货币需求强度，正是由于这一点，可以认定：证券市场的状况同货币需求是正相关关系。

保险公司发行保单，保单实际是预防性货币需求的集中化、社会化表现。在一个发达的保险市场环境中，讲信誉、高质量的保险服务会产生理赔支出同保费收入大体相抵的情况。在这种条件下，保险公司的利润将主要来自保单销售资金的运营收益。并且，在这样的市场环境下，保单也同样存在着二级市场，因此，货币需求就会由投保人预防性货币需求和保单转让市场所必需的交易余额需求共同构成。据此，我们也可以简单地将保险市场发展与货币需求之间的关系描述为正相关关系。

资料来源：宋羽. 金融学教程. 理论与实训 [M]. 上海：复旦大学出版社，2010：311.

+-+

 实训任务

市场调研：

在老师的组织下，将学生每4~6人分为一组，每组设组长一名。利用课外时间调研下本组成员每学期生活费用总水平以及支出的范围，详细记录，简单分析下每个成员

学期收入与货币需求的关系。

由小组长在征求组员意见的基础上，写出总结在下次课上向全班汇报。

任务二　分析货币供给

货币需求是在一定的社会经济环境中，因各种动机而产生并客观存在的，为了促进经济的发展，合理的货币需求必须得到适度的满足，而这种满足是需要通过货币发行和存款货币的创造得到的，大多数国家的货币发行权是被一国货币发行部门（通常是中央银行）所垄断的，这种垄断的货币发行和创造过程其实就是货币供给，如果货币供给与货币需求不匹配，就会对经济产生影响，所以我们有必要研究到底什么是货币供给？是谁控制货币供给？是什么因素导致了货币供给的变化？

一、货币供给的一般问题

（一）货币供给和货币供应量

货币供给（money supply）是指一定时期内某一国或货币区的银行系统向经济体中投入、创造、扩张（或收缩）货币的金融行为的全过程。经过货币供给过程，就会最终形成一国一定时点的货币供应量。货币供应量，指一国在某一时期内为社会经济运转服务的货币存量，它由包括中央银行在内的金融机构供应的存款货币和现金货币两部分构成。

（二）货币供应量的统计

货币管理部门要对货币供应量进行有效的控制，必须掌握准确的货币供应量情况，所以对货币供应量数据作出正确的统计十分必要。要正确地完成统计，首先要对货币进行层次划分。世界各国中央银行货币估计口径不完全一致，但划分的基础依据是一致的，即流动性大小。所谓流动性，是指资产在无损状态下的变现能力。货币的流动性程度不同，在流通中的周转次数就不同，形成的货币购买力及其对整个社会经济活动的影响也不一样。

一般说来，中央银行发行的钞票具有极强的流动性，随时可直接作为流通手段和支付手段进入流通过程，从而影响市场供求关系的变化。商业银行的活期存款，由于可以随时支取、随时签发支票而进入流通，因此其流动性也很强，也是影响市场供求变化的重要因素。有些资产，如定期存款、储蓄存款等，虽然也是购买力的组成部分，但必须转换为现金，或活期存款，或提前支取才能进入市场购买商品，因此其流动性相对较差，它们对市场的影响不如现金和活期存款来得迅速。尽管各国在每个货币层次包含的内容上规定的未必一致，但基本层次是一致的，我国从1994年三季度起由中国人民银行按季向社会公布货币供应量统计监测指标。参照国际通用原则，根据我国实际情况，中国人民银行将我国货币供应量指标分为以下 4 个层次：

M_0 = 流通中的现金；

M_1 = M_0 + 企业活期存款 + 机关团体部队存款 + 农村存款 + 个人持有的信用卡类存款；

M_2 = M_1 + 城乡居民储蓄存款 + 企业存款中具有定期性质的存款 + 外币存款 + 信托类存款；

M_3 = M_2 + 金融债券 + 商业票据 + 大额可转让存单等。

其中，M_1 是通常所说的狭义货币量，流动性较强；M_2 是广义货币量；M_2 与 M_1 的差额准货币，流动性较弱；M_3 是考虑到金融创新的现状而设立的，暂未测算。

二、货币供给的过程

（一）货币供给公式

货币供给是一个极其复杂的作用过程，经济学者通过比较长期的研究，总结了一个在国际上比较通用的货币供给模型

$$Ms = m \cdot B$$

式中：Ms 为货币供应量，m 为货币乘数，B 为基础货币。这一模型表明，货币供给是基础货币与货币乘数的乘积。

基础货币（monetary base）又称为强力货币或高能货币，是流通领域中为社会公众所持有的现金及商业银行的准备金（包括法定存款准备金和超额准备金）的总和，它是整个银行体系内存款扩张、货币创造的基础，所以其数额的大小对货币供应总量的影响是决定性的。

货币乘数（money multiplier）也称为货币扩张系数或货币扩张乘数，是指在一定的基础货币量下，通过商业银行的存款货币创造功能，产生的包括派生存款在内的货币供给扩张的倍数。在实际经济生活中，银行提供的货币和贷款会通过数次存款、贷款等活动产生出数倍于它的存款，即通常所说的派生存款。货币乘数的大小决定了货币供给扩张能力的大小。

（二）货币供给的过程

在现代信用货币制度下，货币的发行通常遵循垄断原则，企业和个人都无权擅自发行货币，也不能开出空头支票，只能在一定的可支配收入范围内安排自己的支出。所以，单纯的非银行部门和个人之间的经济活动并不能创造货币。

现实中的货币供给主体是由中央银行和商业银行组成的银行体系。货币供给的过程可以分为两个环节：一是中央银行提供基础货币；二是商业银行创造存款货币。

其中，基础货币来源于中央银行。中央银行对金融机构的再贷款、再贴现、黄金外汇占款、中央银行购买政府债券、向政府贷款等都会影响到基础货币的投放。

存款货币是货币供应量的重要构成部分，因此，了解存款货币是如何被创造出来的

是研究货币供给过程的重要内容。

1. 几个重要概念

原始存款（primary deposit）：一般是指商业银行接受的客户现金存款和中央银行对商业银行的再贷款，是商业银行从事资产业务的基础。

派生存款（derivative deposit）：指银行由发放贷款而创造出的存款，是原始存款的对称，是原始存款的派生和扩大，是指由商业银行发放贷款、办理贴现或投资等业务活动引申而来的存款。派生存款产生的过程，就是商业银行吸收存款、发放贷款，形成新的存款额，最终导致银行体系存款总量增加的过程。

存款货币（deposit money）：是指能够发挥货币作用的银行存款，主要是指能够通过签发支票办理转账结算的活期存款。存款货币主要体现在单位、个人在银行账户上的活期存款，主要流转于银行体系内，可用于转账结算。存款货币来源于现金货币的存入和银行贷款派生机制。

法定存款准备金率（legal deposit reserve rate）：指一国中央银行规定的商业银行和存款金融机构必须缴存中央银行的法定准备金占其存款总额的比率。例如，当存款准备金率为10%，就意味着金融机构每吸收100万元的存款，要向央行缴存10万元的存款准备金，用于发放贷款的资金为90万元。

2. 货币创造的重要假设

派生存款的创造必须具备两大基本条件：

（1）部分存款准备金制度。准备金的多少与派生存款量直接相关。存款准备金率越高，提取的准备金越多，银行可用的资金就越少，派生存款量也相应减少；反之，存款准备金率越低，提取的准备金越少，银行可用资金就越多，派生存款量也相应增加。

（2）非现金结算制度（transfer settlement）。在现代信用制度下，银行向客户贷款是通过增加客户在银行存款账户的余额进行的，客户则是通过签发支票来完成支付行为。因此，银行在增加贷款或投资的同时，也增加了存款额，即创造出了派生存款。如果客户以提取现金方式向银行取得贷款，就不会形成派生存款。

3. 派生存款实例

假设：（1）存在一个由中央银行和多家商业银行构成的银行体系；

（2）法定存款准备金率为20%；

（3）商业银行的客户将其全部资金都存入商业银行之中；

（4）商业银行将缴纳法定存款准备金之后剩余的全部资金都贷出去。

假如，在上述假设条件下，商业银行A吸收原始存款1000元，A银行保留20%的法存款准备金之后，剩余800元，全部用于贷款，但获取贷款的客户又将货币全部存入B银行中自己的存款户中，假设B银行在获取这笔存款后，缴纳20%的法定存款准备金后，将剩余的640元全部贷放出去，客户获得这笔贷款后，又继续存入C银行，C银行重复如同上述A，B两银行同样的业务，假如货币的单位足够小，这一过程将会在D银行、E银行、F银行等众多商业银行中不断进行……以此类推，最终1000元原始存款会变成1000＋800＋640＋…，这一式子中的每一项加数能构成一个等比数列，公比为0.8，而且所有的项是无穷递缩下去的，根据无穷递缩等比数列的求和公式，全社会

的存款货币总额为

$$1000 \times 1/0.2 = 5000 \text{（元）}$$

而派生存款总数 = 5000 - 1000 = 4000（元），具体数据如表 8 - 1 所示。

表 8 - 1 存货流转情况

商业银行	存款总额	法定存款准备金	贷款
A	1000	200	800
B	800	160	640
C	640	128	512
…	…	…	…
总计	5000	1000	4000

上述过程用公式总结为：

$$\text{存款总额 D} = \text{原始存款 E} \times 1/r$$

式中：D 为存款总额；E 为原始存款；r 为法定存储准备金率；1/r 为存款货币的扩张乘数。

课堂互动

这个派生存款过程是不是太完美了？如果获取贷款的客户并没有将全部货币存入下一个银行，而是提取一部分现金后将余额存入银行，那么最终整个银行系统的存款总额会受到影响吗？

三、货币供给中制约存款派生的主要因素

（一）法定存款准备金率

从上述派生存款的创造过程可以总结出，法定存款准备金率与派生存款的关系为：它与法定存款准备金率成反比，法定存款准备金率越低，存款货币扩张乘数越大，反之，则越小。

（二）提现率和超额准备金率

当然，还有一点需要注意，在现实经济中，上述商业银行创造派生存款过程的严格限制条件很难百分之百地达到，商业银行不可能将自己吸收的存款在缴纳法定存款准备金后，全部都贷放出去，人们也不能都用支票进行结算，总要保留和提取一定的现金量应付日常交易等。所以，除了受法定存款准备金率制约外，还受到提现率、超额准备金率等因素的影响。

提现率又称现金漏损率（cash leakage rate），是指现金漏损额与银行存款总额的比

率，不管因何原因产生的现金漏损，都会减少客户在银行体系的存款，银行可用于发放贷款的资金就会减少，进而派生存款也会减少。

超额准备金率（excess reserve ratio），是指商业银行超过法定存款准备金而保留的准备金占全部活期存款的比率。商业银行的超额准备金同商业银行的可贷资金之间也具有此消彼长的关系。

所以，提现率和超额准备金率对商业银行存款派生能力的影响与法定存款准备金率对其的影响方向是相同的，都是反向变动关系。

 实训任务

小组讨论：

讨论主题：解读最近一个季度的货币供应量透露出的宏观经济信息。

讨论步骤：

1. 由学生分组查找最近一个季度的货币供应量数据。

2. 以组为单位简要说明通过数据透露的宏观经济信息。

3. 由教师进行评价和补充。

讨论成果：完成小作业"对某某年第某季度货币供应量的简要分析"。

任务三 了解货币均衡

一、货币均衡的一般问题

（一）货币均衡的含义

货币均衡（monetary equilibrium）是指货币供给与货币需求基本相适应的货币流通状态。根据习惯，货币供给通常用 M_s 表示，货币需求用 M_d 表示，则货币均衡可以表述为

$$M_s = M_d$$

（二）理解货币均衡的几个关键点

1. 货币均衡是一个动态过程

货币均衡的动态性体现在它是在一定的利率水平下，通过货币供给和货币需求之间不断的相互作用而形成的一种状态。货币均衡不是一成不变的，而是要不断地经历由失衡发展到均衡，再由均衡走向失衡，然后又发展到均衡的动态过程。

2. 货币均衡实现具有相对性

货币均衡并不是要求货币供给和货币需求在量上完全相等，而是允许货币供给和需求在可以接受的范围内出现不一致，简单来说，货币均衡其实是一种在经常发生的货币失衡中达到的一种暂时的均衡状态。

（三）货币均衡与社会总供求均衡之间的关系

表面看来，货币均衡描述的是货币领域内因货币供给和需求相互平衡而导致的一种货币流通状态，但从其实质看来，货币均衡反映的是一种社会总供求的平衡状态。这是因为，在现代商品经济条件下，一切经济活动都必须借助于货币的运动，社会需求都表现为拥有货币支付能力的需求，即需求都必须通过货币来实现。所以，经济体系中到底需要多少货币取决于到底有多少商品和劳务需要货币流通去实现，而市场中需要货币流通去实现的商品和劳务量就形成商品市场的供给，市场供给引发了货币需求，货币需求又是货币供给的重要依据，反过来货币供给又形成了市场需求，市场需求对市场供给又有重要的引导作用和决定性影响。所以，货币均衡与社会总供求均衡之间具有重要关系，货币的均衡并不是简单的货币量的供求相等，而是要同时实现商品市场上物价稳定、金融市场上利率稳定。商品市场上的供求和货币市场上的供求 4 个要素之间有连续的相互作用，最终实现相对的货币均衡，如图 8 – 1 所示：

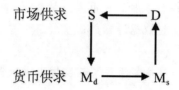

图 8 – 1　货币均衡与社会总供求均衡之间的关系

当然，货币均衡要与社会总供求均衡之间具有较好的相互作用关系，还必须要具备一定的条件：

（1）利率机制要相对健全。利率作为货币资金的价格要能灵敏地反映市场货币供求的状况，并能随货币供求关系的变化自动调节，进而反过来影响货币供求关系，使之实现均衡。

（2）金融市场要较为发达，尤其是货币市场的发育程度要较好，各种金融工具和货币之间可以较好地转化。

课堂互动

现实经济中，货币市场和均衡和商品市场均衡会同时实现吗？

二、货币失衡

（一）货币失衡的含义

货币均衡（monetary imbalances）指在动态运动中，会产生与自身相对应的概念，即货币失衡。它是货币供求的一种非均衡状态，是指在货币流通过程中，货币供给偏离货币需求，而出现供求不相适应的情况。用公式可以表述为

$$M_s \neq M_d$$

（二）货币失衡的类型

需要注意，货币失衡 $M_s \neq M_d$ 式中的不等于并不是仅简单地表述为数学量值上的不相等，而包括以下三种类型：

（1）货币供给量小于货币需求量，即 $M_s < M_d$，如果任由这种不均衡继续深入发展，货币供求之间的缺口越来越大，就有可能产生比较严重的通货紧缩。

（2）货币供给量大于货币需求量，即 $M_s > M_d$，这种不均衡的持续深入发展，经济中有可能会产生通货膨胀

（3）货币供求的结构性失衡，即货币供给与货币需求在总量上大体保持均衡状态，却由于货币的供给结构同与之相对应的货币需求结构不相适应，造成货币市场上货币短缺与局部货币供给过剩并存，商品市场上部分商品和生产要素供过于求，另一部分商品和生产要素则供不应求。

三、通货膨胀

（一）通货膨胀的含义

通货膨胀（inflation）是在现代经济中使用频率非常高的一个词汇，很多人容易误认为通货膨胀就是价格水平上涨，但实际，这种理解不够准确。尽管教科书对其定义作出了很多总结，表述上不完全相同，但均强调社会一般物价水平持续的、明显的、普遍的上涨。

（二）通货膨胀的衡量

因为通货膨胀被定义为一定时期内的物价总水平的持续、普遍、显著上涨，所以，对通货膨胀程度的衡量，主要依靠物价指数。物价指数是报告期物价水平相对于基期物价水平的比率，它将一般物价水平指数化，用来反映物价的涨跌程度，人们习惯将基期的物价指数定为100%，如果报告期物价指数超过100%，则表示物价水平上涨；反之，则表示报告期物价水平下跌。各国习惯用来衡量通货膨胀的指标一般有以下几个。

1. 消费者价格指数（CPI）

消费者价格指数（consumer price index，CPI），是对较为固定的一揽子消费品价格的衡量，主要反映消费者支付商品和劳务的价格变化情况，也是一种度量通货膨胀水平的工具，以百分比变化为表达形式。

例如，我国居民消费价格指数的商品分类按用途划分为八大类：即食品、烟酒及用品、衣着、家庭设备用品及维修服务、医疗保健及个人用品、交通和通信、娱乐教育文化用品及服务、居住。根据近13万户城乡居民家庭（城镇近6万户，农村近7万户）的消费习惯和支出构成，在这八大类中选择了262个基本分类。每个基本分类下设置一定数量的代表规格品，目前有600种左右的商品和服务项目的代表规格品，作为经常性调查项目。CPI的权重，是依据居民消费支出的比重确定的。当然，为了及时反映价格

水平变化状况，计算居民消费价格指数的代表规格品需要不断更新。

CPI 的变化可能与消费者个人感觉不符

人们在使用 CPI 作为物价变化的指标之一使用时，最容易出现的是 CPI 的变化与自己的感觉不符，如很多人会在面临 CPI 一定的变化幅度时说"我感觉很多东西都在涨，而且幅度很大，你怎么说只涨了那么一点"。其实，从 2007 年至今，我国 CPI 的起伏是很大的。从 2008 年前几个月同比上涨 8% 以上，到 2009 年上半年以来同比持续下降，反映了经济由过热到有效需求不足的变化过程。但 CPI 是综合性指标，所反映的是市场的整体变化。2008 年 4 月，全国 CPI 同比增长 8.5%，而食品类则增长 22.1%，其中肉禽及食品增幅达 47.9%；同时，交通和通信则下降了 1.3%。人们对当时的食品价格猛涨感觉明显，但每个人消费的不只是食品，如同型号的手机、电视机、汽车等价格及公交票价等是下降趋势。这些或升或降的商品价格共同构成了 CPI 总指数。或有人说，对我们低收入者，食品的消费占大头；食品价格大涨，对我生活的影响比高收入者要大得多。确实，所以现在北京等地都编制了低收入层价格指数，依据低收入者的消费结构确定八大类消费品的权重。例如，2007 年 7 月，北京市 CPI 上涨 2.1% 时，低收入层的价格指数则上涨 6.3%。所以，我们在获取 CPI 指标信息时，不能完全根据自己的感觉去怀疑数据，而应明白 CPI 包含的统计内容与我们个体日常息息相关的商品并不是完全吻合，所以可能出现 CPI 的变化与消费者个人感觉不符合的现象。

资料来源：宋羽. 金融学教程. 理论与实训 [M]. 上海：复旦大学出版社，2010：324.

2. 生产者价格指数（PPI）

生产者价格指数（producer price index，PPI），是衡量工业企业产品出厂价格变动趋势和变动程度的指数，是反映某一时期生产领域价格变动情况的重要经济指标，也是制定衡量各种商品在不同生产阶段的成本价格变化情况。

在我国，实际上与西方国家的生产者价格指数存在一定差异。由于我国工业品出厂价格指数（即工业品第一次出售时的出厂价格）编制较早，技术相对成熟完善，所以，我们通常就把该指数简单称为 PPI。显然，一般情况下出厂价格上升，商品的售价也会上升。因此，PPI 是判断市场价格的一个先行指标。

3. 国内生产总值平减指数

国内生产总值平减指数，又称 GDP 平减指数（GDP deflator），是指没有剔除物价变动前的 GDP 增长与剔除了物价变动后的 GDP 增长之商。该指数的计算基础比 CPI 更广泛，涉及全部商品和服务，除消费外，还包括生产资料和资本、进出口商品和劳务等。因此，这一指数能够更加准确地反映一般物价水平走向，是对价格水平最为宏观的测量。

课堂互动

三个衡量通货膨胀的指标哪一个你最熟悉？举例说明。

（三）通货膨胀的类型

1. 按通货膨胀程度划分

（1）爬行通货膨胀。这也称温和的通货膨胀，这是一种使通货膨胀率基本保持在2%~4%，并且始终比较稳定的一种通货膨胀。一些经济学家认为，如果每年的物价上涨率在2.5%以下，不能认为是发生了通货膨胀；当物价上涨率达到2.5%时，叫做不知不觉的通货膨胀。

一些经济学家认为，在经济发展过程中，搞一点温和的通货膨胀可以刺激经济的增长。因为提高物价可以使厂商多得一点利润，以刺激厂商投资的积极性。所以温和的通货膨胀不但不会引起社会太大的动乱，反而能像润滑油一样刺激经济的发展。

（2）奔驰通货膨胀。这也称为急剧的通货膨胀，它是一种不稳定的、迅速恶化的、加速的通货膨胀。在这种通货膨胀发生时，通货膨胀率较高（一般达到两位数以上），在这种通货膨胀发生时，人们对货币的信心产生动摇，经济社会产生动荡，所以这是一种较危险的通货膨胀。

（3）恶性通货膨胀。这也称为极度的通货膨胀、超速的通货膨胀。这种通货膨胀一旦发生，通货膨胀率非常高（一般达到3位数以上），而且完全失去控制，其结果是导致社会物价持续飞速上涨，货币大幅度贬值，人们对货币彻底失去信心。这时整个社会金融体系处于一片混乱之中，正常的社会经济关系遭到破坏，最后容易导致社会崩溃，政府垮台。恶性通货膨胀在经济发展史上是很少见的，通常发生于战争或社会大动乱之后。例如，1923年的德国，当时第一次世界大战刚结束，德国的物价在一个月内上涨了2500%，马克的价值急剧下降；再如，从1937年6月~1949年5月的中国，法币的发行量增加了1445亿倍，同期物价指数上涨了36807亿倍。

2. 按成因划分

（1）需求拉上型通货膨胀。需求拉上型通货膨胀（demand pulled inflation），指的是源于总需求过度膨胀，超过了既定价格水平下商品和劳务等方面的供给，从而形成的通货膨胀。需求型通货膨胀的第一推动力直接来源于货币供给，来源于货币的过量发行。这种货币的过量发行导致总需求膨胀，从而引发通货膨胀。

（2）成本推动型通货膨胀。成本推动型通货膨胀（cost pushed inflation）是供给型通货膨胀的主要类型，又可细分为工资推动型通货膨胀和利润推动型通货膨胀。

工资推动型通货膨胀指的是在总需求不变的条件下，如果工资的提高引起产品单位成本增加，便会导致物价上涨，在物价上涨后，如果工人又要求提高工资，而再度使成本增加，便会导致物价再次上涨，进而形成由这种"工资—物价"螺旋引发的通货膨胀。当然应当注意，并不是说在任何情况下工资率的上升都会导致通货膨胀。货币工资率的上升引起通货膨胀是有条件的。这个条件是：只有货币工资率的增长超过边际劳动生产率的增长，通货膨胀才会产生。

利润推动型通货膨胀主要出现在以下两种情况下：一方面，寡头企业和垄断企业在追求更大利润时，依靠其垄断市场的力量，运用价格上涨的手段来抵消成本的增加，从而导致价格总水平上升；另一方面，如果其他社会力量或政府拥有某种垄断力量，他们也可以运用这种力量来保持自己在总收入分配中所占的比重，进而导致通货膨胀。

（3）结构型通货膨胀。结构型通货膨胀（structural inflation），是指生产结构的变化导致总供求失衡或者导致部分供求失衡而引发的通货膨胀。由于结构失衡而引发的通货膨胀，其传导机制是：价格刚性机制和价格攀比机制。

3. 按表现状态划分

（1）公开型通货膨胀。公开性通货膨胀又称开放型通货膨胀，即物价可随货币供给量的变化而自由浮动。

（2）隐蔽型货膨胀。隐蔽性通货膨胀又称为受抑制的（抑制型）通货膨胀。这种通货膨胀指社会经济中存在着通货膨胀压力或潜在的价格上升危机，但由于政府实施了严格的价格管制政策，使通货膨胀并没有真正发生。但是，一旦政府解除或放松价格管制措施，经济社会就会发生通货膨胀，所以这种通货膨胀并不是不存在，而是以一种隐蔽的方式存在。例如，新中国成立初期，我国物质资源贫乏、供应紧张，很多物资供不应求，但并没有出现显著价格上涨，这是因为政府对价格的管制和对需求的控制，属于典型的隐蔽性通货膨胀。

（四）通货膨胀的治理

1. 需求管理政策

需求管理政策指政府利用财政政策和货币政策，改变社会的总支出，控制全社会货币供应量，以实现抑制通货膨胀的目的。例如，可以通过调整利率和税率来控制消费支出，控制投资过热；还可以通过平衡预算，控制政府支出等。

政府如何治理通货膨胀

1979 年沃尔克就任美联储主席，强力提升美元利率。高息的强势美元政策，吸引了大量的外国资本流入美国，将美国推入强势美元时代。沃克尔执掌美联储的前几年，因为布雷顿森林体系的垮台，通胀达到了 13.5%（1981 年），沃克尔成功把它降到了 3.2%（1983 年）

他是怎么做到的呢？1979 年联邦基金利率，美国的同业拆借利率是 11.2%，1981 年被沃克尔抬到 20%，银行基准利率跟着涨到了 21.5%。但是利率飙升极大损害了美国的农业，愤怒的农民们开着拖拉机闯进华盛顿街区，堵住了埃克尔斯大楼（美联储所在地）的大门。

尽管付出了惨重的代价，但是事实证明，沃克尔的这一政策非常成功，三年后通胀被抑制，到 1983 年，美国的通货膨胀率降到了 3.2%，并在此后一直将其保持在低水平上。最重要的是，即使在 1982 年出现经济衰退期间，美联储也坚持实行高利率，这种在面临通货膨胀威胁时大力加息、在通货膨胀比较温和时才下调利率的做法为美联储赢得了威望。

资料来源：章和杰. 货币银行学 [M]. 杭州：浙江大学出版社，2012：208.

2. 收入政策

首先，可以采取工资管制措施，这种措施主要为抑制工资上升导致的成本推进型通货膨胀而采取的。具体方法上，可以通过道德规劝、利益各方的工资协议、政府实行冻结工资、物价等措施加以引导。

其次，对可获得暴利的企业利润率或利润额实行利润管制的措施，如可以管制利润率，还可以对超额利润课征较高所得税等。

当然，除了上述措施外，还可以采用增加商品的有效供给、调整经济结构、指数化政策等来治理通货膨胀。

四、通货紧缩

（一）通货紧缩的含义

通货紧缩（deflation）是与通货膨胀相对应的经济过程，往往是在通货膨胀得到抑制之后发生的。一是物价连续下跌；二是货币供给量连续下降。所以，通货紧缩的含义可以描述为社会价格总水平即商品和劳务价格总水平持续、普遍下降。

（二）通货紧缩的衡量

从通货紧缩的定义来看，它是与通货膨胀相对应的经济过程，所以，用价格总水平作为衡量指标是可取的，零售物价指数、批发物价指数、国民生产总值平减指数、消费者价格指数、生产者价格指数等指标都是可用的。但除此之外，学者们在研究通货紧缩时，还经常使用有别于通货膨胀指标体系的两个指标来衡量它，具体如下。

1. 经济增长率

经济增长率是报告期国民生产总值与基期国民生产总值的比较，如我国的 GDP 增长率，它是反映一定时期经济发展水平变化程度的动态指标，也是反映一个国家经济是否具有活力的基本指标。通货紧缩的发生会伴随着经济活动的衰退萎缩，所以，人们通过分析经济增长率的变化，可以在一定程度上把握通货紧缩。当然，也要注意，单独依靠对经济增长率变化的判断是很难准确地判定是否出现了通货紧缩的，通货紧缩毕竟是一种货币现象，而经济增长除了受货币供给情况影响外，还同时受很多其他因素影响。

2. 失业率

失业率是指失业人口占劳动人口的比率（一定时期全部就业人口中有工作意愿而仍未有工作的劳动力数字），旨在衡量闲置中的劳动产能。在美国，失业率每月第一个周五公布。学者们认为，失业率指标与通货紧缩之间的相关性是很高的。通货紧缩会导致经济增长率下降，经济增长率下降，必然会导致失业率上升。但要注意，这一指标也不能单独应用于衡量通货紧缩，必须与其他物价指标结合使用。

（三）通货紧缩的成因及危害

从定义来看，导致通货紧缩的直接原因是货币供给不足，但是，除此之外，有效需求不足、供给能力相对过剩、经济结构存在问题、金融体系效率低下等都可以成为通货紧缩的成因。

通货紧缩一旦产生，会持续一段较长的时间，所以会给国民经济带来一系列的负面影响，如经济增长率下降、失业增加、信用关系遭到破坏、社会消费动机不足、投资意愿不强、银行不良资产加重等。

（四）通货紧缩的治理

通货紧缩一旦发生，会给一国经济带来很多不利影响，所以必须加以治理，具体到治理措施，主要有以下几种。

1. 扩大有效需求

有效需求包括有效的投资需求、消费需求、出口需求等。通货紧缩发生后，一国的有效需求往往不足，政府可以通过增加自身的投资需求和启动民间的投资需求来改善投资需求不足的状况，如为了吸引民间投资，政府可以改善投资环境，降低投资成本，改善民间资本对自己投资的利润预期等；对于居民的消费需求不足，政府通过各种宣传手段，增加公众对未来经济发展趋势的信心，也可以采用具体的措施，如增加失业补助标准，提高就业水平等。

2. 调整和改善供给结构

调整和改善供给结构主要针对由于某些行业的产品或某个层次的商品生产绝对过剩引发的通货紧缩。例如，可以减少过剩部门或行业的产量，鼓励新兴部门或行业发展等。

3. 调整宏观经济政策

宏观经济政策主要包括货币政策和财政政策。在面临比较严重的通货紧缩时，一国政府可以采用宽松的货币政策和宽松的财政政策，如可以增加流通中的货币量从而刺激总需求，可以扩大财政支出，可以直接增加总需求，还可以通过投资的"乘数效应"带动私人投资的增加。

 实训任务

市场调研：

在老师的组织下，将学生每 4~6 人分为一组，每组设组长一名。利用周末时间到学校最近的农贸市场、服装批发市场、小商品批发市场、花鸟虫鱼市场、五金家电市场、大型超市等，了解 10 种左右主要代表性商品的价格并做详细记录。同时，采用个别访谈的方式，采访售货员、顾客、市场管理人员等，了解他们对物价的看法，做好笔录。

由小组长在征求组员意见的基础上，写出总结在下次课上向全班汇报。

本项目提要：

1. 货币需求指经济主体（如居民、企业和单位等）能够并愿意持有货币的行为。

货币需求量受收入状况、市场利率、货币流通速度、信用的发达程度、社会商品可供量和物价水平、人们的预期与心理偏好等因素的影响。

2. 现实中的货币供给主体是由中央银行和商业银行组成的银行体系。中央银行提供基础货币，商业银行创造存款货币。

3. 货币均衡是货币供给与货币需求基本相适应的货币流通状态。货币失衡通常表现为通货膨胀与通货紧缩。

本项目学习效果评价

一、尝试回答以下问题：

1. 试分析收入水平和市场利率对货币需求的影响。

2. 中央银行供给基础货币的渠道有哪些？

3. 商业银行创造派生存款的前提有哪些？影响派生存款系数的因素有哪些？

4. 试述通货膨胀的成因。

5. 针对不同的通货膨胀，有哪些治理对策？

二、案例分析

"2007 年全球普遍面临较强的通货膨胀压力，国际市场大宗商品价格居高不下并屡创新高，我国 2008 年第一季度 CPI 涨幅为 8%，工业品出厂价格涨幅持续攀升，8 月达到 10.1% 的高点。中国人民银行灵活协调运用数量型和价格型工具对宏观经济做出调控，在 2007 年 6 次提高存贷款基准利率的基础上，2008 年上半年 5 次提高存款准备金率共计 3 个百分点，冻结的流动性大约占新增外汇占款所吐出流动性的 70%。"请结合上述文字思考物价变化与货币供应量的变化有什么关系。2008 年我国央行连续上调利率和法定存款准备金率措施对货币供应量会产生什么样的影响？对控制通胀压力有何帮助？

请同学们思考并分析：

1. 汇总我国 2008 年第一季度各项重要经济、金融数据。

2. 分析物价变化与货币供应量的变化的关系。

3. 分析上调利率和法定存款准备金率措施对货币供应量产生的影响。

4. 对 2008 年第一季度通货膨胀压力及其治理的简要分析。

项目九　揭示货币政策

学习目标 >>> >>>

通过本项目的学习，使学生能够理解货币政策的目标及含义；掌握货币政策的主要工具，尤其是一般性货币政策工具及其运用；了解货币政策传导机制的内容和过程及货币政策的效应。

项目导言 >>> >>>

货币政策是指货币当局为实现一定的宏观经济目标而采取的各种控制和调节货币供应量或信用的方针、政策和措施的总和。包括宏观经济目标、政策工具、操作目标、中介目标及货币政策操作技巧等内容。相对于不同的经济环境和经济形势，货币政策目标各异、手段多样、方式不同，因此要了解货币政策，就必须针对不同的货币政策目标，了解其运用怎样的政策工具，经过怎样的传导机制，如何达到政策目标。

案例导入 >>> >>>

2008年，随着金融危机从局部发展到全球，从发达国家传导到新兴市场经济体和发展中国家，从金融领域扩散到实体经济领域，全球经济增长明显放缓，国际金融市场动荡加剧，国际经济环境中不确定不稳定因素增多。为应对危机，全球主要经济体相继降息，多渠道向市场注入流动性，通过多种方式救助问题金融机构，还推出大规模经济刺激计划。

美联储1年内7次下调联邦基金目标利率、8次下调贴现率，联邦基金目标利率由4.25%下调至0~0.25%的目标区间，贴现率由4.75%降至0.5%。同时，为应对持续性信贷紧缩，美联储还多次通过流动性管理工具创新，向市场大量注入流动性。欧洲中央银行上半年为平衡通货膨胀与经济增长，维持利率不变。7月9日，为应对日益突出的通货膨胀压力，升息25个基点。第三季度后，由于危机扩散导致流动性紧缩和经济衰退风险显著上升，通货膨胀压力明显放缓，欧洲中央银行3次下调基准利率累计175个基点，主要再融资利率由4.25%降至2.50%。2009年1月21日，再度下调主要再融资利率50个基点至2%。日本银行从年初起一直维持利率不变，9月16日起陆续通过公开市场操作等手段增加流动性供给，并于10月31日和12月19日两次下调基准利率20个基点，无担保隔夜拆借利率降至0.1%。英格兰银行于2月7日和4月10日分别将官方利率各下调25个基点至5.0%。第四季度以来加大降息幅度和频率，3次下调官方利率共300个基点至2.0%。2009年1月8日和2月5日，两度降息50个基点至1.0%的历史低位。

资料来源：中国人民银行，《货币政策执行报告》（2008年第四季度）.

以上是 2008 年主要经济体的中央银行为应对金融危机所采取的货币政策。那么，中央银行是如何根据经济形势的变化去使用相应的货币政策工具的？货币政策工具又是通过什么样的渠道最终作用于经济从而达到中央银行的政策意图的？请从本项目中寻找答案。

任务一　认识货币政策目标

一、货币政策的含义

货币政策（monetary policy）是中央银行为实现特定的经济目标而采用的各种控制和调节货币供应量及利率，进而影响宏观经济的方针和措施的总和。货币政策的主要内容有四个方面：货币政策目标、货币政策工具、货币政策的传导机制、货币政策的效应。

从作用方向上看，货币政策分为扩张性的和紧缩性的两种。紧缩性货币政策就是通过减少货币供应量达到紧缩经济的作用，扩张性货币政策是通过增加货币供应量达到扩张经济的作用。

二、货币政策的最终目标及选择

货币政策的最终目标是中央银行实施货币政策所要达到的最终目的。一个国家不同时期的最终目标可能是不同的。一般而言，中央银行货币政策的最终目标包括物价稳定、经济增长、充分就业和国际收支平衡。

（一）货币政策的最终目标

1. 稳定物价

稳定物价目标是中央银行货币政策的首要目标，而物价稳定的实质是币值的稳定。所谓币值，原指单位货币的含金量；在现代信用货币流通条件下，衡量币值稳定与否，已经不再是根据单位货币的含金量，而是根据单位货币的购买力，即在一定条件下单位货币购买商品的能力。目前各国政府和经济学家通常采用综合物价指数来衡量币值是否稳定。物价指数上升，表示货币贬值；物价指数下降，则表示货币升值。

稳定物价是一个相对概念，就是要控制通货膨胀的上升幅度，使一般物价水平在短期内不发生急剧的波动。在动态的经济社会里，要将物价冻结在一个绝对的水平上是不可能的，一般认为每年上涨在 3% 左右就可以称之为物价稳定。

2. 经济增长

所谓经济增长就是指国民生产总值的增长必须保持合理的、较高的速度。目前各国衡量经济增长的指标一般采用国民生产总值的年增长率，中央银行即以此作为货币政策的目标。一般来说，中央银行可以用增加货币供给或降低实际利率水平的办法来促进投资增加；或者通过控制通货膨胀率，以消除其所产生的不确定性对投资的影响。

3. 充分就业

所谓充分就业，就是要保持一个较高的、稳定的就业水平。在充分就业的情况下，凡是有能力并自愿参加工作者，都能在较合理的条件下随时找到适当的工作。充分就业并不意味着完全没有失业者。我们的社会中总是存在着一些无法消除的失业，包括摩擦性失业、季节性失业和自愿失业。

西方经济学认为，除需求不足造成的失业外，其他种种原因造成的失业是不可避免的现象。从经济效益的角度看，保持一定的失业水平是适当的，充分就业目标不意味着失业率等于零，美国多数学者认为4%的失业率即为充分就业，而一些保守的学者则认为应将失业率压低到2%或3%以下。

4. 国际收支平衡

一国国际收支出现失衡，无论是顺差或逆差，都会对本国经济造成不利影响，长时期的巨额逆差会使本国外汇储备急剧下降，并承受沉重的债务和利息负担；而长时期的巨额顺差，又会造成本国资源使用上的浪费，使一部分外汇闲置，特别是如果因大量购进外汇而增发本国货币，则可能引起或加剧国内通货膨胀。当然，相比之下，逆差的危害尤甚，因此各国调节国际收支失衡一般着力于减少以至消除逆差。

各国货币政策中的经济增长目标

虽然目前世界上大多数国家的中央银行普遍将经济增长列为货币政策目标之一，但由于它在各国货币政策目标中所处的地位不同，其重要程度不尽相同，就一国而言，在各个历史时期也并不一样。从美国来看，高度重视经济增长是在20世纪30～50年代，因为当时美国面临第二次世界大战之后的生产严重下降，以及随后出现的20世纪50年代初的经济衰退。而自70年代以来，货币政策目标则以反通货膨胀为重点。日本在第二次世界大战后也同样提出了发展经济的目标，但那是基于战后的生产极度衰退而言，实际上，在经济增长与稳定物价这两个目标的重点选择上，日本始终以稳定物价为主。联邦德国由于吸取两次世界大战之后爆发恶性通货膨胀的惨痛教训，因而虽把经济增长也列入政策目标之一，但在实际执行中宁愿以牺牲经济增长来换取马克的稳定。不过也有例外，如韩国的货币政策目标曾一度是经济增长为主，稳定物价被置于次要位置。

资料来源：宋羽. 金融学教程——理论与实训（双语）[M]. 上海：复旦大学出版社，2010：276.

（二）货币政策最终目标之间的矛盾

尽管货币政策要实现的目标有四个，但就任何一个国家的中央银行而言，上述四个目标往往不能兼顾。从长期来看，它们之间是一致的。从短期来看，除了经济增长和充分就业正相关外，其他目标之间都有矛盾。

1. 物价稳定与充分就业之间的矛盾

这可以用菲利普斯曲线来说明。从图9-1可以看出，失业率和物价上涨率之间存在着此消彼长的关系。如果要减少失业或实现充分就业，就必然增加货币供应量以刺激社会总需求的增加，而总需求的增加，在一定程度上必然引起一般物价水平的上涨；相反，如果要降低物价上涨率，就必然要缩减货币供应量以抑制社会总需求的增加，而社会总需求的缩减，必然导致失业率的提高。

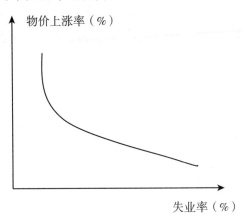

图 9 – 1　菲利普斯曲线

2. 物价稳定与经济增长之间的矛盾

这两者之间是否有矛盾，理论界看法不一。第一种观点认为，物价稳定才能维持经济增长。这种观点认为，只有物价稳定，才能维持经济的长期增长势头。因为，生产率是随时间的进程而不断发展的，货币工资和实际工资也是随生产率而增加的。只要物价稳定，整个经济就能正常运转，维持其长期增长的势头。第二种观点认为，轻微物价上涨刺激经济增长。价格的上涨，通常可以带来高度的就业，在轻微的通货膨胀之中，工业之轮开始得到良好的润滑油，产量接近于最高水平，私人投资活跃，就业机会增多。第三种观点认为，经济增长能使物价稳定。因为，经济的增长主要取决于劳动生产率的提高和新生产要素的投入，在劳动生产率提高的前提下，生产的增长，一方面意味着产品的增加；另一方面则意味着单位产品生产成本的降低。所以，稳定物价目标与经济增长目标并不矛盾。

现代社会经济发展的实践证明，经济的增长总是伴随着物价的上涨。其原因就是上面分析过的物价上涨与充分就业之间的关系。要使物价稳定与经济增长齐头并进并不容易。政府往往较多地考虑经济发展，刻意追求经济增长的高速度，如采用扩张信用和增加投资的办法，其结果必然造成货币发行量增加和物价上涨。使物价稳定与经济增长之间出现矛盾。

3. 物价稳定与国际收支平衡之间的矛盾

物价水平上涨，国内货币贬值，在汇率没有相应调整时，进口商品的价格就会相对低廉，对本国的出口造成不利影响，使国际收支恶化。反之，国内物价水平持续下跌，在汇率没有调整的情况下，本国商品在国际市场上的价格也会相应降低，从而刺激出口的增加，导致进口的相对减少，造成国际收支的顺差失衡。

4. 经济增长与国际收支平衡之间的矛盾

当经济增长过快时，会使本国对进口的需求增加，而进口的大量增加又会使国际收支出现大量的逆差。而在国际收支不平衡时，通常又会压缩国内有效需求，其结果是，虽然国际收支改善了，但却打击了经济增长。

（三）货币政策最终目标的选择

　　由于货币政策最终目标之间的矛盾性，货币政策在客观上难以同时兼顾所有的目标，理论界在最终目标选择上存在着单目标、双目标和多目标的争论。

1. 单目标论

　　单目标论认为，由于客观上存在着各个目标之间的矛盾，货币政策只能选择其中一个目标为己任。在选择哪一个最终目标上又存在两种相当对立的意见。一种是从稳定物价乃是以经济正常运行和发展的基本前提出发，强调物价稳定是货币政策的唯一目标；另一种认为经济增长是稳定物价的基础，主张以经济增长作为货币政策的唯一目标。

2. 双目标论

　　这种观点认为，中央银行的货币政策目标应同时兼顾发展经济和稳定物价两方面的要求。因为经济增长是物价稳定的基础，而物价稳定又有助于经济的长期稳定增长。

3. 多目标论

　　多目标论认为，货币政策作为宏观经济间接调控的主要手段之一，可以对上述各个目标产生重要的影响，不能只以一个或两个为其目标，而应从总体上兼顾各个目标，只是在不同时期的侧重点不同。

　　在实践中，大多数国家都在不同程度上兼顾了各种目标。不过各国根据自己的不同情况对各目标的优先程度有各自的排列次序。国际货币基金组织和其他国际金融组织对货币政策的主流观点都是强调单目标的币值稳定。在物价稳定基本实现的条件下，实现经济最大的持续增长，同时保持国际收支和汇率的稳定。但宏观经济环境会不断地发生变化，因此，不同时期货币政策的重点也必须调整。

 **实训任务**

知识运用：

　　中央银行实施的四个政策目标之间能否最终得到协调？中国选择的的货币政策最终目标是什么，为什么？

任务二　熟悉货币政策工具

　　货币政策工具是指中央银行为实现货币政策目标而采用的各种策略手段，是中央银行可以直接控制的，其运用可对基础货币、货币供给量、利率以及信贷活动产生影响，进而实现中央银行的货币政策目标。货币政策工具分为一般性政策工具、选择性政策工具和其他政策工具。

一、一般性货币政策工具

一般性货币政策工具是指对货币和经济体系具有全局影响的政策工具。包括法定存款准备金政策、再贴现政策和公开市场业务三大政策工具，俗称"三大法宝"。

（一）法定存款准备金政策

1. 法定存款准备金（required reserve rate）政策的含义

法定存款准备金政策是中央银行通过规定或调整商业银行缴存中央银行的存款准备金比率，调节商业银行信用创造能力以及货币供给量的措施。

2. 法定存款准备金政策的作用

法定存款准备金政策的作用体现在它对商业银行的信用扩张能力、对货币乘数的调节。由于商业银行的信用扩张能力与中央银行投放的基础货币存在乘数关系，而乘数的大小与法定存款准备金率成反比。因此，若中央银行采取紧缩政策，提高法定存款准备金率，则限制了商业银行的信用扩张能力，降低了货币乘数，最终起到收缩货币供应量和信贷量的效果，反之亦然。

3. 法定存款准备金政策的优缺点

法定存款准备金政策作为一种货币政策工具，其优点是：对货币供给量具有极强的影响力，力度大、速度快、效果明显。但也存在着明显的局限性：它是货币政策工具中的一把巨斧，对货币供应量的冲击可能很大，无法进行微调；它的调整对整个经济和社会心理预期都会产生显著的影响，以致使得它有了固定化的倾向；法定存款准备金政策对各类银行的影响不一样。法定准备金率的提高，可能使超额准备金率较低的银行立即陷入流动性困境。

—·—

"威猛强大"的存款准备金率

中国人民银行决定从 2007 年 2 月 25 日起，上调存款类金融机构人民币存款准备金率 0.5 个百分点。中国人民银行承诺将继续执行稳健的货币政策，加强银行体系流动性管理，引导货币信贷合理增长，促进国民经济又好又快发展。这一点也在 2008 年中得到了切实的体现。

从 2006 年开始，央行综合运用多种货币政策工具大力回收银行体系多余流动资金已经取得了一定成效。其中，存款准备金率不断上调，很大程度上回笼了过剩的流动资金，大大巩固了宏观调控成效。2006 年央行共上调了 3 次存款准备金率：7 月 5 日上调存款类金融机构人民币存款准备金率 0.5 个百分点。8 月 15 日上调存款类金融机构存款准备金率 0.5 个百分点。11 月 15 日上调存款类金融机构存款准备金率 0.5 个百分点。

此后，随着 2007 年投资继续过热，流动性过剩延续，通货膨胀加重的经济变化，央行加大上调存款准备金的力度。2007 年央行共 10 次上调准备金！而在 2008 年，央行也一共 4 次上调了存款准备金率，分别在 1 月 16 日、3 月 18 日、4 月 16 日、5 月 12 日宣布上调存款准备金率 0.5 个百分点，2008 年年底存款类金融机构人民币存款准备金率达到 17.5% 的历史新高！

如此强大的货币政策取得了明显的成效，2008 年年底，国内通货膨胀得到了明显的遏制，物价回归到合理的水平。

资料来源：张卉妍. 金融一本全［M］. 北京：中国华侨出版社，2013：218.

（二）再贴现政策

1. 再贴现政策的含义

再贴现（rediscount）是指商业银行或其他金融机构将贴现所获得的未到期票据再向中央银行进行的票据转让，是中央银行向商业银行提供资金的一种方式。再贴现政策是中央银行对商业银行用持有的未到期的票据向中央银行融资所作的政策规定。再贴现政策一般包括再贴现率和再贴现资格条件的规定。前者主要影响商业银行的融资成本及社会资金供求，后者则主要影响商业银行及全社会的资金投向。

2. 再贴现政策的作用

再贴现率工具主要着眼于短期政策效应。中央银行根据市场供求状况调节再贴现率，以影响商业银行的借入资金成本，进而影响商业银行对社会的信用量，从而调整货币供给总量。在传导机制上，提高再贴现率，商业银行需要以较高的代价才能获得中央银行的贷款，便会提高对客户的贴现率或提高放款利率，其结果就会使信用量收缩，市场货币供应量减少；反之亦然。中央银行对再贴现资格条件的规定则着眼于长期的政策效用，以发挥抑制或扶持某些行业的作用，并改变资金流向。

3. 再贴现政策的优缺点

再贴现政策的最大优点是能够在很大程度上发挥最后贷款人的作用，解决商业银行的准备金和流动性不足的问题。此外，作为一项政策工具，它还具有"告示效应"，作为一种信号表明中央银行未来的货币政策意图，影响商业银行和社会公众的预期。但它同样存在着一定的局限性，表现如下：

（1）中央银行处于被动地位。商业银行是否愿意到中央银行申请再贴现或贷款，申请多少，取决于商业银行的行为。如果金融市场发达，商业银行融资渠道宽广，对中央银行再贴现的依赖性会减小，则中央银行就不能有效地控制货币供应量。

（2）再贴现率作用有限。在经济高速增长时期，再贴现率无论多高，都难以抑制商业银行向中央银行再贴现或借款；在经济下滑时期，再贴现率无论多低，也不一定能调动商业银行的积极性向中央银行再贴现或借款。

（3）相对于法定存款准备金率来说，再贴现率比较易于调整，但频繁地进行调整也会引起市场利率的经常波动，进而引起经济波动。

(三) 公开市场业务

1. 公开市场业务的含义

公开市场业务 (open market operations) 是指中央银行通过在金融市场上买进或卖出有价证券，吞吐基础货币，调节货币供应量的活动。

公开市场操作可以分为主动性的和防御性的两类。主动性公开市场操作的目的是为了改变银行体系的准备金和基础货币；防御性的公开市场操作的目的则是抵消影响基础货币的其他因素变动的影响，从而使基础货币保持相对稳定。

2. 公开市场业务的作用

公开市场业务的作用范围比较广泛。首先，它能调控商业银行准备金和货币供应量。中央银行通过在金融市场上买进或卖出有价证券，可直接提高或降低商业银行的超额存款准备金水平，从而影响其贷款规模和货币供应总量。其次，它会影响利率水平和利率结构。当中央银行买进或卖出有价证券时，货币供给量会相应增加或减少，从而影响利率水平。中央银行在公开市场买卖不同期限的有价证券，可直接改变市场对不同期限证券的供求平衡状况，从而使利率结构发生变化。最后，公开市场业务与再贴现政策相配合使用，可以提高货币政策效果。当中央银行提高再贴现率时，如果商业银行持有较多超额储备而不依赖中央银行贷款，紧缩政策则难以奏效，这时中央银行若以公开市场业务配合在公开市场卖出证券，则商业银行的储备必然减少，紧缩政策目标得以实现。

3. 公开市场业务的优缺点

与其他货币政策工具相比，公开市场业务具有以下优点：

(1) 公开市场业务的主动权在中央银行，其操作规模的大小完全由中央银行自己控制，并能对银行准备金产生直接预期的效果，不像再贴现政策，中央银行处于被动地位。

(2) 公开市场业务可以进行经常性、连续性的操作，买卖证券的规模可大可小，直到满足中央银行的要求为止。

(3) 中央银行可以通过公开市场业务，对货币供应量进行微调，而不会像法定存款准备金那样产生震动性影响。

(4) 金融市场情况一旦发生变化，中央银行能迅速改变其操作方向，精确而灵活地调节货币供应量，而其他货币政策工具则不能很快地逆转。

正是由于这许多优点，使得公开市场业务成为大多数国家中央银行经常使用的货币政策工具。

作为一种货币政策工具，公开市场业务也不可避免地存在一定的局限性，主要表现在以下两个方面：

(1) 公开市场操作较为细微，技术性较强，政策意图的告示作用较弱。

(2) 公开市场操作需要以较为发达的证券市场为前提，市场发育程度不够，交易工具太少等都将制约公开市场业务的效果。

灵活开展公开市场操作

2014 年，随着国际收支和人民币汇率趋向均衡，并受美联储逐步退出 QE 等因素影响，外汇流入减少，对银行体系流动性的影响总体趋于中性，但阶段性波动仍然存在。同时，在金融市场快速发展、金融创新持续涌现的背景下，传统季节性因素与市场因素、监管因素等相互交织，加大了银行体系流动性供求变化的不确定性。

中国人民银行深入分析不同阶段流动性供求变化的特点，按照稳健货币政策要求灵活开展公开市场操作，合理安排操作工具组合，有效调节银行体系流动性，既保证了流动性总量的适度充裕，又促进了流动性和货币市场的平稳运行。上半年，针对外汇占款增长前快后慢、春节等季节性因素对流动性影响较大的特点，以正回购操作为主、逆回购操作为辅，搭配使用短期流动性调节工具（SLO）灵活开展公开市场操作，保持流动性总量合理适度和分布均衡；进入下半年之后，综合考虑流动性总量仍较为充裕，但外汇占款增长进一步放缓、影响流动性供求的不确定因素有所增多的实际情况，逐步降低公开市场正回购操作的力度和频率，直至暂停正回购操作，并通过正回购和央行票据到期、开展 SLO 操作等适时适度投放流动性，与其他工具相配合促进流动性平稳增长，同时加强预调微调，熨平流动性短期波动。全年公开市场累计开展正回购操作 30210 亿元，开展逆回购操作 5250 亿元；开展 SLO 操作累计投放流动性 10210 亿元，回笼流动性 1000 亿元。年末公开市场正、逆回购操作余额均为 0；SLO 投放流动性操作余额为 1000 亿元，回笼流动性操作余额为 0；央行票据余额为 4222 亿元。

资料来源：中国人民银行，《货币政策执行报告》（2014 年第四季度）.

二、选择性货币政策工具

选择性货币政策工具，是指中央银行针对某些特殊的信贷或某些特殊的经济领域而采用的工具，侧重于对银行业务活动从质的方面进行控制，调节资金结构和经济结构，是常规性货币政策工具的必要补充。常见的选择性货币政策工具主要包括：消费者信用控制、证券市场信用控制、不动产信用控制、优惠利率、预缴进口保证金等。

（一）消费者信用控制

消费者信用控制是指中央银行对不动产以外的各种耐用消费品的销售融资予以控制。其主要内容包括以下三个方面：

（1）规定用分期付款购买耐用消费品时第一次付款的最低金额。

（2）规定用消费信贷购买商品的最长期限。

（3）规定可用消费信贷购买的耐用消费品种类，对不同消费品规定不同的信贷条件，等等。

在通货膨胀时期，中央银行采用消费者信用控制，能起到抑制消费需求和物价上涨的作用。

（二）证券市场信用控制

证券市场信用控制是指中央银行对有关证券交易的各种贷款进行限制，目的在于抑制过度的投机。例如，规定一定比例的证券融资保证金率，并随时根据市场的状况加以调整。在西方，商业银行等金融机构可以办理各种有价证券交易的贷款和以有价证券为抵押的贷款。我国目前开展的融资融券业务就是通过规定融资融券主体资格、融资融券保证金比例等方式进行信用控制。

（三）不动产信用控制

不动产信用控制是指中央银行对金融机构在房地产方面放款的限制措施，以抑制房地产的过度投机。例如，对金融机构的房地产贷款规定最高限额、最长期限以及首次付款和分摊还款的最低金额等。

（四）优惠利率

优惠利率是中央银行对国家重点发展的经济部门或产业，如出口工业、农业等规定较低贷款利率，目的在于刺激这些部门及行业的生产，调动它们的积极性，以实现产业结构和产品结构的调整和优化。优惠利率不仅在发展中国家多有采用，发达国家也普遍采用。

（五）预缴进口保证金

预缴进口保证金，是指中央银行要求进口商预缴相当于进口商品总值一定比例的存款，以抑制进口的过快增长。预缴进口保证金多为国际收支经常出现赤字的国家所采用。

课堂互动

近年来，在货币政策的实施过程中我国有没有用到选择性货币政策工具？

三、其他货币政策工具

（一）直接信用控制

直接信用控制（direct credit control）是指中央银行以行政命令或其他方式，从质和量两个方面，直接对金融机构尤其是商业银行的信用活动进行控制。其手段包括信用分配、直接干预、流动性比率管理、利率最高限额等。

1. 信用分配

信用分配是指中央银行根据金融市场状况及客观经济需要，分别对各个商业银行的信用规模加以分配，限制其最高数量。在投资多、资金供给无法满足需求的发展中国家，中央银行往往会考虑采取这种调控方式。

2. 直接干预

直接干预是指中央银行直接对商业银行的信贷业务、放款范围加以规定。内容包括：直接限制贷款额度；直接干预商业银行对活期存款的吸收以限制其信贷规模；规定各银行放款及投资的方针，控制银行资金的投向和规模。

3. 流动性比率管理

为了限制商业银行等金融机构的信用扩张，中央银行通过规定它们的流动资产对存款的比率，来限制其长期放款和投资，以实现维护银行业稳健经营的目标。

4. 利率最高限额

利率最高限额又称利率管制，是指中央银行规定存贷款的最高利率，目的是为防止银行用抬高利率的办法竞相吸收存款和为谋取高利而进行风险信贷，限制金融业内部的过度竞争，保证金融机构的稳健经营。

课堂互动

动用直接信用控制有何利弊？

（二）间接信用控制

间接信用控制（indirect credit control）是指中央银行利用其特殊的地位和声望，对金融机构施加影响，从而达到货币政策调控的目的。主要包括道义劝告和窗口指导两种形式。

1. 道义劝告（moral suasion）

道义劝告是指中央银行利用其声望和地位，对商业银行和其他金融机构经常发出通告、指示或与各金融机构的负责人面谈，劝告其遵守政府政策并自动采取贯彻政策的相应措施。例如，在国际收支出现赤字时，劝告各金融机构减少海外贷款；在房地产与证券市场投机盛行时，中央银行要求商业银行缩减对这两个市场的信贷等。

2. 窗口指导（window guidance）

窗口指导是指中央银行根据产业行情、物价变动趋势和金融市场动向，规定商业银行的贷款重点投向和贷款变动数量，以保证经济中优先发展部门的资金需要。虽然窗口指导没有法律约束力，但其作用有时也很大。第二次世界大战结束后，窗口指导曾一度是日本货币政策的主要工具。

 **实训任务**

小组讨论：

讨论主题：解读本年度实施的货币政策的主要目标和实施的政策工具。

讨论步骤：

1. 由学生分组查找本年度的货币政策的资料。

2. 以组为单位简要说明资料透露的货币政策的主要目标和实施的政策工具。

3. 由教师进行评价和补充。

讨论成果：完成小作业"对某某年度货币政策的简要分析"。

任务三 了解货币政策的传导机制

如何运用货币政策工具，实现既定的货币政策目标，既涉及货币政策的传导机制，也与中介目标的选择有关。图9-2是货币政策工具、操作目标、中介目标、最终目标之间的关系。

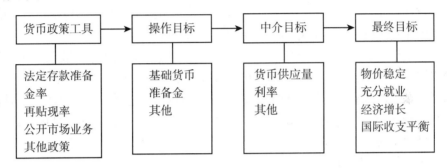

图9-2 货币政策工具、操作目标、中介目标、最终目标之间的关系

一、货币政策传导机制的含义

货币政策传导机制（conduction mechanism）是指中央银行确定货币政策目标以后，通过各种货币政策工具的运用，引起中介目标的变动，从而影响整个社会经济活动以实现既定货币政策目标的全过程。

在制订货币政策时，中央银行首先根据国民经济的实际情况确定最终目标，然后选择恰当的货币政策工具。但政策工具并不能直接作用于最终目标，而且从工具运用到对最终目标的影响显现出来有较长的时间滞后，因此必须引入操作目标和中介目标。操作目标是指基础货币与准备金等短期指标，而中介目标是指货币供应量和利率等远期指标。

二、货币政策传导机制的理论

对货币政策传导机制的分析，在西方早期主要有凯恩斯学派的传导机制理论和货币学派的传导机制理论。此后，经济学家们在此基础上进行深入研究，提出了一些新的研究成果。

（一）凯恩斯学派的货币政策传导机制理论

凯恩斯主义认为，货币供应量增加后，会使利率下降，利率的下降又降低了投资的成本，从而促使投资支出增加，投资增加使得国民收入增加。反之，货币供应量减少，则会使利率上升，利率上升又会使投资减少，从而进一步使国民收入减少。因此，凯恩斯的货币政策传导机制可以描述如下：

$$M\uparrow \to i\downarrow \to I\uparrow \to Y\uparrow$$ 或 $$M\downarrow \to i\uparrow \to I\downarrow \to Y\downarrow$$ 其中，M 为货币供应量；i 为利率；I 为投资；Y 为产出。

在上述这个传导机制发挥作用的过程中，主要环节是利率。货币供应量的调整首先影响利率的升降，然后才使投资乃至总支出发生变化。

（二）货币学派的货币政策传导机制理论

货币学派认为利率在货币政策传导过程中不起重要作用。他们认为：货币需求有其内在的稳定性，而货币供给是一个外生变量。由于货币需求函数中不包括任何货币供给的因素，因而货币供给的变动并不直接引起货币需求的变化。

当货币供给增加时，由于货币需求并不改变，公众会发现他们实际持有的货币量比他们希望持有的多。超过意愿持有的货币，或被用于购买债券、股票等金融资产，或被用于购买汽车、消费品等实物资产直至人力资本的投资。这种支出（即资产结构的调整过程）会影响资产的价格（如有价证券利率会变动），也会影响商品供应的数额与价格。用符号表示为：

$$M\uparrow \to A\uparrow \ (C\uparrow, I\uparrow) \to P\uparrow \to \cdots Y\uparrow$$

其中，M 为货币供应量；A 为金融资产；C 为消费；I 为投资；P 为价格；省略号代表可能存在但未被提及的过程；Y 为产出。

货币学派认为，货币供给的变化在短期内会对实际产量和物价两方面均发生影响；但就长期而言，则只会影响物价水平。

（三）货币政策传导机制理论的进一步探索

1. 托宾的 q 理论

托宾的 q 理论说明了货币政策通过影响股票价格而作用于实际经济的过程。托宾把 q 定义成企业的市场价值与资本重置成本之比。如果 q 值大于 1，说明企业的市场价值高于资本的重置成本，建立新厂房和购买新设备的资本成本就要低于收购同等规模企业的价值，企业将愿意增加投资支出。反之，如果 q 值小于 1，说明企业的市值低于资本的重置成本，建立新厂房和购买新机器的成本要高于收购同等规模的企业的成本，企业对新的投资就不会有积极性。

当货币供应量增加后，人们会发现手持货币比实际需要多，于是，将多余的现金用作投资。其中之一就是购买股票，而由于对股票需求的增加，股票价格会上涨，从而提高了市场价值和 q 值，引起企业增加新的投资。托宾的 q 值货币政策传导机制用符号表示为：

$$M\uparrow \to Ps\uparrow \to q\uparrow \to I\uparrow \to Y\uparrow$$

其中，Ps 为股票价格。

2. 信贷传导机制理论

信贷传导机制理论认为，银行贷款不能全然由其他融资形式，如资本市场的有价证券发行所替代。特定类型的借款人，如小企业和普通消费者，它们的融资需求只能通过银行贷款来满足。

当中央银行采取宽松的货币政策，如在公开市场上大量买进政府债券或降低再贴现率时，商业银行体系内的超额准备金会增加，可用于发放贷款的资金增加。这时，企业的贷款需求就较容易得到满足，从而投资支出增加，投资增加又进一步引起国民收入的增长。用符号表示为：

$$M\uparrow \rightarrow La\uparrow \rightarrow I\uparrow \rightarrow Y\uparrow$$

其中，La 为贷款量。

3. 财富效应理论

莫迪利亚尼的生命周期理论认为，决定消费支出的是消费者毕生的财富 W，而不仅仅是今天的收入。消费者是按时间均匀地安排他们一生的消费支出的。消费者毕生财富主要组成部分是其金融资产，如股票或债券等。当股票和债券价格上升后，消费者的财富就会增加，这样就会扩大消费者的支出。用符号表示为：

$$M\uparrow \rightarrow Ps\uparrow \rightarrow A\uparrow \rightarrow W\uparrow \rightarrow C\uparrow \rightarrow Y\uparrow$$

其中，M 为货币供应量；Ps 为股票价格；A 为金融资产；W 为消费者毕生的财富；C 为消费；Y 为产出。

4. 开放经济下的货币政策传导机制理论

在开放经济条件下，净出口，即一国出口总额与进口总额之差，是总需求的一个重要组成部分。货币政策可以通过影响国际资本流动，改变汇率，并在一定的贸易条件下影响净出口。

货币供应量的扩张会使利率下降，若国外利率并没有相应的下调，国内利率与国外利率的利差会扩大。根据利率平价理论，这时本币汇率 c 会下跌，本币贬值，使得国内商品较国外商品变得便宜，从而引起净出口 NX 增加，进而导致总产出 Y 增加。用符号表示为：

$$M\uparrow \rightarrow i\downarrow \rightarrow e\downarrow \rightarrow NX\uparrow \rightarrow Y\uparrow$$

三、货币政策的中介目标

从货币政策工具的运用到货币政策目标的实现之间有一个相当长的作用过程。在这个作用过程中有必要及时了解政策工具是否得力，估计政策目标能不能实现，这就需要借助中介目标的设置。中介目标（intermediate target）又称中介变量，是指与最终目标紧密相关，并且对货币政策工具的运用反应迅速的变量。

（一）货币政策中介目标的选择标准

作为中介目标的变量要具备以下一些条件。

（1）可测性，指中央银行能够迅速获得中介目标相关指标变化状况和准确的数据资料，并能够对这些数据进行有效分析和作出相应判断。

（2）可控性，指中央银行通过各种货币政策工具的运用，能对中介目标变量进行有效的控制，能在较短时间内（如 1~3 个月）控制中介目标变量的变动状况及其变动趋势。

（3）相关性，指中介目标必须与货币政策最终目标有密切的相关性，中央银行运用货币政策工具对中介目标进行调控，能够促使货币政策最终目标的实现。

（二）可供选择的中介目标变量

1. 货币供应量

以弗里德曼为代表的现代货币数量论者认为宜以货币供应量或其变动率为主要中介目标。其理由如下：

（1）就可测性而言，货币供应量指标随时都反映在中央银行和商业银行及其他金融机构的资产负债表内，可以进行量的测算和分析。

（2）就可控性而言，货币供应量一般由通货和各种存款货币构成。通货直接由中央银行发行并进入流通，可控性最强。各种存款货币则是商业银行和其他金融机构的负债，中央银行通过控制基础货币可以对其进行间接控制。

（3）就相关性而言，一定时期的货币供应量代表了当时社会的有效需求量和整个社会的购买力，直接影响货币政策目标的实现。因此，货币供应量与货币政策目标之间存在着密切的联系。

以货币供应量作为中介目标还存在一个问题，即应该确定哪种口径的货币供给作为中介目标？是现金，还是 M1，抑或是 M2？就可测性和可控性而言，3 个指标均可满足。但就相关性来说，到底哪个指标更能代表一定时期的社会总需求和购买力？理论界对此有不同的看法。我国在 20 世纪 90 年代初期和中期是以 M1 为货币控制的重点，从 90 年代末期开始就逐步将控制重点转向了 M2。

课堂互动

我国为什么选取货币供应量作为中介目标？

2. 利率

利率是凯恩斯学派一直坚持的货币政策中介目标。其理由如下：

（1）可测性强。中央银行在任何时候都能观察到市场利率的水平及结构，可随时搜集到这些资料并进行分析。

（2）可控性强。中央银行可以公开市场操作、再贴现利率的变动等方法影响货币市场短期利率，进而影响长期利率变动。在一些对利率实行直接管制的国家，其可控性更强。

（3）相关性强。利率水平的高低直接影响投资和消费行为，从而影响总需求。

然而，利率指标也存在不理想之处。作为政策变量，利率与总需求应沿同一方向变动：经济过热，应提高利率；经济疲软，应降低利率。作为内生变量，利率的变动是顺循环的：经济繁荣时，利率因信贷需求增加而上升；经济停滞时，利率随信贷需求减少而下降。这就是说，利率作为内生变量和作为政策变量往往难以区分。在这种情况下，中央银行很难判断自己的政策操作是否已经达到了预期目的。另外，由于市场利率种类很多，到底哪一个利率最适合，也存在选择上的困难。

到底是选择货币供应量还是利率为中介目标，不存在哪个绝对好哪个绝对坏的定论。

如何选择要看条件，并且也只有根据经验的积累才能判断怎样的选择对本国来说较为理想。此外，在一些经济、金融开放程度高的国家及地区，是以汇率作为货币政策的中介目标。这些国家或地区的货币当局确定其本币同另一个较强国家货币的汇率水平，并通过货币政策操作钉住这一水平，以此实现最终目标。

四、货币政策的操作目标

货币政策中介目标离货币政策最终目标较近。但中央银行对这些指标的控制力弱于像短期利率、基础货币、超额准备金这样的短期指标。

（一）短期利率

短期利率通常指市场利率，即能够反映市场资金供求状况、变动灵活的利率。经常被选作操作目标的短期利率是银行同业拆借利率。中央银行可以通过公开市场业务、调整再贴现率等手段来实现对同业拆借利率的调控，进而可以影响货币供给量和其他利率。但是，短期利率易受通货膨胀、市场供求和心理预期的影响。

（二）超额准备金

准备金是商业银行和其他金融机构在中央银行的存款及其持有的库存现金。准备金分为法定存款准备金和超额存款准备金。法定存款准备金是按法定存款准备金率提取的准备金，超额存款准备金是指超过法定存款准备金数额的存款准备金。

超额准备金的规模直接决定着商业银行和其他金融机构的流动性状况和放贷能力。中央银行通过对准备金的调节，可以影响中介目标变量。法定存款准备金率的调节将直接导致超额准备金数额的变化，这进一步引起银行贷款的规模和货币供应量及利率等中介目标的变动。中央银行还可以通过公开市场业务来改变总准备金和超额准备金的规模，进而影响中介目标变量。但是商业银行持有多少超额准备金，是根据其自身的利益最大化、风险等因素决定的，因此，中央银行对商业银行超额准备金比率的可控性不是特别强。

（三）基础货币

基础货币是流通中的现金和商业银行存款准备金的总和，又称"高能货币"或"强力货币"。由于货币供给量等于基础货币乘以货币乘数，在货币乘数一定的情况下，只要控制住基础货币，就控制住了货币供给量，进一步还可以影响市场利率水平。中央银行可以通过贴现窗口和公开市场业务对基础货币进行调节和控制。基础货币的变动，改变了商业银行创造存款货币的能力，进而对投资等也具有直接的影响。

课堂互动

你能总结出今年央行选择了哪些短期指标作为操作目标吗？

我国应对金融危机，实行适度宽松的货币政策

2008年9月以来，世界经济遭受了20世纪大萧条以来最为严峻的挑战。为应对国际金融危机的严重冲击，促进经济平稳快速发展，我国及时调整宏观经济政策取向，实施了积极的财政政策和适度宽松的货币政策，迅速出台促进经济平稳较快发展的一揽子计划，对缓解经济运行中的突出矛盾、增强信心、稳定预期，发挥了重要作用。

一是保持银行体系流动性合理充分。2008年9月以来4次有区别地下调存款准备金率，适当调减公开市场操作力度，保持操作利率基本平稳，合理引导和稳定市场预期。

二是引导金融机构扩大信贷投放，调整优化信贷结构。取消商业银行信贷规划约束，引导金融机构认真贯彻落实中央十项措施，加强对信贷投向的指导。

三是充分发挥利率杠杆调控作用。2008年9月以来5次下调存贷款基准利率，有利于降低企业财务成本，刺激需求。

四是完善支农再贷款管理，落实农村信用社改革资金支持政策。增加西部地区和粮食主产区支农再贷款额度，适当拓宽支农再贷款对象和用途范围，简化办理手续。

五是完善人民币汇率形成机制，稳妥开展并推进双边本币互换，保持人民币汇率基本稳定。货币互换有利于支持双边贸易和直接投资，共同克服金融危机的不利影响，还有助于维护区域金融稳定。

六是加大金融创新力度，扩大企业直接债务融资。运用市场化方式支持地方政府筹集中央投资项目配套资金，发挥现有地方融资平台作用，拓宽中期票据发行主体范围。

中国实施的一揽子计划已初见成效，经济运行出现积极变化，形势比预料的要好。

资料来源：http://business.sohu.com/20090423/n263569724.shtml.

 实训任务

小组讨论：

讨论主题： 货币政策工具、操作目标、中介目标、最终目标之间的关系。

讨论步骤：

1. 由学生分组查找本年度的某项货币政策的资料。

2. 以组为单位汇总该项货币政策的操作目标、中介目标和最终目标的关系图。

3. 由教师进行评价和补充。

讨论成果： 完成小作业"某项货币政策的操作目标、中介目标和最终目标的关系图"。

任务四　了解货币政策效应

货币政策效应是中央银行实施货币政策后对社会经济所产生的影响。

一、货币政策的时滞

货币政策从制定到获得主要的或全部的效果，必须经过一段时间，这段时间叫做"时滞"。时滞由两部分组成：内部时滞和外部时滞。

（一）内部时滞

内部时滞指从经济金融形势的变化需要货币政策作某种变更到货币管理当局实际采取行动之间所花费的时间过程。内部时滞的长短，主要取决于中央银行信息反馈系统的灵敏程度、预测能力、管理当局的金融决策水平和政策实施效率等多方面的因素。而这些又取决于中央银行决策人员的素质、中央银行独立性的强弱、权力的大小及经济体制的制约程度等诸多因素。

（二）外部时滞

外部时滞又称影响时滞，指从货币政策当局采取行动开始直到对政策目标产生影响为止的这段过程。外部时滞主要由客观的经济金融条件决定。不论是货币供应量还是利率，它们的变动都不会立即影响到政策目标。例如，企业是扩大还是缩减投资，要决策，要制订计划，然后付诸实施。每个阶段都需要时间。

（三）时滞的政策效应

货币政策时滞对货币政策有效性有很大的影响。由于货币政策时滞的存在，中央银行在实施货币政策的过程中常常发生这样的问题：中央银行操作货币政策后，等到其开始发挥作用时，经济状况或许已经发生了逆转，以致出现了中央银行在经济衰退时实施的扩张性货币政策，在经济已经开始繁荣时才开始发生作用。反之，在上一年繁荣时期实行的紧缩性货币政策，在经济已经转向衰退时才开始发挥作用。这时，货币政策不仅不能起到熨平经济周期的作用，反而还会扩大经济周期波动的幅度，使国民经济更加不稳定。如果货币政策时滞短，并能进行较为准确的预测，则可大大提高货币政策的有效性。

货币政策时滞长度是各国经济学家研究的重要课题，20 世纪 60 年代以来许多经济学家对此进行了实证研究。但由于各国具体情况不同，研究方法各异，得出的结论相差很大。如弗里德曼认为从货币增长率的变化到名义收入的变化需要 6～9 个月的时间，而对物价产生影响要在此后的 6～9 个月，故从货币供给量变动到物价变动之间的时滞平均为 12～18 个月。而托宾等人认为时滞在 6～10 个月。由于货币政策时滞的存在，可能使货币政策的实际效果与货币管理当局的政策意图相背离。

二、影响货币政策效应的因素

影响货币政策效应的主要因素除货币政策时滞以外，还包括货币流通速度、微观主体预期的抵消作用和其他经济政治因素。

（一）货币流通速度

对于货币流通速度一个相当小的变动，如果政策制定者未能预料到或在估算这个变动幅度时出现偏差，都可能使货币政策效果受到严重影响，甚至有可能使本来正确的政策走向反面：这是因为，社会总需求从流量上看，表现为一定时期的货币支出总量，它等于货币供给量与货币流通速度的乘积。如果货币流通速度是个难以预测的波动不定的量，那么，即使中央银行能够完全按照预定的目标调节货币供给量，也难使总需求达到预期的水平，这时货币政策就难以达到预期的效果。

（二）微观主体预期的抵消作用

当一项货币政策出台后，各种微观经济主体立即会根据可能获得的各种信息预测政策的后果并很快地作出决策。中央银行推出的货币政策面对微观主体广泛采取的抵消对策时，可能无效。例如，政策拟采取长期的扩张政策，人们通过各种信息预期社会总需求会增加，物价会上涨，在这种情况下，工人会通过工会与雇主谈判，要求提高工资；企业预期工资成本的增加而不愿意扩大经营，最后结果可能只是物价上涨而没有产出增加。

（三）其他经济政策因素

除时滞、货币流通速度和微观主体预期等因素的影响外，货币政策的效果也会受到其他一些因素的影响，主要概括如下：

（1）宏观经济条件的变化。一项既定的货币政策出台后总要持续一段时间。在这段时间内，如果宏观经济条件发生了变化，而货币政策又难以做出相应的调整时，就可能出现货币政策效果下降甚至失效的情况。

（2）既得利益者的政治压力。任何一项货币政策方案的贯彻，都可能给不同阶层、集团、部门或地方的利益带来一定的影响。这些主体如果在自身利益受损时做出强烈的反应，就会形成一定的政治压力，可能会迫使货币政策做出调整。

（3）世界上其他国家货币政策的调整可能会形成对本国的冲击。

三、货币政策效应的衡量

衡量货币政策效应，一是看效应发挥的快慢，前面关于时滞的问题已经涉及；二是看发挥效应的大小。

对货币政策效应大小的判断，一般着眼于实施的货币政策所取得的效果与预期所要达到的目标之间的差距。以治理通货膨胀为例，若通货膨胀是社会总需求大于总供给造成的，可从以下几个方面考察：

（1）如果通过紧缩的货币政策的实施，减少了货币供给，并且平抑了价格水平的上涨，同时又不影响产出或供给的增长率，那么紧缩政策的效应最大。

（2）如果通过货币供应量的紧缩，在平抑价格水平上涨或促使价格水平回落的同时，也抑制了产出的增长，那么货币政策的有效性较小。

（3）如果货币紧缩政策无力平抑价格上涨或促使价格回落，却抑制了产出的增长甚至使产出的增长为负，则可判定货币紧缩政策无效。

四、货币政策与其他政策的配合

货币政策与其他政策的协调配合主要是指货币政策与财政政策、收入政策和产业政策等宏观经济政策之间的相互关系。

（一）货币政策与财政政策的配合

货币政策和财政政策是国家宏观经济政策中的两大政策，货币政策主要调节货币供应量的大小，而财政政策主要调节财政的收入和支出。两大政策都对社会总供求起重要的调节作用，但两者调控的主体、作用领域、政策工具和调控方式等都不同。因此，单一使用其中的一项达不到最佳的调控效果。将货币政策与财政政策结合起来，是当今世界各国的最佳选择。两种政策的搭配共有四种组合方式。

1. 双紧模式

双紧模式即紧的财政政策和紧的货币政策并行。紧的财政政策是指增税、削减开支、发行政府债券、减少补贴等措施；紧的货币政策实行提高法定存款准备金率和再贴现率、中央银行在公开市场上卖出有价证券等政策工具以抽紧银根、减少货币供应量。双紧政策的配合能够有力地抑制社会总需求的过度增长，以缓解通货膨胀。但这种组合措施过于猛烈，如果把握不当，会影响社会生产，导致经济不景气。

2. 双松模式

双松模式即松的财政政策和松的货币政策并行。松的财政政策是指减税、增加投资、增加补贴等措施；松的货币政策是指降低法定存款准备金率、降低再贴现率、中央银行在公开市场上买进有价证券等措施。这种配合方式适用于社会总需求严重不足、经济衰退严重的情况。这种政策配合方式可以通过扩大有效需求促进经济增长，缺点是容易引发通货膨胀。

3. 松的财政政策与紧的货币政策的配合模式

这种配合方式的优点在于紧的货币政策有利于抑制通货膨胀；而松的财政政策有利于调整和优化产业结构，促进经济增长。这种政策组合在实践中也存在一些问题，主要是限制了内需的扩大，同时增加了财政风险。

4. 紧的财政政策与松的货币政策的配合模式

这种配合方式下，紧的财政政策迫使政府收支平衡，抑制消费支出和投资支出；而利率的降低和银行信贷的放松鼓励企业和私人增加投资，促进经济增长。但这种政策的配合也存在一些问题，如紧缩性财政政策往往难以实现，而松的货币政策的实施要产生积极效应需要良好的企业制度基础。

课堂互动

当前，我国货币政策和财政政策的搭配模式是什么？

（二）货币政策与收入政策的配合

收入政策主要是为了调节社会有效需求以及保证收入分配相对公平而采取的强制性或非强制性的工资物价管理政策。在通货膨胀出现时，除了实行紧缩的货币政策外，政府还可以实行工资和价格的强制性管制，以抑制成本推进对物价产生的冲击。而在通货紧缩时期，实行扩张的货币政策的情况下，政府可以通过提高工资、设立最低生活保障线、拓宽就业渠道、提供财政补贴等方式，增加居民总体的消费需求，与扩张的货币政策相配合。

（三）货币政策与产业政策的配合

产业政策是国家为了促进国民经济稳定协调发展，对某些产业、行业、企业进行一定的扶植或限制的政策。产业政策作为经济发展战略意图的体现，具有相对稳定性，它对货币政策、特别是短期货币政策具有导向作用。产业政策作为一种结构调整政策，为货币政策实现中长期均衡提供保证，即为经济稳定增长奠定良好的结构基础。也就是说，经济协调发展才能保证货币政策的实现，而币值稳定又是产业政策预期目标的实现条件。

 **实训任务**

案例分析：

疯狂的柳沙：宽松货币政策下的楼市样本

亲历 2009 年房价上涨切肤之痛的购房者，这一年来听到最多的一个新名词是"日光"。以"日光"为主旋律的 2009 年南宁楼市，除了本地购房者的积极入市外，更强大的力量来自外地购房者。而"日党"的出现，与宽松的货币政策脱不了干系。

以柳沙某楼盘为例，2009 年上半年，该楼盘房价一直维持在 4500 元/平方米左右，即使是江景房，也没过 5000 元大关。如今，当年同一楼栋的江景房，最高已经卖到

9000 多元/平方米。

该楼盘的销售负责人表示，就开发商而言，普通商品住房项目的最低资本金比例降低至 20%，房地产信贷政策开始"松绑"，开发商的资金运转就更从容。而房地产信贷优惠与楼市的繁荣息息相关。首付降低，利率优惠，降低了首次购房的门槛，而二套房贷政策的松动，则降低了投资者们的投资成本。于是大量刚性需求、投资需求的购房者（外地购房者占了相当大的比例）入场看房、买房，直接促进了楼市的繁荣，千人抢房的场面在 2009 年屡见不鲜，"日光"盘在柳沙乃至整个南宁楼市屡屡出现。而需求的增加，市场的繁荣，助推了房价的攀升。

2009 年 12 月，上市公司珠海华发实业股份有限公司旗下全资子公司广西华诚房地产投资有限公司，以 24.7 亿元总价、885.4 万元/亩的单价拿下柳沙路沿江一地块，一举打破了总价及楼面地价的最高纪录。南宁的开发商从未如此真切地感受到，上市房企的资金实力如此强大。

资料来源：张芳. 金融学 [M]. 北京：对外经济贸易大学出版社，2014：165.

请大家思考并分析如下问题：

1. 楼价不断上涨和货币政策之间存在怎样的关系？
2. 以你所在家乡为例，讨论楼价上涨或下跌的主要原因。
3. 讨论一下货币政策在调节国家经济生活方面的作用。

本项目提要：

1. 货币政策是中央银行为实现特定的经济目标而采用的各种控制和调节货币供应量及利率，进而影响宏观经济的方针和措施的总和。一般而言，中央银行货币政策的最终目标包括物价稳定、经济增长、充分就业和国际收支平衡。

2. 货币政策工具指中央银行为实现货币政策目标而采用的各种策略手段，是中央银行可以直接控制的，其运用可对基础货币、货币供给量、利率以及信贷活动产生影响，进而实现中央银行的货币政策目标。货币政策工具分为一般性政策工具、选择性政策工具和其他政策工具。一般性货币政策工具包括法定存款准备金政策、再贴现政策和公开市场业务三大政策工具，俗称"三大法宝"。

3. 货币政策传导机制指中央银行确定货币政策目标以后，通过各种货币政策工具的运用，引起中介目标的变动，从而影响整个社会经济活动以实现既定货币政策目标的全过程。其中包括中介目标和操作目标的选择。货币政策传导机制理论包括凯恩斯学派和货币学派的货币政策传导机制理论、托宾的 q 理论、信贷传导机制理论、财富效应理论以及开放经济下货币政策传导机制理论。

4. 影响货币政策效应的主要因素除货币政策时滞以外，还包括货币流通速度、微观主体预期的抵消作用和其他经济政治因素。

本项目学习效果评价

一、回答以下问题

1. 货币政策目标的选择依据是什么？

2. 一般性货币政策工具包括哪几项？它们各自的优缺点是什么？

3. 中央银行在实施公开市场操作时，为什么要以政府债券为操作工具？

4. 主要的货币政策中介目标有哪些？它们与最终目标之间有何关系？

5. 衡量货币政策效应的手段有哪些？

二、案例分析

美国量化宽松货币政策

量化宽松（Quantitative Easing，QE）是指中央银行在零利率或近似零利率时，通过购买国债等中长期债券，增加基础货币供给，向市场注入大量流动性资金的干预方式，以鼓励开支和借贷。量化指扩大一定数量的货币发行，宽松即减少银行的资金压力。在经济发展正常的情况下，中央银行通过公开市场业务操作，一般通过购买市场的短期证券对利率进行微调；量化宽松调控目标即锁定为长期的低利率，各国中央银行持续向银行系统注入流动性，向市场投放大量货币。

美联储几轮量化宽松货币政策的回顾：

2008 年 11 月 25 日，美联储正式启动第一轮量化宽松货币政策，宣布购买 1000 亿美元的房地美、房利美、联邦住宅贷款银行等政府支持企业所发行的债券以及 5000 亿美元由房地美、房利美、吉利美担保的抵押贷款支持证券。

值得关注的是，美联储的目的仅仅在于"稳定"市场，而不是"刺激"经济。第一轮量化宽松货币政策主要目的是通过向市场提供流动性支持，以达到提振市场信心、平复金融市场恐慌情绪的目的。从实际效果来看，第一轮量化宽松货币政策之后，美国金融体系有所企稳，目标初步达到。

在此基础上，美国接连推出第二轮、第三轮、第四轮量化宽松货币政策。与第一轮有所不同的是，后续量化宽松货币政策日益体现了支持实体经济增长的意图，同时规模不断扩大。从第二轮开始，美国的量化宽松货币政策从原来的稳定金融体系变为通过压低长期利率刺激实体经济。

2014 年 10 月 30 日，美国联邦公开市场委员会（FOMC）货币政策会议宣布，将在 2014 年 10 月末停止资产购买计划，这意味着实施 6 年的量化宽松货币政策行将结束。

资料来源：http://kaoyan. xdf. cn/201503/10214395. html.

请同学们思考并分析：

1. 为什么美国要实行量化宽松货币政策？

2. 实施 6 年的量化宽松货币政策是否实现最初的目的。

3. 结合所学的知识，分析一下量化宽松货币政策对中国经济的影响。

项目十　了解金融监管

学习目标 >>> >>>

通过本项目的学习，使学生了解金融监管理论的演变过程；掌握金融监管的概念、思路与主要内容；通过金融监管体制的国际比较认识其发展趋势；借鉴《有效银行监管核心原则》提高银行监管水平。

项目导言 >>> >>>

从金融监管理论的演变来看，激烈的市场竞争需要金融不断地创新。一般而言，只要法律没有禁止的，都可以进行金融创新；而金融监管必须依法监管，由于法律的滞后性，往往使得金融监管或者不到位，或者过头。不同的国家，由于经济发展的历史阶段不同，要求有不同的金融监管形式与其相适应。世界上并没有最优的金融监管模式，能促进本国经济发展的金融监管模式就是最适模式。

案例导入 >>> >>>

金融危机与金融监管

1929 年，美国出现"大萧条"的一个重要原因是缺少对股市和整个金融系统的监管。从 1933 年开始，罗斯福政府对证券监管体制进行了根本性的改革，建立了一套行之有效的以法律为基础的监管构架，重树了广大投资者对股市信心，保证了证券市场此后数十年的平稳发展，并为世界上许多国家所效仿。1934 年，美国证券交易委员会成立，其职能就是专门对证券交易进行监管。随着美联储、证交会等监管机构的建立，一个现代化的、科学的和有效监管的金融体系在美国宣告诞生。经历了大混乱与大崩溃之后，美国股市终于开始迈向理性、公正和透明。此后，经过罗斯福新政和第二次世界大战对经济的刺激，美国股市逐渐恢复元气，到 1954 年终于回到了股灾前水平。

最近的一次金融危机是始于美国的次贷危机。美国次贷危机又称次级房贷危机。它是指一场发生在美国，因次级抵押贷款机构破产、投资基金被迫关闭、股市剧烈震荡引起的金融风暴。次贷危机从 2006 年春季开始呈现，2007 年 8 月开始席卷美国、欧盟和日本等世界主要金融市场。次贷危机是美国 20 世纪 30 年代大萧条以来最为严重的一次金融危机。

在 2006 年之前的 5 年里，由于美国住房市场持续繁荣，次级抵押贷款市场迅速发展。随着美国住房市场的降温尤其是短期利率的提高，次级贷款还款利率也大幅上升，购房者的还贷负担大为加重。同时，住房市场的持续降温也使购房者出售住房或者通过抵押住房再融资变得困难。这种局面直接导致大批次级贷款的借贷人不能按期偿还贷款，进而引发了次贷危机。美国次级抵押贷款市场危机迅速扩散到整个金融市场，引起美国股市剧烈动荡，大量金融机构破产和倒闭，影响了消费信贷和企业融资，美国经济陷入衰退。与此同时，全球都出现了投资次级债的损失，再加上投资者的紧张情绪的蔓延，危机很快波及全球经济。

资料来源：王秀芳. 金融学［M］. 上海：上海交通大学出版社，2012：295.

课堂互动

美国次贷危机产生的原因是什么？为防范此类金融危机的发生，金融监管部门应该做些什么？

金融监管本质上是政府"看得见的手"对金融市场"看不见的手"的管制。纵观世界各国，凡是实行市场经济体制的国家，无不客观地存在着政府对金融体系的管制。通过实施有效的金融监管，以维持金融业健康运行的秩序，最大限度地减少金融业的风险，保障存款人和投资者的利益，与此同时，金融监管的变化趋势也将直接影响未来金融业的发展模式和创新模式。

任务一　梳理金融监管理论的演变

一、金融监管的理论基础

金融监管的理论基础是金融市场的不完全性，金融市场的失灵导致政府有必要对金融机构和市场体系进行外部监管。现代经济学的发展，尤其是"市场失灵理论"和"信息经济学"的发展为金融监管奠定了理论基础。其主要内容是：

（一）金融体系的负外部性效应

金融体系的负外部性效应是指：金融机构的破产倒闭及其连锁反应，将通过货币信用紧缩破坏经济增长的基础。按照福利经济学的观点，外部性可以通过征收"庇古税"来进行补偿。但是，金融活动巨大的杠杆效应——个别金融机构的利益与整个社会的利益之间严重的不对称性，显然使这种办法显得苍白无力。另外，科斯定理从交易成本的角度说明，外部性也无法通过市场机制的自由交换得以消除。因此，需要一种市场以外的力量介入，来限制金融体系的负外部性影响。

知识链接——庇古税

按照庇古的观点，导致市场配置资源失效的原因是经济当事人的私人成本与社会成本不相一致，从而私人的最优导致社会的非最优。因此，纠正外部性的方案是政府通过征税或者补贴来矫正经济当事人的私人成本。只要政府采取措施使得私人成本和私人利益与相应的社会成本和社会利益相等，则资源配置就可以达到帕累托最优状态。这种纠正外部性的方法也称为"庇古税"方案。

资料来源：百度百科——庇古税：http：//baike．baidu．com/link？url = BRxm5rFVr_VDE4JkNGsm-Jj4sPEhOEN5SQWQIQdyRNFDX6Uo4NQBPCEDiJ9FdEIQL6aTIs_gMW5LFsY2IyRPxDMZ6dJnuwKMT－FuVXXNBvqQgwxF63Hu9WROFpap7xL5J．

（二）金融体系的公共产品特性

一个稳定、公平和有效的金融体系带来的利益为社会公众所共同享受，无法排斥某一部分人享受此利益。而且增加一个人享用这种利益，也并不影响生产成本。因此，金融体系对整个社会经济具有明显的公共产品特性。在西方市场经济条件下，私人部门构成金融体系的主体，政府主要通过外部监管来保持金融体系的健康稳定。

（三）金融机构自由竞争的悖论

金融机构是经营货币的特殊企业，它所提供的产品和服务的特性，决定其不完全适用于一般工商业的自由竞争原则。一方面，金融机构规模经济的特点，使金融机构的自由竞争很容易发展成为高度的集中垄断，而金融业的高度集中垄断，不仅在效率和消费者福利方面会带来损失，而且也将产生其他经济和政治上的不利影响。如要进入金融市场，必须具有巨额的注册资本和初期广告宣传费，这就在市场进入时就形成了强大的资金壁垒，而一旦进入运行，必然会增加营业网点，因为繁多的网点本身就是实力的象征，具有强大的吸引力，从而形成规模效益，这意味着金融市场具有自然垄断特征；另一方面，自由竞争的结果是优胜劣汰，而金融机构激烈的同业竞争，将导致整个金融体系的不稳定，进而危及整个经济体系的稳定。这是因为金融业与其他行业相比，具有其特殊性，即单个机构的危机会引起普遍的恐慌，一旦金融恐慌引发挤兑，很容易出现连锁效应。因此，自从自由银行制度崩溃之后，金融监管的一个主要使命就是如何在维持金融体系的效率的同时，保证整个体系的相对稳定和安全。

（四）不确定性、信息不完备和信息不对称

在不确定性研究基础上发展起来的信息经济学表明，信息的不完备和不对称是市场经济不能像古典和新古典经济学所描述的那样完美运转的重要原因之一。金融体系中更加突出的信息不完备和不对称现象，导致即使主观上愿意稳健经营的金融机构也有可能随时因信息问题而陷入困境。然而，单个金融机构又难以承受搜集和处理信息的高昂成本，因此，政府及金融监管当局就有责任采取必要的措施，减少金融体系中的信息不完备和信息不对称。

有代表性的国际金融监管机构

国际清算银行下设的巴塞尔委员会（Basel Committee on Banking Supervision，

BCBS)。该机构致力于加强对银行监管核心问题的理解和提高全球统一监管的质量标准。巴塞尔委员会最初由10国中央银行行长在1974年年末成立，2009年3月增加澳大利亚、巴西、中国、印度、韩国、墨西哥和俄罗斯为会员，目前成员国已扩大到20多个国家。委员会通过每年举行4次定期会晤和下设小组的定期讨论，促进各国在监管信息、技术与监管方向等方面的交流并达成目标，在此基础上建立和调整监管标准，如资本充足率，有效监管的核心准则，跨境银行监管协定等。

金融稳定论坛（Financial Stability Forum，FSF）。该机构成立于1999年，由G7财长和中央银行行长在德国中央银行行长 Hans Tietmeyer 的建议下设立。2009年3月，机构组织扩充，邀请巴西、中国、印度、欧盟委员会等加入，并把扩充后的论坛改为金融稳定理事会，致力于协调各国金融监管机构和国际标准制定机构在国际层面的合作，促进有效监管和相关政策的实施。

国际金融协会（Institute of International Finance，IIF）。该机构是唯一的全球性金融机构联合会。会员主要是世界各国银行机构和全球性证券、保险机构。该机构成立于1983年，初衷是为了应对全球债务危机，目前已有分布在70多个国家的375个会员，其使命是帮助金融行业从事风险管理，制定监管标准和监管方法，促进并推广符合会员利益和国际金融稳定的监管措施、相关经济政策的实施。

资料来源：赵何敏，黄明皓. 中央银行学［M］. 北京：清华大学出版社，2012：361.

课堂互动

我国的金融监管机构有哪些？

二、金融监管理论的演变

政府干预还是自由放任问题，历来是各经济学派争论的主要焦点，尽管金融监管本身并不等同于政府干预，但是金融监管理论却受到政府干预理论的强力支持，因而也随着争论双方的此消彼长而发生变化。同时，金融监管活动又具有很强的实践性和历史性，因此，我们在对金融监管理论的发展脉络进行回顾分析的时候，既要考虑到当时主流经济学思想和理论的影响，还必须考虑到当时金融领域的实践活动和监管理念。

（一）20世纪30年代以前：金融监管理论的自然发轫

早期的金融监管并没有固定的制度安排可循。真正意义上的金融监管，是与中央银行制度的产生和发展直接相联系的。中央银行制度的普遍确立，是现代金融监管的起点，有关的金融监管理论也由此初步形成。亨利·桑顿在1797～1825年的"金块论战"中指出：以真实票据原则发行银行券，存在发行过度的危险，应该受到集中的监管。在随后半个多世纪的争论中，桑顿的观点得到实践的支持，统一货币发行的中央银行纷纷建立。因此，中央银行制度最初建立的目的在于统一管理发行货币，而不是监管整个金融体系，更不涉及金融机构的微观行为。

统一货币发行之后，货币信用的不稳定问题仍然没有消失，许多金融机构常常由于不谨慎的信用扩张，而引发金融体系连锁反应式的波动，进而引起货币紧缩并制约经济发展。这就与古典经济学和新古典经济学的"货币中性"主张明显相悖。因此，作为货币管理者，中央银行逐渐开始承担起信用"保险"的责任，作为众多金融机构的最后贷款人，为它们提供必要的资金支持和信用保证，其目的是防止因公众挤提而造成银行连锁倒闭和整个经济活动的剧烈波动。

"最后贷款人"（LLD）制度仍然算不上金融监管，但是它却为中央银行后来进一步自然演变为更加广泛的金融活动的监管者奠定了基础。因为中央银行的最后贷款可以成为迫使金融机构遵从其指示的一个重要砝码，由此，中央银行就有可能而且也有必要进一步对金融机构的经营行为进行检查。这种对经营行为的检查活动一直发展到现代央行对所有金融机构，主要是商业银行进行的各种现场检查和非现场检查。但这种检查主要是基于贷款协议的安排，类似于商业银行对借贷企业所进行的财务及信用检查，而不是行政上的或法律上的行为。所以，真正现代意义上的金融监管是在 20 世纪 30 年代大危机后。

（二）20 世纪 30 年代到 70 年代：严格监管、安全优先

20 世纪 30 年代的资本主义大危机表明金融市场具有很强的不安全性，"看不见的手"无所不至的能力只是一种神话。在金融市场上，由于市场信息的不完全和金融体系的本身特点，市场的运作有时也会失灵。在 30 年代大危机中，大批银行及其他金融机构的倒闭，给西方市场经济国家的金融和经济体系带来了极大的冲击，甚至影响到了资本主义的基础。

大危机后，立足于市场不完全、主张国家干预政策和重视财政政策的凯恩斯主义取得了经济学的主流地位，这也是当时金融监管理论快速发展的大的历史背景。在这一时期，金融监管理论主要以维护金融体系安全、弥补金融市场的不完全为研究的出发点和主要内容。主张政府干预，弥补市场缺陷的宏观政策理论，以及市场失灵理论和信息经济学的发展，进一步推动了强化金融监管的理论主张。这段时期的金融监管理论研究成果认为，自由的银行制度和全能的金融机构具有较强的脆弱性和不稳定性，认为银行过度参与投资银行业务，并最终引发连锁倒闭是经济危机的导火索。

在凯恩斯主义宏观经济理论的影响下，传统上央行的货币管理职能已经为制定和执行货币政策，并服务于宏观经济政策目标，金融监管更加倾向于政府的直接管制，并放弃自由银行制度，从法律、法规和监管重点上，对金融机构的具体经营范围和方式进行规制和干预逐渐成为这一时期金融监管的主要内容。

（三）20 世纪 70 年代到 80 年代末：金融自由化、效率优先

20 世纪 70 年代，困扰发达国家长达十年之久的"滞胀"宣告了凯恩斯主义宏观经济政策的破产，以新古典宏观经济学和货币主义、供给学派为代表的自由主义理论和思想开始复兴。在金融监管理论方面，金融自由化理论逐渐发展起来，并在学术理论界和

实际金融部门不断扩大其影响。

金融自由化理论主要从两个方面对 20 世纪 30 年代以后的金融监管理论提出了挑战。一方面，金融自由化理论认为政府实施的严格而广泛的金融监管，使得金融机构和金融体系的效率下降，压制了金融业的发展，从而最终导致了金融监管的效果与促进经济发展的目标不相符合；另一方面，金融监管作为一种政府行为，其实际效果也受到政府在解决金融领域市场不完全性问题上的能力限制，市场机制中存在的信息不完备和不对称现象，在政府金融监管过程中同样会遇到，而且可能更加严重，即政府也会失灵。"金融压抑"和"金融深化"理论是金融自由化理论的主要部分，其核心主张是：放松对金融机构的过度严格管制，特别是解除对金融机构在利率水平、业务范围和经营的地域选择等方面的种种限制，恢复金融业的竞争，以提高金融业的活力和效率。

如果说 20 世纪 30 年代到 70 年代金融监管理论的核心是金融体系安全优先的话，那么，金融自由化理论则尊崇效率优先的原则。

放松金融监管——美国储蓄信贷协会危机

美国的储蓄信贷协会（S&L），是一种在政府支持和监管下专门从事储蓄业务和住房抵押贷款业务的非银行金融机构，其组织形式通常采用互助合作制或股份制。美国共有 4700 家储蓄信贷协会，其中 55% 在联邦政府注册，45% 在州政府注册。从第二次世界大战结束到 20 世纪 70 年代，美国住房市场需求旺盛，给储蓄信贷协会的发展带来了一段黄金时期。到 70 年代末，美国储蓄信贷协会的总资产已突破 6000 亿美元，成为美国的金融巨头之一。然而，谁也无法料到，几年以后，美国的储蓄信贷协会就陷入了重重危机。1989 年 2 月，布什总统亲自宣布了处理美国储蓄信贷协会危机的紧急计划。根据这一计划，美国人民需要在今后 30 年时间里花费 4000 亿~5000 亿美元，才能彻底还清储蓄信贷协会所带来的巨额债务。

是什么力量使得这些曾经圆了千千万万美国人民乔迁新居美梦的金融机构遭到如此的毁灭呢？进入 20 世纪 70 年代末期，美国社会的通货膨胀率和市场利率不断升高，储蓄信贷协会的大量贷款被套在低于通货膨胀率的利率水平上，实际贷款数字变为负值，大多数协会出现亏损。到 80 年代初，协会的亏损已超过 500 亿美元。1980 年，美国国会又通过法案取消了各金融机构在存款利率方面的差别性条例，致使储蓄信贷协会失去了大量存款，经营更加困难。为了使储蓄信贷协会重新回到盈利状态，从 1980 年 3 月开始，美国国会和联邦住房贷款银行管理委员会相继出台了一系列法规措施，放宽对储蓄信贷协会的限制，允许其在房地产、证券、保险等几乎所有领域与其他商业银行竞争。不幸的是，长期处于政府保护下的储蓄信贷协会，并不具备相应的管理能力、信息系统和硬件设备从事高风险投资，加上政府监管乏力、内部管理混乱，松绑的结果是出现了大量的呆账、坏账、投资亏损和欺诈行为。协会在亏损的泥潭里越陷越深。从 1982~1985 年，有 25% 的协会持续亏损，10% 的协会事实上已经破产。在马里兰州和俄亥俄州，储蓄信贷协会的失败使两州存款保险基金破产。在得克萨斯州，有一个协会甚至参与了非法交易，使纳税人损失了 300 多万美元。尤其是在美国西南地区，几乎所有的协会都破产或濒于破产。到 1989 年，一直苦苦支撑着信贷储蓄协会的联邦储蓄信贷保险公司终于宣布破产。同年 8 月，联邦住房贷款银行管理委员会被解散，其职能由一个新成立的机构取代。美国政府专门成立了一个机构，清理破产的协会。与此同时，司法部也专门组织力量起诉储蓄信贷协会中的犯罪分子。

　　资料来源：http：//www.examw.com/zq/jichu/zhidao/2008 - 6/200847788.html

（四）20 世纪 90 年代以来，安全与效率并重的金融监管理论

　　自由主义经济理论的复兴并没有否定市场的固有缺陷，它们与"政府干预论"的差异，主要体现在干预的范围、手段和方式等方面。因此，无论是在发达国家，还是在发展中国家，金融自由化的步伐一直没有停止，在 20 世纪 80 年代的后半期和 90 年代初，金融自由化达到了高潮，很多国家纷纷放松了对金融市场、金融商品价格等方面的管制，一个全球化、开放式的统一金融市场初现雏形。

课堂互动

　　20 世纪 90 年代后发生过哪些金融危机？

　　然而，从 20 世纪 90 年代初开始，一系列区域性金融危机的相继爆发，迫使人们又开始关注金融体系的安全性及其系统性风险，金融危机的传染与反传染一度成为金融监管理论的研究重点。与以往的金融监管理论有较大不同的是，现在的金融监管理论除了继续以市场的不完全性为出发点，研究金融监管问题之外，也开始越来越注重金融业自身的独特性对金融监管的要求和影响。这些理论的出现和发展，不断推动金融监管理论向着管理金融活动，防范金融体系中的风险方向转变。鉴于风险和效益之间存在着替代性效应，金融监管理论这种演变的结果，既不同于效率优先的金融自由化理论，也不同于 20 世纪 30 到 70 年代安全稳定优先的金融监管理论，而是二者之间的新的融合与均衡。

　　发端于 21 世纪初的美国次贷危机，到 2008 年下半年已演化成金融危机。金融危机除向世界蔓延外，也从金融虚拟部门向实体部门蔓延。何日见底？至今尚不得而知。但从已经暴露的问题可以看出，美联储监管不力，是这次金融危机发生的重要原因。

《2010 年美国金融稳定再造法案》

　　2010 年 5 月 20 日，美国参议院通过了《2010 年美国金融稳定再造法案》（简称多德法案），提议设立跨部门的金融稳定监督委员会（Financial Stability Oversight Council，FSOC），负责识别、监测和处置大型复杂金融机构导致的系统性风险及导致风险在不同机构间传播的金融产品和金融活动，并协调美联储对可能产生的金融风险采取必要的监管措施。

　　金融稳定监督委员会化解系统性风险的主要职责包括：随着金融机构规模和复杂性不断增加，及时建议美联储制定更严格的监管规则，包括监管资本要求、杠杆限制、流

动性要求、风险管理、集中度限制和其他规定，尽早阻止其变得"大而不能倒"；采集和分析数据．以识别和监测经济运行中滋生的风险，通过定期报告公开披露信息，并向国会作证；作为万不得已的措施，经委员会2/3成员同意后，可授权美联储分拆危及美国金融稳定的大型、复杂金融机构；经委员会2/3成员同意后，可授权美联储监管危及美国金融稳定且未受监管的非银行金融机构；社会支付系统中的大额支付、清算和结算系统，交由美联储监管。

多德法案授权美联储监管"大而不能倒"的机构，即资产500亿美元以上的35家银行和储贷控股公司。小型联邦储贷控股公司和州储贷控股公司分别交由货币监理署和联邦存款保险公司监管。美联储应在其内部设立消费者金融保护局，以加强对按揭贷款、信用卡等金融产品消费者的保护。

资料来源：顾列铭. 多德—弗兰克法案：重建美国金融监管［J］. 观察与思考，2010（8）.

 实训任务

小组讨论：

讨论主题：经济危机对金融监管的促进作用。

讨论步骤：

1. 由学生分组查找美国 20 世纪 30 年代经济大萧条、1997 年亚洲金融危机、2007 年美国次贷危机的相关资料。

2. 找出各次危机中金融监管部门的疏漏。

3. 经济危机后各国都分别出台了哪些金融监管政策。

4. 在课堂上分小组说明讨论结果，由教师点评。

讨论成果：完成大作业"历次经济危机对金融监管的推进"。

任务二　探寻金融监管思路

一、概　念

金融监管（financial regulation）是指央行或金融监管当局依据法律、法规和社会公众利益需要，运用政策手段和法律手段，对各类金融机构、金融市场的所有活动进行监督和管理的总称。在市场经济体系中，金融业是一个竞争最激烈、风险性最高的领域，是整个国民经济的神经中枢。金融领域一旦出现较大的危机，就会给一国国民经济发展造成巨大的影响。故各国政府都非常重视通过央行或金融监管机构对金融活动实行严厉的监管，以保障金融体系的运行安全，保护货币所有者的利益。

金融监管体制是指金融监管的职责和权力分配的方式及组织制度。由于各国的历史发展、政治经济体制、法律与民族文化传统等方面的差异，在金融监管体制上，各国也

存在着一定的差别。

金融风险产生的一个极其重要的原因在于金融监管的滞后。而存有较大风险、不稳健的、监管不足的金融体系会严重损害宏观经济政策和经济运行。通过金融监管体制的国际比较及发展趋势来考察中国金融监管体制的现状、造成金融风险的弊端，并提出改进措施。

分业监管：监管机构的分工明细

1989 年，内地提出银行业与证券业、保险业分业经营、分业管理的原则；1995 年商业银行法出台，金融分业经营体制正式确立。2003 年银监会的成立标志着我国从此建立了一行三会的金融监管新格局。随着相关法律的通过生效，我国分业经营、分业监管的管理体制将得到进一步完善与加强。

资料来源：张卉妍. 金融学一本全［M］. 北京：中国华侨出版社，2013：392.

分业经营是指金融机构所从事的业务比较单一，如商业银行主要从事银行业务，证券公司主要从事证券业务，保险机构主要从事保险理赔业务等。目前中国金融业主要是分业经营。混业经营一般是指金融机构在主营业务外可同时从事其他业务，如商业银行可进行某些证券业务等。如英国、美国等金融机构。分业监管或叫专业监管是指对某项金融业务如银行等进行专门监管。综合监管是指某一综合监管机构可同时拥有对银行、证券和保险等业务进行监管的职能。按照经营业务和监管模式可以有各种不同方式的搭配，如分业经营、分业监督；分业经营、综合监督；混业经营、分业监管；银业经营、综合监管。

由于银行的资产和负债在流动性上具有天生的不对称性，它要在满足存款人随时提现的要求与为获取较大利益而进行风险投资之间进行权衡。故银行部门极易遭受挤兑冲击并产生连锁效应，从而给整个经济体系带来系统性风险。所以，银行业的风险主要是系统性风险，对银行及从事银行业务的金融公司的监管应以审慎为目标。以审慎为目标是指维护金融机构的稳健经营和金融体系的稳定。由于证券业和保险业的风险通常体现在信息披露与消费者保护上，故对证券业和保险业及一般从事证券、保险业务的金融公司的监管主要体现在以经营行为与消费者保护为目标上，以经营行为与消费者保护为目标是指防止欺诈行为、损害客户利益等。

二、主要内容

在市场经济和金融体制发展的不同历史阶段，一国的央行或货币当局执行金融监督管理的目的、内容、基本原则、方式等都不尽相同。中央银行或货币当局对金融业的监督包括对金融机构、金融市场（包括货币市场、资本市场、黄金市场、保险市场）、金融活动的监管。其中对银行业的监管是核心内容，包括三方面的内容：一是为防止银行遭遇风险而设计的预防性监管；二是为保护存款者的利益而提供的存款保险；三是为避免银行遭遇流动性困难，由货币当局在非常状态下所提供的紧急救助。这三方面在西方国家统称为金融监管的"三道防线"。

（一）预防性管理

对金融风险的预防性管理旨在防止或缩小由银行内控不严而引起的各种风险，这些措施主要有：

1. 市场准入

所有国家的银行管理都是从市场准入开始。市场经济国家的金融监管当局一般都参与金融机构的审批过程，只是在参与的程度和方式上，国与国之间还存在着差异。

一家银行在允许营业前必须符合多方面要求，最起码要具有最低限度的自有资本。为抑制银行过度竞争和慎重起见，有些国家或地区市场对金融机构注册登记予以限制，如意大利、中国香港有时通过缓期登记来限制银行家数。对外国银行分支机构的注册管理更为严格，有的国家要求外国银行在本国设立分支机构时必须提交保证书，并限制家数，保证总行对分支机构的债务负有全部责任。有些国家还以参加存款保险作为发放执照的先决条件。从发展趋势上看，各国在审批过程中的行政随意性将大为减少，金融当局对外国银行进入本国市场采取更为宽松的态度。但仍有一些国家为确保银行的经营水平，为防止一些信誉较差、实力不足的外国银行混入本国市场，采取较严格的审查措施。

2. 资本充足性

监管当局对银行等金融机构除最低资本要求外，一般还要求银行自有资本与资产总额、自有资本与存款总额、自有资本与负债总额以及自有资本与风险投资保持适当的比例。这些比例指标可以从不同角度反映银行的风险抵御能力。银行在开展业务时要受到自有资本的制约，不能脱离自有资本而任意扩大业务，否则金融监管当局会出面干预。

随着银行资产负债管理的不断成熟，资本充足性的测量和评价方法也在逐步完善之中。为防止和解决各国不公平竞争的问题，监管领域内一致认为有必要采取统一的监督评价方法，在这方面，巴塞尔委员会已经做出了重大贡献。

资本充足性的重要性

● 日本幸福银行破产案

日本金融再生委员会 1999 年 5 月 23 日正式宣布，总部设立在大阪的地方银行——幸福银行破产，由政府接管。这是自日本金融破产法案生效以来第二家宣告破产倒闭并由金融再生委员会委任破产管理人的地方银行。金融当局说，在稽核幸福银行的账户后发现，截至 1998 年 9 月，该银行资本亏损达到 569 亿日元，包括所持的证券的亏损；到 1999 年 3 月底，自有资金率只有 0.5%。幸福银行有 50 年的历史，在日本国内有 110 家分支机构，2000 多名员工。过去三年一直亏损，日本金融监管部门曾要求该银行立即增加资本，该银行总裁江川笃明也提出动用私人财产挽救银行，但该银行终究还是逃脱不了倒闭的厄运。

● 美国的货币中心银行增资以抵御坏债带来的风险

1982 年，世界经济的衰退导致发展中国家出口猛烈下降，进而致使其偿债发生困难。美国银行持有的第三世界的债务超过了 1000 亿美元，债务国大多数是拉丁美洲国家，特别是巴西和墨西哥。花旗银行、制造商汉诺威银行、美洲银行、大通曼哈顿银行、化学银行、J. P. 摩根、银行家信托及芝加哥银行等，都是对第三世界的大贷款者。1982 年，当对第三世界国家违约的忧虑与日俱增时，人们担心美国的银行体系会因此而崩溃，因为，许多货币中心银行所持有的第三世界国家的债务量大大超过了它们的资本金。在管理者的鼓励下，货币中心银行将核心资本从 1981 年占资产的 4.2% 增加到现在的 7% 以上。此外，这些银行一直把一部分收入提存以增加它们的贷款损失准备，用来弥补这次债务危机的损失。尽管在第三世界债务上遭受的损失是巨大的，大大地降低了它们尤其是大的货币中心银行的盈利，但由于增加了资本金，提高了抵御风险的能力，增强了人们对银行的信心，银行体系还是经受住了风暴。

资料来源：姜旭朝，于殿江. 商业银行经营管理案例评析 [M]. 济南：山东大学出版社，2002：58.

3. 流动性管制

流动性管制又称清偿能力管制。各国对银行的流动性同资本充足性一样重视，只是测算和管制流动性的方法不同。有的国家不正式规定流动性的具体界限，但经常予以检查监督；有的国家对银行资产负债分别设计比例，来监视银行的清偿能力；有的国家对吸收短期存款而进行长期投资的银行单独进行管理，对长期性投资加以限制。这种管制的重点是资产与负债结构在时间上的配合。流动性管制既包括本币流动性，也包括外币流动性，有的国家分开管理，有的国家合在一起管理，统一规定一个标准。在实践中要恰当地评价、准确地测量银行的流动性是很复杂的，也很困难，不过，适应金融环境变化，改进流动性监督方法势在必行。总的趋势是以考核银行资产负债和利率结构搭配是否合理为基础对流动性进行系统的评价。同时，要特别注意每个银行的实际情况和具体特点，提高针对性与灵活性。

4. 业务范围的限制

银行可经营哪种业务，不可经营哪种业务是有规定的。一些国家把商业银行业务与投资银行业务分开，并禁止商业银行对工商企业的直接投资。有的国家禁止银行直接开展证券、保险、信托等业务，但允许通过银行控股公司、附属机构等开展这些业务；有的国家允许银行经营非银行业务，但限制投资规模；还有的国家对银行经营的业务种类很少施加正式限制。在金融创新不断涌现、各类金融机构业务交叉和各种存款界限日趋模糊的条件下，在金融体制全球化和经营业务多样化、综合化的新形势下，银行业务的种种传统限制正在被逐步放松或取消。

课堂互动

我国一般商业银行的业务范围有哪些？是否可以经营理财产品、保险、股票等产品？

巴林银行破产事件——金融监管不可放松

1995 年 2 月 17 日，世界各地的新闻媒体都以最夺目的标题报道了同一事件：巴林银行破产了。巴林银行集团是有着 232 年历史的老牌英国银行，在全球拥有雇员 1300 多人，总资产逾 94 亿美元，所管理的资产高达 460 亿美元，在世界 1000 家大银行中按核心资本排名第 489 位，许多的英国王室显贵，包括英国女王伊丽莎白二世和查尔斯王子都是它的顾客，曾被称为英国的皇家银行。巴林银行经历了 1986 年伦敦金融市场解除管制的"大爆炸"后仍然屹立不倒，已成为英国金融市场体系的重要支柱。然而，巴林银行长达两个多世纪的辉煌业绩，却在 1995 年 2 月毁于一旦。

巴林银行破产的直接原因，是其新加坡分行的一名交易员——尼克·里森的违规交易。里森的工作，是在日本的大阪及新加坡进行日经指数期货套利活动。然而，里森并没有严格地按规则去做，当他认为日经指数期货将要上涨时，不惜伪造文件筹集资金，通过私设账户大量买进日经股票指数期货头寸，从事自营投机活动。然而，日本关西大地震打破了里森的美梦，日经指数不涨反跌，里森持有的头寸损失巨大。若此时他能当机立断斩仓，损失还是能得到控制的，但过于自负的里森在 1995 年 1 月 26 日以后，又大幅增仓，导致损失进一步加大。

1995 年 2 月 23 日，里森突然失踪，其所在的巴林银行新加坡分行持有的日经 225 股票指数期货合约超过 6 万张，占市场总仓量的 30% 以上，预计损失逾 10 亿美元之巨。这项损失，已完全超过巴林银行约 5.41 亿美元的全部净资产值，英格兰银行于 2 月 26 日宣告巴林银行破产。3 月 6 日，英国高等法院裁决，巴林银行集团由荷兰商业银行收购。

资料来源：郭福春，李敏. 商业银行经营管理与案例分析 [M]. 杭州：浙江大学出版社，2010：116.

5. 贷款风险的控制

追求最大限度的利润是商业银行的唯一目的，其总是把吸收的资金尽可能地用于贷款和投资，尽可能地集中投向能取得最大利润的方面。由于获利越多的资产风险越大，大多数国家的中央银行都尽力限制该风险的集中，通常限制一家银行对单个借款者提供过多的贷款，以分散风险。分散风险既是银行的经营战略，也是金融监管的重要内容。经验表明，在经济、金融环境不断变化的情况下，任何形式的风险集中都有可能使一个营运正常的银行步入险境。因此，如何对风险集中进行准确估计和有效的控制，成为近年来备受关注的一个问题。从风险管理与风险监督的角度上讲，仅对各种风险进行逐项控制是远远不够的，更重要的是应当将注意力放到各类风险之间的相互联系和相互影响上。对银行的整体业务状况进行深入的了解，既要考虑表内业务风险，也要考虑表外业务风险；既要注意资产风险，也要注意负债风险。而且还必须有一套科学的考核参数和分析方法。

6. 准备金管理

银行的资本充足性与其准备金政策之间有着内在的联系。因此，对资本充足性的监督必须考虑准备金因素。监管当局的主要任务是确保银行的准备金是在充分考虑谨慎经营和真实评价业务质量的基础上提取的，如果认为准备金的提留不符合要求，监管当局将采取措施，监督有关银行达到要求。实践证明，只有采取有效措施，提高准备金水平，才能保持与增强银行的实力。

7. 管理评价

一个有声望的有管理经验的经营管理层，是监管当局批准银行登记注册的若干条件之一。对于银行的健全发展来说，管理水平与资本、资产质量、收益以及流动性等，都是同样重要的，不能因为管理水平评价的困难和无法计量而将它排除在预防性管理方法之外。管理水平的评价，在中央银行的监管过程中的重要性已经被大多数国家所承认。大多数国家把对银行管理水平的深入分析当做正常监管工作的一部分。管理水平的评价需要在综合分析一系列经济指标以后，在现场检查、实际观察的基础上做出，特别要判断银行内部与外部管理的一体化情况，判断管理机构的能力与胜任程度、内部组织结构、人际关系、决策过程和效率以及工作程序。

（二）存款保险制度

存款保险制度是指国家货币主管部门为了维护存款者利益和金融业的稳健经营与安全，规定本国金融机构必需或自愿地按吸收存款的一定比率向保险机构交纳保险金进行投保的制度。当金融机构出现信用危机时，由存款保险机构向金融机构提供财务支援，或由存款保险机构直接向存款者支付部分或全部存款，以维持正常的金融秩序。从世界范围看，银行已存在几个世纪，但存款保险体系的建立是近几十年的事。目前，许多市场经济国家已经建立了官方或行业性的存款保险制度。

1. 存款保险制度的作用

存款保险制度是西方国家在 20 世纪 30 年代之后普遍推行和采用的防范金融风险的有效办法，从中央银行金融监管的角度来看，它能起着以下三方面的效果：

（1）存款保险制度为整个体系又设置了一道安全防线，从而提高了金融体系的信誉和稳定性。

（2）存款保险制度对稳定市场避免金融风潮起着积极作用。因为在一国发生局部银行信用危机时，这种制度能增强社会公众对金融机构与金融市场的信心，从而可以有效避免因局部危机而造成对全局的冲击，最大限度地挽回局部危机造成的影响。

（3）存款保险制度是中央银行金融监管的辅助和补充。因为存款保险机构的对象是各金融机构吸收的存款，如果各吸收存款机构经营不善，并为此而出现支付危机，那么存款保险机构要进行补偿，所以，存款保险机构将时刻关注着各吸收存款机构的经营与安全。因此，存款保险机构的存在，是对中央银行监管的辅助和补充，从而更有利于实现金融监管的目的。

╪·╪

存款保险制度的产生与发展

存款保险制度最早由美国于 1933 年首创，宗旨是通过确保在银行危机发生时维护存款者的利益，来恢复公众对银行体系的信心，同时，也监督和促使银行在保证安全的前提下从事经营活动。美国主要通过成立联邦存款保险公司（FDIC）负责具体操作，它为存款者提供两种保护：一是在必要时向存款者支付最高为 10 万美元的补偿；二是采用各种它认为合适的方法，如"购买和代偿债务交易"（Purchase & Assumption Transaction），为不在保险之列的存款也提供了保护。其具体做法是：由 FDIC 安排一个规模更大、经常稳健、资本充足的银行接管倒闭银行的良好资产、存款和其他非后偿性债务，而由 FDIC 本身承担倒闭银行的不良资产和损失。在这种援助性合并中，一视同仁地看待所有的存款者，无论其存款是否投保。结果，从 1933 年到 20 世纪 80 年代初期，银行倒闭的数目急剧减少，从 1934 年的 61 家到 1942 年的 23 家；不算 1975 年倒闭 14 家、1976 年倒闭 17 家外，1943 ~ 1978 年，倒闭数都在个位数之内；1979 ~ 1981 年，每年倒闭 10 家。这段期间存款保险的安排被看成是效果卓著的。

然而，存款保险会增加个别银行出现轻率行为的风险，因为即使在银行推行高风险战略的情况下，小额存款人也很少会抽走资金，从而削弱了对不谨慎的管理层的一种重要约束手段。自 1982 年起，存款保险制度出现了危机，从当年银行倒闭 42 家，到 1990 年倒闭 169 家。从实践看，单凭收取保险费的办法来筹集资金已经不足以应付拯救倒闭银行的计划了，而不得不求助于美国财政部贷款。贷款额度从 1984 年的 30 亿美元，到 1991 年的 300 亿美元。所以，政府官员和监管者必须识别这种安全网的影响，采取措施制止银行冒过大的风险。限制此类冒险的一个方法就是运用"共同保险"的存款保险机制，在这种机制下，存款保险只对单一存款人的一定比例（如 90%）的存款投保，并且仅保险到某一绝对金额，这样，存款人仍有部分资金存在风险。其他方法包括对风险性的收入进行收费或抑制大额机构存款人的存款保险。应该根据每个国家或地区的具体情况，设计存款保险方案。

资料来源：百度百科——存款保险制度 http：//baike. baidu. com/link?url = DwyVian8SWIh44yO4D8-Ikxa2zILaqOl3jTHfubWKIng8toCTJpLnFdOzUnK – LuDvfSEDeP4ZNA_Ec_4hPN8xRhHXRaQdH5yKIT3qY0199-LSh9MW7bSwjq2gz – KHCpsBb0qx7W8SdfqHR62PA2RTJoK.

·╫·

2. 存款保险制度的局限性

虽然存款保险制度对保护存款人的利益和维护金融体系的安全与稳定有积极的作用，但是这一制度本身也有它的局限性，主要表现在：

（1）存款保险制度存在道德风险和逆向选择问题。

（2）存款保险制度往往有承保限额，存款人的利益并没有完全得到保障。

（3）存款保险和其他保险不同，各种灾害的发生是分散的，因而往往是个别的，而金融支付危机往往是在特定时期集中发生，它并不是一个个别现象，在这种情况下，银行的安全性就失去了保障。

课堂互动

存款保险制度对大银行与小银行分别带来哪些好处与坏处?

2008 年国际金融危机时美国的存款保险制度

2008 年国际金融危机全面恶化后,美国联邦存款保险公司 (FDIC) 及时将存款保险限额从 10 万美元临时提高到 25 万美元,随后欧洲、亚洲等全球数十个国家先后提高保险限额,甚至实行临时全额保险,有效稳定了存款人信心和银行的基础资金。

2008 年年初至 2010 年 6 月底,美国共有 251 家银行倒闭。FDIC 通过实施早期纠正措施,并迅速采取"直接赔付""收购与承接""过桥银行"等多种处理方式,灵活化解不同规模银行倒闭的风险,有效防止了单个银行危机向银行业乃至金融业传导。而雷曼公司经营出现问题时,由于证券和保险业没有类似的制度安排,只能走普通的公司破产途径,引发了美国乃至全球金融市场的剧烈震荡。

在危机后金融市场功能严重衰退、金融体系的流动性和信贷活动骤然紧缩的严峻时刻,金融稳定监督委员会出台临时流动性担保计划,对银行间市场上存款类机构及银行控股公司发展的高级无担保债务提供担保。高盛和通用集团金融公司等传统意义上的非存款类金融机构均受到该计划担保。2010 年 7 月美国出台《华尔街改革和消费者保护法》,全面拓展了金融稳定监督委员会在金融监管和风险处置领域的相关职能。金融稳定监督委员会担保范围全面延伸至非存款类金融机构和融资工具,有效地缓解了市场流动性枯竭的局面,遏制了系统性风险蔓延。

资料来源:赵何敏,黄明皓. 中央银行学 [M]. 北京:清华大学出版社,2012:368.

(三) 紧急救援

紧急救援是指金融管理当局对发生清偿能力困难的银行提供紧急援助的行为。在各国金融监督管理技术手段体系中,中央银行或有关金融管理当局对发生清偿能力困难的银行提供紧急援助,可以视为金融体系的最后一道防线。

金融监管当局一旦发现了某一银行有不安全的资产,或经营管理不善时,应立即提请高级管理人员注意,以便及时加以纠正和调整。这种警告必须是强有力和果断的,否则可能使本来可以通过调整管理机构或改变政策而得以及时纠正的局面,突然变成爆炸性的计提存款狂潮。这是金融监管当局必须警惕并尽力加以避免的问题。必要时,金融监管当局可以宣布停止该金融机构高风险的业务活动,以及运用其他直接干预手段。实行这些措施后,如果还不能有效地制止情况的继续恶化,此时,金融监管当局有必要进一步采取措施,给予紧急救援。紧急救援的方法主要有:

1. 中央银行提供低利息贷款

中央银行向问题严重的银行提供低利息贷款时,其本身是以最后贷款人的身份出现，这是最受银行欢迎的方法。因为威胁银行安全的核心问题是支付能力的丧失，提供贷款就能解决这一问题。

这里需要注意，如果中央银行采取低利息贷款措施能使有问题银行恢复正常，则要比处理银行破产倒闭强得多。但是，这里隐藏着一种默默的暗示和潜在的危险，中央银行常常处于进退两难的境地。如果中央银行公开承认自己是最后的贷款者，那就等于对银行界肩负了一种承担风险的义务，这会促使银行取消或大大削弱日常实行的一系列谨慎性约束，进而从事风险更大的业务以获得更高的利润。这种冒险行动可能带来更多的收益，但更可能是带来频繁的灾难。这时中央银行会面临更复杂的局面，承受更大的压力。然而，若中央银行坐视不管，情况会更加不可收拾。因此，中央银行必须在维持社会公众对银行体系信心的同时，应当尽量避免造成中央银行担保银行损失并助长银行从事风险较大业务的错觉。

2. 存款保险机构的紧急援助

在具有复合业务职能的国家，存款保险机构除提供存款保险外，还提供清偿能力紧急援助或紧急资金援助。清偿能力紧急援助的对象是发生清偿能力困难的银行，援助的方式包括给予贷款、购买其资产或以资金储备于该行。紧急资金援助主要是用于破产金融机构合并或营业转让，援助措施是向其他银行或投资人提供资金或保险协助，以利于其合并或接收经营失败的银行，即以特别低利贷款给愿意接收破产金融机构的那些银行。这种办法的优点在于存款保险机构能以少于破产倒闭应理赔资金来维持社会公众对银行体系的信心和金融业本身健康稳定的发展。

3. 中央银行组织下的联合救助

出现银行安全问题时，小银行往往居多数，此时，中央银行出面联合几家大银行集体救助（1997年英格兰银行采用该办法挽救了209家经营房地产信贷面临破产的银行），或者安排大银行向中小银行贷款，或者依据按一定条件让大银行兼并中小银行，也是一种重要的方法。

4. 由政府出面援助

这种形式具体包括：政府对发生安全问题的银行（一般是大、中银行）大量存款，银行收归政府经营，全部负债由政府清偿等。

在紧急情况下，有以下几种可能的选择：全面接管清偿破产银行的所有债务和资产；邀请一些银行承担该破产银行的债务，并购买它的某些资产；提供直接的财政援助给倒闭危险的银行；特殊情况下，可打破常规，承担更大的责任。除上述措施之外，中央银行或有关金融监管当局还可以采取官方任命经理、限期整顿或全面暂停业务、由当局全面接管、予以强制监督管理等。

 实训任务

案例分析：

中国正式公布存款保险条例　金融改革加速推进

中国人民银行在其网站宣布《存款保险条例》已正式获批，存款保险制度将于

2015 年 5 月 1 日起施行。

存款保险条例终稿与 2014 年 11 月 30 日发布的征求意见稿基本一致，内容包括：

● 覆盖范围：在中国境内设立的所有吸收存款的金融机构，外国银行在中国设立的分支机构除外；

● 偿付金额：同一存款人在同一家投保机构最高偿付额为 500000 元人民币。在最高偿付限额以内的，实行全额偿付（包括存款本金和应计利息，人民币和外币存款）。中国人民银行测算这个额度将为 99.63% 的存款人的存款提供完全保护。

● 保费：保费包括两部分，即基准保费和风险差别保费。费率标准由存款保险基金管理机构制定，报国务院批准后执行。保费每六个月交纳一次。

● 存款保险基金应存放在中国人民银行或者投资政府债券、中央银行票据和信用等级较高的债券。

《存款保险条例》的出台是利率市场化的重要一步。存款保险制度于 1993 年在《国务院关于金融体制改革的决定》中提出。20 余年后，这项制度正式施行。

资料来源：中国电子银行网 http://www.chinastock.com.cn/yhwz_about.do? methodCall = getDetailInfo&docId = 4757784

请大家思考并分析以下问题：

1. 我国存款保险条例的实施将会对银行带来哪些影响？

2. 该条例的实施对存款人有哪些影响？

3. 存款保险制度的建立对利率市场化有何帮助？

4. 与世界各国相比，我国的存款保险条例有哪些特点？

任务三　了解金融监管体制的国际比较及发展趋势

一、历史梳理

有关金融监管的著述很多，而涉及监管的制度及绩效的却不多。经对文献的历史梳理后得出：金融监管模式是与一定时期的经济发展水平相适应的金融运作模式相适应的。如除了瑞典银行和英格兰银行等少数央行建立的目的是为政府赤字融资外，绝大部分国家都是在经历了一系列金融危机后，为了对银行体系进行监管并充当最后贷款人的角色，从而保证金融体系和经济运行的稳定，才组建央行的。如 1913 年美联储的建立，第一次世界大战后在世界性金融危机和通货膨胀的背景下各国发起的建立央行的高潮。透视金融监管的历史，可以发现：

（一）迄今为止没有一个公认为最佳的金融监管模式

从表 10 - 1、表 10 - 2 中可看出，北欧的挪威、丹麦和瑞典在 20 世纪 80 年代后期就已开始尝试综合性的金融监管。而综合性的金融监管较为彻底的改革是在英国。1997 年英国工党上台后，把银行监管职能从英格兰银行分离出来，成立了综合性的金融监管服务局，统一负责对银行、保险、证券及其他非银行金融机构的监管。不久，除了澳大利亚、韩国和日本实行了类似的改革外，一些新兴市场经济国家也尝试建立综合性金融监管机构。在入世前后，中国也有不少人提出设立综合性金融监管机构建议。似乎在金融业的混业经营成为趋势的前提下，建立综合性金融监管机构也是一种趋势。事实果真如此吗？在央行以外设立综合性金融监管机构的约有 10 个国家，只处于萌芽状态。相反，3/4 的 OECD 国家的央行仍负责银行监管，约有 40 多个国家仍处于分业监管，它们代表了金融监管的主流方向。在分业监管的主流趋势的国家中，央行单独或与专门的银行监管机构共同负责银行监管，很多央行作为银行监管委员会下设的执行机构，具体负责银行监管如波兰。故混业经营的趋势并不必然导致建立综合性金融监管机构。

表 10 - 1   **综合性金融监管机构**

国别与金融监管机构名称	成立时间	成立的方式	监管目标	经营方式	央行功能
挪威 Kredit Tilsynet	1986 年	将银行监管局与保险监管局合并	审慎监管	分业	不负责银行监管
丹麦 Danish Financial Supervisory Authority	1988 年	同上	审慎监管	分业	同上
瑞典 Sweden Finans Inspektione	1991 年	同上	审慎监管	分业	负责银行监管
英国 Financial Services Authority	1997 年	将银行监管职能从英格兰银行分离，与 9 家金融监管合并	审慎监管与消费者保护	混业	以维护金融体系稳定为目标
澳大利亚 Australian Prudential Regulatory Authority	1998 年	将银行监管职能从储备银行分离，与银行保险监管当局合并	同上	分业	此前是独立的银行监管机构
日本 Financial Services Agency	2000 年	将银行监管职能从大藏省分离出来，成立综合性监管局	同上	混业	此前与大藏省共同负责
韩国 Korean Financial Supervision Commission	1998 年	将银行监管职能从央行分离出来，成立综合性金融监管委员会	同上	分业	此前与银行监管局共同负责

表 10 – 2   部分国家和地区金融监管组织模式及央行的作用

机构特征	监管对象	国家或地区	备注
在央行以外设立综合监管机构	银行、证券、保险	英国、日本、韩国、丹麦、挪威、瑞典	央行仍对金融稳定负责
央行负责综合监管	银行、证券、保险	新加坡、中国（1998 年以前）	
完全分业监管		美国、中国（1998 年以后）、波兰、柬埔寨、中国香港、中国台湾	
在央行以外设立不完全综合监管机构	银行 + 证券、银行 + 保险	芬兰、墨西哥、瑞士、澳大利亚	芬兰金融监管机构仍然挂靠在央行
央行监管银行与证券业，不监管保险业	银行、证券	百慕大、塞浦路斯、多米尼加共和国、爱尔兰、卢森堡、乌拉圭	
央行监管银行与保险业，不监管证券业	银行、保险	哥伦比亚、厄瓜多尔、中国澳门、马来西亚、巴拉圭	

资料来源：章和杰. 货币银行学［M］. 杭州：浙江大学出版社，2009：296.

（二）依国情实力设立金融监管机构

设立什么样的金融监管机构是一个社会实践问题，是与一国或地区生产力发展、生产关系的状况密切相关的实践问题。如德国的金融监管体制就反映了联邦制政府结构的特点，即在联邦制银行监督机构之外，州一级的银行监管局也有独立的银行监管权力。实行全能银行制度的德国在战后多年，由联邦银行和专门的银行监管局共同负责，甚至没有证券监管委员会等机构。这是因为德国联邦银行一直实行控制总量的货币政策。战后几十年的低通胀，加上股市的欠发达，导致银行贷款和债券融资占主导地位。直接融资量不大，证券业的监管也没有成为很大的问题。几年前虽然建立了证券业监管机构，但其主要目标也仅在于保护消费者和维护市场秩序。

新加坡和中国的情况也是这样。作为城市国家的新加坡根本没有必要设立多家监督当局和分支网点。故新加坡金融管理局就独立行使对银行、保险和证券业的综合监管。1998 年以前的中国人民银行负责对金融业实施综合性监督，当然与转轨经济初期的客观实际情况基本相符。

（三）混业经营与综合监管之间没有必然的联系

混业经营采取分业监管的，如德国和 1997 年之前的英国。英国等国之所以建立综合性金融监管机构的原因至少有三个：一是对生产力发展到一定程度所进行的生产关系调整，即混业经营程度加深所作出的在上层建筑领域的反应。这些国家多是市场经济成熟的发达国家，如具有健全的金融基础设施、强有力的市场约束、良好的微观治理结构、有效的激励机制以及丰富的人力资本等优势，它们的金融业内各部门的业务交叉有着很长的历史，也有丰富的金融监管经验。二是金融危机过后，央行不得不承担由于单个银行的失败或对金融危机发生监管不力的责任，导致央行退出金融监管而单独负责货币政策的实施，如韩国和日本。俄罗斯政府宣布要在 2005 年将银行监督从俄央行分离出去，外界认为是针对央行的批评。三是政治上的考虑。政治与经济密不可分，有时为了社会稳定，着重从政治上考虑建立综合性金融监管机构。

（四）分业经营与分业监督之间也没有必然的联系

从实践来看，分业经营不一定就非得分业监管，如北欧国家。美国 1999 年的新法案虽然取消了分业经营限制，但是并没有像英国那样设立综合性的金融监督机构，而是规定由美联储牵头对金融控股公司实行综合监管。

（五）在分业监管和综合监管之间的监管模式也有若干

有的在央行以外（或隶属财政部）设立专门的监管机构，分别负责银行加保险的监管如澳大利亚，银行加证券的监管如芬兰。有的由央行本身负责银行加保险、银行加证券的监管（见表 10－2）。这是由具体的业务关系如银行可以从事的非银行金融业务的性质所决定的。

总之，英国（1997 年之前）、美国金融的混业经营程度是公认最高的，尚且不一定实行综合监管，何况发展中国家的金融混业经营程度显然没有达到非得建立综合监管机构的地步。

课堂互动

我国的金融监管属于分业监管还是综合监管？

二、央行在金融监管中的作用

央行一般是通过制定、实施货币政策，承担支付体系和金融监管的职能，来达到维持货币和金融的稳定的目标。

（一）协调货币政策与金融监管政策

货币政策是指一个国家为了实现其宏观经济目标所规定的调节货币信用的行动准则，包括货币政策的终极目标、中介目标和实现货币政策目标的操作工具或手段（又叫货币政策工具）。一般来讲，货币政策不仅影响资产的相对价格，而且往往决定某些行业和企业的命运，如央行调整利率通过净利差的变化影响商业银行的利润。过窄的利差可使业绩良好的银行亏损。故央行在制订货币政策时需充分考虑金融机构的财务状况，避免自身的失误触发金融危机。金融监督政策实施不当会抵消货币政策的作用，如资本充足率在本质上是反周期性的，因为当经济处于衰退时，无力偿还银行贷款的企业增加，导致银行不良贷款增加，银行需计提更多的专项贷款损失准备金。若其他条件不变，而银行要保持较高的资本充足率就不得不减少新发放的贷款，甚至提前收回贷款。若惜贷成为银行的普遍行为，就会出现信贷紧缩，使经济衰退加剧或延缓经济的复苏，故银行监管当局的资本充足率要求应该是顺周期的，即在经济景气时要求银行适当补充资本，以备在经济衰退时可适当放松资本充足率要求，使银行保持较合理的信贷能力，促进经济的发展。

在防范和及时处理银行体系的危机时，货币政策和金融监管之间的协调关系尤显重要。银行是高负债经营企业，暂且不说资本充足率一直以来都明显不足的中国四大国有商业银行，就是世界上资本充足率较高的银行产生流动性困难、引发银行危机的事例也时有所闻。故央行独有的发行货币的能力使其能在关键时刻以最后贷款人的身份有条件地向有流动性困难的银行提供支持。若央行身兼监管职能，就能及时获取银行的信息，必要时施以援手。若央行无监督职能，势必大大削弱央行及时获取信息的能力，在信息不对称的情形下，将会造成央行的最后贷款人职能的运用过滥，助长道德风险；或运用过缓，不能起到防范银行危机的作用。尤其在银行问题较多，金融危机概率较高的国家，客观上要求央行频繁地充当最后贷款人的角色。故在这些国家，由央行统一负责货币政策的制定和实施金融监管，显然可以大大减少有关机构之间的协调成本，以免延误决策时机。

在建立了综合性金融监管机构的发达国家，央行不直接负责金融监管，但都为银行危机时的资金救助问题做了正式安排。并且在实行英美法系的国家，法律一方面较好地保护债权人；另一方面给政府有关部门之间的协调与合作留有较充分的余地，使政府机构之间可以通过备忘录等形式，协调应对不断变化的形势。如英格兰银行和金融服务局就是在这种法律体系内实行互相介入，它们的负责人交叉参加对方的理事会。韩国、日本和澳大利亚等国的央行和金融监管当局之间也有类似安排。但需注意的是这种安排只能涉及重大的宏观层面上的决策，不可能完全代替密切协调。事实上，在实行欧洲大陆法系的国家如多数发展中国家，政府部门之间的协调相当困难，这时若把对银行的监管保持在央行内，或许能降低协调成本。

从文献上来看，随着综合性金融监管机构的出现，一些央行丧失了监管职能。不赞成央行负责金融监管的理由有：一是央行的货币政策和金融监管有利害冲突。如当单个银行或整个银行体系出现流动性困难时，央行以最后贷款人的身份提供流动性支持，易产生道德风险，具有一定的通货膨胀效应，将与央行稳定货币的目标背道而驰。二是若央行承担金融监管势必将涉及大量微观的和具体的金融活动，将影响央行集中精力搞好货币政策。但仔细分析可发现央行为了审慎的目标提供的流动性支持与货币政策的目标发生矛盾的概率较小。这是因为向单个银行提供流动性支持，不至于造成通货膨胀压力；若整个银行体系发生流动性困难，银行系统发放贷款的功能减弱，将造成通货紧缩。此时，央行提供适度的流动性支持也不会引发通货膨胀。

（二）信息互补

在理论上说，央行通过支付清算体系可以方便地监控银行的资金流向和流动性，并通过非现场手段收集银行信息；或者通过有关部门之间事先达成的协议，信息共享，如英国通过在央行、财政部和金融服务局之间签订谅解备忘录的形式，对信息共享作出明确规定。但实践证明这是远远不够的。美联储理事弗格森认为，央行若要及时应对金融危机，就需了解具体的金融机构是如何管理和演变的。仅仅了解金融市场和机构的运作是不够的。甚至还需要了解决策人、内部控制和管理信息系统。也就是说，央行通过现场检查获得的单个银行的具体印象，是无法替代的第一手资料。央行一身而兼制定货币政策和监管银行两任，将有助于信息渠道的畅通。因为几乎所有银行保密的法律都规定，在现场检查中获得的银行信息不得向第三方提供，当然司法机关犯罪调查除外。更何况发展中国家的信息尤其是公共领域的信息质量一般较差，不能奢望通过一般意义上的信息共享进行有价值的分析。弗格森认为，美联储的货币政策由于监管职责取得较好的效果，而它稳定价格的职能也使其对银行监管取得较好效果。

（三）发展中国家银行监管的环境

在发达市场经济国家，金融机构有较好的治理结构和内控机制，金融监管框架较完善，从业人员素质较高，加上法制、会计等基础设施较健全，市场约束力较强，使得金融监管工作基本上处在一个相对稳定的条件下运作。这些条件客观上为监管人员高度分工和专业化创造了条件，从实践上看，监管行为也基本上可以保证连续性。而发展中国家显然不具备上述条件，因为监管当局在人才和资源较匮乏的条件下，一方面要解决历史遗留问题，防范可能爆发的金融危机；另一方面要进行金融监管框架的建设，监管法规和程序的开发与不断修订，促进金融市场和机构的发展，制订银行业重组中涉及的公共政策等。对消费者的利益保护与发达国家相比要轻一些。另外，由于在发展中国家一般证券、保险业务欠发达，银行业占主导地位，而银行资产过度集中在少数大银行。设想一下这时的央行若无监管银行职能，央行实施货币政策的宏观经济政策效果就会大不尽如人意。

（四）监管的独立性与央行的特殊地位

在央行以外成立综合金融监管机构的国家，一般要通过立法解决监管机构的独立性问题，并通过向被监管对象收取一定的费用来维持监管机构的生存问题，但是由于经济上的各种原因，发展中国家较难做到这一点。

课堂互动

既然有专业的金融监管机构，央行的监管是否是重复工作、资源浪费？

总之，从发展中国家的角度思考问题，可得出将金融监管职能留在央行更符合现实经济发展。但必须同时辅之与对央行实施有效监督，以便尽量减少或杜绝央行的道德风险。因为央行创造基础货币的能力可以方便地用来弥补央行对银行金融监管所造成的失败，导致在平时削弱监管当局为构造监管制度所作出的艰辛努力，而在面临潜在的金融危机时又将拖延采取措施，加重纳税人的负担。故在条件成熟时，应将金融监管机构从央行中分离出来。为了构建适合中国国情的金融监管模式，我们进一步尝试将曾遭受过金融危机的亚洲国家的金融监管模式与中国现有的金融监管模式进行对比，以便找出有益的经验和教训。

 实训任务

案例分析：

从分业监管到功能监管

在中国证券监督管理委员会、中国银行业监督管理委员会、中国保险监督管理委员会成立之后，我国的金融监管形成了以分业为主导的、由"一行三会"所构建的金融监管格局，保证了在经济体制转型期内我国金融系统的稳定，为金融业的稳健发展和金融风险的有效防范起到了积极作用。但与此同时，这一监管格局也较易导致各监管机构在监管过程中对业务交叉领域出现重复监管和监管漏洞，难以形成高效、一体的金融监管体系。因此，从分业监管到功能监管是我国金融监管模式的发展趋势。

2000 年 9 月，中国人民银行、中国证券监督管理委员会、中国保险监督管理委员会决定建立三方监管联席会议制度；2003 年 9 月 18 日，中国银监会、中国证监会、中国保监会召开了第一次监管联席会议；2004 年 6 月，这三家监管机构依据"分业监管、规则透明、讲求实效"的指导原则签署了三大金融监管机构金融监管分工合作备忘录，在明确各自职责分工的基础上，建立了定期信息交流制度、经常联系机制及联席会议机制。金融监管部门同时加强了国际合作，陆续建立了双边及多边合作机制。自 2003 年以来，中国金融监管部门已同美国货币监理署、英国金融服务局等分别签署了监管信息交换协议和双边监管谅解备忘录，为实施有效金融监管创造了条件。

当前的重点是协调好中国银监会、中国证监会和中国保监会的关系，共同负责金融机构从市场准入到退出的全过程监管，妥善处理好各个层次上的监管冲突，既防止监管不足，又避免监管过度，切实监测和防范我国金融部门的整体风险，真正发挥人民银行与金融监管"三驾马车"的协力合作，推动我国金融监管水平再上一个新台阶。

资料来源：宋焱. 从分业监管到功能监管［N］. 金融时报，2005－09－24.

试分析我国所实行的分业监管模式存在哪些问题？

任务四　学习借鉴《有效银行监管核心原则》

《有效银行监管核心原则》（以下简称《核心原则》）是巴塞尔银行监管委员会与十国集团国家监管机构合作起草的用于指导和评价各国实施有效银行监管的国际性文件，发布于 1997 年 9 月，已经为国际银行界广泛认可。

一、《核心原则》的形成背景和重要地位

银行业是高风险行业，同时，银行风险还具有强烈的传染性，一家机构的倒闭可能

产生严重的多米诺骨牌效应，引发整个金融体系的危机。随着金融国际化、全球化、一体化趋势的发展和科技的突飞猛进，金融市场快速发展，金融创新日新月异，金融竞争日益激烈，金融风险明显加大，金融危机此起彼伏。从墨西哥金融危机到亚洲金融风暴，从巴林银行倒闭到日本大和银行破产，金融危机的传染性、破坏性日趋严重。为此，各国金融监管当局都把加强银行监管作为其金融监管工作的重中之重。在这样的背景下，《核心原则》应运而生。从美国次贷危机所引发的全球金融海啸至今未见底的严峻现实表明，《核心原则》可能要进一步与时俱进地严加修订。

《核心原则》是国际银行监管领域继 1988 年《巴塞尔资本协议》发布后又一部具有里程碑意义的重要文献。如果说世界各国在实施《新资本协议》问题上还有争议的话，在借鉴《核心原则》问题上则高度一致。

《核心原则》是世界各国为共同防范金融风险而做出艰苦努力的结果。为促进在全球范围内建立稳健的监管标准，七国政府首脑（由法国、美国、英国、德国、日本、意大利、加拿大主要西方工业国家参加的最高级首脑会议通称为西方七国集团首脑会议）在 1996 年 6 月里昂峰会后发表声明，呼吁巴塞尔委员会参与强化新兴市场国家监管标准的工作。为此，在十国集团国家（美国、英国、法国、联邦德国、意大利、日本、荷兰、比利时、加拿大和瑞典）监管当局的协助下，巴塞尔委员会在 1997 年的丹佛峰会上推出了《核心原则》。1997 年 10 月，《核心原则》在国际货币基金组织和世界银行香港年会上得到国际金融界的认可，其所体现的准则获得了世界广泛的支持。为保证各国在实施《核心原则》过程中能客观、全面、准确地评估自身银行业监管体系，巴塞尔委员会又于 1999 年 10 月发布了《巴塞尔核心原则评估方法》，指导各国的自我评估工作。

《巴塞尔协议Ⅲ》

在雷曼兄弟破产两周年之际，《巴塞尔协议Ⅲ》在瑞士巴塞尔出炉。最新通过的《巴塞尔协议Ⅲ》受到了 2008 年全球金融危机的直接催生，该协议的草案于 2010 年提出，并在短短一年时间内就获得了最终通过，并在当年 11 月韩国首尔举行的 G20 峰会上获得正式批准实施。《巴塞尔协议Ⅲ》是国际清算银行（BIS）的巴塞尔银行业条例和监督委员会的常设委员会——"巴塞尔委员会"于 1988 年 7 月在瑞士的巴塞尔通过的"关于统一国际银行的资本计算和资本标准的协议"的简称。该协议第一次建立了一套完整的国际通用的、以加权方式衡量表内与表外风险的资本充足率标准，有效地扼制了与债务危机有关的国际风险。《巴塞尔协议Ⅲ》几经波折，终于在 2013 年 1 月 6 日发布其最新规定。新规定放宽了对高流动性资产的定义和实施时间。

协议核心内容是，在 2015 年 1 月 1 日前银行普通股与风险加权资产的比例至少达到 4.5%，包括普通股在内的一级资本与风险加权资产比例（即一级资本充足率）至少达到 6%，总资本充足率维持在 8%。

按目前巴塞尔协议的要求，银行一级资本充足率最低要求仅为 4%，提高到 6% 意味着银行业需筹集数千亿美元的新资本。德国银行业协会估计，其 10 家最大银行可能需再筹集 1050 亿欧元（约合 1410 亿美元）。德意志银行在新规发布同日宣布筹资至少 98 亿欧元（124 亿美元）。

美国银行业需额外筹集的资本则要少得多。巴克莱资本分析，如按照 2009 年 12 月提出的更为严格的规定草案计算，美国大型银行必须筹集约 2250 亿美元新资本，但按修改后 6% 的最低要求，美国 35 家银行则仅需筹资 80 亿美元。

亚洲银行业的资本筹集压力亦不大，仅有一些日本银行未能达到要求。目前，中国内地银行核心资本充足率多数在 9% 以上。截至 2010 年 6 月 30 日，中国工商银行、中国银行、中国建设银行、交通银行的核心资本充足率分别达到 9.41%、9.33%、9.27% 和 8.94%，7 月上市的中国农业银行（3.64，-0.01，-0.27%）核心资本充足率也在 10% 左右。印度尼西亚和新加坡的银行资本实力最为强劲，平均核心一级资本比例分别约在 12.5% 和 11.9%。一些分析师认为，新规实际上为这些银行提供了通过释放部分过剩资本金实现进一步成长的机会，这也推动亚洲银行股在 9 月 13 日普遍上涨。

除最低资本要求外，新规还要求银行建立新的普通股"资本留存缓冲"，这部分资本与风险加权资产的比例最终应达到 2.5%，亦即普通股资本与加权风险资产比例最终将达到 7%。"资本留存缓冲"的建立将从 2016 年 1 月 1 日开始，每年增加相当于风险加权资产 0.625% 的资本，一直到 2019 年 1 月 1 日达到 2.5%。不过，各国可自行决定是否缩短这一过渡期。

若银行动用这部分的缓冲资本，其所能发放的奖金及股利将受到限制。巴塞尔银行监管委员会认为，这一机制将促进银行的公司治理，避免再次出现危机期间资本水准下降的同时银行却大派奖金的行为。

另外一项可能引发银行业批判的条款为，银行在信贷增长过快时必须建立"递周期资本缓冲"，这部分资本与加权风险资产的比例介于 0~2.5%。不过，各国监管机构可自行决定何时为进入"信贷增长过快"的时期。

资料来源："巴塞尔Ⅲ"初定一级资本充足率底线增至 6%[N]. 21 世纪经济报，2010-09-14.

二、《核心原则》的主要内容

《核心原则》共 25 项内容，细分为 227 条评估标准（包括 169 条必要标准和 58 条附加标准）。从总体上看，25 项原则可归纳为七个方面：有效银行监管的先决条件；发照和结构；审慎法规和要求；持续银行监管手段；信息要求；正式监管权力和跨境银行监管。这七个方面的内容既相互联系又各有侧重，每个部分都贯穿着风险监管的主线，具有丰富的内涵。

（一）全面充分的先决条件是有效银行监管的必要前提

这些条件主要包括：稳健且可持续的宏观经济政策；完善的公共金融基础设施；有效的市场约束；高效率解决银行问题的程序和提供适当的系统性保护（或公共安全网）

的机制。这些前提条件本身不属于银行监管者的职权范围,但不具备这些条件或者这些条件恶化,都会影响或损害银行体系的安全与稳健,我们把这些条件称为有效银行监管的"大前提"。另外,还有"小前提",包括明确的监管责任和目标框架;充足的监管资源;必要的银行法律框架;对诚信履职的监管者的法律保护;建立在国内外监管机构之间的合作与信息交流体系等,这些前提是做好银行监管工作的重要基础。

(二) 严格规范的市场准入程序与标准是有效银行监管的首要任务

《核心原则》特别强调,监管机构必须严格控制"银行"名称的使用范围;制定明确的准入标准并有效控制银行机构准入;严格审查银行向其他方面的大笔股权或控制权的转让;制定并审查银行大笔收购资产、投资和各项标准;确保新审批设立的银行有合理的股权安排、充足的财力、严密的内控制度以及具备专业知识、道德水准并善于审慎经营的管理人员。银行机构的业务活动必须与监管当局批准的范围相一致,否则,银行监管者有权吊销其执照。监管机构应建立清晰、客观的准入标准,这既有助于减少机构审批过程中潜在的行政干预,也有助于控制不稳定机构进入银行市场,以便更好地维护公众对银行的信心。

(三) 持续性监管是有效银行监管的核心

《核心原则》要求银行监管机构必须密切关注银行面临的主要风险,如信用风险、国家和转移风险、市场风险、利率风险、流动性风险、操作风险、法律风险、声誉风险等;必须制定审慎的法规并保证其得到实施,以促进商业银行控制风险,其中包括资本充足率、贷款损失准备金、资产集中、流动性、风险管理和内部控制等方面的制度和管理要求;必须具备持续监管的手段等。

(四) 准确完整的信息是有效银行监管的基础

为帮助银行监管者进行有效的非现场检查,评估银行的总体状况,银行监管机构必须定期获取财务报告,并通过现场检查或外部审计对信息的准确性和依据的会计政策的合法性进行定期审核。若银行故意提供虚假的信息蒙蔽或误导监管者,监管机构应对有关机构或个人采取惩罚措施。

(五) 正确行使监管者的权力是有效银行监管的保证

一般来说,对有问题银行主要采取两个办法:一是"采取纠正措施",即为保护存款人和债权人,防止问题扩散,监管者实施适当的干预并跟踪干预效果;二是"进入清算程序",即在第一个措施无效时,监管者可以决定对不再具备存续能力的银行予以清盘,或者关闭不稳健的银行,以保持整个银行系统的稳定性。

(六) 加强国际监管协调是有效银行监管的重要手段

《核心原则》分别就如何加强国际监管协调、母国监管者责任和东道国监管者责任等问题作了明确。在这一方面,《核心原则》强调的一个中心议题是要求各国监管当局有能力实施全球性并表监管，确保跨境银行安全经营。银行监管者必须对银行在世界各地的所有业务进行适当的监测并执行审慎监管原则，包括其外国分行、附属机构和合资机构。

三、《核心原则》对银行监管体系建设的指导意义

《核心原则》是巴塞尔银行监管委员会在总结西方发达国家近百年银行监管成功经验和该委员会过去二十多年监管实践的基础上，对银行监管最佳做法的概括。《核心原则》的意义包括：

（一）《核心原则》为银行监管者提出了清晰的监管思路

《核心原则》在阐述有效银行监管的整体前提条件后，在正文部分首先对监管主体作出规定，其次对其行为作出规范。《核心原则》规定：监管当局应该有明确的法律授权，有足够的资源和专业能力；应通过准入监管，排除不符合条件的银行和个人；建立符合国际惯例的审慎规章；对银行实现有效的持续监管；要求银行提供符合国际会计准则的统计信息，并进行核实；对违规的银行和个人作出惩罚，必要时让资不抵债的银行退出市场；加强跨境银行监管；等等。

（二）《核心原则》为商业银行了解监管当局的思路与方法，从而实施稳健经营提供了重要借鉴

若没有商业银行的理解和实施，若《核心原则》的精神不能转化为商业银行的审慎经营行为，监管当局是无法单方面实现有效银行监管目标的。《核心原则》中有关审慎监管的内容，也是商业银行风险控制的核心内容。此外，监管当局的持续监管方法也值得商业银行在进行内部审计时借鉴。因此可以说，《核心原则》及其评价方法对商业银行稳健经营具有重要的指导意义，并且理所当然应当引起各国商业银行的普遍关注。

（三）《核心原则》对各国政府提出了要求

《核心原则》列举的五个前提条件表明，没有良好的宏观经济政策和环境以及市场约束等外部条件，仅仅靠银行监管，是不能维持银行体系的稳健经营的。因此，先进的银行监管文化必须伴以良好的宏观政策环境和政府强有力的支持。

（四）《核心原则》为国际银行监管合作提供了框架和基础

《核心原则》的初衷就是为世界各国的银行监管工作提供统一的监管原则和良好的监管方法；其所遵循的基本原则就是防范金融风险，促进世界各国银行业的健康发展。《核心原则》所提出的基本方法，也正是各国银行业监管机构尤其是发展中国家的银行监管当局所急需补的课程。因此，无论是东道国监管当局还是母国监管当局以及国际金融机构，均可在《核心原则》中找到共同语言，因而也为进一步促进国际银行业的健康发展奠定了基础。

（五）《核心原则》推动了各国监管当局对其银行监管有效性进行自我评估

1998 年以来美国、印度、捷克、澳大利亚、法国、德国、日本、匈牙利等国家都已对本国的银行监管有效性进行了评估。国际货币基金组织和世界银行也将《核心原则》评估作为衡量成员国银行业体系稳健程度的主要标准，将其纳入了"金融部门稳定性评估计划"之内。目前，有 60 多个国家加入了该计划，有 40 多个国家在该计划之下进行了《核心原则》自我评估。

（六）中国银行监管将面临更加复杂多变的局面

目前，我国银行业的资产约占全部金融资产的 90% 以上，经济增长在很大程度上依赖于银行的稳健运行，也在很大程度上影响着银行体系的安全性。此外，在加入 WTO 后，我国的银行监管受到前所未有的挑战，国际上实施有效银行监管核心原则、新资本协议和金融稳定评估的压力不断加大，对我国银行监管工作提出了更高的要求。自 2006 年以后，国内银行机构面临的外资银行竞争将日趋激烈，经济金融全球化的趋势将使我国银行业风险进一步加大，我国银行监管将面临更加复杂多变的局面。

（七）对银行监管的国际化作出应有的反应

从国际金融发展的历史看，各主要国家的银行业基本都是沿着发展、动荡、治理、再发展这一轨迹前行的。《核心原则》为国际银行业的稳健发展、减少震动开出了很好的处方。因此，从可预期的较长一段时期来看，国际银行监管标准的一体化、规范化、审慎化、普及化是必然的趋势，各国银行监管当局均应对此作出及时的反应。

课堂互动

《核心原则》是否适合向全世界各国推广？其推广过程中可能面临哪些问题？

四、中国银行业的监管与《核心原则》要求的差距

我国是巴塞尔委员会联络小组成员之一，积极参与了《核心原则》及其评估方法的起草工作。通过主动评估，发现我国银行业的监管在许多方面还处于"大体不符合"的档次，表现在：

（一）银行监管的有效性受内外部环境的制约较大

从外部环境看，评估小组认为我国宏观经济从总体上看稳定性和持续性在增强，但仍存在结构失衡等影响持续性发展的不确定因素，制约着对银行业的有效监管。从银行监管的内部环境来看，主要存在监管者责任不够明确，监管机构的独立性受到制约，银行监管法规框架存在缺陷，监管支持系统还较薄弱等。

（二）在市场准入监管方面依然不够科学规范

主要是银行的市场准入监管还不够规范、高效和透明，现行法规规定的发照标准存在缺陷，没有制定明确的细则；对商业银行新业务的准入设限不科学，一定程度上抑制了商业银行的业务创新，也影响着银行监管有效性的提高。

（三）审慎性法规的系统性和完整性不强

主要是还没有建立结构完整、层次清晰的监管法规体系，法规的制定、修改还不够及时；对商业银行资本风险、信用风险、市场风险、流动性风险、利率风险、操作风险的监管存在诸多缺陷；对商业银行内部控制机制不健全的问题尚没有提出一整套有效的办法等。

（四）持续银行管理手段还需进一步完善

现场检查尚未实现制度化，缺乏计划性、连续性；非现场监测的风险识别、分析和预警功能较弱；现场检查与非现场监测的有机结合不够；对商业银行特别是国际活跃银行的并表监管能力不足。

（五）监管信息的统一性、完整性、真实性和透明性方面还需花大力气改进

在《金融企业会计制度》适用范围、信息连续性和相关性、银行的监管信息系统建设、信息披露机制等方面都急需加以调整、改进。

（六）监管权威性不强，难以确保监管的公平与效率

目前，商业银行市场退出的法律、法规还不健全，由此导致监管机构对有问题银行处置不及时、成本高，也影响了监管的效率。在其他方面也存在着监管者权威不强的问题。

（七）跨境银行监管的能力存在明显不足

主要是对商业银行境内外并表监管的能力严重不足；与一些东道国监管当局信息交流的范围和深度十分有限等有关。

上述问题的存在，决定了我国银行监管体系建设任务的艰巨性。

五、中国银行业近期监管的主要任务

在 3~5 年内，中国银行业监管的主要任务是：建立高效的组织管理体系和合作有序的监管协调机制；建立规范、公正、透明、高效的市场准入管理体系；建立持续、有效的现场检查体系和非现场监测体系；建立科学有效的跨境银行业监管机制；建立专业化、国际化人才的培养与激励机制；建立银行监管有效性的跟踪评价机制；促进建立有利于银行稳健发展的外部环境。

 实训任务

小组讨论：

讨论主题：我国银行业需要作出哪些调整才能符合《核心原则》的要求？

讨论步骤：

1. 由学生分组查找资料，讨论我国银行业哪些方面不符合《核心原则》的规定。

2. 小组发言，说明针对这些不足应如何调整。

3. 由教师进行评价和补充。

讨论成果：完成小作业"我国银行业应为符合《核心原则》的要求做出的努力"。

本项目提要：

1. 金融监管的发展经历了四个主要阶段：20 世纪 30 年代以前：金融监管理论的自然发轫；20 世纪 30 年代到 70 年代：严格监管、安全优先；20 世纪 70 年代到 80 年代末：金融自由化、效率优先；20 世纪 90 年代以来，安全与效率并重的金融监管理论。

2. 金融监管是指央行或金融监管当局依据法律、法规和社会公众利益需要，运用政策手段和法律手段，对各类金融机构、金融市场的所有活动进行监督和管理的总称。可归纳为三个方面：一是为防止银行遭遇风险而设计的预防性监管；二是为保护存款者的利益而提供的存款保险；三是为避免银行遭遇流动性困难，由货币当局在非常状态下所提供的紧急救助。这三方面在西方国家统称为金融监管的"三道防线"。

3. 兼容金融监管的方式没有固定统一的，应依据各国的国情制定相应的金融监管政策。

4. 《有效银行监管核心原则》为银行监管者提出了清晰的监管思路，为商业银行了解监管当局的思路与方法，从而实施稳健经营提供了重要借鉴。对各国政府提出了要求，为国际银行监管合作提供了框架和基础，推动了各国监管当局对其银行监管有效性进行自我评估。

本项目学习效果评价

一、尝试回答以下问题：

1. 监管当局进行危机银行救助的方式有哪些？

2. 20 世纪 30 年代以来，金融监管理论有何变化？变化的背景是什么？

3. 结合我国金融监管现状，谈谈你对进一步提高金融监管水平的看法。

4. 就金融国际化论证对金融监管国际协调的必要性。

二、案例分析

互联网金融步入监管时代

互联网金融监管政策靴子落地。2015 年 7 月 18 日，中国人民银行等十部委发布《关于促进互联网金融健康发展的指导意见》（以下简称《意见》），这也是首次从中央政策的角度肯定基于互联网的金融创新，并制定互联网金融行业的"基本大法"。此

外,《意见》还对互联网金融行业及多个细分领域的发展给出了指导意见。

《意见》明确,互联网金融的本质仍属于金融,没有改变金融经营风险的本质属性,也没有改变金融风险的隐蔽性、传染性、广泛性和突发性。

具体说来,互联网金融的定义是,传统金融机构与互联网企业利用互联网技术和信息通信技术实现资金融通、支付、投资和信息中介服务的新型金融业务模式。其主要业态包括互联网支付、网络借贷、股权众筹融资、互联网基金销售、互联网保险、互联网信托和互联网消费金融等。这也是首次从国家层面明确了互联网金融的定义,并进行了较为详尽的细分业态定义。

近几年,我国互联网金融发展迅速,但也暴露出了一些问题和风险隐患,主要包括:行业发展"缺门槛、缺规则、缺监管";客户资金安全存在隐患,出现了多起经营者"卷款跑路"事件;从业机构内控制度不健全,存在经营风险;信用体系和金融消费者保护机制不健全;从业机构的信息安全水平有待提高等。

央行相关负责人指出,这些都是此时推出指导意见的重要原因和参考依据。

在具体监管职责划分上,央行昨天明确了"一行三会"的职责。人民银行负责互联网支付业务的监督管理;银监会负责包括个体网络借贷和网络小额贷款在内的网络借贷以及互联网信托和互联网消费金融的监督管理;证监会负责股权众筹融资和互联网基金销售的监督管理;保监会负责互联网保险的监督管理。

行业监管方面,除了相对应的金融监管部门外,互联网金融的"互联网"属性也得到了体现。《意见》提出,互联网金融机构需要接受工信部和网信办的内容监管。

资料来源:孙奇茹. 互联网金融步入监管时代[N]. 北京日报,2015-07-19.

请同学们思考并分析:

1. 互联网金融监管的正规化为互联网金融的发展带来了哪些影响?
2. 鉴于互联网金融的特殊性,其监管可能会遇到哪些问题?
3. 传统金融适用的分业监管模式是否也适合互联网金融?

项目十一 探索金融发展

学习目标 >>> >>>

通过本项目的学习，使学生了解金融发展及其衡量指标，认识金融压抑，对金融自由化有正确认识，了解我国金融深化改革的成就。

项目导言 >>> >>>

金融体系被誉为经济的供血系统，金融的发展与经济增长存在密切关系。通过对金融发展指标的衡量可以判断一国金融发展的现状。金融压抑普遍存在于发展中国家及部分发达国家，为了消除金融压抑，金融自由化改革在悄然发生，但是随之也带来了很多问题。近年来，我国在金融深化改革上取得了令人瞩目的成绩，但依然有很大的进步空间。

案例导入 >>> >>>

中国金融深化的辉煌成就

经过二十多年的发展，中国金融深化取得举世瞩目的成就：

（1）金融管理体制改革取得重大成就。包括：从"大一统"的银行体制到单一中央银行体制的初建再到独立的中央银行体制的逐步形成；从证监会、保监会监管机构的建立到银行、证券、保险分业经营、分业监管体制的形成；从"统存统贷""差额包干""实存实贷"到全面实行资产负债比例管理的信贷资金管理体制改革；从高度集中的外汇管理体制到汇率并轨和人民币经常项目下自由兑换的改革；从直接金融管制到间接金融调控手段的不断运用等。

（2）金融组织制度改革取得重大成就。包括：中央银行大区行架构的形成；商业金融与政策金融的分离，三家政策性银行的建立；以国有商业银行、股份制商业银行和城市商业银行为主体的存款货币银行体系形成；以证券经营机构、保险机构、信托投资机构等为主体的非银行金融机构体系形成；以及外资金融机构陆续进入中国市场等。一个逐步开放的、金融多业全方位竞争格局已经形成，特别是有一批银行、证券公司、保险公司改制上市，标志着国有金融机构股份制改革取得重大阶段性成果。

（3）金融市场改革取得重大成就。建立起相对完善的金融市场体系包括：以同业拆借、商业票据和中央银行票据为主的货币市场；银行与企业间外汇零售市场、银行与银行间外汇批发市场、中央银行与外汇指定银行间公开操作市场相结合的外汇统一市场；以承销商为中介，以股票、债券为主要品种的证券一级市场，以上海、深圳证券交易所场内交易为核心，以各地券商营业部为网络，以及遍布全国各地的国债柜台交易的证券二级市场等。

（4）金融业务与金融工具创新取得重大成就。包括：保值储蓄、住房储蓄、按揭贷款、信用证、信用卡、代客理财、网上银行、网上证券交易、银行柜台出售开放式基金、投资与保险联结、"银证通"等金融业务的创新；国库券、商业票据、短期融资债券、回购协议、大额可转让存单等货币市场工具创新；长期政府债券、企业债券、金融债券、可转换债券、股票、封闭式基金、开放式基金、股权证等资本市场工具创新等。

（5）金融技术进步取得重大成就。如金融机构资金汇划电子化、证券交易电子化、信息管理电子化和办公自动化、电子货币"一卡通"、网上银行、网上股票交易等。

资料来源：曹龙骐. 金融学案例与分析［M］. 北京：高等教育出版社，2005：204.

中国金融深化改革已经取得如此成就，是否意味着"大动干戈"式的金融改革已经结束，金融活力已经完全释放？为了金融发展更好地为经济增长做贡献，我国还应该如何改进？

任务一　认识金融发展与经济增长

一、金融发展及其衡量

金融发展（financial development）作为一个专用术语，按照戈德史密斯的解释，是指金融结构的变化。金融结构包括金融工具的结构和金融机构的结构两个方面；不同类型的金融工具与金融机构组合在一起，构成不同特征的金融结构。一般来说，金融工具的数量、种类、先进程度，以及金融机构的数量、种类、效率等的组合，形成发展程度高低不同的金融结构。

按照这样的释意，可用于度量金融发展程度的指标为：一是金融内部结构指标；二是金融发展与经济增长的相互关系指标。

（一）金融内部结构指标

（1）主要金融资产（如短期债券、长期债券和股票等）占全部金融资产的比重。

（2）金融机构发行的金融工具与非金融机构发行的金融工具之比率，该比率是用以衡量金融机构化（financial institutionalization）程度的尺度。

（3）在非金融机构发行的主要金融工具中，由金融机构持有的份额，该比率可用以进一步衡量金融机构化程度的指标。

（4）主要金融机构（如中央银行、商业银行、储蓄机构及保险组织）的相对规模。

（5）各类金融机构的资产分别占全部金融机构总资产的比率，该比率称为"分层比率"（gradation ratio），用以衡量金融机构间的相关程度。

（6）主要非金融部门的内源融资（如公司本身的资本积累）和外源融资（主要指

通过金融渠道的资本融入）的对比。

（7）在外部融资方面，国内部门（主要是国内金融机构）和外国贷款人在各类债券和股票中的相对规模等。

（二）金融发展与经济增长的相互关系指标

1. 金融相关率（financial interrelation ratio）

所谓金融相关率，是指某一日期一国全部金融资产价值与该国经济活动总量的比值。金融资产包括：非金融部门发行的金融工具（股票、债券及各种信贷凭证）；金融部门，即中央银行、存款银行、清算机构、保险组织、二级金融交易中介发行的金融工具（通货与活期存款、居民储蓄、保险单等）和国外部门的金融工具等。在实际统计时，经济活动总量常常用国民生产总值或国内生产总值来表示。

2. 货币化率（monetization rate）

任一国的产品和服务均可做这样的二分法：通过货币进行交易的和不通过货币进行交易的。在我们的习惯用语中，前者称为货币经济，后者称为自然经济。货币化率就是指一国通过货币进行交换的商品和服务的值占国民生产总值的比重。这个比重越高，说明一国的货币化程度越高。随着商品经济的发展，使用货币作为商品和服务交换媒介的范围越来越广。对于这种现象，通常就叫做社会货币化程度的不断提高。

这样的道理并不难懂，但由于可以直接使用的统计数据极为缺乏，所以要具体数量化，难度极大。后来，有的学者采用货币供给量与 GDP 的比值来间接表示货币化的程度。这样的数字很容易获得，一国的不同阶段以及国与国之间也有可比性，但这样的间接表示方法只能在有限的条件下使用。在一国经济的货币化程度从低向高发展的过程中，货币供给量的增长相对于 GDP 的增长一般会有较快的递增速度，但有时却会出现货币供给量的绝对值超过 GDP 绝对值，即比值大于 1 的情况。例如，中国从 20 世纪 90 年代中期开始就是如此。整个经济完全货币化，货币化率的极限也只能是 1；大于 1 的数值，显然就不适用了。

为了论证金融发展与经济增长的相关关系，西方学者曾以数量不等的国家为对象进行了多方面的实证检验，做出了一些判断，例如：

——从纵的方向看，在一国的经济发展过程中，金融资产的增长比国民财富的增长更为迅速。

——从横的方向看，经济欠发达国家的金融相关率比欧洲和北美国家的金融相关率低得多。

——通过上述金融发展指标与经济增长指标（如人均 GDP 增长率、人均资本增长率和人均生产率增长率等）多视角的对比实证检验，显示金融发展与经济增长存在显著的正相关等。

二、中国有关金融发展的情况

在我国，随着改革开放政策的实施推进，随着金融体制改革的不断深化，货币化率和金融相关率快速提高。

就金融资产的结构而言，由单一的金融机构资产形态（曾主要表现为贷款），发展为包括银行贷款、债券、股票、保单等在内的多样化金融资产格局。虽然目前金融机构贷款资金运用依然占金融资产总额的大部分，但其比重已经呈显著下降趋势。相应地，债券、股票和保险等金融资产的份额，从无到有、逐年增长的态势极为明显，但比重依然较小。

课堂互动

对比十年前家庭资产构成比例与现在家庭资产构成比例，有何不同，说明什么问题？

有必要指出，由于各国的经济、金融结构与发展模式不同，以及一国不同发展阶段的差异，使得诸如货币化率、金融相关率等一系列金融发展的衡量指标，不能通过简单的纵向或者横向比较而轻率作结论。例如，我国2007年的货币化率（广义货币/GDP）为119%，而同期美国的货币化率仅为53.96%，却不能由此得出我国经济的货币化程度高于美国的结论。

 实训任务

小组讨论：

讨论主题：对比我国和美国在金融相关率和货币化率这两个金融指标。

讨论步骤：

1. 由学生分组查找我国和美国近十年的金融相关率和货币化率的数据。

2. 以组为单位简要说明两国的异同，并对比经济发展情况，找出这两个指标对经济发展的影响。

3. 由教师进行评价和补充。

讨论成果：完成小作业"中美两国金融发展与经济增长的比较"。

任务二　了解金融压抑

一、发展中国家普遍存在的金融压抑现象

麦金农和肖等人，将发展中国家存在的市场机制作用没有得到充分发挥、金融资产单调、金融机构形式单一、过多的金融管制和金融效率低下等现象，概括为金融压抑（financial repression）。他们分析，与发达国家相比，发展中国家的金融体制显得很落后。从金融结构的角度来考察，主要表现在这样一些方面：

（1）发展中国家的金融工具形式单一，规模有限。发达国家的金融工具多种多样，规模庞大。

（2）发展中国家的金融体系存在着明显的"二元结构"：一是以大城市和经济发达地区为中心的由现代大银行为代表的现代部门；二是以落后的农村为中心的由钱庄、当铺、合会为代表的传统部门。

（3）发展中国家金融机构单一，商业银行在金融活动中居于绝对的主导地位，非银行金融机构则极不发达；金融机构的专业化程度低，金融效率低。而发达国家的金融机构体系却功能全面。

（4）发展中国家的直接融资市场极其落后，并且主要是作为政府融资的工具而存在；企业的资金来源主要靠自我积累和银行贷款。

（5）由于发展中国家实行严格的管制，致使金融资产价格严重扭曲，无法反映资源的相对稀缺性。具体表现是压低实际利率，高估本国货币的币值。

课堂互动

举例说明自己身边的金融压抑现象。

二、金融压抑的政策原因

虽然金融压抑现象与发展中国家经济落后的客观现实有关，但发展中国家政府所实行的金融压抑政策更是起直接作用。发展中国家的政府都想积极推动经济发展，但面对的现实是经济发展水平低、政府财力薄弱、外汇资金短缺，为获得资金实现发展战略，政府常常采取"压抑"性的金融政策：

（1）发展中国家通常以设定存贷款利率上限方式来压低利率水平；同时，由于依靠通货膨胀政策来弥补巨大的财政赤字，通货膨胀率居高不下，实际利率通常很低，有时甚至是负数。这就严重脱离了发展中国家资金稀缺，从而必然要求利率偏高的现实。过低的实际利率使得持有货币（这里指广义货币 M2）的实际收益十分低下，从而降低了人们对储蓄的意愿，金融资产的实际规模也就无从得到发展。

（2）发展中国家通常面临着巨大的资金短缺。面对这种情形，往往实行选择性的信贷政策，引导资金流向政府偏好的部门和产业。而这些为政府所偏好的企业和项目，大多是享有特权的国有企业和具有官方背景的私有企业，由此导致的直接后果是资金分配效率十分低下。

（3）对金融机构实施严格的控制。此举的直接后果是，金融机构成本高昂、效率低下，金融机构种类单一。

（4）为了降低进口机器设备的成本，发展中国家常常人为地高估本币的汇率，使其严重偏离均衡的汇率水平。发展中国家产品的国际竞争力本来就处于弱势，过高的本币汇率使其更弱；经济的落后本来需要进口，过高的本币汇率使进口需求更高。其结果是，汇率政策使自己陷入了更为严重的外汇短缺境地，于是不得不实行全面的外汇管制，对稀缺的外汇资源进行行政性分配。

其中，扭曲金融领域的"价格"——利率——对经济效率所造成的损害，是问题的重中之重。

+·+

利率市场化——四万亿刺激政策倒逼产物

中国的利率市场化在社会主义经济体制改革中稳步推进。1993 年《关于建立社会主义市场经济体制改革若干问题的决定》和《国务院关于金融体制改革的决定》最先明确利率市场化改革的基本设想。2003 年 2 月，中国人民银行在《2002 年中国货币政策执行报告》中公布了中国利率市场化改革的总体思路：先外币、后本币；先贷款、后存款；先长期、大额，后短期、小额。中国的利率市场化进程可以分为货币市场利率市场化，债券市场利率市场化，金融机构存贷款利率市场化。

1996 年 6 月 1 日人民银行颁布了《关于取消同业拆借利率上限管理的通知》，实现由拆借双方根据市场资金供求自主确定拆借利率，取得了利率市场化的突破性进展，为利率市场化改革奠定了基础。

同年财政部通过证券交易所市场平台实现了国债的市场化发行，发行采取了利率招标、收益率招标、划款期招标等多种方式。同时根据市场供求状况和发行数量，采取单一价格招标或多种价格招标。1997 年 6 月，银行间同业市场开办债券回购业务，债券回购利率和现券交易价格均由交易双方协商确定，同步实现了市场化。1998 年，两家政策性银行国家开发银行和中国进出口银行通过人民银行债券发行系统以公开招标方式发行了金融债券。1999 年 10 月，财政部首次在银行间债券市场实现以利率招标的方式发行国债。从而货币市场利率实现市场化。

而金融机构存贷款利率市场化进程则相对较慢。在人民币贷款利率方面，至 2004 年，除城乡信用社人民币贷款利率实行 2.3 倍的上限管理外，基本取消了金融机构人民币贷款利率上限，浮动下限仍为基准利率的 0.9 倍。2012 年，中国人民银行两度放宽下限，6 月 8 日起将金融机构贷款利率浮动区间的下限调整为基准利率的 0.8 倍，1 个月后，中国人民银行于决定 2012 年 7 月 6 日起将金融机构贷款利率浮动区间的下限调整为基准利率的 0.7 倍。在人民币存款利率方面，市场化更为谨慎。2004 年 10 月 29 日，人民银行决定放开金融机构人民币存款利率下限。2012 年 6 月 7 日将金融机构存款利率浮动区间的上限调整为基准利率的 1.1 倍。与人民币存贷款利率不同，境内外币存贷款利率市场化较快，虽然起步较晚，但在 2004 年 11 月，1 年期以上小额外币存款利率全部放开。自 2013 年 7 月 20 日起，中国人民银行决定全面放开金融机构贷款利率管制；自 2015 年 5 月 11 日起，中国人民银行决定金融机构存款利率浮动区间的上限由存款基准利率的 1.3 倍调整为 1.5 倍；自 2015 年 8 月 26 日起，中国人民银行决定放开一年期以上（不含一年期）定期存款的利率浮动上限。

资料来源：金融压抑理论全接触，证券导刊，2013 - 3 - 26 http：//finance. eastmoney. com/news/1368，20130326281397538. html

+·+

人为压低利率的消极作用主要表现在四个方面：①低利率促使人们更关心现期消费，忽视未来消费，扭曲了公众对资金的时间偏好，从而导致储蓄水平低于社会最优水平。低的储蓄使投资也低于最优水平，最终损害经济的增长。②低利率使潜在的资金供给者不去正规的金融中介机构存款，而是直接从事收益可能较低的投资，这就降低了整个经济体系的效率。③政府管制的金融中介可能因地方性的、非正规的、地下的信贷市场的兴起而被削弱。④由于资金成本较低，银行借款人会投资于资本密集的项目。因为利率较低，收益较低的项目也会产生利润，这就产生了对贷款的超额需求。为避免信贷扩张产生通货膨胀，政府和银行不得不在实行利率压制政策的同时，实施行政性信贷配给。

三、金融压抑的后果

金融抑制所造成的不良后果包括负收入效应、负储蓄效应、负投资效应和负就业效应。

（1）负储蓄效应。储蓄实际利率为负使得国内储蓄锐减。

（2）负投资效应。过多的投资流向所谓的新兴产业而忽视了对发展中国家传统产业特别是农业部门的投资，而新兴产业引进吸纳力又有限，导致资金的浪费。

（3）负收入效应。即人为压制利率和高通货膨胀，导致人们减少以货币形式保有的储蓄，从而使投资枯竭，收入水平下降。

（4）负就业效应。低利率和高通货膨胀率导致资金使用成本低廉，使得资本密集型产业取代传统的劳力密集型产业，从而减少了传统劳动密集型产业对就业的贡献，造成严重的失业和贫富分化。

 实训任务

案例分析：

影子银行——倒逼式利率市场化的产物

影子银行发展的契机始于自2009年的信贷刺激。政府担心大量信贷引发的盲目投资会引起产能过剩，大量贷款可能面临坏账风险，于是逐步收紧信贷条件。但四万亿信贷项目的投向有一大部分是基建等领域，如果因信贷条件收紧而没有后续资金跟进，这些项目面临着资金断裂而使之前的贷款变为坏账的风险。银行并不愿看到这种情况发生，但政府通过限定贷款额度、提高存款准备金率、严格执行存贷比规定等方式严控银行的信贷发放，银行只能通过"创新"方式——影子银行体系——对此类项目暗中接济，以防止坏账大量发生。由于这些创新融资方式并不受到利率管制的制约，因此其迅速发展代表着利率自由化进程加速。

在控制风险的前提下鼓励影子银行发展，顺势而为开展自由化，提高资金使用效率。首先，其利率不受管制，能够较为客观地反映实体经济各部门对资金需求的不同程

度，提高资金使用效率，减少资金错配；其次，与传统银行信贷相比，这些融资方式能够降低货币流转速度，从而有效抑制货币超发；再次，总体看来债券融资成本低于贷款，对一些高信用企业而言，其能够享受的融资成本节省更高；最后，虽然其他融资方式（除信贷、债券的间接融资，不含股票）成本要高于贷款，但与信贷、债券相比，其受行政干预较少，能够惠及更广范围企业的融资需求。

从银行的角度，发展表外业务对其也有利。首先，发放贷款需要缴存将近20%的准备金，而表外业务的资金负担没有这么大；其次，贷款额度和贷存比上限制约了银行直接进行信贷扩张的空间，这促使银行将贷款证券化或者将其转移到表外；再次，2009年的大规模刺激中银行投放大量贷款，而这些贷款投向主要是基建和房地产，很多项目周期较长需要不断的资金投入，而央行在2010年又开始收紧贷款，很多项目面临资金断裂风险，银行为了尽量避免这些项目成为坏账，必然要继续对其进行信贷支持，因而其有动机通过非贷款方式为项目融资；最后，尽管面临更大的风险，但其获得较高的收益率也对其承担的风险进行补偿。

资料来源：金融压抑理论全接触，证券导刊，2013 – 3 – 26 http：//finance. eastmoney. com/news/1368，20130326281397538. html

1. "影子银行"都包含哪些金融机构？
2. "影子银行"可能存在的金融风险，如何监管？
3. 我国影子银行存在的基础是什么？它的存在是利大于弊还是弊大于利？
4. 随着我国利率市场化的逐步完善，"影子银行"是否还有存在的土壤？

任务三　了解金融自由化

一、金融自由化改革

如果说金融压抑政策所带来的金融萎缩严重制约了发展中国家的经济增长，使得发展中国家陷入金融萎缩和经济萎缩的恶性循环，那就必须通过金融自由化（financial liberalization）政策来促进金融部门自身的发展，进而促进经济增长。

金融自由化改革的核心内容主要有以下几方面：
——放松利率管制。
——缩小指导性信贷计划实施范围。
——减少金融机构审批限制，促进金融同业竞争。
——发行直接融资工具，活跃证券市场。
——放松对汇率和资本流动的限制等。

自20世纪70年代中期起，一些发展中国家先后实施了金融自由化改革试验，它们的改革措施主要有：取消对利率和资金流动的控制；取消指导性信贷计划；对国有银行实行私有化政策；减少本国银行和外国银行登记注册的各种障碍等。

总的看来，金融自由化政策的确通过各种渠道产生了促进经济增长的良性作用。但由于各国在实施金融自由化的同时，还伴有其他经济改革措施，如财政、税收、外贸、私有化等方面的改革，各国的具体国情也千差万别，要准确地判断金融自由化对经济增长的作用是困难的。

发展中国家金融深化的主要内容

20世纪70年代末和80年代初，有一大批发展中国家进行了金融深化的实践，如亚洲的马来西亚、韩国、斯里兰卡、菲律宾、印度尼西亚和拉丁美洲的阿根廷、智利、乌拉圭等。这些国家的金融深化大多以金融自由化为核心内容，主要举措有：

（1）放松对金融的管制和干预。在金融深化过程中，许多发展中国家的政府将减少进入金融业的障碍作为金融改革的一项重要内容。如阿根廷、智利、乌拉圭减少了本国银行和外国银行登记注册的各种障碍；对国有银行实行私有化政策。又如，韩国取消了非银行金融机构的限制，拓宽金融机构的服务范围，从而增加了金融机构的数量，促进了金融同业竞争。

（2）取消或部分取消利率限制。针对因官定利率与均衡利率脱节而导致的官商勾结、以权谋私等问题，不少发展中国家对利率采取了较为灵活的管理方式。如韩国取消了优惠贷款利率，对大部分贷款利率完全放开；如阿根廷、智利、乌拉圭，甚至完全解除了利率管制。

（3）放宽信贷政策。在金融自由化之前，发展中国家大多实行信贷额度管理。进入20世纪70年代中期之后，不少发展中国家放松了对信贷实行额度管理的限制，有些国家，如阿根廷、智利、乌拉圭、韩国等甚至完全取消了指令性信贷计划。

（4）发展资本市场。为解决金融工具单一的问题，不少发展中国家在金融深化的过程中大力拓展资本市场，不断完善资本市场管理法律、法规，并适时对外开放资本市场。

（5）允许汇率浮动。放松汇率限制也是20世纪80年代金融深化的重要内容之一。

（6）放松对资本流动的限制。不少发展中国家和地区建立起了较为发达的离岸金融市场。

资料来源：曹龙骐. 金融学案例与分析［M］. 北京：高等教育出版社，2005：200.

课堂互动

我国在金融深化改革的过程中，使用了以上哪些举措？

二、金融自由化的正面效应

（一）储蓄效应

储蓄实际利率上升，资产选择范围增加，国内私人储蓄增加，本币币值虽回归到较低位置，但是有较高利率的支撑，消除贬值预期，使吸收国内储蓄更加方便，资本外逃得以扭转，从而使得私人储蓄的增加替代原来的财政赤字和国外援助资金。

（二）投资效应

利率作为一种有效的相对价格引导着资源的配置。储蓄者的资产选择范围扩大了，他们的储蓄可投放市场扩大了，使得在更大范围内选择金融资产的规模、期限和风险成为可能。各种投资竞相争夺储蓄的支配权，通过利率来引导储蓄资金优化配置，提高了经济效率。

（三）就业效应

"落后经济中的失业"的金融抑制的原因。利率压制，储蓄过低，本身就会引起生产投资的不足，资源的闲置。利率的压制，信贷的配给中稀缺的资金大量投入资本密集型产业，使失业状况加剧。金融自由化放开利率，提高利率水平，使得大量资金投入劳动密集型产业，提高了就业。

（四）收入分配效应

通过提高就业而增加工资收入，减少特权阶级垄断信贷配给之后的垄断收入。

（五）稳定效应

金融自由化带来的储蓄增加，使得就业增长、投资增长、经济效率提高，从而促进产出增长。国内储蓄流量的增加，减少了财政赤字货币化，减少了通货膨胀的可能，使稳定的货币政策成为可能。国内储蓄流量的增加，减少了对国际资金流入的依赖性，增强了对国际收支风险的承受力。

（六）减少因为政府干预带来的效率损失和贪污腐化

三、发展中国家金融自由化改革的教训

阿根廷、智利和乌拉圭这三个国家在20世纪70年代中期实施了金融自由化改革试验。从80年代初期开始，韩国政府也采取了旨在放松金融管制的金融改革政策。但从总体上看，发展中国家金融自由化改革的进展状况是相当不平衡的。在已经进行的改革中，既有成功的经验，也有失败的教训。世界银行《1989年世界发展报告》的主题是金融自由化改革，总结的主要教训有以下几点：

（1）以金融自由化为基本内容的改革一定要有稳定的宏观经济背景。

（2）金融自由化的改革必须与价格改革或自由定价机制相配合。

（3）金融自由化改革并不是要完全取消政府的直接干预，而是改变干预的方式。

（4）政府当局在推行金融自由化改革和价格改革政策时，必须预先判断出相对价格变动对不同集团利益的影响，并出于公平原则和政治均衡要求的考虑，适当采用经济

补偿手段。

20 世纪七八十年代金融自由化的浪潮也扩及包括美国在内的发达国家。发达国家从那时起直至近年的改革，包括大量金融自由化的内容，如放松直至取消利率管制、放宽金融机构市场准入的门槛和对经营范围的管制、放松直至取消资本在国际流动的限制等，但金融自由化的概念并不能全部包容发达国家在金融方面的改革。

—•—+—•—+—•—+—•—+—•—+—•—+—•—+—•—+—•—+—•—+—•—+—•—+—•—+—•—

发展中国家金融深化收获的并不仅仅是喜悦

发展中国家金融深化收获的并不仅仅是成功的喜悦，有些发展中国家在金融深化的过程中，由于操之过急，出现了比较严重的金融危机。比较典型的有两次：

（1）1994 年 12 月~1995 年 3 月墨西哥金融危机。1994 年 12 月 19 日深夜，墨西哥政府突然对外宣布，本国货币比索贬值 15%。这一决定在市场上引起极大恐慌。外国投资者疯狂抛售比索，抢购美元，比索汇率急剧下跌。12 月 20 日比索兑美元的汇率从最初的 3.47∶1 跌至 3.925∶1，狂跌 13%。21 日再跌 15.3%。伴随比索贬值，外国投资者大量撤走资金，墨西哥外汇储备在 20 日至 21 日锐减近 40 亿美元。资本外流对于墨西哥股市如同釜底抽薪，墨西哥股市应声下跌。12 月 30 日，墨西哥 IPC 指数跌 6.26%，1995 年 1 月 10 日更是狂跌 11%。到 3 月 3 日，墨西哥股市 IW 指数已跌至 1500 点，比 1994 年金融危机前最高点 2881.17 点已累计跌去了 47.94%，股市下跌幅度超过了比索贬值的幅度。为了稳定墨西哥金融市场，墨西哥政府经过多方协商，推出了紧急经济拯救计划：尽快将经常项目赤字压缩到可以正常支付的水平，迅速恢复正常的经济活动和就业，将通货膨胀降低到尽可能小的程度，向国际金融机构申请紧急贷款援助等。为帮助墨西哥政府渡过难关，减少外国投资者的损失，美国政府和国际货币基金组织等国际金融机构决定提供巨额贷款，支持墨西哥经济拯救计划，以稳定汇率、股市和投资者的信心。直到以美国为主的 500 亿美元的国际资本援助逐步到位，墨西哥的金融动荡才于 1995 年上半年趋于平息。

（2）1997 年 7 月爆发的东南亚金融危机。这场危机首先是从泰铢贬值开始的。1997 年 7 月 2 日，泰国被迫宣布泰铢与美元脱钩，实行浮动汇率制度，当日泰铢汇率狂跌 20%。和泰国具有相同经济问题的菲律宾、印度尼西亚和马来西亚等国家迅速受到泰铢贬值的巨大冲击。继泰国等东盟国家金融风波之后，中国台湾的台币贬值，股市下跌，掀起金融危机第二波。中国台湾货币贬值和股市大跌，不仅使东南亚金融危机进一步加剧，而且引发了包括美国股市在内的大幅下挫。10 月 27 日，美国道·琼斯指数暴跌 554.26 点，迫使纽约交易所 9 年来首次使用暂停交易制度。特别是中国香港股市，受外部冲击，香港恒生指数 10 月 21 日和 27 日分别跌 765.33 点和 1200 点，10 月 28 日再跌 1400 点，这三天香港股市累计跌幅超过了 25%。11 月下旬，韩国汇市、股市轮番下跌，形成金融危机第三波。至 11 月底，韩元兑美元的汇价下跌了 30%，韩国股市跌幅也超过 20%。与此同时，日本金融危机也进一步加深，11 月，日本先后有数家银行和证券公司破产或倒闭，日元兑美元较年初贬值 17.03%。从 1998 年 1 月开始，东南亚金融危机的重心又转到印度尼西亚，形成金融危机第四波。1 月 8 日，印尼盾对美元的汇价暴跌 26%。1 月 12 日，在印度尼西亚从事巨额投资业务的香港百富勤投资公司宣告清盘。同日，香港恒生指数暴跌 773.58 点，新加坡、中国台湾、日本股市分别跌 102.88 点、362 点和 330.66 点。直到 2 月初，东南亚金融危机恶化的势头才初步被遏制。此次危机持续时间之长、危害之大、波及面之广，远远超过人们的预料。

资料来源：曹龙骐. 金融学案例与分析［M］. 北京：高等教育出版社，2005：201.

课堂互动

为什么发展中国家进行金融自由化改革会遭受沉重打击？

 **实训任务**

小组讨论：

　　讨论主题：一个国家金融自由化改革的条件有哪些？

　　讨论步骤：

1. 由学生分组查找资料，讨论所需条件。

2. 以组为单位发表自己的讨论成果。

3. 由教师进行评价和补充。

　　讨论成果：完成小作业"金融自由化改革的条件"。

任务四　了解中国金融改革

　　中国是发展中国家，而且是从集中计划经济模式向市场经济模式转轨的国家，这一特点决定了始于 20 世纪 80 年代的中国金融改革不能不与世界金融自由化浪潮联系起来考察。下面是从世界金融改革走向，梳理一下中国金融改革的主要内容和方向：

　　（1）金融机构多元化。其中，包括对产权制度的触动（如国有独资商业银行的股份制改造等）、分设政策性金融机构以及允许外资金融机构进入等。

　　（2）金融业务沿着多样化、国际化的轨迹，极大地突破了传统体制下过分简单而又受到颇多限制的存放汇模式。近几年又迈进一步的是对个人的贷款及其他金融零售业务的兴起。

　　（3）金融工具的多样化，丰富了投资手段，冲破了银行单一融资格局。

　　（4）培育和发展金融市场。债券市场、股票市场、保险市场及真正意义上的同业拆借市场等货币市场从无到有、从小到大、从极为幼稚向比较成熟的阶段发展。

　　（5）推动利率市场化，起步于允许利率的一定浮动及差别利率。2004 年，在同业拆借市场、国债市场已构建了按资金供求关系决定利率的机制。同时，积极推进境内外币利率市场化。曾经管制严格的存贷款利率也已经放松到存款利率只管上限，贷款利率只管下限。特别是 2007 年 1 月，随着 SHIBOR 的正式运行，标志着中国货币市场基准利率培育工作全面启动。自 2015 年 8 月 26 日起，中国人民银行决定放开一年期以上（不含一年期）定期存款的利率浮动上限，标志着中国利率市场化改革又向前迈出了重要一步。同年 10 月 24 日起，中国人民银行决定对商业银行和农村合作金融机构等不再设置存款利率浮动上限。

课堂互动

近些年来我国为利率市场化的推动做出了哪些举措？

（6）汇率方面，已建立起以市场供求为基础、有管理的浮动汇率制及全国统一的外汇交易市场。

（7）构建符合市场机制要求的信贷资金管理体制，特别是取消对国有商业银行的信贷规模控制，全面推行资产负债比例管理及风险管理。

（8）构建金融宏观调控机制，更多地运用间接货币政策工具调节金融变量；构建现代规范的金融监管体系，监管职能在逐步完善。

（9）金融立法建设取得长足进展，颁布了《中华人民共和国中国人民银行法》《中华人民共和国商业银行法》《中华人民共和国票据法》《中华人民共和国保险法》以及一系列相应的金融法规与规章制度。

（10）与国际市场建立起广泛的、多层次的金融联系，顺应金融全球化的总趋势。随着我国加入 WTO，逐步直至完全放开外资金融机构的市场准入限制，并全部给予国民待遇。

课堂互动

加入 WTO 给我国金融改革带来了哪些影响？

中国的金融改革是全方位的系统工程，已有的改革成果并非都是一步到位的，其中有过程，有波折，甚至有反复；还有相当部分改革尚未到位或远未到位；而已进行的改革仍要接受未来实践的检验。

在三十余年的中国金融改革进程中，前面讲到的发展中国家金融自由化的教训，也都不同程度地遇到过，尽管引发的具体原因可能不同，如通货膨胀、银行不良债权、企业债务危机等。另外，基于我国特定的体制原因，也还有诸如乱设金融机构、乱集资、账外经营、企业逃废银行债务等问题。

总结中国金融改革的经验，应该肯定循序渐进、与整体经济改革配套推进的基本思路，符合当今中国国情。联系到 20 世纪末亚洲金融危机对我们的启示，在中国今后的金融改革中如何处理好事关全局的利率改革、汇率改革、资本市场开放及外资金融机构的市场准入等课题，均应在上述指导思想下作通盘而不是孤立的考虑与安排。

 **实训任务**

案例分析：

2014 首批 5 家民营银行迅速落地

2014 年，金融机构股权向民营资本开放，民营银行的破冰便是重要内容之一。如今，首批 5 家民营银行已迅速进入筹建和开业的阶段，研究机构预计，2015 年民营银行的试点将进一步扩容。

民营银行从试点方案亮相到落地，推进速度可谓较快。2014 年 3 月，国务院批准 5 个民营银行试点方案。紧接着，银监会 7 月正式批准三家民营银行的筹建申请，即深圳前海微众银行、温州民商银行和天津金城银行。9 月银监会再批准两家，至此，首批试点的五家民营银行已全部获准筹建。2014 年 12 月上旬，银监会批准深圳前海微众银行开业，该行于 12 月底正式上线。

与此同时，民营银行的各项配套政策也在逐步完善，其中最重要的就是自 2015 年 5 月 1 日起施行《存款保险条例》加之利率市场化的逐步推进，国内大中银行将失去政府信用背书，而与民营银行同台竞技。监管层亦表示，2015 年将加快出台民营银行发展指导意见，完善民营银行持续监管框架。

民营银行的发起人很多本身就是民营公司，于是差异化经营、与大银行错位竞争、专注服务小微企业成了民营银行发展关键。对民营银行来说，最大优势是机制灵活，创新能力强，比如已获准开业的微众银行，网络银行的定位也给了外界足够的想象空间，物理网点不设或者少设，所有的获客、风控、服务均在线上完成，这将颠覆人们对银行机构的理解。

进入 2015 年，随着国家多层次资本体系和多层次金融机构体系的逐步完善，民营银行将迎来更大发展；随着征信牌照的放开，以及互联网公司多年的大数据积累，民营银行征信成本将大大降低，风控能力也将得到巨大提高；随着互联网基因和传统银行基因的不断融合，银行业生态将发生巨大变化，消费者体验也将大大提升。

资料来源：梅菀，首批 5 家民营银行迅速落地，中国质量新闻网，2015 - 1 - 5 http：//www. cqn. com. cn/news/zgzlb/diwu/989718. html

试分析民间资本进入银行业将为我国金融深化改革带来哪些机遇与挑战？

本项目提要：

1. 金融发展的内部结构指标包括：主要金融资产占全部金融资产的比重；金融机构发行的金融工具与非金融机构发行的金融工具之比率；在非金融机构发行的主要金融工具中，由金融机构持有的份额；主要金融机构的相对规模；各类金融机构的资产分别占全部金融机构总资产的比率；主要非金融部门的内源融资和外源融资的对比；在外部融资方面，国内部门和外国贷款人在各类债券和股票中的相对规模等。金融发展与经济增长的相互关系指标包括：金融相关率、货币化率。

2. 金融压抑是指发展中国家存在的市场机制作用没有得到充分发挥、金融资产单调、金融机构形式单一、过多的金融管制和金融效率低下等现象。

3. 金融自由化改革的核心内容包括：放松利率管制；缩小指导性信贷计划实施范围；减少金融机构审批限制，促进金融同业竞争；发行直接融资工具，活跃证券市场；放松对汇率和资本流动的限制等。

4. 中国的金融深化改革取得了举世瞩目的成就。

本项目学习效果评价

一、尝试回答以下问题：

1. 什么是"金融发展"？怎样观察和度量金融发展的水平？

2. 自己动手搜集、整理一些有关我国金融发展水平的数据，试对我国的金融发展水平作总体评估。

3. 在高度集中的计划经济体制下，有金融压抑，在市场经济体制下，也有不少国家存在金融压抑；在发展中国家，金融压抑问题较为普遍，但在发达国家，也并非完全不存在。这无不涉及国家对金融业的干预。对于这样的问题，你认为如何认识才较为全面？

4. 应如何领会发展中国家在金融自由化改革中的经验和教训？联系20世纪末亚洲金融危机对我们的启示，在中国今后的金融改革中应如何处理好利率改革、汇率形成机制的完善、资本市场的扩大开放以及对外资金融机构的准入和监管等问题？

二、案例分析：

金融自由化护航新常态

汇率和利率市场化所代表的金融自由化改革将是"十三五"期间的财经看点。《中共中央关于制定国民经济和社会发展第十三个五年规划的建议》（以下简称《建议》）提出，推进汇率和利率市场化，提高金融机构管理水平和服务质量，降低企业融资成本。

在我国金融改革进程中，金融进行更加自由化地推进一直占据着不可替代的位置。回顾五年前，"十二五"规划对此的阐述是：稳步推进利率市场化改革，完善以市场供求为基础有管理的浮动汇率制度，改进外汇储备经营管理，逐步实现人民币资本项目可兑换。从表面看来，"十三五"规划对利率和汇率市场化着墨不如"十二五"规划多，但这并不意味着其重要性的下降。实际上，在经历了上个五年相关基础制度的建设之后，金融改革在"十三五"期间将步入更为关键和充满挑战的五年攻坚期。

2015年是"十二五"收官之年，可以看到，"十二五"规划所提及的金融自由化方面的改革在这一年取得了重要的突破。从利率市场化看，经过此前多轮、渐次放开之后，央行在10月23日宣布放开存款利率上限，利率在名义上已经摆脱行政限制；从汇率市场化来看，央行2016年8月推进了人民币中间价市场化定价，被业内称为"二次汇改"。可以预期的是，在"十三五"期间，金融自由化将会在前期制度改革基础上，进一步在内涵和实质上进行推进。以利率市场化为例，虽然存款利率上限已经放开，但是市场并未完全摆脱对央行基准存贷款利率的依赖。下一步，推进SHIBOR、短期回购利率、国债收益率、基础利率等市场利率作为产品定价的基础将成为改革重中之重。央行要建立健全与市场相适应的利率形成和调控机制。从这个角度看，真正的利率市场化应该说才刚刚起步。同样的，汇率市场化也面临着不小的挑战，在防范跨境资金流动风险的基础上，进一步加强境内外市场的联通，让人民币汇率的浮动更能体现市场的意志，也将是未来五年改革的重大课题。

在《建议》关于推进汇率和利率市场化改革的表述之后，专门谈及了"降低企业融资成本"。无疑，金融是实体经济的血脉，金融自由化本质上能够推进金融资源在不同的主体中进行更有效的市场化配置。金融朝着更加自由化的目标进一步推进可发挥降低企业融资成本的作用，释放改革红利，为新常态下的中国经济发展保驾护航。

这种红利的释放体现在三个方面：一是由于金融自由化程度不够，金融产品和金融服务的价格会出现扭曲，不能体现市场真实供需，因此金融资源不能以最合适的价格流入它最该流入的领域。而以利率市场化和汇率市场化为代表的金融自由化改革，能够校正这种扭曲，更好满足企业的融资需求。二是以利率市场化改革为代表的金融自由化能够进一步解决央行货币政策传导机制的梗阻问题，能够让未来的政策利率更加有效地影响各种存贷款利率和债券收益率，从而更有效地发挥货币政策，降低企业融资成本，为企业减负。三是以汇率市场化和资本项目可兑换为代表的金融自由化，也能够最大程度消除境内外市场的价格差，企业融资的便利程度更高。

资料来源：张莫，金融自由化护航新常态，经济参考报，2015 – 11 – 10 http：//dz. jjckb. cn/www/pages/webpage2009/html/2015 – 11/10/content_12019. htm

请同学们思考并分析：
1. 金融压抑在我国的主要体现？
2. 金融自由化可以为我国经济发展带来怎样的好处？
3. 我国在大力推进金融自由化的过程中应注意什么问题？

参 考 文 献

［1］黄达. 金融学［M］. 北京：中国人民大学出版社，2014.

［2］蒋先玲. 货币银行学［M］. 北京：机械工业出版社，2013.

［3］王秀芳. 金融学［M］. 上海：上海交通大学出版社，2012.

［4］赵何敏，黄明皓［M］. 北京：清华大学出版社，2012.

［5］王广谦. 中央银行学［M］. 北京：高等教育出版社，2011.

［6］［美］马丁·迈耶. 美联储——格林斯潘的舞台［M］. 北京：中信出版社，2002.

［7］宋鸿兵. 货币战争［M］. 北京：中信出版社，2007：43 - 44.

［8］［美］弗雷德里克·S·米什金. 货币金融学［M］. 北京：中国人民大学出版社，2011.

［9］汪洋. 中央银行的逻辑［M］. 北京：机械工业出版社，2015.

［10］周浩明. 货币金融学［M］. 上海：上海财经大学出版社，2013.

［11］张芳. 金融学［M］. 北京：对外经济贸易大学出版社，2014.

［12］温涛，王建东，张英. 国际金融［M］. 武汉：武汉大学出版社，2014.

［13］章和杰. 货币银行学［M］. 杭州：浙江大学出版社，2009.

［14］顾列铭. 多德 - 弗兰克法案：重建美国金融监管［J］. 观察与思考，2010.

［15］中国银行业监督管理委员会《有效银行监管核心原则》自我评估小组. 有效银行监管核心原则学习纲要［M］. 北京：中国金融出版社，2005.

［16］刘宇飞. 货币银行学［M］. 北京：中国发展出版社，2008.

［17］Stephen G Cecchetti. Money, Banking and Financial Markets［M］. New York：McGraw Hill Higher Education，2006.